맛 평론의 원류 언론인
홍승면洪承勉의
백미백상百味百想

미식가의
수첩

대부등大不等

미식가의 수첩

맛 평론의 원류 언론인 홍승면洪承勉의
백미백상百味百想

발행일	2023년 5월 26일
지은이	홍승면
그림	김은경
펴낸이	조윤수
기획	홍나미
펴낸곳	대부등大不等
출판등록	2007년 8월 3일(제2007-000042호)
블로그	blog.naver.com/bigpinetree2022
이메일	bigpinetree2021@nate.com
전화번호	010-2419-6659
편집/디자인	(주)북랩 김민하
제작처	(주)북랩 www.book.co.kr
ISBN	978-89-960182-4-7 03380 (종이책)
	978-89-960182-5-4 05380 (전자책)

美食家

미식가의 수첩

맛 평론의 원류 언론인 홍승면 洪承勉 의

백미백상 百味百想

홍승면 지음

음식에 대한 인문학적 통찰과 문화적인 해박함이 가득 담긴

구수하고 맛깔스러운 미식 에세이

대부등 大不等

편집자가 독자에게

요사이 방송이나 유튜브에서 음식을 소개하는 프로그램이 커다란 인기를 끌고 있다. 이러한 영향인지 일반인들도 여행을 가거나 친구들과 모임을 가질 때면 미슐랭 가이드와 블루리본 등이 높이 평가한 식당이나, 백종원 요리연구가와 허영만 작가 등 유명인이 방문한 식당을 찾아가곤 한다. 국내에서는 각종 음식이 다양하게 발전되고 외국 음식도 나날이 새롭게 소개되어 음식이 삶과 문화의 중요한 부분이 되었다. 또한 해외에서는 한국의 음식이 독특하고 건강에 좋다는 평가도 더해져 K-Food로 명명되어 세계적인 인기를 끌고 있다. 이러하다 보니 영국의 콜린스 영어단어 사전에 '먹는다'와 '방송'이 결합된 '먹방(Mukbang)'이 새로운 단어로 수록될 정도에 이르렀다.

어렵게 살던 때에는 미식(美食)보다 배를 채우는 데 급급하여 음식의 맛과 음식이 담고 있는 전통의 멋을 느끼는 것은 언감생심이었다. 그러나 지금은 방송이나 유튜브를 통하여 각종 음식에 대한 소개가 이루어지면서 그 유래와 전통을 알고자 하는 사람들도 늘어나고 있다. 이러한 추세에 부응하여 음식을 만드는 법(Recipe)이나 맛있는 식당을 소개하는 프로그램이 범람하고 있다. 그럼에도 음식의 유래와 음식이 담고 있는 풍류를 담은 정보가 충분하지 못하다는 것은 아쉽기만 하다.

음식은 문화이다. 그러하다 보니 시대와 지역을 뛰어넘어 서로 교류되고 이어져 온다. 시대를 건너오면서 우리만의 특색을 그대로 이어온 음식이 있는 반면 중국·일본 등 주변국과 교류하면서 변화되어온 음식도 있다. 다른 나라에서 시작된 음식이 한국에 정착하여 토착화된 음식도 있고 한국의 음식이 세계 각국으로 퍼져나가 다른 나라에서 변형된 모습으로 자리 잡은 음식도 보게 된다. 우리는 밥상이나 식당에서 또는 해외여행 중에 각종 음식을 접하고는 있지만 음식에 대한 관심과 열기에 비해 음식의 역사와 풍류를 담은 깊이를 지닌 책을 찾기가 쉽지 않은 것이 현실이다.

이러한 측면에서 본다면 이 책은 독자들에게 음식을 소개하면서 이와 연관된 유래와 어원과 함께 다른 나라의 풍습도 담고 있어, 보다 재미있고 차원이 다른 정보를 원하는 독자들에게 커다란 도움이 될 것이다. 이 책은 언론인인 저자가 1976년 7월부터 작고하기 직전인 1983년 4월까지 '주부생활'에 백미백상(百味百想)이라는 제목으로 82회에 걸쳐 연재한 글을 책의 구성에 맞게 재정리한 것이다. 저자는 한국일보·동아일보의 편집국장·논설위원으로서 시대를 고민한 지성인이었고, 뛰어난 칼럼니스트였으며, 한국 언론 문장의 현대화를 이룬 언론인이었다. 그는 유신 시절에 언론에 대한 통제로 평생 몸담았던 언론계를 부득이하게 그만두게 되면서 시사적인 글을 더 이상 쓰지 못하게 되자 평소에 관심을 가지고 있던 음식에 대한 글을 쓰게 되었고 이의 산물이 백미백상이었다.

　그렇다고 하여 그가 음식에 대한 지식을 뒤늦게 축적한 것이 아니라, 젊어서부터 음식에 대하여 호기심을 가지고 있었다. 미국에 유학할 당시 식료품 가게를 찾아 각종 음식과 재료에 대하여 눈여겨 기록하고, 언론인으로서 국내외 여행을 하거나 아시아신문재단 사무국장으로 외국에 체류할 당시에도 현지 시장에서 수산물·건어물·농산물을 직접 사거나 시장풍경을 즐기면서 음식에 대한 지식을 쌓았다. 이에 더하여 우리 선조들로부터 이어 내려오던 음식의 유래와 동서고금의 사례를 찾고, 나아가 외국 음식의 특성과 함께 외국인 삶의 모습도 적어 내려가면서 우리와 비교하기도 했다. 독자들은 이 책을 통하여 조선 팔도뿐만 아니라 일본·중국·필리핀·인도 등 아시아와 프랑스·독일·미국 등 서구 지역의 음식 맛과 멋을 접하게 될 것이다. 게다가 우리가 별생각 없이 쓰고 있는 음식 용어의 어원과 음식의 변천도 읽게 되어 재미가 더해진다. 무엇보다 저자의 사람에 대한 애정과 음식의 맛이 어우러져 있어 음식 맛의 깊이를 배가하는 기쁨도 덤으로 가지게 되지 않을까 여겨진다.

　이 글은 지금부터 40-50여 년 전에 쓰인 글이라 맞춤법, 외래어 표기법 등 지금 우리가 쓰는 용법과 다른 부분이 있고, 가격 단위도 커다란 차이가 있어 우리의 현재 감각과는 맞지 않는 부분도 있다. 그러나 당시의 분위기를 이해하는 것도 의미가 있을 것으로 판단하여 이 책에서는 원문의 글을 가급적 그대로 살렸으며 부득이한 경우를 제외하고는 고치지 않았다. 이에 대하여 독자들의 이해를 구한다.

　　　　　　　　　　　　　　　　　　　　　　　미식가의 수첩

~~~

자연을 담은 소채(蔬菜)의 맛에 취하고 즐기며 13

~~~

사계(四季)의 음식,
눈으로 즐기고 마음으로 상미(賞味)하며 163

활개 치는 생선 따라 세월과 삶을 낚으며 307

자연을 담은 소채(蔬菜)의
맛에 취하고 즐기며

산채와 두릅,
쑥과 마

어머니에게서 딸로 이어져 온 전통,
산채

     8·15 해방 전의 이야기다. 중국인은 '만주(滿洲)'라는 말을 싫어하고 '동북(東北)'이라고 쓰지만, 동북에서도 장춘(長春)―일본인은 이 도시를 신경(新京)이라고 부르게 했고, 괴뢰국인 만주국의 수도로 삼았다―지방에는 중국인 이외에 한국인, 러시아인, 일본인도 많이 살고 있었다.

  길고 추웠던 동북의 겨울이 지나 봄이 찾아온다. 얼음이 풀려 땅이 진 들판에 갑자기 생명이 약동하고 풀싹이 일제히 돋아난다. 이 무렵, 장춘 교외의 들판에서 바구니를 들고 질척한 땅에 고무신을 적시면서도 나물을 캐고 있는 아가씨들은 중국인도 아니고, 러시아인도 아니고, 일본인도 아니고, 영락없이 한국 아가씨들이었다고 한다.

  이 광경을 목격하고 보고하는 글을 적은 일본인 작가는, 그 지방에서 살던 네 민족 가운데서 봄나물이나 산채에 가장 민감한 민족은 한국인이었다고 지적한다. 일본인은, 일본 여성이 산채를 사랑하고 산채 요리에 솜씨가 좋다고 말하고 있지만, 그것은 새빨간 거짓말이라고 그는 단언한다. 적어도 산채에 관한 한 한국 여성 쪽이 훨씬 더 민감하고, 먹을 수 있는 들나물을 식별하는 능력을 아직도 어머니에서 딸로 전승해 내려가는 환경과 습관을 유지하고 있는 듯이 보인다고 그는 관찰한다. 이 작가는 우리나라 구절판에서 '민족의 원념'을 느꼈다고도 했다.

한국 여성을 칭찬해 준 데 대한 인사를 차리기 위해 말을 해 본다면, 일본에서도 옛날에는 산채를 사랑했고, 들나물 캐는 아가씨를 읊은 노래도 제법 많다. 정월 7일에는 칠초죽(七草粥)이라고 일곱 가지 들나물로 죽을 끓여 먹는 풍습이 일본에는 있었다. 칠초죽을 먹는 행사는 궁중이나 바쿠후(幕府) 의식의 하나이기도 했고 꽤 중요한 의식이었다고 한다.

중국에서도 옛날에는 그와 비슷한 풍습이 있었다. 정월 7일을 인일(人日)이라고 하여 일곱 가지 들나물을 국으로 끓여 먹었다고 한다. 은원(隱元)이라는 이름의 중국인 스님이 일본에 가서 이 풍습을 전해 준 것으로 전해지고 있다. 들나물에는 각각 약효가 있는 것으로 믿어지고 있었다.

우리나라의 경우는, 궁중 의식으로서는 입춘날에 경기도 산골 6읍에서 움파와 멧갓과 승검초를 진상한다고 〈동국세시기(東國歲時記)〉에 보인다. 6읍은 양근(陽根), 지평(砥平), 포천, 가평, 삭녕(朔寧), 연천의 여섯 고을을 말한다.

이윽고 〈동국세시기〉는, "멧갓은 이른 봄, 눈이 녹을 때 산속에 자라는 겨자다. 뜨거운 물에 데쳐서 초장에 무쳐 먹으면 맛이 매우 맵다. 고기를 먹은 뒷맛으로 좋다."고 설명하고 있다. 또한 "승검초는

움에서 재배하는 당귀의 싹이다. 깨끗하기가 은비녀의 다리와 같다. 꿀을 끼워 먹으면 매우 맛있다."라고도 적고 있다.

입춘날에 시골에서 임금께 올리는 것이 주로 향신료 따위였다는 것은 주목을 끈다. 〈동국세시기〉는 그런 풍습의 유래라고 볼 수 있는 중국의 고시(古詩)나 고사(古事)를 몇 가지 들고 있는데, 그 가운데는 송나라 종실이었던 안정국왕(安定國王)이 "입춘날 오신채(五辛菜)로 채반을 차렸다."는 사례도 있다. 채반(菜盤)이란 진미의 음식.

오신채는 보통 오훈채라고 부르는 것과 같다. 다섯 가지의 자극성 있는 채소라는 뜻이다. 불가에서는 마늘, 달래, 무릇, 김장파, 실파를 오훈채로 친다. 도가(道家)에서는 부추, 자총이, 마늘, 평지, 무릇을 오훈채로 친다. 주육(酒肉)은 물론이고 오훈채도 사람의 욕망—특히 정욕을 자극한다고 해서 먹는 것을 금지했다.

그러나 왕가는 역시 다르다. 술과 고기는 두말할 것도 없고 여기에 자극성 있는 채소까지 올리게 한다. 왕가에는 불가나 도가와는 전연 다른 윤리와 생리가 있었다는 것을 엿볼 수 있다.

산채(山菜)의 왕,
두릅

어린아이도 아닌데 굳이 '세계 최고'를 내세울 것은 아니지만, 산채를 알아보고, 산채를 사랑하고, 산채를 다루고, 산채를 즐기는 데 있어서 우리나라는 적어도 세계에서 어떤 나라에도 뒤지지 않는다고 말할 수 있다. 가난했기에 그렇게 되었는지도 모르고, 육식 민족이 아니기에 그럴 수밖에 없었는지도 모른다. 이유야 어떻든 간에 우리는 산채를 즐길 줄 아는 민족이고 그래서 조금도 나쁠 것은 없다.

산채를 읊은 시조로서 얼른 생각나는 것이 세 수 있다.

매아미 맵다 하고 쓰르라미 쓰다 하네
산채를 맵다더냐 박주(薄酒)를 쓰다더냐
우리는 초야에 묻혔으니 맵고 쓴 줄 몰라라

영조 때 가인 이정신(李廷藎)의 시조다. 매미가 맵다고 울고 쓰르라미가 쓰다고 운다고 말을 맞춘 것이 재미있다면 재미있지만, 말장난에 그친 것이 아닌가 하는 아쉬움을 남기는 시조다.

유벽(幽僻)을 찾아 가니 구름 속에 집이로다
산채에 맛 들이니 세미(世味)를 잊을노다
이 몸이 강산풍월과 함께 늙자 하노라

중종 때의 선비인 조립(趙岦)의 시조다. 그윽한 산속에서 산채에 맛을 붙여 다른 인간 세상의 재미를 깨끗이 잊었다고 하니, 대관절 어떤 산채였을까 하고 궁금해진다.

집 방석 내지 마라 낙엽엔들 못 앉으랴
솔불 혀지 마라 어제 진 달 돋아 온다
아히야 박주 산챌망정 없다 말고 내어라

선조 때의 서예가인 한호(韓濩-호는 石峯)의 시조인데, 산채를 읊은

미식가의 수첩

시조로서는 나는 이 시조를 가장 좋아한다. "집 방석 내지 마라 낙엽엔들 못 앉으랴" 하고 시작하는 것부터가 멋있다. "솔불(관솔불) 혀지 마라 어제 진 달 돋아 온다"고 한 것을 보면 산채를 안주로 막걸리를 마시면서 달구경을 하려는 풍류객인 것이다.

그러나 시대가 달라졌다. 비닐하우스에서 재배되는 산채는 산채라고 부를 만한 풍미나 계절감을 잃었으며, 많은 산채가 어디로 갔는지 자취를 감추었다. 임금에게 입춘 날에 올렸다는 멧갓(山芥)이나 승검초(辛甘菜)를 나는 본 일도 없다. 승검초로 강정, 떡, 증편, 단자, 다식을 만들어 먹었다는 이야기는 듣지만 나도 먹어 본 일이 있는지 어떤지는 알지 못한다.

그래도 외국과 비교하면 아직도 우리나라 여성들이 산채에 밝다. '코메리칸'이라는 유행어가 생겼지만, 재미교포 가운데는 고사리나물은 날마다 하루 세 끼라도 먹으려면 먹을 수 있다는 가정이 있다. 골프장에 가서 남편이 골프를 칠 때 아내는 골프장 주변에서 고사리를 딴다. 미국인은 고사리를 거들떠보지도 않기 때문에 얼마든지 있다고 한다. 그것을 말려 두고 있으니 언제든지 고사리를 먹으려면 먹을 수 있다는 것이다.

봄이 되면 갖가지 산채가 가게에 나온다. 내가 이름을 모르는 것도 적지 않다. 서울에서는 알아주지 않기에 서울에 올라오지는 않고 지방에서 지방 사람들이 즐기는 산채도 지방마다 많을 것으로 짐작된다. 울릉도에서는 '명나물'이라고 부르고, 서울에서는 '제비초'라고 부르는 산채가 있어서 봄마다 나는 즐거웠는데, 최근에는 이것도 서울에 잘 올라오지 않는 것 같다. 뜨거운 물에 데쳐 초고추장을 찍어 먹으면서 '한국의 아스파라거스'라고 추켜올려 주었는데도….

그래도 봄이면 두릅이 나오기에 나는 외롭지(?) 않다. 움에서 재배한 것이 일찍부터 나오지만 그것은 볼품도 없고 풍미도 없다. 나는 두릅을 산채의 왕이라고 꼽는다. 송이버섯이 있지 않느냐는 반론도 있겠지만, 대일(對日) 수출 때문에 송이버섯은 거의 금값과 맞먹게 되어 이미 산채의 범주를 벗어났다. 일반 대중과 관계가 없는 것은 산채가 아니다. 산채란, 아무런 부담감 없이 "아히야 박주 산챌망정 없다 말고 내어라"라고 할 수 있어야 산채다. 고급 요정에 가야만 겨우 냄새라도 맡아 볼 수 있는 것은 산채가 아니라 금채(金菜)다.

두릅은 두릅나무의 가지에 나오는 순인데 나물로 해서 먹어도 맛있지만 일본식으로 튀김을 해도 별미다. 이런 말을 했더니, 시골에 사는 친구가 옻나무의 순도 튀김을 하면 맛있다고 말한다. 옻나무에 어린싹이 돋아날 때 따서 가져다주겠다고 제의를 한다. 고맙게 제의를 받아들여 기대도 크지만 옻이 오르지나 않는지 약간 겁도 난다.

'수릿날(단오)'은
쑥떡 모양에서 온 말

휴일이었기에 새로 이사를 간 친구 집을 찾아갔다. 아직 전화를 놓지 못했다기에 미리 방문을 연락할 길이 없었다. 친구가 반겨 맞으면서 술상을 내오게 했는데, 이것이 손님을 기다리며 준비하고 마련한 잔칫상이었다. 사연을 물어보니 아들의 친구들이 오기로 돼 있다는 것이었다. 아마도 아들의 생일이었는지도 모른다.

'가는 날이 장날'이라고는 하지만 젊은 손님들을 맞으려고 이모저모로 바쁠 부엌에서, 난데없이 찾아간 불청객인 나에게까지 신경을 쓰게 할 것은 아니었다. 오래 앉아 있을 것은 못 되는 것이었다. 그

미식가의 수첩

러나 자리에서 일어나기 전에 상 위의 쑥떡을 집어 보았다. 정말 오래간만에 맛보는 쑥떡이었다.

'봄이구나!' 하는 실감이 났다. 그것은 틀림없는 봄 향기였다. 수줍듯이 향긋하고 결코 수다스럽지 않은 오순도순한 냄새에 비하면, 맛은 스스로를 감출 줄 모르는 솔직하고 분명한 쑥떡이었다. 속일 수 없는 이른 봄이 내 입 안에 가득 있는 느낌이었다.

친구의 자당께서 쑥을 구해 오셔서 손수 만드신 것이라고 한다. '그럼 그렇지'라는 생각이 들었다. 그런 할머님이라도 계시면 모를까, 그렇지 않으면 지금 보통 가정에서는 쑥떡을 만들어 먹는다는 것은 여간해서 엄두를 내지 못하는 것이 실정일 것이다. 현대의 가정주부들이 게으르다고 내가 비난하고 있는 것은 아니다. 하기야 게으른 가정주부가 없으라는 법이 없어 더러는 게으른 주부들이 있겠지만, 어떤 의미에서는 현대의 가정주부들이 너무 바빠서 쑥떡 같은 것을 집에서 만들 겨를이 없다고 보아야 하지 않을까 한다.

쑥떡에 국한된 이야기가 아니지만, 쑥은 다듬는 데 잔손이 많이 간다. 잡미(雜味)가 매우 센 식물이기 때문이다. 따라서 이른 봄의 어린 부드러운 잎이 아니면 안심이 안 되지만, 아무리 어린잎이라도 그대로 쓸 수는 없다. 적어도 하루쯤은 물에 담가 두었던 것을 팔팔 끓는 물로 살짝 데치고는 다시 냉수에 담가 놓고는 몇 번이고 물을 갈아 잡미를 말끔히 우려내야만 한다.

내가 잘 가는 어떤 식당에는 쑥국이 있다. 일 년 내내 있다. 일 년 내내 쑥국이 있는 것은 좋지만, 어느 철에나 쑥국을 시킬 것은 아니라고 나는 깨닫고 있다. 언제였던가 한 번은 쑥이 너무 질겨서 잡초국을 들고 있는 기분이었다. 워낙 질기거나 또는 손질이 덜 된 쑥은 잡초에 지나지 않는다. 그런 점에서도 쑥국은 역시 봄의 시식(時食)

으로 꼽아야 할 것만 같다. 된장국에 쑥을 넣어 끓일 때 쇠고기도 좋지만 흔히들 바지락이나 모시조개를 함께 넣지 않는가. 그런데 바지락도 모시조개도 이른 봄에 가장 제맛이 나는 것이다.

쑥떡은 옛날에는 단옷날에 으레 해 먹는 음식이었다. 쑥잎을 잘 골랐고 또한 잘 손질하고 다듬었던 것 같다. 단오를 '수릿날'이라고도 하는데, 쑥잎을 따다가 짓이겨 멥쌀가루 속에 넣고 녹색이 나도록 반죽하여 수레바퀴 모양으로 떡을 만들어 먹었다. 이 '수레'가 '수릿날'의 어원이라는 것이 〈동국세시기〉와 〈경도잡지(京都雜志)〉의 주장이다. 〈열양세시기(洌陽歲時記)〉는 '수릿날'의 어원에 관해 이설(異說)을 내세우고 있지만 쑥과는 관계가 없기에 여기에 소개할 것은 없겠다.

수릿날에는 또한 쑥잎이 작고 둥글며 등이 흰 것을 볕에 쬐어 말려 부싯깃을 만들었다고 한다. 이날 임금은 각신(閣臣)에게 애호(艾虎), 즉 '쑥호랑이'를 나누어 주었다. 작은 대나 잔 짚으로 만들었고 비단 조각으로 만든 꽃을 묶어 비녀처럼 머리에 꽂았는데, 그 나풀나풀하는 품이 꼭 갈대 이삭 같았다고 한다. 아마도 악귀를 쫓거나 장수(長壽)를 비는 뜻이 있었던 풍습으로 짐작되지만, '쑥호랑이'의 어원은 잘 모르겠고(중국에는 '애호'라고 부르는 호랑이 무리가 있다), '쑥호랑이'라면서 재료로써 쑥은 전연 사용되지 않았던 까닭도 나는 알 수가 없다. 하여간 쑥은 단오와 인연이 깊은 풀이었던 것이다.

어렸을 때는 쑥떡은 물론이고 곧잘 쑥경단이나 쑥인절미도 먹었는데 그날이 수릿날이었던 것일까. 쑥밥도 있지만 이것은 내가 먹어 본 일이 있는지 없는지 기억이 희미하다.

쑥탕(湯)이라고 하면 쑥국이 아니라 쑥을 넣은 목욕탕인데, 보기에는 그렇게 보잘것없는 쑥이 이렇게도 냄새는 강할 수가 있는 것

인지, 나는 쑥탕 앞을 지나갈 때마다 새삼 감탄을 한다. 다만 쑥탕
이 얼마나 사람 몸에 좋은지는 한방에 어두운 나로서는 알지를 못
한다. 그런대로 한방에서 뜸(炎)을 뜨는데 쑥을 쓰는 것은 쑥의 약효
때문이라기보다는 쑥이 불을 잘 받으면서도 쉬이 타 버리지 않고 불
이 오래가는 보화성(保火性) 때문일 것으로 짐작하고는 있다.

친구의 자당께서 손수 만드셨다는 쑥떡은 아직도 접시 위에 많이
남아 있었다. 반죽 때문인지 쑥은 실물보다 경단이나 떡을 빚은 빛
깔이 더 밝고 뚜렷하다. 그러나 나는 어서 자리에서 일어나야만 했
다. 그렇지 않다가는 곧 '쑥'스러운 자리에 앉아 있는 '쑥'이 될 것만
같았다.

마, 고구마와의
야릇한(?) 관계

마를 모르는 젊은 후배가 있다. 도회지에서 자랐었다면
그럴 수도 있겠지만, 농촌에서 태어났고 국민학교까지는 농촌에서
다닌 것을 알기에 그가 마를 모른다는 것이 나에게는 좀 놀라왔다.

그때 우리 두 사람은 일식집에서 점심을 먹고 있었다. 내가 들고
있는 마죽을 보고 그것이 뭐냐고 그가 묻기에, 마를 갈아 만든 죽이
라고 일러 주었더니, 그는 마가 무엇인지를 전연 모르고 있었다.

추위가 풀려 눈이 녹으면 서울의 거리에는 봄나물을 파는 아낙네
의 모습이 심심치 않게 나타난다. 그런 나물 장수가 길가에 펼쳐 놓
은 갖가지 나물들에 끼어 마도 한몫을 차지하고 있는 경우가 제법
있다. 그 젊은 후배와 함께 일식집에서 나와 다방으로 가는 도중에

나는 나물 장수 아주머니가 길가에 펼쳐 놓은 것들 가운데 몇 가지의 나물과 함께 마도 있는 것을 보았다. 때마침 잘 되었다.

"여보게, 이게 바로 마야. 설마 처음 보는 것은 아니겠지?"
"마라는 게 이렇게 생긴 겁니까. 처음 봅니다. 꼭 고구마처럼 생겼군요."

그렇다. 마에도 여러 종류가 있으며, 따라서 형태가 서로 비슷비슷하면서도 똑같지는 않으나, 그때 우리 두 사람이 보고 있던 마는 꼭 고구마를 닮은 모양을 하고 있었다. 마라는 것은 꼭 고구마처럼 생긴 것이라고 젊은 후배는 그날 새로이 지식을 하나 더 늘인 것 같아 보였다.

마가 무엇인지 알아보니 꼭 고구마처럼 생긴 것! 금석지감(今昔之感)이라고 말할 것까지야 없다. 그러나 약 2백 년 전과는 사정이 거꾸로 되어 있는 것은 사실이다.

고구마는 조선왕조 영조(英祖) 39년(1763)에 통신사로 일본에 갔던 조엄(趙曮)이 대마도(對馬島)에서 씨고구마를 부산진(釜山鎭)으로 보낸 것이 우리나라에 전래된 시초라고 한다. 그러나 그것은 어디까지나 공식적인 기록이 그렇다는 이야기이고, 대마도와의 거리를 생각하면 그 이전에 이미 민간의 손으로 고구마가 우리나라에 들어와 있었을 가능성을 덮어놓고 배제할 수는 없다.

그러나 지금부터 약 2백 년 전인 18세기 후반에서 고구마는 식자들의 주목을 끌었던 식물이면서도 그 재배 방법이 서툴러서 재미를 보지는 못하고 있었다. 선각자들은 훌륭한 구황(救荒)식품이라는 점에서 고구마가 지닌 귀중한 가치를 잘 알고 있었기 때문에 그 재배 방법을 연구하는 데 많은 노력을 기울여 쏟았다. 고구마 재배에 관한 여러 책들이 나오게 되고 고구마의 특징이 설명되었다. 그런데 고구마를 설명하는 데 있어 대체로 공통되어 있었던 것은 그것이 산약(山藥)과 비슷한 점이 적지 않다는 지적이었다. 산약은 마를 말한다.

다시 말하면 약 2백 년 전에는 새로 들어온 낯선 고구마를 설명하는 데 있어 그것이 마와 비슷한 점이 있다는 것이 지적되었다. 고구마를 보지 못한 사람들도 그것이 마와 비슷하다는 점을 읽게 되면 어렴풋이나마 고구마에 관한 아이디어를 가질 수가 있었을 것이다.

그런데 그로부터 약 2백 년 후인 20세기 후반에서는 마라는 것이 꼭 고구마처럼 생겼다고 마를 알게 되고 이해하는 젊은 후배가 있는 것이다. 역시 2백 년이라는 세월은 그렇게 짧은 것이 아니구나 하고 새삼 혀를 두르지 않을 수 없다.

마는 재배종보다는
자생종을 더 치지만…

마를 한자로는 서여(緖餘) 또는 산우(山芋)라고도 쓰지만, 옛날부터 흔히 '산약'이라고 했다. 산에서 나오는 약이라는 것이다. 한방에서는 마를 이 병 저 병에 약효가 있는 정력제라고 꼽고 있다.

마라는 식물은 다년생 만초(蔓草)인데 땅 위에서는 넝쿨을 이루고, 꽃은 수꽃과 암꽃이 따로따로 피며, 식용 또는 약용으로 삼는 것은 땅속에 있는 괴근(塊根)이다. 우리는 이 괴근을 마 뿌리라고 부르지만, 식물학자의 말을 들으면 그 괴근은 뿌리가 아니라 줄기와 뿌리와의 중간 부분이라고 한다.

우리 겨레가 언제부터 마를 먹게 되었는지는 문헌으로써는 잘 추적되지 않는 것 같다. 〈신증동국여지승람(新增東國輿地勝覽)〉의 각 지방 토산물 가운데도 마는 보이지 않는다. 그러나 〈신증동국여지승람〉에 마가 보이지 않는다는 사실이, 그 당시의 겨레가 마를 몰랐거나 또는 먹지 않았다는 것을 입증하는 것은 아니다. 다른 예를 든다면 벼 같은 것은 〈신증동국여지승람〉에 보이지 않는다. 벼는 거의 전국적으로 재배되어 있었기 때문에 어느 지방의 토산이라고 내세울 수가 없었으리라고 짐작된다. 마의 경우도 어느 고장의 특산이라고 내세우기는 거북할 정도로, 거의 전국적으로 분포하고 있었으리라고 짐작되는 것이다.

'산약'이라고 약효가 인정되고 보면 밭에서 재배하기도 했으리라고 생각된다. 그러나 대량으로 재배되었을 것 같지는 않다. 왜냐하면 마는 다른 한약재와는 달리 장기간 저장될 수가 없다. 말려두었다가 필요에 따라 3년 후나 5년 후에라도 꺼내어 약을 짓는 식으로 마를 다룰 수는 없다. 마는 반드시 날로 먹어야만 하는 것은 아니지만, 마의 특징은 날것의 껍질을 벗겨 갈았을 때 끈적끈적한 풀처럼 점액체(粘液体)가 되는 데 있는 것이 아닐까. 통째로 저장하기가 힘든 데도 한계가 있었을 것이며, 마는 전국적으로 매우 드문 식물은 아니었지만 한편 그렇게 흔해 빠진 식물도 아니었으리라고 상상해 본다.

밭에서 재배되는 마보다는 산에 자생(自生)하는 마를 더 친다. 더위와 습기를 좋아한다고 하고 진흙땅에서 자라는 놈이 질이 좋다고 한다. 마는 입자(粒子)가 고운 데다가 소화 효소(酵素)가 풍부해서 소화가 잘된다. 그런데 산에서 자생하는 놈이 밭에서 재배하는 마보다

미식가의 수첩

도 훨씬 입자가 곱고, 갈았을 때의 점착력(粘着力)도 훨씬 강하다고 한다. 엄격하게 가리면 산에서 자생하는 마와 밭에서 재배되는 마는 서로 종류가 다르다. 밭에서 재배되는 마도 종류가 같지 않고 유전자의 염색체(染色體) 수를 크게 달리하고 있다고 한다. 굳이 친척이라고 해도 가까운 친척관계라고는 볼 수가 없다. 젊은 후배와 함께 내가 그날 길가에서 보았던 마도 밭에서 재배된 것이었다. 지금 서울에 들어오는 마는 모두가 재배된 것들이며 산에서 자생한 것은 하나도 없다고 말해도 결코 과언은 아닐 줄로 믿는다. 산에서 자생하는 마는 흔하지가 않아서 찾기도 어렵지만 그것을 파서 캐는 데는 여간 힘이 드는 것이 아니다. 죽도록 고생해서 캐 왔다고 해서 그만큼 비싸게 팔리는 것도 아니다. 마라면 밭에서 비교적 손쉽게 재배되는 것들이 판을 치게 되어 있다.

다채로운 요리에
산약주(山藥酒)까지,
마를 먹는 법

마는 어떻게 먹는 것이 맛있을까. 갈아서 마죽을 만든 것을 나는 가장 즐긴다. 식성에 따라 달걀을 깨서 풀어 넣는 사람도 있다. 김을 부수어 뿌리기도 한다. 누구나 자기 입맛에 맞게 간장을 조금 친다. 이것을 그대로 먹기도 하지만 밥을 비벼 먹기도 한다. 밥도 흰밥보다는 보리밥이 훨씬 더 어울리는 것 같다. 마와 보리는 궁합이 맞는 모양이다.

마에 관해서는 우리 조상들이 즐겨 먹었다는 요리가 몇 가지 전해지는데 나는 구경도 한 적이 없다. 〈국어대사전(이희승 편)〉을 인용하면서 다음과 같이 소개해 본다.

산약다식(茶食) - 다식의 한 가지. 껍질을 벗긴 마의 뿌리를 짓이겨서 채에 걸러 말렸다가 꿀에 반죽하여 만듦.

산약발어(撥魚) - 마의 뿌리를 삶아 껍질을 벗기고 으깨어 밀가루와 콩가루를 같이 반죽해서 끓는 물에 숟가락으로 적당히 떠넣어 익힌 다음 육즙(肉汁)에 넣은 음식.

산약응이(산약의이, 山藥薏苡) - 마의 껍질을 벗기고 백반을 탄 물에 담가 하룻밤을 재운 다음 백반 물을 씻어 버리고 그늘이나 불에 말리어서 빻아 가루를 만들어 꿀물에 쑨 음식. 묽은 풀 같음.

그러나저러나 산약주라고 하여 마를 넣어 빚은 술도 있었다고 하니 감탄하지 않을 수 없다. 다른 것은 몰라도 산약주만은 어떤 맛인지 한잔 맛보았으면 하지만, 지금 이 삼천리강산의 어디를 찾아가야 하는 것인지?

일본에서도 마를 곧잘 먹는다. 가장 흔한 것이 마를 갈아 국에 풀어 넣은 마국이다. 일본말로 '도로로지루(薯蕷汁)'라고 한다. 마를 갈아서 메밀국수에 얹어 먹는 것도 있다. 일종의 비빔국수다. 마를 간 것을 생선 간 것에 섞어 쪄서 만든 부드러운 오뎅도 있다. 마를 재료의 일부로 이용해서 만든 과자도 있다. 일본은 제법 마를 다방면으로 이용하면서 즐겨 먹고 있다고 말할 수 있다.

중국은 워낙 넓은 나라이기 때문에 사람들이 어디서 어떻게 마를 요리해서 먹고 있는 것인지 잘 알 수가 없다. 그러나 우리나라에서도 웬만한 중국집이라면 상으로 시킨 요리가 끝나려는 무렵에 발사산약(拔絲山藥, '山藥' 대신에 '山葯'이라고도 씀)이라는 마 튀김이 나온다. 마를 튀기고 설탕 국물을 버무렸는데 너무 뜨거워 그대로 먹을 수는 없다. 하나씩 집어 냉수에 잠깐 담갔다가 먹도록 되어 있다.

우리는 흔히 이것을 '마탕'이라고 부르기도 한다. 마를 몰랐던 젊은 후배에게 나는 그 이야기도 해 주었다.

"중국 요리가 끝나려는 무렵에 마탕이라는 것이 나오지 않아? 뜨거운 설탕 국물을 버무렸기에 물에 찍었다가 먹는 것 말일세. 그게 바로 마야."

"무엇을 말씀하시는지 잘 압니다. 그런데 저는 그것이 고구마라고만 알고 있었는데요."

또 고구마 이야기가 나오게 되었다. 물론 고구마를 가지고서도 그런 요리를 만든다. 다만 고구마인 경우에는 요리 이름은 '발사지과(拔絲地瓜)'가 된다. 삶은 밤을 가지고 비슷하게 만들기도 한다. 발사율자(拔絲栗子). 바나나를 재료로 비슷하게 만드는 것도 있다. 발사향초(拔絲香蕉). 은행, 곶감, 사과 등도 재료로 쓸 수 있지만, 역시 이 요리의 대표적인 재료는 마라고 하지 않을 수 없다.

김치와
자우어크라우트

우리 맛의 본향,
김치

김장철이 되면 나는 미국 서해안의 도시인 몬트레이(Monterey)의 일본 식당에서 먹은 김치 생각을 해 본다. 맛이 있었기에 생각나는 것이 아니라, 내가 평생을 두고 먹은 김치 가운데서 가장 비싼 김치였기 때문이다.

이제는 옛날이야기지만, 점심때 친구들과 함께 들른 그 식당의 메뉴에 '김치'가 있었고 괄호하고 '애피타이저(식욕을 돋우는 것이라는 뜻)'라는 주석이 붙어 있었다. 값은 1달러라고 적혀 있었다. 최근의 외환 시세로 치면 약 5백 원인 셈이지만, 당시의 1달러는 지금의 1달러보다 훨씬 더한 구매력을 지니고 있었다.

다른 것들에 곁들여 주문했던 김치가 나온 것을 보고 우리는 모두 놀랐다. 어린이 손바닥만 한 크기의 접시에 담겨 나온 김치는 한 사람이 애써 한입으로 먹으려면 먹어 삼킬 수 있는 분량이었다. 그 정도의 분량밖에 안 되는 김치였기에, 이것을 마치 무슨 귀중한 보물을 다루듯이 서로 조심하고 아끼면서 먹는 점심은 정말 야릇한 점심이었다. 김치를 더 달라고 청하면 돈 안 받고 얼마든지 수북하게 가져다주는 고국의 식당 생각이 간절할 수밖에는 없었다.

슈퍼마켓에서 사 온 김치임이 틀림없었다. 미국 서해안의 슈퍼마켓 가운데는 유리병에 든 허연 김치를 파는 집이 더러 있었고, 그것을 사가는 미국 사람도 제법 있었다. 마늘이나 고추를 적게 써서 미국 사람 입맛에 맞게 담근 미국식 김치였지만, 배추는 연했고 맛은 좀 시큼한 것이 괜찮았다.

60몇 센트인가 하던 그런 김치를 사면, 김치에 굶주린 한국 유학생은 유리병 하나로 한두 끼로 비워 버리게 마련이어서 여간 헤픈 것이 아니었다. 그런 유리병 하나로 그 식당에서는 김치 열 접시는 능히 내고도 남았으리라.

김장철이 되어 "우리 집은 배추 50포기면 넉넉해요.", "우리 집은 아무리 적게 한다고 해도 백 포기는 해야 한답니다." 하고 가정주부들이 김장 이야기를 하는 것을 듣다가 나는 혼자 웃을 때가 있다. 몬트레이의 일본 식당 김치가 생각나기 때문이다. 배추 한 포기에서 30달러어치의 김치 또는 애피타이저가 나온다고 줄잡으면, 백 포기면 벌써 3천 달러가 아니겠는가.

김치밥인 황해도식
'짠지밥'

김치 이야기가 나오면 또 생각나는 것에 황해도의 '짠지밥'이 있다. 황해도뿐만은 아니지만, 보통 우리가 김치라고 부르는 것을 '짠지'라고 부르는 지방이 있다. 무를 소금에 짜게 절인 것을 보통 우리가 짠지라고 부르고 있기에 더욱 헷갈리지만, 황해도의 짠지밥은 서울말로는 '김치밥'이다.

나에게는 황해도 출신의 친구가 있었는데 그 집에 가서 놀면서 황해도 음식을 알게 되었다. 황해도 음식이라고 내세울 만한 것이 별로 없는 것은 사실이지만, 석전경우(石田耕牛)라는 평을 듣는 황해도 사람의 음식은 구수하고 실질적이었다.

술을 마시면 안주로 곧잘 나오는 것이 녹두지짐이었다. 서울말로는 빈대떡 또는 빈자떡이지만 황해도식 녹두지짐은 서울식 빈대떡과는 좀 달랐다. 녹두 속에 나물과 함께 굴을 넣어 지진 것이다. 지짐 속에 들어 있는 굴을 씹을 때는 굴전을 먹는 듯한 구수한 맛이 있는 매우 독특한 빈대떡이었다. 그 친구의 고향은 황해도 장연이었는데 황해도에서도 바다에 가까운 지방의 음식인지 어떤지는 물어보지 못했다.

술을 마시고 나면 으레 짠지밥이 나왔다. 김치와 돼지고기를 썰어 쌀에 섞어 지은 밥이다. 김치도 돼지고기도 잘 익어 있는 밥을 퍼서 양념간장으로 비벼 먹는다. 양념간장은 보통 간장에 참기름을 듬뿍 넣은 것에 파를 다져 뿌린 것이었다.

녹두지짐도 그렇고 짠지밥도 그렇지만, 감칠맛이 있고 없고를 논할 아기자기한 음식은 아니다. 다정하고 순박하고 가정적인 음식이다. 실제로 만드는 데는 그런대로 솜씨가 있어야 하는 것이겠지만, 먹는 사람으로서는 이렇다 할 기교를 느낄 필요 없이 가족의 한 사람이 된 듯한 기분으로 그저 먹으면 그만인 음식이었다.

'김칫국부터 마신다.'는 속담도 있지만 김치는 우리 민족의 식생활에서 빼놓을 수 없는 음식이고 우리 민족의 상징처럼 되어 있다.

최근에 서독과 이탈리아의 신문 잡지들이 서로 상대방을 꼬집는 싸움을 벌이고 있다. 서독의 어떤 잡지는 이탈리아의 상징인 스파게티 위에 권총을 올려놓은 사진을 싣고, '공포의 나라'라고 이탈리아의 흉을 보는 특집을 냈다. 그러자 이탈리아의 어느 신문은, 독일 사람들이 좋아하는 소시지와 자우어크라우트(캐비지를 절인 것) 위에 수류탄을 얹어 놓은 사진을 싣고, '살인과 강탈, 도둑의 나라'라고 서독을 비웃었다. 음식으로 나라 또는 국민을 상징한 것이 재미있는데, 음식으로 한국을 상징하려면 역시 김치일 것이다.

　　베트남 전쟁이 한참이었을 때의 일이다. 베트남에서 싸우는 한국군에 대한 미국 지원에 지나친 점은 없는가 하는 것이 미국 상원의 어느 위원회에서 시비가 된 일이 있었다. 미국이 지원하는 한국군 보급품 가운데 '김치'라는 항목이 있는 것을 발견한 어떤 의원이, "김치란 뭐요?"라고 질문을 했다. 갑자기 김치가 뭣인지 설명을 해야 하는 행정부 측은 몹시 당황했던 모양이다.

　　기록을 보면 알쏭달쏭한 답변인데 김치를 설명하기 위해 쩔쩔맸던 것이 분명하다. 결국 한국군에게는 없어서는 안 될 음식이라고 강조함으로써 얼버무리고 말았다.

　　한국군—다시 말해서 한국 사람에게 없어서는 안 될 김치가 언제부터 우리나라에서 만들어졌느냐 하는 문제를 누가 한번 연구해 보면 재미있을 것이다. 보통 우리가 김치라고 부르는 배추김치에서 고추는 빼놓을 수가 없는 기본적인 양념 재료인데, 고추가 우리나라에 들어온 역사는 결코 오래지 않다. 임진왜란 때 담배와 마찬가지로 일본에서 건너온 것으로 보는 것이 정설처럼 되어 있으니까 말이다.

　　그렇다면 고추를 쓰는 김치의 역사는 채 4백 년도 되지 않는다. 신라 시대나 고려 시대는 두말할 것도 없고, 조선왕조 시대에 들어

서서도 세종대왕은 고추를 쓴 김치는 먹어 보지 못했다는 이야기가 된다. 한글의 역사보다 고추를 쓴 김치의 역사가 짧은 것이다.

고추가 들어오기 전에도 무, 배추 같은 야채를 소금과 다른 양념으로 절여서 먹기는 했을 것이다. 늦가을에는 고추는 안 썼더라도 월동을 위해 야채를 저장하려고 김장을 했을 것이다. 고려 시대의 문장가인 이규보에게는 "소금에 절여 저장해 두고 겨울 동안 먹는다."고 무를 읊은 시가 있다.

고추가 들어온 후에 고추를 쓰는 김치는 누가 언제 발명했는지는 알려져 있지 않다. 베트남에서 한국군은 김치를 먹으면서 싸웠지만, 병자호란(1637년) 때 남한산성에서 농성하며 싸우던 조선군의 병참을 살펴보면 간장은 있지만 김치는 없다. 19세기 중엽에 간행된 〈동국세시기〉에는 "서울 풍속에 무, 배추, 마늘, 고추, 소금 등으로 독에 김장을 담근다. 여름의 장 담기와 겨울의 김장 담기는 인가(人家)의 일 년의 중요한 행사다."라고 보인다. 이미 19세기 중엽에는 고추를 쓰는 김치 깍두기가 있었던 것이 분명하지만, 고추를 쓰는 김치 깍두기의 역사는 뜻밖에 짧으면서도 그 시작이 분명하지가 않다.

서양에도 김장이 있다(?)

철이 되면 이젠 남자끼리도 곧잘 "자네 집은 김장 다 끝났나?" 하는 식의 인사를 나눈다. 반세기 전만 하더라도 남자들은 아무리 친한 사이라도 김장 이야기를 계절 인사로 삼지는 않았을 것 같다. 그런 것은 사내대장부가 바깥에 나가서까지 입에 올려야 할 문제는 못 된다고 생각되어 있지나 않았을까 한다.

남자들도 김장 이야기로 계절 인사를 나누어서 조금도 흉이 안 된다는 것은, 그만큼 가사에 대한 남자들의 관심이 높아졌다는 것을 뜻한다. 좀 더 정확하게 말한다면 가사에 대해 바깥에서 남자들의 관심을 표명해도 별로 수치가 안 되는 세상이 된 것이다. 남자들에게 의식의 변화가 일어났다고 볼 수가 있다. 대폿집 아주머니의 말로는 술장사가 김장철을 탄다고 한다. 김장철에는 장사가 안된다는 것이다.

　　그러고 보면 남자들의 의식은 변화했더라도 김장이라는 겨레의 풍습에는 변화가 없다. 〈동국세시기〉(1849)는 김장을 서울 풍속(京俗)이라고 적었지만, 여름의 장 담기와 아울러 겨울의 김장 담기가 인가(人家)의 큰 행사라는 뜻이었겠고, 김장을 서울에 국한된 풍속으로 못 박은 것이 아니었음은 그 뒤의 글을 보면 짐작할 수가 있다. 〈동국세시기〉가 나오기 훨씬 전부터 김장은 전국적인 겨레의 풍습이었을 것이다.

　　"김장은 우리나라의 독특한 것이지. 서양에는 이런 것이 없지 않아?"

　　김장에 대해 바깥에서 남자들이 인사를 나눌 정도로 의식이 변화한 것은 좋지만, 한 걸음 더 나아가서 김장은 우리나라에만 있는 자랑거리인 듯이 어떤 친구가 다방에서 주장하기 시작했다.

　　그러나 그런 자랑에는 절제(節制)가 필요하다. 한국말이나 한국 요리가 한국의 독특한 것인 것처럼, 한국식 김장은 한국에만 있는 풍습인 것은 틀림없다.

　　그러나 외국에는 외국말이나 외국 요리가 있고 또한 외국식 김장도 있는 것이다. 겨울에는 사료가 달리기 때문에 겨울을 앞두고 가축의 상당수를 잡아 겨울에 대비하는 민족들도 많다. 과일이나 야채에 관해서만 말해 보더라도 여름에서 가을에 걸쳐 숲이나 들에서 열매들을 따와 잼을 만드는 경우들도 흔하다. 말려서 저장할 수 있는 것은 말린다.

우리나라의 김장과 비슷한 것에는 오이의 피클(pickles)이 있고 캐비지의 자우어크라우트(Saurkraut)가 있다.

캐비지로 만든 새콤한 '서양 김치', 자우어크라우트(Sauerkraut)

'캐비지 자우어크라우트'라고 써 놓고는 어색해서 혼자 웃었다. 독일 말로 '자우어'는 우리나라 말로는 '시다'라는 형용사이고 '크라우트'는 캐비지다. 자우어크라우트가 '신 캐비지'라는 뜻인데 '캐비지 자우어크라우트'라면 '캐비지의 신 캐비지'라는 말밖에 안 되니까 말이다.

하여간 자우어크라우트는 캐비지로 만든 서양 김치 이름이다. 양식을 먹으면서 이 향긋하고 시큼한 캐비지 김치를 맛보았던 독자들도 많으리라고 믿는다. 독일 사람들뿐만 아니라 프랑스 사람들도 즐겨 먹는다. 프랑스 말로는 슈우크루우트(Choucroute)라고 한다. 직역하면 캐비지 부스러기라는 뜻이다. 알자스(Alsace) 지방이 유명하고 파리의 식료품점에 나와 있는 슈우크루우트는 거의가 알자스 지방에서 온 것이라고 생각해도 무방하다. 알퐁스 도데의 '마지막 수업'이 알자스 지방을 무대로 삼고 있는 바와 같이, 이 지방은 역사적으

미식가의 수첩

로 독일과 프랑스 사이에서 그 귀속이 오락가락했던 고장이다.

요리에 무슨 국경이 있을까마는 뿌리를 따진다면 자우어크라우트의 발상지는 역시 독일이라고 보아야겠다. 이탈리아 사람들도 그저 크라우티(Crauti)라고 독일식으로 부른다. 영국이나 미국 사람들도 자우어크라우트를 줄여 흔히 '크라우트'라고 부른다.

우리나라의 대중적인 경양식점에서는 캐비지를 썬 것을 날로 곧잘 내놓는다. 그러나 캐비지의 본고장인 서양에서는 별로 그것을 우리처럼 생식하지는 않는 것 같다. 내가 아는 사람이 독일에서 하숙집 주인을 불러 술대접을 하는데 마땅한 안주가 없어서 우리나라식으로 캐비지를 썰어 토마토케첩을 얹어 내놓았다고 한다. 술은 곧잘 마시면서 캐비지에게는 전연 손을 대지 않는 하숙집 주인에게, 좀 미안한 것 같아서 자꾸 캐비지를 권했더니 마침내 그는 "토끼도 아닌데, 뭘." 하고 사양하는 이유를 밝히더라고 한다.

캐비지는 일반적으로 생식하지는 않지만 요리용이다. 특히 자우어크라우트를 만드는 데 대량으로 소비되고 있는 것 같다. 물론 캐비지로 고기를 싸서 찌거나 삶거나 하는 따위의 요리도 많지만.

제2차 세계대전이 끝나 소련의 시베리아에서 포로 생활을 지낸 일본 군인들의 회고담에서 이런 대목이 나로 하여금 고개를 갸웃거리게 한 일이 있다. 급식에 대한 불평이었는데, 썩은 캐비지만을 자주 부식으로 주는 데는 질색이었다는 것이다. 검은 빵에 부식이라고는 정말로 썩은 캐비지밖에 없었던 것인지도 모르겠다. 그러나 그들이 불평하는 '썩은 캐비지'가 어쩌면 자우어크라우트가 아니었겠나 하는 의문도 나에게는 있었던 것이다. 엉터리로 만든 자우어크라우트는 시큼하기만 했을 것이며, 그런 것을 먹어 보지 못했었던 일본 군인들에게는 그것이 '썩은 캐비지'로 밖에는 여겨지지 않았을 가능성도 있지 않을까 하는 의문이 없지 않았다.

세계적으로 퍼진
캐비지 김치

자우어크라우트—서양식 캐비지 김치는 어떻게 만드는가. 우리나라 김치와 마찬가지로 다양한 방식이 있겠지만, 또한 우리나라 김치와 마찬가지로 기본적인 것은 거의 공통되어 있는 것 같다. 캐비지를 잘게 썰어서 소금에 절이는 것이 기본이다.

기본을 떠난 까다로운 이야기를 몇 가지 적어 보자. 소금은 암염(岩鹽)이 바람직하다고 하고, 캐비지의 무게에 대해 2% 이상이어야 하나 3% 이하여야 한다나. 백포도주를 골고루 살짝 뿌려야 한다는 주장도 있다. 케이퍼(Caper)라는 서양 조미료(약초)를 군데군데 뿌려 놓는 것이 바람직하다는 주장도 있다.

하여간 이것들을 눌러 놓고 한 달쯤 지나야만 잘 익은 자우어크라우트가 된다. 외부적으로는 추위가 중요한 구실을 하지만, 내부적으로는 유산균(乳酸菌)이 중요한 역할을 한다. 유산균은 소금과 그리고 캐비지에서 우러나오는 영양분 속에서 거의 이상적으로 성장한다. 유산균의 이런 활발한 성장이 바로 캐비지의 발효다. 이런 유산발효가 완성하면 자우어크라우트에서 유산의 양은 캐비지의 총량에 대해 1.5%에서 2%에 이르게 된다고 한다. 자우어크라우트의 향긋하고 시큼한 맛은 이렇게 유산균이 만들어내는 것이다. 그것은 우리나라 김치의 경우와 다를 바 없다.

서양 사람들은 자우어크라우트를 생식하지 않는 것이 보통이지만, 절대로 생식하지 않는 것은 아니다. 그것을 즐겨 생식하는 사람들도 있기는 있다. 그 국물을 그대로 마시기를 즐기는 사람도 있고 그래서 주스 통조림도 있다. 비타민 C가 풍부한 것은 잘 알려져 있다. 독일 상선이나 해군에 괴혈병(壞血病)이나 각기(脚氣)가 없다시피 했던 것은 이 자우어크라우트 덕분이었다는 말도 있다. 그런 약효는 알쏭달쏭한 이야기지만, 기름기가 많은 돼지고기와 함께 삶으면 잘 어울리는 서양 김치다.

독일에서 오래 살았던 사람의 이야기로는, 독일 사람들은 우리나라 된장찌개 냄새에는 질색이었지만, 김치찌개 냄새는 아무렇지도 않게 여기더라고 한다. 자우어크라우트를 삶는 냄새와 어딘가 비슷한 점이 있기 때문일까. 그러나 독일에서 파는 자우어크라우트는 통조림의 것보다는 비닐봉지의 것이 훨씬 더 시큼하고 맛도 강했다고 한다. 개인의 입맛에 맞고 안 맞고는 둘째 치고, 비닐봉지의 자우어크라우트가 통조림보다는 더 진짜 맛인 모양이다.

우리나라에도 통조림이거나 또는 병에 든 자우어크라우트가 수입되어 있다. 고급양식점에서는 쉽게 먹을 수도 있다.

그러나 캐비지도 비싸지 않고 소금도 귀중품이 아닌 우리나라에서 자우어크라우트를 수입한다는 것이 나에게는 안타깝게 여겨지는 일이다. 김장에 관해서는 상당한 지식과 경험을 갖추고 있는 겨레가 아니겠는가. 자우어크라우트의 개발이 그렇게 어려운 것으로는 보지 않는다. 이용 방법도 많고 보면 앞으로 우리나라 김장의 내용을 더 풍부하게 하기 위해서도 자우어크라우트에 대한 새로운 관심이 일어났으면 한다.

더덕, 송이, 순채

더덕,
산채의 왕이냐 영의정이냐

　　송이는 이제 값이 너무 비싸서 서민의 식생활과는 거리가 멀기에 산채라고 부르기도 황송하게 돼 버렸으며, 따라서 산채의 왕으로는 나는 두릅을 꼽는다. 그랬더니 어떤 친구가 전반에는 찬성하면서도 후반에 대해서는 의견을 달리하는 것이었다. 송이를 산채로 볼 수 없게 된 것은 사실이며, 차라리 산금(山金)으로 다루어 채소 가게가 아니라 보석 가게로 하여금 팔게 해야 한다는 것이 그의 주장이었다. 그러나 송이가 산채에서 빠져나간다면 산채의 왕은 두릅이 아니라 더덕이어야 한다고 그는 강경하게 우겼다.

　　두릅이든 더덕이든 우리끼리 멋대로 정하는 왕권(王權)을 누가 인정해 줄 것도 아닌데도 산채의 왕위를 놓고 한동안 논쟁(?)을 벌였으니, 그때 그 술자리는 꽤나 화제가 빈곤했던 모양이다. 하여간 나는 더덕은 산채의 영의정이라고 칭찬하면서도 왕위를 인정해 주지는 않았다. 제멋대로 왕을 정하고 영의정을 정하는 것도 남들이 보기에도 우스꽝스러운 일이겠지만, 본인들은 신바람이 나서 하는 인사 발령이었다. 그런 실없는 논쟁이 때로는 제법 술안주의 구실을 하는 것이다.

지금 생각하면 그 인사 발령의 이유가 별로 신통치 않다. 내가 더덕을 영의정에 머무르게 하고 왕위에 올리지 않았던 이유가 더덕은 두릅과는 달리 튀김으로 먹는 맛이 없다는 것이었으니 말이다. 한편 내 친구가 왕위에 더덕을 강력히 추대하면서 더덕의 충신임을 자처했던 이유도 첫째는 물론 더덕이 지닌 야취(野趣)였지만, 그 밖에도 더덕이 두릅과는 달리 말려서 저장할 수가 있다는 점과 그것이 우리나라에서만 상미(賞味)하는 산채라는 점이었다.

4월이 되어 산채가 시장에 한창 나돌고 있는 철을 맞고 보니, 산채의 왕이 무엇이며 영의정이 무엇이냐고 벌였던 부질없는 논쟁이 생각난다. 더덕은 말려서 저장할 수가 있기 때문에 계절의 제한을 받는 산채는 아니다. 우리나라에서만 먹는다는 것이 반드시 음식의 격을 높일 이유가 되는 것이라고는 믿지 않으나, 우리나라에서만 먹는다는 것은 아마도 사실일 것 같다. 세계는 넓고 보면 어디서 어떤 사람들이 또 더덕을 먹고 있는지는 알 수가 없지만, 미국이나 유럽이나 중국이나 일본에서 더덕을 요리해서 먹는다는 이야기를 일찍이 나는 들은 바 없다. 혹시 중국에서 더덕을 인삼의 대용품 비슷하게 약재로 쓰는 경우가 있는지는 모르겠다. 사실 더덕을 한자로 표기하는 말도 '사삼(沙蔘)'이다. 일본말로는 더덕을 '쓰루닌진(蔓人蔘)'이라고 부른다. 나는 한방에는 깜깜하지만 반드시 한방에서는 더덕에 어떤 약효를 인정하고 있을 것이다.

약효야 어떻거나 말거나 더덕을 여러모로 요리해서 그 맛을 즐기고 있는 곳은 세계에서 아마도 우리나라뿐인 것 같다.

산더덕의
위풍당당한 풍채

　　　　외국 사람 가운데는 우리나라에 먹을 것이 적어서 더덕까지 먹고 있는 것으로 오해하는 사람이 있다. 말하자면 먹을 것이 적어서 초근목피까지 먹는 경우의 '초근'에 더덕이 해당된다고 오해하고 있는 것이다. 하기야 겨레가 애당초 더덕을 먹게 된 배경에는 기근이나 식량 부족 같은 사정이 있지나 않았을까 하는 짐작이 간다. 필요는 발명의 어머니라지만 인류의 음식은 굶어 죽지 않으려는 본능적인 의지와 노력으로 개발되고 발달되어 온 것이라 볼 수가 있다. 세계가 모두 젖과 꿀이 흐르는 가나안의 나라였다면 과연 누가 개구리나 달팽이나 해삼 같은 것을 먹으려고 했을 것인가.

　　외국 사람이 생각하는 것처럼 더덕은 가난뱅이가 먹는 산채는 아니다. 물론 송이는 빼놓고 다른 채소류와 비교한다면 더덕은 퍽 비싼 편이다. 옛날에는 대단치도 않았던 것이 인구가 늘어서 지금은 비싸진 것들이 너무도 많지만, 그중에서도 더덕은 대표적인 예의 하나로 꼽을 수 있다. 전에는 식당에서 더덕은 밑반찬의 하나로 흔히 그저 내주던 것이 지금은 독립된 메뉴의 하나로 행세하고 있으며, '더덕구이 백반' 같은 식으로 위풍이 당당하다.

　　산에 자생하는 산더덕이 있고 사람들이 재배하는 더덕이 있으며, 산더덕을 훨씬 더 치지만 겉으로 보기만 해서는 나는 식별하지 못한다. 용문산 같은 곳에 놀러 가면 절 앞에서 아주머니들이 더덕을 팔고 있는 것을 흔히 본다. 식당에서는 산채 요리를 내세우고 있고 산채 요리에서 빠질 수 없는 것이 더덕이다. 그러나 산에서 파는 더덕이라고 해서 덮어놓고 산더덕이라고 믿어서는 안 된다고 경고하는 사람도 있다. 아주머니들이 파는 더덕은 또 몰라도, 식당에서 내놓는 것은 전부가 아니면 대부분이 재배한 더덕이라고 생각하는 것이 무난하리라고 한다. 주말이면 인산인해를 이루는 관광지에서 무슨 재주로 산더덕을 그렇게 댈 수 있느냐 하는 것이 그 주장의 근거였다. 그 주장이 맞는 것인지 아닌지는 모르겠지만 우리가 지금 불신 시대에 살고 있는 것만은 확실하다고 느꼈다.

재배하는 더덕이 그렇게 많다는 것은 더덕 재배가 제법 수지가 맞기 때문이라고 해석할 수 없을까. 또한 그것은 더덕의 야취를 찾는 사람들이 제법 많다는 것을 뜻하는 것이라고 볼 수 없을까. 하여간 더덕은 굶주림을 면하려고 가난뱅이가 먹는 그런 초근목피는 아니다. 아직은 송이처럼 대중과의 사이에 담을 쌓지는 않았으며 여전히 대중적인 정다운 산채이기는 하지만, 그래도 가정주부가 큰마음을 먹고 사게 되는 산채다.

다양한 더덕 요리…

더덕 요리에서 가장 보편적인 것은 뭐니 뭐니 해도 더덕 구이다. 더덕구이 양념에 고추장은 빠질 수가 없는 것이지만 너무 맵고 짠 더덕구이는 뜨거운 밥을 먹을 때면 몰라도 술안주로는 질색 이다. 이것은 더덕나물의 경우에도 마찬가지다.

더덕이 산채의 왕이 아니라 영의정이라고 내가 고집했던 이유가 튀김으로 먹는 맛이 없다는 데 있었다는 주담(酒談)을 앞에서 적었 지만, 더덕으로 만드는 누름적은 양념을 잘 하면 아주 맛있다. 더덕 을 기름에 지지는 요리로는 더덕자반도 있다. 더덕장아찌는 짭짤해서 도시락 반찬에 좋고, 더덕을 넣은 간장인 더덕장은 독특한 풍미를 지닌다.

더덕에는 진이 많아서 물에 불려서 진을 우려내지 않으면 먹기가 역겨운데, 진을 빼는 것도 정도 문제다. 물을 갈면서 며칠을 두고 완전히 진을 뺀 더덕은 맛이 깨끗하기는 해도 더덕다운 야취는 온데간데없어지고 도라지와 별로 다를 것이 없게 된다. 과유불급(過猶不及)은 더덕의 진에도 적용되는 진리인가.

속리산의 여관에서 내놓은 더덕무침을 나는 지금도 잊을 수 없다. 정성껏 잘게 더덕바심한 것을 참기름만으로—극미량(極微量)의 소금을 치기는 쳤을까?—무친 것이었는데 이것은 야취(野趣)에 보태어 아취(雅趣)마저 느껴지는 맛이었다. 서운했다면 그 더덕무침은 더 달라고 해도 여관에서 더 주지 않는 일이었다. 준비한 양이 많지 않기에 더 줄 수가 없는 것이니 미안하지만 부디 양해해 달라는 것이었다. 그렇게 정성을 다하여 더덕바심을 하는 것이니 만드는 양이 제한될 수밖에 없기도 하겠다. 그 정성을 다시 한번 맛보기 위해서라도 속리산에 또 가보고 싶다.

더덕 술이라는 것도 있다. 나는 무주 구천동의 여관에서 이제는 고인이 되신 석천(昔泉) 오종식(吳宗植) 선생을 모시고 저녁을 들고 있다가 더덕술 이야기를 처음으로 들었다. 석천 선생은 이름난 주호(酒豪)이셨기에 저녁상은 바로 술상이었다. 머루술이었던 것으로 기억하지만 그 여관에서 담근 술이었다. 나보다 먼저 구천동에 와 계셨던 석천 선생은 그 여관에는 머루술 말고도 여러 종류의 술이 있다고 일일이 말씀하시는 가운데 더덕술과 다래술이 있었다. 더덕술과 다래술은 듣도 보도 못했습니다.—라고 나는 석천 선생에게 말씀드렸다.

미식가의 수첩

서울로 돌아가야 할 날의 아침, 여관 주인이 맥주병 두 병을 들고 내 방으로 들어왔다. 한 병은 더덕술이고 또 한 병은 다래술이라고 한다. 석천 선생의 분부가 계셔서 가지고 왔다고 한다. 버스를 타려고 밖에 나가니 귀경 채비를 차린 석천 선생이 나보다 먼저 나와 계셨다. 석천 선생 또한 맥주병 두 병을 소중한 듯이 들고 계시다가 나를 보고는 빙그레 미소를 지으셨다.

너무나도 짙은 더덕의 향취

더덕의 향은 너무도 짙다. 여름 산을 다니다 보면 언뜻 그 냄새가 난다. 냄새가 하도 짙어서 부근을 찾아보기도 하지만 우거진 숲속에서 그것은 쉽게 찾아지지 않는다. 가까스로 찾게 되면 짙은 냄새만큼이나 실체는 우리를 실망케 한다. 아주 작은 더덕의 뿌리에서도 그만큼 냄새는 대단하기만 한 것이다. 우리가 즐겨 찾고 먹는 것은 맛보다 오히려 그 향취를 취하는 게 아닐까 싶다.

더덕은 초롱꽃과에 속하는 다년생 만초(蔓草). 뿌리 뭉치는 굵고 크며 방추형. 덩굴진 줄기는 곁의 나뭇등걸 같은 것을 감고 올라가고 그 길이는 2미터 이상이나 된다. 잎은 서너 개로 긴 타원형이거나 타원형을 하고 있으며 8, 9월에 자줏빛의 종을 닮은 꽃을 가지 끝에 피운다. 한국 각지의 깊은 산에 널리 분포되어 예부터 식용 또는 약용해 왔다.

요리법 몇 가지만 소개한다.

구이 - ① 먹을 만큼의 더덕을 껍질 벗겨 쓴맛을 우려낸 다음,

물기를 빼고 칼등으로 두들겨 부드럽고 납작하게 만든다. ② 고추장, 간장, 다진 마늘, 깨소금, 설탕 등으로 만든 양념에 재웠다가 은근한 불에 석쇠를 얹어 타지 않게 굽는다. 구우면서 양념장을 다시 바른다. ③ 결 따라 찢거나 토막을 쳐서 참기름을 넣고 무쳐낸다.

생채 - ① 적당량을 껍질 벗겨 길이로 절반을 갈라 방망이로 두드려, ② 물에 담가 쓴맛을 우려낸다. ③ 건져낸 더덕을 찢어서 식초와 설탕으로 맛을 들인 후 고추장, 간장, 파, 깨소금, 참기름을 치고 버무려 간을 맞춘다.

지짐 - ① 더덕을 소금물에 살짝 삶아 방망이로 부드럽게 두드린 다음 소금, 조미료, 참기름에 버무려 둔다. ② 양념한 더덕에 밀가루를 묻힌 후 계란 물을 씌워 노릇노릇하게 전을 부친다.

장아찌 - ① 쓴맛을 우려낸 더덕의 물기를 빼고, ② 절반씩 갈라, ③ 엷은 헝겊에 싸 고추장 밑에 묻어 둔다. ④ 고추장 맛이 완전히 배면 먹는다. 이때 파, 다진 마늘, 참기름, 깨소금 등으로 갖은양념을 하여 내놓으면 바로 금상첨화.

속리산 송이버섯의
향기(香氣)

송이 값이 얼마인지 모르는 가정주부들이 많을 것이다.

송이가 없어서가 아니다. 가을에 시장에 가면 섭섭지 않게 송이 장수들을 본다. 그러나 하도 비쌀 것이 빤하니 물어볼 필요가 없다. 어느새 송이는 일반 가정과는 담을 쌓은 고급 식품이 되고 말았다.

그러나, 고혈압이나 임산부의 경우는 삼가는 것이 무난하지만, 건강하고 용감한 주부라면 한번 송이 값을 물어보고 호기심을 만족시키는 한편으로 그 엄청난 값에서 스릴을 느끼는 것도 장보기의 재미(?)다. 일반 가정에서 송이는 그런 존재가 되고 말았다.

최상품은 올해는 관(貫)에 7만 원이라고 했다. 한 근에 7천 원꼴이다. 추석 명절을 앞두고도 그랬고, 추석이 지나서도 그랬다. 앞으로 값이 좀 내리지나 않겠느냐, 하는 물음에는, "글쎄요, 수출을 안 하면 내리겠지요." 하는 알쏭달쏭한 대답이었다.

교통이 좋아져서 전국 각지에서 송이가 쉽게 모여들어 값이 내릴 것도 같지만, 현실은 그렇지 않다. 교통이 너무 좋아졌기에 송이를 모아 비행기에 실어 일본으로 수출하고 있는 것이다. 교통이 좋아져서 송이는 금값에 비길 만한 값을 서슴지 않고 부르고 있다.

송이는 버섯의 왕이다. 영어로 '머시룸(Mushroom)'이라는 서양 송이와는 향기나 맛이나 비교가 안 된다. 4, 5월에 채집되는 송로(松露)가 송이버섯보다도 더 맛있다고 주장하는 사람이 있는 것을 모르는 것은 아니다. 그러나 시장에도 전연 나오지 않는 특별히 희귀(稀貴)한 깃을 곧이 내세워 위협을 해 본대도, 송이의 왕좌(王座)는 끄덕도 하지 않는다. 도대체 송로 맛을 아는 사람이 우리 주변에 과연 몇 사람이나 된단 말인가.

송이의 왕좌에 도전하는 것으로, 프랑스 말로 '트뤼프(Truffe)'라고 부르는 서양 송로를 꼽을 수는 있을 것 같다. 이것은 땅속에 있어서 사람 눈에 띄지 않는다. 돼지나 훈련된 개를 포도밭이나 숲속을 끌고 다니며 냄새로 찾게 하고는 사람이 가로채는 것이다.

프랑스의 식도락가 '브리아 사바랭(Brillat-Savarin)'은 '트뤼프(Truffe)'를 요리의 '다이아몬드'라고 격찬했다. 그런데 프랑스 사람들은 '트뤼프'는 성적(性的)인 욕망을 일으킨다고 믿고 있고, 그래서 '트뤼프'의 값어치가 한층 더 나는 것 같다.

동(東)에는 송이, 서(西)에는 '트뤼프'—라고나 할까. 송이는 우리나라, 중국, 일본의 특산물이다. 하기야 미국 오리건 주의 산속에서도 송이가 안 나는 것은 아니다. 다만 미국 사람들에게는 비싸게 팔리지가 않아서 그것도 일본으로 수출한다.

'머시룸'은 우리나라에서도 재배하고 있고 외국에 수출도 하고 있지만, 송이나 '트뤼프'는 아직 인공 재배에 성공하지 못하고 있다. '트뤼프'의 재배에 성공해서 값싸게 대량으로 살 수가 있게 되면, 사람들은 그것을 지금처럼 귀하게 여기지는 않으리라고 '사바랭'은 썼다. 일본과 미국에서 송이의 인공 재배 연구가 진행되고 있는데, 대량 생산된 송이를 사람들이 귀하게 여기거나 말거나, 그런 연구가 성공해 주기를 인류를 위해 빌고 싶다.

송이탕, 송이산적, 송이전(煎), 송이누름적—우리나라에서 예부터 송이는 갖가지로 요리되어 왔다. 송이 머리가 너무 피었다고 업신여겨서는 안 된다. 그것으로 송이밥을 지으면, 별다른 반찬이 없더라도 손님은 극진한 대접으로 여기고 반겨 준다. 송이는 서양식으로 버터로 지져도 좋고 프라이를 해도 좋고, 일본식 튀김이나 오뎅으로 해도 맛있다. 간단한 요리법이면서도 송이 맛을 잘 살리는 것은 살짝 소금구이를 한 것을 유자즙에 찍어 먹는 것.

10년 전쯤 되었겠다. 속리산 관광호텔에서 지역사회 개발에 관한 국제 학술회의가 있었다. 어느 날 오후에는 자유시간이 있었지만,

그때 나는 주최자의 처지였으므로 사무적으로 잔일들이 많아서 호텔 안에 박혀 있을 수밖에 없었다. 자유시간이 끝나 돌아온 참가자들 가운데서 오재경(吳在暻) 선생이 문장대(文藏台)까지 올라갔다고 하면서 산에서 송이를 구워 먹었다는 말씀을 했다.

송이의 생명은 향기라고 할 수 있지만, 시간이 지나면 그만큼 향기도 맛도 덜해진다. 그런 의미에서는 산에서 갓 딴 송이를 날로 찢어 먹는 것이 가장 향기를 즐기는 방법이겠고, 날로 먹기가 뭣하면 구워 먹는 것이 정말 맛있게 송이를 먹는 방법이겠다. 나는 산에서 갓 딴 송이를 먹어 본 경험이 아직껏 없다. 그런데 산도 어디 보통 산이냐 말이다. 이중환(李重煥)의 〈팔역지(八域志)〉가 그 산수론(山水論)에서 조선 12명산(名山)의 하나로 꼽은 속리산이 아닌가. 오 선생님, 정말 맛있었겠습니다.

순채(蓴菜)를 모르고 있다

어느 달이었는지는 확실히 기억이 없다. 늦은 봄 또는 이른 여름이었다고 해두자. 그때 나는 예산(禮山)에서 수덕사(修德寺)로 가는 차 안에 있었다. 어디쯤이었다고도 지금은 자신 있게 말하지를 못한다. 하여간 나는 차가 달리는 도로의 왼편에 나타난 못에서 서너 명의 아주머니들이 조각배를 타고 무슨 작업을 하고 있는 것을 보았다.

"무슨 작업"이라고 생각할 수밖에는 없었다. 우선 옷차림이 작업하는 복장이었고, 모내기 철이 시작되려는 농촌에서 아주머니들이 뱃놀이를 하고 있다고는 상상하기 어려웠다. 배는 땅에서 얼마 떨어지지 않은 곳에서 움직이지 않고 있었다. 무엇을 하고 있는 것일까, 하고 궁금한 나에게 관찰의 충분한 시간적 여유를 주지 않고 차는 그대로 지나치면서 뿌옇게 먼지를 뒤에 남겼다.

"순채(蓴菜)를 따고 있는 것이 아닐까." 하고 나는 순간적으로 짐작해 보았다. 무슨 확실한 근거가 있어서 그렇게 짐작해 보았던 것은 아니다. 달리 짐작해 볼 길이 없기에 그랬을 뿐이었다. 일찍이 나는 사람들이 순채를 따는 광경을 본 적이 없었다. 우리나라에서는 순채를 먹어 볼 기회도 가지지 못했다. 그러나 내가 가지고 있는 짧은 지식으로는 그 정도 이상으로 무엇을 생각해낼 수는 없었다.

순채는 수련(睡蓮)과에 속하는 다년생 수초다. 그 어린 연한 잎을 따서 끓는 물에 잠깐 데친 것을 냉수에 담갔다가 건져서 초간장에 찍어 먹는 것을 순채회라고 이른다. 어린잎으로 국을 끓이면 순채국 또는 순채탕이다. 어린잎을 오미자국에 넣고 꿀을 타면 순채차다. 물 위로 자라 나온 잎은 질겨서 먹지 못하기에, 물속에 있는 어린잎을 따서 그렇게 먹는 것이다.

그러나 지금 어디에 가면 순채를 얻어먹을 수 있는 것일까. 나는 아직도 우리나라에서는 순채를 먹어 보지 못하고 있다. 내가 순채를 먹은 곳은 일본이었는데, 작은 유리병에 담은 것이었다. 식초에 담가 유리병 속에 넣어 저장하는 것이지만, 이미 데쳐 놓은 것이기에 꺼내어 간장에 찍어 먹기만 하면 순채회다.

맛은 있다고 해야 할까, 없다고 해야 할까, 뭐라고 말하면 좋을지를 모르겠다. 물론 횡설수설이 될 수밖에는 없겠는데, 해파리와 한천과 목이(木耳)버섯 맛을 합친 것 같은 맛이라고 대답할 수 있는 것인지…. 순채 자체에 어떤 감칠맛이 있는 것이 아니라, 그것을 먹을 때의 미끈미끈하고 끈끈한 점성(粘性)의 촉감이 순채 맛이 아닐까

미식가의 수첩

하고 나는 느꼈다.

이렇게 순채회를 먹을 수 있었던 도쿄 아사쿠사(淺草)의 그 술집에 관해서는 더한 추억이 없지 않지만, 술 이야기이고 보니 여기서는 쓰는 것을 삼가기로 하겠다.

중국에서도 순채를 즐긴다. 옛날 장한(張翰)이라는 이는 가을바람을 맞자 갑자기 고향의 순채국(蓴羹)과 농어회(鱸膾) 생각이 나서 벼슬을 그만두고 낙향(落鄕)했다고 한다. 상관이 보기 싫거나 뜻이 안 맞아 집어치운다고 하면 모가 나지만, 고향 음식이 그리워 못 견디겠다고 하면 상관도 역정 내는 일 없이 순순히 사표를 수리했을 것이다. 공직에서 물러나고 싶어지는 것을 중국에서 '순로지사(蓴鱸之思)'니 '순갱로회(蓴羹鱸膾)'라고 말하게 된 것은 장한의 이 고사(故事)에서 유래한다.

우리나라에서도 옛날에는 순채를 즐겼다. 〈신증동국여지승람〉을 보면 음죽현(陰竹縣), 연천(漣川)현, 제천(堤川)현, 김제군(金堤郡), 함열(咸悅)현, 만경(萬頃)현, 강릉(江陵) 대도호부(大都護府), 고성(高城) 등의 토산(土産) 항목에 순채가 적혀 있다. 옛날에는 우리나라에서도 순채를 알아주었다는 것을 잘 짐작할 수가 있다.

예산에서 수덕사로 가는 길 일대를 〈신증동국여지승람〉으로 살펴보니까 순채가 나오지는 않았지만, 그것은 큰 문제가 안 될 것 같다. 우리나라에서 순채의 북한선(北限線)이 어떻게 되어 있는지는 몰라도, 중부와 남부의 오래된 못에는 널리 분포되어 있는 것으로 안다. 수덕사로 가는 길 일대에 순채가 있을 가능성은 충분히 높다.

다만 아주머니들이 순채를 따고 있었다면, 그것을 어쩌자는 것이었을까. 혹시 아주머니들이 외화획득의 일꾼들은 아니었을까.

두부

얼리고 말리고…

지난 세밑에 한국일보사에서 81년도 출판문화상을 받은 이성우(李盛雨) 교수의 〈한국식경대전(韓國食經大典)〉은 근래에 보기 드문 역저(力著)다. 겨레의 식생활에 관한 문헌이 이렇게 광범위하게 조사되고 이렇게 깔끔하게 정리된 책이 마침내 독학자(篤學者)의 손으로 나오게 되었다는 것을 크게 기뻐하지 않을 수 없다.

총 1천3백 권 가까운 책들이 다루어졌고 총 1천2백 편을 넘는 논문과 기사가 다루어져 있고 보면, 나는 아직 이것을 정독(精讀)할 시간을 가지지는 못했다. 그런대로 흐뭇한 마음으로 여기저기를 살펴보다가 '동두부(凍豆腐)'라는 활자를 보고는, 과장해서 말한다면 약간 흥분하지 않을 수 없었다. 위관(韋觀) 이용기(李用基)의 찬(撰)인 〈조선무쌍신식요리제법(朝鮮無雙新式料理製法)〉(1943)이라는 책에 분명히 동두부──즉 언두부가 보이는 것이다. 이 책이 1943년에 발행된 것으로 되어 있지만, 활자체나 문체로 미루어 볼 때, 이보다 훨씬 앞선 것으로 짐작되며 아마도 1920년을 전후한 시대의 지형(紙型)

을 이용하여 재발행한 것이 아닌가 하고 이성우 교수는 보고 있다. 이용기라는 분이 누구인지는 모르지만 전통 요리 및 향토 요리의 연구에는 이런 문헌의 연구가 앞서야 할 것이라고 이 교수는 지적하고 있다.

문헌에는 동두부 또는 빙(氷)두부로 기록되어 있으리라고 짐작했지만 여기서는 알기 쉽게 언두부라고 하자. 나는 우리나라에서 일찍이 언두부를 만들었을 것이며, 그 기록이 반드시 어떤 문헌에 나와 있을 것으로 생각(기대)해 왔다. 〈조선무쌍신식요리제법〉의 기록으로 나의 궁금이 완전히 풀린 것은 아니지만도, 캄캄하기만 했던 어둠 속에서 한 줄기의 빛을 맞은 듯하다고는 말할 수 있다. 그것이 무슨 큰 문제냐 하는 핀잔을 받게 되면 할 말이 없다.

매우 큰 문제라고 주장할 생각은 나에게도 없기 때문이다. 다만 아무리 작은 문제라도 겨레의 생활에 관한 일은 샅샅이 밝혀 놓는 것이 이로운 일이라고 믿는다. 그럼으로써 스스로를 분명히 알고, 스스로의 판단으로 과거의 것들에서 지킬 것을 지키고 살릴 것을 살리고 한편 고칠 것은 고치고 버릴 것은 버리면 되는 것이다.

언두부라고 했지만 말하자면 말린 두부다. 얼린다는 것은 말린다는 목표를 위한 방법이고 과정에 불과하다. 지금처럼 시장경제가 발달하지 않은 옛날에서는 오늘날의 우리 같이 사람들이 그때그때 손쉽게 두부를 살 수 없었을 것이며, 특히 시골에서는 자가 제조(自家製造)에 의존했을 것이다. 자가 제조를 자주 하는 것도 힘들고 보면 장기 보존용인 언두부를 겨울에 많이 만들어 놓는 것은 생활상의 필요였을 것이다. 그리고 언두부는 요리 여하에 따라서는 제법 독특한 풍미가 있는 것이다.

과거에는 판을 쳤던
한국의 두부 기술

　　서울 미도파백화점의 맞은편에 경성(京城) 식료품점이라는 가게가 8·15 해방 후에도 있었고 6·25 난리 후에도 있었는데 이 가게가 정확히 언제 없어졌는지 지금 나는 장담할 수가 없다. 식료품이 가짓수로는 다양해진 지금과는 비교가 안 되지만, 식료품의 가짓수가 단조로웠던 그 당시에는 경성 식료품점은 이모저모로 별미를 파는 식료품점으로 아는 사람들에게는 잘 알려져 있었던 가게였다.

　나는 이 가게에서 언두부를 샀던 일이 몇 번 있었다. 언제나 언두부가 있었던 것은 아니었지만, 어쩌다가 언두부가 들어와 있으면 그 가게에서는 단골손님들에게 알려 주기도 하고, 가게 안에 그런 사실을 작게 써 붙이기도 했던 것으로 기억한다. 다만 언두부를 '고오야' 두부라고 부르고 있었다. '고오야(高野)'라는 것은 일본에 있는 산 이름이다. 일본에서는 고오야 산에 있는 절에서 언두부를 처음으로 만들었거나 또는 곧잘 만들었다고 해서 언두부를 고오야 두부라고도 부르는 것이다.

　경성 식료품점의 경우는 언두부가 날두부에서 독립하여 엄연히 하나의 상품으로서 시장경제에 참가하고 있는 경우였는데 이것은 일본의 영향이라고 생각되었다. 경성 식료품점은 원래 일본 사람이 경영했었던 가게인 것이다. 따라서 내가 반드시 우리나라에 언두부가 있었으리라고 생각하는 이유는 경성 식료품점에서 팔던 고오야 두부와는 아무런 관계가 없다.

　육당 최남선은 〈조선상식문답〉 풍속 편에서 "…조선의 두부 만드는 재주는 예로부터 유명하여서 세종조(世宗朝)에 명(明)으로부터 음식 만드는 여자를 데려갔는데, 뒤에 명제(明帝)에게서 이네들의 다른 솜씨도 능란하지마는 더욱 두부가 정미(精美)하다는 칭찬을 받은 일이 있었다.

일본의 두부는 임진란 중에 적의 병량 차지로 왔던 오까베지로효에(岡部治郎兵衛)란 자가 조선에서 그 법을 전해 갔다 하기도 하고 혹 이르되 진주역(晉州役)에 경주성장(慶州城將) 박호인(朴好仁)이 조오소가베모또찌가(長曹我部元親)에게 붙들려 가서 도사(土佐)국 고오찌(高知)에서 두부업을 시작한 것이 근세 일본에 있는 두부의 권여(權輿)라고 하기도 한다."고 적었다.

'권여'라는 말은 시작이라는 뜻인데 육당 자신은 그렇게 믿고 있지는 않은 것 같다. 두부를 만드는 기술에서 우리나라가 앞서 있는 것을 임진왜란 때 일본이 배워 갔으리라는 것은 있을 수 있는 일이겠지만, 그전에도 일본에서는 이미 두부 자체는 만들고 있었다.

내가 생각하는 것은, 두부 만드는 기술이 발달되어 있던 우리나라에서 언두부도 만들고 있지 않을까 하는 것이다. 장기 보존을 위해서 말이다. 둘째는 우리나라는 겨울이 춥기 때문에 언두부를 쉽게 만들 수 있는 날씨가 있고, 명태를 말려서 북어를 만드는 이상적인 건조법인 공기냉동법을 우리 겨레는 잘 익히고 있었다는 것이다. 두부를 얼려서 말리는 것도 여러 방법이 있지만, 옛날에는 명태를 말리는 것과 같은 공기냉동법이 가장 자연스러운 방법이었을 것이다.

우리나라에서 언두부가 상품으로서 발달하지 못했던 원인은 그것을 맛있게 요리하는 요리 기술의 부족에 있지 않았을까. 시장경제가 발달하여 두부를 손쉽게 구할 수 있게 되고부터는 더욱이 아무도 언두부에 대해서 흥미를 가지지 않게 된 것이 아닐까. 이것이 나의 가설(假說)이다.

어디에서 지금도 언두부를
만들고 있지 않을까?

겨울에 나는 언두부를 만들어 보려고 해 보았던 일이 더러 있다. 결과는 언제나 좋지 않았다. 두부를 큼직하게 썰어 꽁꽁 얼렸다가 천천히 말리는 것이었지만, 두부가 너무 딱딱해지고 빛깔이 거무스름해진다. 언두부를 만들려면 콩을 너무 삶지 말고 좀 덜 삶은 것으로 두부를 만들어 얼려야 한다고 들었지만, 그런 특별한 두부를 구할 길은 나에게 없다. 이렇게 딱딱하고 거무스름하게 된 두부는 언두부라고 생색을 내면서 친구들 앞에 내놓을 것은 못 된다. 일본을 다녀오는 친구들이 어쩌다 그 고오야 두부라는 것을 가져다주는 일이 있는데, 일본에서는 여전히 이것이 버젓이 독립된 상품으로 존재하고 있을 뿐만 아니라 제조 기술도 향상되었다. 옛날 경성 식료품점에서 샀던 고오야 두부는 다시 불리는 데 시간이 오래 걸렸다. 따뜻한 물에 소다를 넣은 것에 상당한 시간을 담가 두어야 불릴 수 있었던 것인데, 지금은 뜨거운 물을 부으면 오래지 않아 불릴 수 있게 되어 있다. 미리 소다를 넣어 두부를 얼리는 것이라고 듣고 있다.

중국에 간(干)두부라는 것이 있다. 나는 짐작하는 데 그치는 것이지만, 이것을 언두부가 아닐까 하고 고개를 기웃거린다. 두부는 쉬기가 쉽기 때문에 얼리는 과정을 밟지 않고서는 말리기가 어렵다고 생각되기 때문이다. 요리에 들어 있는 간두부라는 것을 먹어 보았지만, 맛은 결국 언두부를 불린 것과 조금도 다를 바 없었다.

여기서 언두부의 맛은, 그러면 어떤 것이냐 하는 것이 문제가 된다. 무슨 기막힌 맛인 것은 아니다. 어디까지나 보존용 식품으로서의 가치가 있는 것이며, 이모저모로 요리를 해 볼 수가 있지만 매우 맛있는 천하 최고의 진미라고는 말할 수 없는 것이다. 그러나 다루기가 쉬울 뿐만 아니라 영양가가 높은 식품인 까닭에 언두부를 무턱대고 깔볼 것은 아니라고 본다. 충분히 전골이나 국거리에도 활용할 수가 있다. 일본에서도 중국에서도 이것이 이용되어 있는 요리를 심심치 않게 나는 먹어 보았다.

문제는 우리나라에서의 언두부다. 문헌에는 아직은 나타나 있는 것이 빈약하다고 하더라도, 우리나라 산속의 절이나 마을에서 언두부를 만들고 이용하고 있는 곳이 지금도 어디엔가 있을지 모르겠다고 내가 생각하고 있는 것은 역시 나의 망상일까.

홍콩의 두부, 하자(蝦子)두부와 양(釀)두부

두부 요리의 명소인 홍콩의 사전(沙田)이라는 곳은 광동어(廣東語) 발음으로 샤틴(Shatin)이라고 하는 작은 어항(漁港)으로 구룡에서 구광 철도를 타면 채 30분도 걸리지 않고 닿는다. 1만 개의 불상(佛像)이 있다는 만불사(万佛寺)가 샤틴의 명소이지만 두부 요리로도 널리 알려진 마을이다.

홍콩이나 구룡처럼 수돗물로 만드는 두부가 아니라 산에서 흘러내려오는 물로 만든 두부를 쓰니 맛이 좋을 수밖에 없다고 한다. 그러나 두부 요리뿐만이 아니다. 샤틴은 동강채(東江菜, 객가인(客家人)이라고 불리는 지방민의 요리)로 유명하고, 비둘기 요리와 죽순 요리와 통닭 요리(통닭을 종이로 싸서 소금 속에 파묻어 찌는 요리)도 손꼽힌다.

요릿집이 여러 개 몰려 있는데 이름난 것은 도원주가(桃園酒家)와 소풍림(小楓林)이라나. 바다 위에 떠 있는 요릿집도 있고, 뒷골목에 들어가면 여러 종류의 조개를 사 먹을 수가 있는 노점(露店)들도 있다.

하자두부는 글자만 보면 새우알 두부인데 학문적으로 말하면 새우알이 아니라 말린 게알을 버무린 두부다. 깨알보다는 작고 붉으스레한 느낌이 있는 검은 알인데 이것을 넣은 국수인 하자면(蝦子麵)도 괜찮다. 이 게알은 여러 요리에서 볼 수가 있고 광동 요리에서 꽤 무거운 비중을 차지한다.

두부는 일단 냉장고 같은 것에 넣어서 물기를 응결시킨 탓인지 수축(收縮)이 되어 겉에 벌집처럼 작은 구멍이 많이 나 있다. 여기에 게알이 들어가기가 쉬운 것이다. 두부를 지져 황금빛이 된 것에 게알이 버무려 있는 탕(湯)이 하자두부다. 두부 속은 겉과는 달리 여전히 부드러운데 국물 맛이 얼마나 제대로 두부에 배게 하느냐 하는 솜씨에 주사(廚師)의 월급의 많고 적고가 달려 있는 것 같았다. 닭고기를 삶지 말고 쪄서 국물을 내야 국물이 맑고, 두부에 소금을 발라 지져야 실패하는 일이 없고, 끓은 국물에 두부를 넣어 매우 약한 불로 오랫동안 익힌다지만 이론은 쉽고 실천은 어려운 법이다.

샤틴의 하자두부는 인기가 있지만 굳이 분류하면 광동 요리다. 순수한 객가 요리로서 샤틴에서 맛볼 두부 요리는 역시 양두부다. 생선, 돼지고기, 자반, 파를 다져서 소를 만들어 두부 뱃속에 넣어 닭 국물로 끓인 것인데 뚝배기를 쓰고, 그 뚝배기가 식탁 위에 나오는 것이 서민적이고 전원(田園)적이다.

하자두부나 양두부나 결코 요란스러운 요리는 아니다. 어렸을 때

집에서 이와 비슷한 것을 먹은 일이 있었지, 하는 향수와 비슷한 친밀감을 가지게 되는 가정적인 수수한 두부 요리다. 넥타이를 매고 정장(正裝)을 갖추어 먹을 요리는 아니다. 값은 싸고 맛은 좋고 교통비도 싸고 경치도 괜찮은 데다가 물론 공기는 맑다. 무엇을 더 바라겠는가. 되풀이하지만 두부 요리만이 있는 것이 아니다. 다른 요리들도 있고 맛이나 값이나 안심할 수 있는 정도를 넘어서 남에게 추천할 수가 있다.

중국과 일본의
두부 요리

두부를 먹으면서 '인간만사새옹마(人間万事塞翁馬)'라는 말을 생각할 때가 있다. '회남자(淮南子)'에 나오는 말이다. 회남자의 저자라는 회남왕(淮南王) 유안(劉安)이 두부를 발명한 사람이라고 전해져 왔기 때문. 유안은 한(漢)나라 고조(高祖)의 손자인데 그의 아버지도 고조에 대들다가 죽었고 그 자신도 역모(逆謀)의 뜻이 드러나자 자살했다. 스스로 목숨을 끊는 순간에도 '인간만사새옹마'라고 생각했을 것인가. 하기야 그가 우화등선(羽化登仙)했다는 전설도 있으니, 죽은 후에 선인이 되어 유유히 구름 위를 거닐면서 '인간만사새옹마'라고 미소를 지었을는지도 모른다.

중국에서 두부는 집안에서 먹는 반찬거리로 생각되어 정식 연석(宴席)에는 나오지 않는 것이라지만, 내가 즐겨 다니던 서민적인 식당에는 식단에 제법 두부 요리가 끼어 있었다.

그중에서도 인상에 남는 것에 임삼(林森)두부라는 것이 있다. 임삼이라면 한때 국민정부 주석을 지낸 국민당 우파의 거물이었던 정치가 이름이다. 프랑스도 그렇지만 중국에서 임삼두부니 태사(太史)두부니 동파(東坡)육이니 해서 요리에 사람의 이름을 붙이는 것은 재미가 있다. 그러고 보니 프랑스도 중국도 유달리 요리에 기를 쓰고 요리가 발달한 나라다.

임삼두부라는 것은 한마디로 말해 두부 만두다. 물기를 뺀 두부를 으깨 놓고 달걀 흰자위와 녹말을 섞어 주물러 만두 껍질 비슷한 것을 만든다. 돼지고기, 생선, 말린 새우, 표고버섯, 파 등을 난도질해서 만든 소를 이것으로 싸서 닭 국물로 끓인 것에 참기름을 치고 향초(香草)를 뿌린 것이 임삼두부다. 임삼 주석이 어느 절에 가서 이것을 대접받고 대단히 입에 맞는다고 칭찬한 데서 임삼두부라고 불리게 되었다는데, 그 절에서는 이것은 어디까지나 두부 요리의 일종이지 결코 육식은 아니라고 생각하고 있었던 것일까.

사천(四川)요리에서는 두부를 천대하지 않는다. 고급 요릿집의 식단에도 가상(家常)두부나 마파(麻婆)두부가 당당하게 이름을 내걸고 있다. 얼마 전부터 우리나라에 마치 무슨 유행인 듯이 사천요리가 퍼졌다. 매콤한 맛이 우리 입에 맞는 모양이다. 대만에서도 사천요리가 판을 치고 있다. 국민정부가 일본과 싸웠을 때 수도를 중경(重慶)에 옮기고 있었기에 국민정부 사람들이 사천요리에 맛을 들인 때문이라고 설명하는 사람이 있다. 가상두부나 마파두부는 이제 우리나라에서도 먹을 수가 있으니 여기서 소개할 것은 없겠지만. 어쩌면 그렇게도 우리나라 두부찌개를 닮았는지?

우리나라에서도 먹을 수 있는 것에 또 부유(腐乳)가 있다. 두부 장아찌라고나 할까. 두부가 지닌 식물성 단백질을 발효시킨 것인데 짭짤한 맛이 밥반찬도 되고 술안주로도 좋다. 서울 소공동(小

公洞)의 중국 식료품상에 부탁하면 작은 단지에 든 것을 팔아 주는데, 다만 가을바람이 한결 차갑게 느껴지기 전에는 만들지 않는 것이 탈이다.

물이 좋은 탓인지 일본의 두부는 좋다. 특히 '기누고시(Kinugoshi)'라고 명주 자루로 곱게 걸러서 만든 두부는 부드러워 입 안에서 절로 녹는 것 같다. 지지거나 볶거나 하는 데는 맞지 않지만 여름에 '히야얏코(冷奴)'라고 날로 먹거나 겨울에 '유도후(湯豆腐)'라고 끓는 다시마 국물에 살짝 익혀 먹거나 하면 담백하고 섬세한 두부 맛이 일본 술과 잘 어울린다. '뎅가꾸(田樂)'라고 일본 된장을 발라 굽는 요리도 있는데 여기에 쓰는 두부는 무명으로 걸러서 만든 것이 맞는 것 같다.

두부 요리를 전문으로 하는 집도 더러 있다. 그런 집이 성립하고 유지되는 것을 보면, 일본에는 두부 맛에 반한 사람들이 적지 않은 모양이지만, 한편 이것은 그만큼 일본의 두부가 좋다는 것을 증명하는 현상이라고 말할 수 있다. 나는 '오뎅'으로 한 '기누고시'를 즐겨 먹는다. '오뎅'은 우리말로 '꼬치안주'로 번역되어 있는 것 같은데 두부의 경우는 꼬치와 아무런 관계가 없다. 지금도 기억에 남는 것은 도쿄 긴자(銀座) 골목 안에 있는 '오다꼬오'라는 '오뎅'집의 두부 맛. 두부만이 아니라 도대체 '오뎅'이란 어떤 것인가를 깨닫게 해주는 집이다.

일본에서는 인스턴트 '기누고시'가 나와 있다는 이야기를 들었지만 우리나라에서는 두부 통조림이 나왔다. 등산이나 낚시에 편리할는지는 몰라도 가정에는 아랑곳이 없는 값이다. 일본에서도 비지는 구경할 수 있지만 식료품상이나 식당에서 순두부를 파는 것은 보지 못했다. 한편 일본에서는 두유(豆乳)를 끓일 때 그 표면에 뜨는 겉더

껍이를 걷어 말린 것을 '유바(湯葉)'라고 부르며 여러 요리에 쓰는데 우리나라에서는 그런 것을 파는 것을 보지 못했다. 중국 상하이(上海)에서는 "두부를 먹는다."는 말에 아첨을 한다는 뜻이 있다고 들었다. 우리나라에는 형무소에서 나오는 사람이 바로 두부를 먹으면 두 번 다시 형무소에 가지 않는다는 속신(俗信)이 있다.

세계에서 한(韓)·중(中)·일(日) 세 나라가 두부를 먹는 나라인데 두부를 먹는 방법이나 두부를 대하는 태도가 비슷비슷한 가운데 역시 다른 점들이 있다. 두부에 국한된 현상이 아닐 것이다.

구절판과
신선로

구절판(九折坂),
눈으로 즐기는 여덟 가지 빛깔,
시각에 호소하는 요리

구절판을 파는 대중식당은 없다. 재료를 갖추기도 힘들 겠지만, 값을 얼마 받느냐 하는 것도 문제다. 찬합도 굉장히 비쌀 것 이다. 그런대로 돈을 들여 구절판 전문 식당을 개업했다고 치자. 별 로 손님이 있을 것 같지가 않다. 구절판은 전통의 향기는 서려 있어 도 일반 대중과는 거리가 먼 요리다. 구절판을 파는 대중식당이 없 는 것은 당연한 이야기다.

이제 구절판은 외국인 관광객에게 내놓는 요리가 되어 버린 것 같 다. 외국인 관광객은 우선 아름다운 찬합에 감탄을 한다. 그것은 단 순히 목제 식기라기보다는 예술품인 것이다. 싸구려 찬합 가지고서 는 구절판은 처음부터 낙제다. 구절판이라는 요리는 고기나 야채를 잘 다듬기만 하면 되는 요리가 아니라, 먹는 것에 못지않게—아니, 먹는 것 이상으로 찬합이 중요한 요리다. 먹는 것은 그렇게 대단하지 않은 것이 구절판이라고 할 수 있다.

　다만 궁중식과 민간식이 있어서 재료가 좀 다른 모양이다. 궁중식(宮中式)은 살코기뿐만 아니라 양과 천엽도 쓰는데, 육류도 야채도 볶아 익혀서 쓰는 것을 원칙으로 하는 것 같다. 민간식(民間式)은 자유분방하기에 무슨 규칙이 있을 수 없다. 육회도 쓸 수 있고, 생선회도 쓸 수 있고, 야채도 날로 채 썰어서 쓸 수가 있다. 찬합에 여덟 가지 재료가 준비되고, 그것을 찬합 복판에 쌓인 밀전병에 싸서 먹는다는 점에서는 궁중식도 민간식도 마찬가지다.

　구절판에 감탄하는 외국인들이 이것에 맛을 들여 그 후에도 자주 구절판을 찾느냐 하면, 별로 그렇지는 않은 것 같다. 갈비나 불고기나 냉면이나 설렁탕이나 비빔밥에 맛을 들였다는 외국인의 경우를 종종 듣지만, 구절판 맛에 반했다는 외국인의 경우를 나는 보지 못했다. 품격은 높지만 매력은 적은 원리일까.

　구절판은 보기에 좋다. 좋은 찬합 속에 밀전병을 둘러싸고 여덟 가지 재료를 색을 맞추어 잘 배열하면 산뜻하고 시원하게 보인다. 시각에 호소하는 요리라고도 말할 수 있다. 나는 구절판을 먹는 것을 즐기는 편이 아니라 구절판을 바라보기를 즐기는 편이다. 그래서 교자상에 구절판이 나와 있으면 아무도 구절판에는 손을 대지 말았으면 하는 부질없는 생각을 할 때도 있지만 주인이 자꾸 권하면 나 자신도 밀전병을 집어 와 재료를 조금씩 얹지 않을 수 없다. 그렇게 공을 들인 요리에 손을 안 대는 것은 큰 실례이기 때문이다.

　일본인 작가 모(某) 씨는 구절판에 관해 이렇게 썼다.

　"서울은 라일락이 아름다운 도시다. 그 요정도 마당에 피어 있는 보랏빛 라일락을 내려다볼 수 있는 온돌방이었는데, '구절판'이라고 부르는, 국화꽃 모양으로 팔방에 요리를 배열한 그릇이 놓여 있고, 그 복판에는 밀가루를 얇게 구워 둥글게 찍어낸 것이 쌓여 있다.

요리를 넣는 팔방의 구멍에는 쇠고기라든지 표고버섯이라든지 미나리라든지 달걀이라든지를 여러모로 조미해 채를 썰어 빛깔도 아름답게 배열해 놓고 있다. 그 얇은 핫케이크 같은 것의 속에다가 여덟 가지 요리를 입맛대로 얹어 싸서 먹는 것이다.

예를 들면 중국 요리의 '카오야아즈(烤鴨子, 오리구이요리)'에서 껍질과 파를 된장과 함께 춘병(밀전병)에 싸서 먹는 식인데, 한국 요리의 오밀조밀한 요리법은 어딘가 민족의 어두운 역사의 원념(怨念)같은 것을 썰어 다져서 만들어낸 듯한 느낌이었다."

작가의 풍부한 감성으로 무엇을 어떻게 느끼든지 그것은 그의 자유겠지만, 구절판에서 '민족의 어두운 역사의 원념'을 느꼈다니 참으로 별난 감상이다. 나에게는 구절판을 대할 기회가 여간해서 있지 않지만, 어쩌다가 구절판을 대하게 되면 먹기 전에 한참 쳐다보게 된다. '민족의 어두운 역사의 원념'의 그림자라도 있을까 하고. 그러나 아무리 쳐다보아도 구절판은 구절판이고, 나는 무슨 원념의 그림자도 찾아볼 수가 없고 느낄 수도 없다.

신선로(神仙爐).
은근한 맛, 음식의 교향악

신선로라는 이름이 좋다. '열구자(悅口子)'니 '구자탕'이니 하는 별칭이 있지만, 신선로라는 이름이 훨씬 낫다. 다만 요정에서는 '구자'라는 말을 더 쓰는 것 같다.

"식기 전에 어서 신선로를 드세요."라고 권하는 마담은 어쩌면 풋내기인지도 모른다. "구자 맛이 오늘은 좀 짠데."라고 중얼거리는 손님은 요정에 발을 들여놓기 시작한 것이 어제오늘의 일이 아니라는 관록(?)을 은연중에 과시하고 있는 것인지도 모른다.

원래 신선로는 그릇 이름이고, 먹는 요리 이름은 '열구자'니 '구자탕'이니 또는 '구자'이기에 이제 뭇사람들은 그릇 이름과 요리 이름을 혼동하고 있지만 요정에서는 제법 구별을 엄격히 하고 있는 셈인지? 또는 요정에서는 '신선'이라는 말을 쓰기를 삼가기로 되어 있는 것인지, 그 방면과 거리가 먼 나로서는 알 길이 없다.

신선로의 기원에 관해서는 대체로 세 가지 설이 있다고 육당 최남선은 〈조선상식문답〉에 썼다.

첫째는 〈동국세시기〉인데, 이 책은 신선로가 옛 중국의 난로회(暖爐會) 풍속에서 유래된 듯이 적고 있다. 중국에서 비롯되었다는 설이다.

둘째는 〈금관죽지사(金官竹枝詞)〉인데, 이 책에는 '신선로출일본(神仙爐出日本)'이라고 적혀 있다고 한다. 일본에서 나온 것이라는 설이다.

셋째는 〈해동죽지(海東竹枝)〉인데, 이 책에는 허암(虛庵) 정희량(鄭希良) 선생이 일찍이 오행의 이론을 따라 이 그릇을 창작했으며, 아침과 저녁에 이것으로 야채를 끓여 익힌 것만을 잡수시면서 신선의 삶을 보내셨기에 사람들이 이 그릇을 신선로라고 부르게 됐다고 적혀 있다고 한다. 신선로의 기원은 우리나라라는 설이다.

기원이야 어떻든 간에 신선로는 엄연히 한국 요리다. 대표적인 한국 요리라고 말해도 좋다. 그러나 유감스럽게도 일반 가정에서는 사라져 가고 있는 한국 요리다. 잔손이 너무 많이 가기에 젊은 주부들이 외면을 하기 때문이다. 재료는 무엇무엇을 마련해야 하고 어떻게 다듬어야 하며 장국은 어떻게 끓여야 하고—하는 식으로 이야기가 길어지면 젊은 주부들은 겁을 먹는다.

햄버거를 지지고 라면을 끓이는 데 자신이 있는데 뭣 때문에 구태여 자신 없는 신선로와 씨름을 해야 하느냐 하고 귀찮아한다.

대표적인 한국 요리라지만 일반 식당에도 신선로는 없다. 겨우 요정에서나 대표적인 한국 요리라고 '구자'라는 이름으로 명맥을 유지하고 있는 것이 되어 버렸고, 대표적인 한국 요리라면서 일반 가정과는 담을 쌓아 가고 있는 것이다.

나는 특별히 신선로를 좋아하는 사람은 아니다. 어떻게 생각하면 요리치고는 뚜렷한 개성이 없는 요리다. 다만 겨울밤에 신선로는 좋다. 은근한 맛이 온몸을 훈훈하게 풀어 준다. 그렇다! 음악 연주로 친다면 신선로는 어떤 악기의 독주가 아니라 교향악이다. 어떤 악기의 뚜렷한 특성을 즐기는 것과는 달리 이것은 교향악의 앙상블을 즐기는 요리다.

일반 가정과는 자꾸 거리가 멀어져 가고 있기에 나는 신선로에 대해서 이런 생각도 해 본다. 너무 재료에 대해서 까다롭게 신경을 쓰지 않으면 될 것 아니냐 하는 것이다. 무엇무엇을 꼭 어떻게 손질해서 넣어야만 한다는 격식이 젊은 주부들로 하여금 신선로 그릇을 나락에서 꺼낼 엄두가 나지 않게 만든다. 귀찮은 것이다. 겁도 난다. 신선로 그릇이 마치 사돈의 8촌쯤이나 되는 듯이 친근감을 느낄 수가 없는 것이다.

신선로라는 요리의 고정된 형식에서 해방되는 것이 좋다고 나는 젊은 주부들에게 권하고 싶다. 재료도 그렇지만 장국도 그렇다. 사골(四骨)도 끓여 보고 돼지 뼈도 끓여 보고 닭 국물이나 멸치 국물도 써 본다. 재료도 생각나는 대로 또는 있는 대로 넣으면 그만이지, 꼭 무엇무엇이 어떻게 들어가야만 한다는 교조주의에 사로잡혀 넓은 시장 바닥을 하루 종일 헤매고 다닐 것은 아니다.

남편을 모르모트(Marmot)로 삼아 실험하는 것 같이 된 것이 미안하기는 하지만, 이런 실험(?)이 거듭되는 동안에 남편이나 아이들이나 자기 입에 맞는 장국과 재료를 알게 된다. 마음 편하게 신선로를 만들면서 어느새 '마이 홈 신선로' 몇 가지가 거뜬히 성립될 수가 있다.

무엇보다도 결혼식 때 누군가가 선물로 주었던 신선로 그릇이 다락 안에서 햇빛을 못 보고 먼지에 쌓인 채로 녹스는 일은 없을 것이다.

스뫼르고즈부드, 아리송한 '바이킹 요리'의 유래

신선로에 대해서 교향악이라고 썼다. 음식과 관련해서 교향악 이야기가 나왔다면 스칸디나비아의 '스뫼르고즈부드(Smörgåsbord)'에 대해 언급을 해야 하는 것이 아닐까. 영어식으로는 '스머거스보드(Smorgasbord)'라고 발음하는데 이것을 바이킹요리라고 부르는 사람도 있다.

넓은 테이블 위에 갖가지 요리를 잔뜩 내놓았다. 자기 마음에 드는 요리를 골라 자기 접시에 집어 담아 와서 먹으면 된다. 식욕이 좋으면 두 번, 세 번을 새로 집어 담아 와도 식대에는 변함이 없다(술값은 다르다. 술은 마신 만큼 값을 치러야 한다).

메뉴라는 것이 없다. '없다'고 쓴 것은 지나쳤을까. 스칸디나비아에서 스뫼르고즈부드로 이름난 고급 식당에서는 음식이 적혀 있는 길다란 일람표가 있을 뿐만 아니라 웨이터가 주문을 받고 음식을 날라 주기도 한다는 것이다. 그래서 고급 요정이니 고급 식당이나 하는 곳은 멋이 없다. 자기는 병신인가. 스뫼르고즈부드는 자기 눈으로 보고 자기 손으로 집고 자기가 자기 접시를 들고 자기 테이블에 가서 먹는 데 재미가 있는 것이다.

스칸디나비아—특히 스웨덴이 본고장이라지만, 왜 이것을 바이킹요리라고도 부르는지 나는 알 수가 없다. 옛날 바이킹들이 도시나 마을을 습격하고 음식을 약탈해서 먹은 것의 유풍(遺風)이라는 설이 있기는 있다. 바이킹이 등장하는 영화 가운데 그런 잔치가 벌어지는 장면이 심심치 않게 나오기도 하지만, 나는 스뫼르고즈부드와 바이킹과는 직접적인 관계가 없을 것으로 생각하고 있다. 스뫼르고즈부드라는 스웨덴 말은 '빵과 버터의 식탁'이라는 것이 본뜻이라고 한다. 별로 바이킹을 결부시킬 만한 용맹스러운 말은 아닌 것 같다.

옛날 스웨덴의 어떤 시골 마을에서 모임이 있었다고 생각해 보자. 마을 사람들이 각각 무엇인가 음식을 들고 모이는 풍습이 있었다고 생각해 보자. 고기도 있고 햄도 있고 생선도 있고 야채도 있고 빵도 버터도 있다. 스뫼르고즈부드는 이런 풍습에서 발달되어 나온 요리 형식이 아니겠는지? 그것은 평화스러운 촌락 공동체의 소산이었겠고, 바이킹을 운운하는 것은 누군가의 낭만적(?)인 환상인 것만 같다.

스뫼르고즈부드는 신선로와는 다른 의미로 음식의 교향악이다. 어떤 것들을 골라 먹을까 하고 수십 종류나 되는 음식을 살피는 것은 즐겁다. 서울에서도 먹으려면 먹을 수 있는 모양이다. 점심에 스뫼르고즈부드를 하는 호텔 식당이 있다는 것이다. 값도 그렇게 비싸지는 않다는 말은 과히 싸지도 않다는 뜻일까.

일본에서 중국 요리의 스뫼르고즈부드를 먹은 일이 있었다. 냉채도 있기는 있었지만 보온기에 담은 더운 요리가 대종을 이루었고 가짓수가 적었다. 별로 맛있게 느끼지는 못했으나 중국 요리의 스뫼르고즈부드를 먹은 것은 그때가 처음이자 마지막이었다. 중국 요리는 스뫼르고즈부드에 잘 맞지 않는 것 같다.

인도 친구를 울적이게 한
음식상

상다리가 부러질까 걱정이 되도록 오만가지 음식을 상 위에 늘어놓은 우리나라 잔칫상도 스뫼르고즈부드와 비슷하다고 말할 수 있다. 물론 소문난 잔치 이야기는 아니다. 소문난 잔치엔 먹을 것이 없다니까 말이다.

이몽룡이 춘향을 찾아간 첫날에 춘향 어미인 월매가 차려 내놓은 요리상은 정말 어마어마하다. 가리찜에 제육찜에 숭어찜에다가 메추라기탕. 여기에 또 전복과 염통산적과 양볶기와 꿩다리. 냉면도 비벼 놓았으며, 과일로는 밤, 잣, 호두, 대추, 석류, 유자, 곶감, 앵두, 배를 내놓았다. 술은 포도주, 자하(紫霞)주, 송엽주, 과하(過夏)주, 방문(方文)주, 천일주, 백일주, 금로(金露)주, 화(火)주, 약주, 연엽(蓮葉)주의 열한 가지가 나왔으니 백화점 식료품 부를 몽땅 옮겨 놓은 듯한 요리상이다.

미식가의 수첩

〈춘향전〉의 작가가 마음껏 기분을 내 본 요리상이지만, 한국 요리상은 가짓수가 많고 비경제적이라는 비판을 받고 있다. 일찍이 일제 강점기의 호암(湖岩) 문일평(文一平)은 '조선인과 음식물'이라는 제목의 글 가운데서 "…그 자극성을 얼마만큼 완화하고 그 많은 분량을 조금 감소하고 또는 될 수 있는 대로 요리를 한꺼번에 나열하지 말고 손님이 먹는 대로 하나씩 가져오는 것이 좋을 것이다. 이 몇 가지만을 개량하면 조선 요리는 거의 이상적이다."라고 적었다. 〈춘향전〉 시대도 일제 강점기도 현재도 우리나라 요리상은 스뫼르고즈부드와 비슷하면서 손님들이 남기는 것이 많아서 탈이다.

10년 전쯤의 일인데, 서울에 온 외국의 언론인들을 우리나라 언론인들이 한정식집에 초대해서 점심 대접을 했다. 점심이 끝나고 보니 외국인들의 식성 때문인지 그날따라 유난히도 많은 음식이 요리상 위에 남아 있었다.

내 앞에는 인도 친구가 앉아 있었다. 신문에 더러 글을 쓰기는 하지만 그는 신문기자라기보다는 신문학자다. 나는 인도에 갔을 때 그의 집에서 그의 가족과 함께 식사를 했을 정도로 그와는 친한 사이였다. 그의 부인은 법학 박사다. 말하자면 부부가 모두 인도의 대표적인 지식인인 것이다.

점심을 마치고 모두 차와 과일을 들고 있었을 때 "홍씨!" 하고 그가 나를 불렀다. 내 이름을 정확하게 발음하기가 힘들다고 그는 나를 홍씨라고 부른다. 홍씨가 훨씬 편하다는 것이다.

"홍씨, 당신은 내가 지금 무엇을 생각하고 있는지 알지?"
"글쎄, 뭘 생각하고 있는데?"
"아냐, 당신은 알고 있을 거야."

자연을 담은 소채(蔬菜)의 맛에 취하고 즐기며   71

"…."

"나는 우리나라 사람들을 생각하고 있어. 당신은 실정을 잘 알지 않아?"

그는 푸짐한 음식이 그대로 남아 있는 요리상을 눈짓으로 가리키더니 시선을 창밖의 하늘로 돌렸다. 더 말하지 않았다. 나는 얼굴이 화끈했다. 그가 왜, 무엇을 생각하고 있는지 이젠 너무 잘 알기 때문이었다. 나도 할 말이 없었다.

미식가의 수첩

탕평채와 메밀묵,
잡채와 빈대떡

봄밤에 먹는 시원한 맛,
탕평채(蕩平菜)

　　"아주머니, 탕평채 한 접시!"라고 식당 아주머니에게 부탁을 했다고 하자. 아주머니가 어리둥절해하면서도 "네? 탕평채가 뭔데요?"하고 고개를 갸웃거린다면 당신은 아마 그 식당의 단골쯤 되는지도 모른다. 만약 당신이 뜨내기손님이라면 "그런 것 몰라요. 딴 집에 가 봐요."라고 두 번 다시는 당신을 쳐다보지 않을지도 모른다. 탕평채가 무엇인지 아는 식당 아주머니도 더러 있기는 있겠지만, 탕평채라는 이름은 이젠 식당 메뉴에 보이지 않는다. 그렇게 써 붙인다고 해도 이번에는 손님들의 대부분이 그것이 무엇인지 알아보지 못한다.

　　탕평채라는 음식이 아예 우리나라 식당에서 없어지고 만 것일까. 그렇다고 말하기도 거북하다. 탕평채라고 부르지는 않더라도 그렇게 불러도 좋을 만한 요리를 만들어 주고도 있다. 우리도 가정에서 그런 것을 때때로 먹고 있는 것이다.

그러면 식당에서 탕평채 비슷한 것을 뭐라고 시키면 되느냐 하면, 대답은 간단하다. "묵 한 접시 주세요." 하면 된다. "묵 한 접시 무쳐 주세요." 하는 것이 좀 더 나을는지도 모른다. "아주머니, 묵청포 한 접시!"라는 주문을 알아듣지 못하는 식당 아주머니도 이제는 적지가 않다. 전에는 '탕평채'라면 몰라도 '묵청포'라면 어김없이 통했었다. 그만큼 식당 아주머니들의 세대교체도 진행되고 있는 셈이다.

도대체 탕평채란 무엇이냐. 조선왕조 정조 시대의 선비였던 유득공(柳得恭)이 남긴 〈경도잡지〉에서 설명을 들어 보기로 하자. "탕평채는 제물묵, 돼지고기, 미나리 싹을 잘게 썰어 초장으로 무친 것으로 매우 시원하며 봄의 밤에 먹기 알맞다."고 적혀 있다.

알고 보면 별것이 아니다. 제물묵(녹두묵) 대신에 메밀묵이나 도토리묵이나 그 밖의 청포묵(녹말묵)을 쓰면 어떠며, 돼지고기 대신에 쇠고기 또는 닭고기를 쓰면 어떠며, 미나리 싹 이외에도 파, 마늘, 깨소금 같은 양념을 쓰면 어떠며, 초장에다가도 참기름을 뿌리면 어떻단 말인가. 또 김을 구워 부수어서 함께 무치면 어떻단 말인가. 화학조미료에 중독된 사람이면 화학조미료를 뿌릴 권리(?)가 있는 것이고 설탕 중독에 걸린 사람이면 설탕을 약간 뿌릴 자유(?)가 있는 것이다. 알고 보면 지금 우리가 흔히들 무쳐 먹는 묵 요리가 탕평채다. 다만 예나 지금이나 탕평채의 생명은 맛이 시원하다는 데 있다. 그러고 보면 아무래도 화학조미료나 설탕의 사용은 삼가는 것이 현명할 것 같다.

봄밤에 먹기 알맞다는 〈경도잡지〉에 전적으로 찬성을 하지만, 그렇다고 여름이나 가을이나 겨울밤엔 먹기가 거북할 이유도 없다. 물론 반드시 밤에 먹어야만 제맛이 나는 것도 아니다. '춘만가식(春晩可食)'이라는 것은 어디까지나 선비의 선별적(選別的)이고 문학적인 멋이다.

그러나 왜 '탕평'이라는 이름을 붙였을까. 조선왕조 21대 영조가 채택하여 22대 정조도 그 뜻을 이어받아 계속한 탕평책에 관해서는 국사 교과서에 미루고 여기서 설명할 것은 없겠다. 탕평은 '탕탕평평(蕩蕩平平)'을 줄인 말인데, 요는 '어느 쪽에도 치우치지 않는다'는 뜻이다. 탕평책이 노론이건 소론이건 사색(四色) 어느 쪽에도 치우치지 않는 정책이라면, 탕평채는 묵 맛에도 고기 맛에도 미나리 맛에도 치우치지 않고 재료의 균형과 조화에 뜻을 둔 요리란 말일까. 나는 잘 모르겠다. 그러나 유득공의 시대는—그가 태어나기 전부터의 일이기는 하지만—조정에서는 물론이고 반가(班家) 사랑방에서도 사람들이 유행어처럼 '탕평책', '탕평책' 하던 시대였다.

어스름 새벽의
'메밀묵 사려'

"묵 이야기를 좀 더 해 보지."

"묵 같은 소리 말게. 부활절이 가까우니 부활절 달걀 이야기를 하려던 참이었네. 부활절 달걀이라면 자네는 어떤 술안주일까 하고 군침을 삼킬지 모르겠지만….."

"허, 사람을 묵사발로 만드는구나."

"뭘 또 엄살인가. 그 정도로 묵사발이 됐다고? 정말 묵이군. 아니, 그러다 보니 벌써 우리가 묵 이야기를 더 하고 있는 것 아냐?"

"자네는 탕평채라는 이름은 없어지다시피 되었지만 요리 자체는 형태를 달리하면서도 이럭저럭 남아 있는 셈이라고 했지? 그런데 요리 자체가 아주 없어진 것도 적지 않네. 얼마 전에 묵볶기를 먹었는데 옛날과는 달리 달걀을 쓰지를 않고 그저 고기와 함께 볶아 양념만 한 것이었어. 묵을 기름으로 튀겨 전을 부친 것도 있지 않았나? 청포탕 같은 것도 요새는 통 볼 수가 없고…. 옛날에는 묵을 재료로 하는 요리가 제법 많았어. 자넨 또 어떤 것이 있었는지 모르나?"

"그걸 내가 일일이 어떻게 다 알겠나? 주된 것은 자네가 지금 말해 버렸고…. 몇 가지를 더 안다고 이러쿵저러쿵 거론을 해 봐야 무슨 소용이 있어?"

"그래도 아깝지 않아? 우리의 전통이 없어지는 것이 나는 안됐어. 옛날에 새벽이면 들리던 '메밀묵 사려!' 하는 소리를 기억하겠지? 옛날 사람들은 묵을 많이 먹었던 것 같아. 나는 지금도 어쩌다가 '메밀묵 사려!' 하던 묵 장수 소리가 귀에 울리는 듯한 기분이 들 때가 있네."

"나이깨나 잡수셨다는 말씀이시군. 그러나 그건 회구(懷舊) 취미야. 옛날을 그리워하는 것까지는 탓하지 않지만, 우리는 거기에서 그쳐야겠네. 전통을 지킨다고 지금 새벽마다 묵 장수들을 아파트 단지에 보내어 '메밀묵 사려!'를 외치게 할 수도 없는 것 아냐? 그것이 우리가 지켜야 할 전통은 아닐세. 그것은 어떤 시대의 사회상이고 풍속일 뿐이야. 옛날 사람들이 현재의 우리보다 묵을 많이 먹었으리라는 것도 사실이겠지만, 그것도 전통이라고 볼 수는 없지. 묵 많이 먹는 것이 무슨 전통이 될 수 있는가."

"그러나 많은 묵 요리 가짓수가 없어진다는 것은 그만큼 우리의 식생활이 단조롭고 빈곤해진다는 것을 뜻하는 것이 아니겠어?"

"나는 그렇게 생각하지 않네. 도리어 거꾸로 생각하네. 옛날에 묵을 많이 먹었다는 것은 그만큼 식생활이 단조롭고 빈곤했기 때문이라고 보지. 자주 먹는 묵이기에 자연히 요리 가짓수도 발달했겠지."

"자넨 묵 요리 가짓수가 준다는 것이 조금도 아깝지 않다는 건가?"

"아냐, 아냐. 아깝기는 하지만 시대의 추세라서 별수가 없다는 거야. 어떻게 하나? 묵 요리 전문점을 만들어 봐야 장사가 될 것 같지가 않네. 민속촌 같은 곳에 그런 전문점이 있다면 나는 한번 가보고 싶지만 말이야."

"하긴 그렇지만, 그래도 묵은 우리나라 특유의 음식이 아닌가."

"아무렴, 우리나라 특유의 음식이지. 족편처럼 동물성 젤라틴을 굳힌 음식은 세계에 제법 있지만, 묵처럼 녹말을 굳혀서 먹는 음식은 중국에도 일본에도 없지. 세계에서 우리나라뿐일지도 몰라. 묵에 관해서는 학자들이 좀 더 관심을 가져야 한다고 믿네. 누가 처음 만들어 어떻게 발달해 온 것일까, 정말 궁금해. 도토리묵쯤 되면 구황(救荒) 식품치고는 최고 걸작이 아냐?"

"산에 재료가 얼마든지 있다는 말이겠군. 그러나 옛날엔 도토리묵은 천한 것으로 치지 않았나?"

"참, 자네는 또! 그건 서울 양반들의 편견이 아니었겠어? 음식은 맛있으면 그만이지, 고귀하고 천하고가 어디 있나? 얼마나 야취(野趣)가 가득한 묵인데 말이야."

"그러나 원래 다람쥐 밥 아냐?"

"쌀은 참새 밥이 아니고, 배추는 배추벌레 밥이 아니란 말이야? 지난 가을에 설악산에서 나는 도토리묵을 맛있게 먹었네. 주위에 다람쥐가 서너 마리 왔다 갔다 하더군. 그들과 함께 도토리를 먹은 거야. 얼마나 맛있었다고."

잡채,
잔칫상의 감초

잡채를 들고 있으면 언제나 되풀이되는 의문이 나에게 있다. 잡채란 정확하게 무엇이냐 하는 것부터가 문제가 된다. 잡채라고 말은 하나지만, 우리가 흔히 먹는 잡채는 크게 나누어 두 가지가 있는 것이다.

하나는 한국식 잡채다. 잔칫상이라면 행여나 빠질세라 접시에 담겨 놓여 있는 잡채다. 잔칫상의 감초라고 볼 수 있는 그 잡채 말이다. 또 하나는 중국식 잡채다. 남성들이 중국 식당에 가서 "우선 잡채나 시켜서 배갈을 한잔할까." 하는 그 잡채 말이다.

한국식 잡채를 들 때도 그렇고 중국식 잡채를 들 때도 그렇다. 도대체 양자는 각각 어떤 유래를 지니고 있는 것이며, 서로 어떤 관련이 있는 것인지 없는 것인지가 내 의문이다. 한국식 잡채와 중국식 잡채가 그게 그것인데 뭐가 다르냐고 친구들은 나를 놀린다. 고기와 야채와 함께 볶았으며 당면을 넣었다. 기름이나 야채나 조미(調味)나 물기가 각각 좀 다르기는 하지만, 그런 것을 두고 대동소이라고 하는 것이라나?

알렉스 헤일리(Alex Haley, '뿌리'라는 소설로 퓰리처상을 수상한 작가-편집자 주)에게는 실례가 될지 모르나 나는 한국식 잡채와 중국식 잡채의 '뿌리'를 궁금하게 여기고 있다. 언제부터 어디서 생긴 요리인지 발상을 모르겠다. 한국식 잡채가 먼저냐, 중국식 잡채가 먼저냐 하는 것도 문제다. 한국식 잡채는 중국식 잡채와는 달리 냉채로 다루어지는 것이 보통이라는 점도 큰 차이점인 것이며, 결코 대동소이하다고 보아 넘길 수도 없는 것 같다.

우리나라의 옛날 문헌이 잡채에 관해 어떻게 적고 있는지를 나는 알지 못한다. 다만 〈동국세시기〉에는, 잡채와 배, 밤과 쇠고기, 돼지고기를 썬 것은 기름과 간장으로 양념하여 국수와 섞어 버무린 것을 이름하여 비빔국수(骨董麵)라고 부른다는 구절은 있다. "오늘날(19세기 중엽)의 잡면(雜麵)이 이와 같은 것"이라고 〈동국세시기〉는 덧붙이고 있다. 비빔국수의 재료로서 잡채를 꼽고 있는 것이다. 〈동국세시기〉가 말하는 잡채는 볶았거나 삶았거나 데쳤거나 하여간 어떻게 손질을 했더라도 그저 '여러 가지 채소'라는 뜻이 아니었을까 하는 생각이 든다. 다시 말하면 하나의 독립된 요리로서 지금 같은 '잡채'가 그때 벌써 있었을까 하는 점에 나는 자신이 없는 것이다. '잡면'이라는 것도 여러 가지 재료를 섞은 비빔국수라는 뜻이겠고, 반드시 독립된 요리인 잡채와 국수를 비볐다는 뜻은 아니었을 것 같다.

　　요리라고 할까, 반찬이라고 할까. 그 당시에 잡채라는 독립된 이름이 이미 있었다손 치더라도 그것은 어디까지나 '여러 가지 채소'를 조리한 것이었을 뿐, 꼭 고기가 들어가고, 또 당면이 들어가고 하지는 않았으리라고 짐작된다. 고기가 잡채에 꼭 들어 있었다면 〈동국세시기〉가 적고 있는 바와 같이 별도로 쇠고기나 돼지고기를 썰어 넣어 비빔국수를 만든다는 것이 이상스럽고, 당면의 경우는 그것도 일종의 국수인데 그것을 또 메밀국수에 섞어 비빔국수를 만든다는 것은 더욱 이상하다.

잡채는
한중 합작의 발명품

중국 요리가 청요리라는 이름으로 우리나라에 등장한 것은 19세기 말엽이었다. 잡채에 고기를 넣고 당면을 넣는다는 것이 반드시 청요리에서 비롯된 것이라고는 말할 수 없을지도 모르겠다. 그러나 청요리 식으로 고기를 볶으면서 약간의 버섯 따위를 보태고 아울러 당면을 넣는 요리가 우리 겨레의 입맛에 맞았던 것이 아닐까 하는 생각이 든다. 한국식 잡채에 으레 고기와 당면—그리고 되도록이면 표고버섯이나 목이(木耳)버섯이 들어가게 된 것은 아무래도 청요리의 영향 때문인 것 같다. 다만 한국인에게는 한국인의 식성과 식습관이 있어서 돼지기름이나 돼지고기를 잘 안 쓰며, 또한 잡채를 잔칫상을 위해 미리 만들어 놓을 수 있는 편리한 냉채로써 활용하게 된 것이라고는 볼 수 없을까. 맛도 중국식 잡채와는 달리 훨씬 담백한 것이 한국식 잡채의 특징이다.

한편 중국식 잡채는 원래 가상채(家常菜)—가정의 밥반찬인 돼지고기볶음이었던 것 같다. 원래 중국 요리에 잡채라는 것은 없다. 지금 중국 식당에서 내놓는 잡채는 가상채인 돼지고기볶음—중국어로는 '초육(炒肉)'이 원형인데, 그것을 한국인의 입에 맞게 응용한 것이라고 볼 수 있겠다. 돼지기름을 쓰되 고기는 쇠고기를 쓰고 몇 가지 채소 또는 버섯에 당면을 담뿍 넣었다. 한국인이 당면을 무척 좋아하는 것을 알고 있기 때문이고, 비싸지 않은 물건으로 요리의 분량을 넉넉하게 하는 이점도 있다. 다른 채소와 당면 대신에 부추를 쓰게 되면 '부추잡채'고, 풋고추를 쓰게 되면 '풋고추잡채'가 된다. 이론적으로는 부추잡채나 풋고추잡채는 도저히 잡채라는 어의에 맞

미식가의 수첩

지를 않지만 그것이 무슨 큰 문제인가. 한국인이 잡채라는 말에 집착하고 있는데 장사하는 입장에서는 손님들이 마음에 들게 요리를 만들어 돈만 받으면 되는 것이다.

이렇게 한국식 잡채와 중국식 잡채는 서로 조금 다르다. 그리고도 한국식 잡채나 중국식 잡채나 그런 요리는 중국에도 일본에도 서양에도 없는 것이다. 한국식 잡채는 청요리의 영향으로 발달했고, 한국인의 입맛에 맞추어 한국에서 발달했다. 최근에는 잡채밥이라는 메뉴까지 중국 식당에 보급되어 있는 것을 본다. 한국식 잡채나 중국식 잡채나 나는 그것을 들 때마다 한·중 합작을 느끼고, 이제 1백 년에 가까운 청요리 전래사(傳來史)의 무게를 맛보는 것 같다.

잡채밥에 이르러서는 이는 또 다른 걸작이라고 생각된다. 우리나라밖에는 없다고 해서 자랑하는 것이 아니다. 대중을 위한 대중의 걸작으로 인정하고 대중의 지혜에 감탄하는 것이다. 고급 중국 요리집에서는 상상도 못 하는 서민적인 메뉴다.

이홍장(李鴻章)과
미국의 '참수이'

"아냐. 자네, 미국에 가니까 잡채가 있던데, '참수이(Chopsuey)'라고 하더라."

"웅, 나도 먹었어. 맛도 괜찮았지. 물론 식당에 따라서는 형편없었지만, 그러나 참수이는 잡채가 아냐. 어디 당면이 들어 있었던가. 우리나라 중국 식당으로 말해 보면 팔보채와 비슷한 거지. 잡탕이라고도 하지만."

"팔보채와 잡탕이 같은 건가?"

"중국 식당에 가서 둘을 시켜 보게. 묘한 얼굴을 할 걸세. 같은 것을 왜 둘이나 시키느냐고. 팔보채는 물론 정식 이름이고, 이모저모로 가짓수를 차리고 갖추려는 이름의 자세가 있지만, 실제로는 잡탕과 마찬가지야. 잡탕도 가짓수만 채우면 팔보채와 뭐가 다르단 말인가. 그러나 요리 이름으로서 천해. 같은 값이면 팔보채라는 이름을 쓰게."

"모르겠는데. 잡수이가 잡채와 맛이 달랐던 것은 사실이지만, 팔보채와도 맛이 같지는 않았네."

"그야 그렇지, 한국의 팔보채는 한국화된 팔보채고, 미국의 잡수이는 미국화된 팔보채가 아닌가."

"도대체 팔보채는 어디 요리야?"

"어디 요리라고 단정할 수는 없지만 광동을 친다지. 잡수이는 광동 요리의 팔보채가 미국화한 것이고, 우리나라 잡탕은 산동 요리의 팔보채가 한국화한 것이라고 할까. 원래 팔보채는 그런대로 격식이 있는 요리인가 봐. 그러나 지금 우리나라에서 잡탕, 미국에서 잡수이라고 할 때는 본래의 격식을 무시하고 이것저것 섞어서 요리한다는 뜻이 더 강한 것 같아."

"잡수이라는 말은 어떤 중국어에서 나왔나?"

"모르겠네. '잡취(雜炊)'에서 나온 말이라는 설도 있고, '십쇄(什碎)'에서 나왔다는 설도 있거든. 중국은 지방에 따라 말이 복잡하지 않은가."

"하여간 잡수이는 이홍장의 창작이라고 미국에서 들었어. 청나라 중신인 이홍장이 미국에 왔을 때였는데 그를 대접하는 데 미국 사람들이 무척 신경을 썼다는 거야. 오만가지 재료를 가지고 중국 요리를 만들어 대접했는데 이홍장의 입에는 전연 맞지 않았다지 뭐야. 이홍장은 그것들을 한 냄비에 모두 넣어 섞어서 볶아 오게 하고는 이번에는 맛있게 먹었다는 거야. 이것이 참수이의 시작이라는데…."

"그런 설도 있지. 이홍장이 광동에서 찾아낸 요리라고도 하고…. 또는 거지들이 이것저것 잔채(殘菜)를 모아서 한 냄비로 끓여 먹는 냄새가 좋아 이홍장이 좀 얻어먹어 봤더니 과연 맛이 좋았기에, 자기도 집에 가서 그렇게 만들게 했던 것이 시작이라고도 하고…. 하여간 이홍장과 결부시켜 '이공대회(李公大會)'라는 별명도 있었다지만, 나는 글쎄야. 이야기가 너무 중국적이라고 생각되지 않는가."

"중국적이건 뭐건 재미있으면 됐지 않아? 자네는 좀 막혀서…."

"아냐, 아냐. 재미야 있지. 재미가 있다는 것을 누가 부정하나? 다만 이 홍장이라는 거물을 끌어대야만 이야기가 그럴듯하다고 여기는 것을 중국적이라고 했을 뿐일세. 하기야 뭐 우리도…."

구황 식품이던 빈대떡

빈대떡의 어원에 관해서는 여러 설들이 있고 최남선의 〈조선상식문답〉 '풍속 편'에 그것들이 소개되어 있으니, 관심이 있는 분들은 그 책을 보시면 참고가 되리라고 생각한다. 그 책에서 육당도 가난한 사람들이 먹는 것이라고 해서 '빈자떡'이라고 부르기도 했다는 것을 지적하고는 있지만, 그것을 빈대떡의 어원에 결부시키고 있지는 않다. 육당은 여러 설들을 소개하면서 스스로의 판단과 결론을 보류하고 있다.

서울 사람들이 빈대떡을 구황 식품의 일종으로 여기고 있었던 데는 일리가 있다. 옛날, 나라에 흉년이 들면 먹을 것이 떨어진 난민들이 성(城)을 향해 모여들었다. 이들을 성문 안으로 들여보내 주지 않았기 때문에 난민들은 성문 밖에서 주린 배를 만지면서 우글거렸다. 이때 서울의 부자들이 이들에게 던져 주었던 것이 빈대떡이었다. 빈대떡을 산더미처럼 부쳐 달구지에 실어서 성문까지 가서는 "교동 안동 김씨 적선이오." 하는 식으로 독지가가 누구인지를 외치면서 빈대떡을 난민들에게 던졌다. 헐벗고 굶주린 난민들이 그것을 받아먹으려고 서로 다투면서 벌였던 수라장을 상상하면 내 몸에서 갑자기 힘이 빠진다.

극단적인 예를 들게 되었지만, 서울 사람들에게 빈대떡은 그런 것이었다. 손쉽게 대량을 부칠 수는 있었지만, 결코 맛이 있어 귀하게 여겼던 음식은 아니었다. 그러나 천시했다고 말하면 말이 과한 것 같다. 양반이 입을 대서는 안 되는 천한 음식이라는 것 같은 터부 관념은 없었다. 그저 대수롭지 않게 여겼을 뿐이었다.

잔칫상에도 빈대떡은 곧잘 나왔다. 빈대떡과 김치밖에는 내놓은 것이 없었다고 한다면 또 몰라도, 잔칫상에서 음식의 가짓수를 하나 더 보태는 뜻으로 내놓은 빈대떡은 조금도 수치가 되지 않았다. 다만 잔칫상의 빈대떡은 식은 것이었다. 수육이나 김치나 잡채 따위와 함께 미리 상 위에 올려놓은 냉채로 다루어졌다. 원래는 생선전 같은 것으로 고배(高排)로 괼 적에 그 밑받침으로 잔칫상에 나왔는데 이것이 잔칫상과 빈대떡과의 인연이었다.

생각하면 서울 사람들은 빈대떡을 맛있게 부칠 줄을 몰랐고 맛있게 먹을 줄도 몰랐다. 부치는 기름에도 신경을 쓰지 않았고, 무엇을 넣느냐 하는 데도 연구가 없었으며, 먹는 시기에 대해서도 관심이

미식가의 수첩

없었다. 그러니 빈대떡이 보잘것없는 것이 될 수밖에 없었다. 빈대떡이 보잘것없는 것이 아니라, 서울 사람들이 보잘것없게 빈대떡을 만들었을 뿐인 셈이다. 나도 빈대떡은 거들떠보지 않았었다.

서울에서 빈대떡이 재인식되게 된 것은 8·15 해방 후의 일이었고, 그 공로자는 월남한 이북 사람들이었다. 이북—특히 서도 사람들은 결코 빈대떡을 보잘것없는 음식이라고 여기지 않는다. 그들은 빈대떡을 맛있게 부칠 줄 알고 맛있게 먹을 줄 알기에, 빈대떡이 보잘것없는 음식이 되려야 될 수가 없다. 맛있는 것이 왜 보잘 것 없느냐 말이다.

다만 이름이 다르고 방법이 다르다. 황해도에서는 '막부지'라고 부르고 평안도에서는 '녹두지짐' 또는 그저 '지짐'이라고 부른다. 기름은 반드시 돼지기름을 쓴다. 서울의 빈대떡이 아무것도 안 넣거나 고작해야 김치 줄거리 정도를 넣는 것과는 달리 돼지고기를 썰어 넣는다. 황해도의 해안 지방에서는 생굴도 넣는다. 부치면서 이런 것들을 겉에 박는 것이 아니라, 처음부터 녹두와 섞어 놓고는 부친다. 그리고 서울 사람들처럼 식은 것을 먹지 않고 뜨끈뜨끈한 것을 먹는 것이다.

8·15 해방 후로 나는 빈대떡을 다시 보게 되었다. 서울에서 빈대떡 혁명이 일어났다고 해도 과언이 아니다. 나는 겉만 아삭아삭하게 구운 평안도식 빈대떡을 좋아하는데, 아직도 빈대떡을 보잘것없게 여기는 서울 사람들이 있다면 그것은 편견 이외의 아무것도 아니라고 말하고 싶다. 오래전부터 서울에는 빈대떡으로 유명한 골목도 있다.

이북(출신) 사람들이 하는 면옥에서는 본격적(?)인 빈대떡을 부치는 곳이 적지가 않다. 보잘것없는 것이 아니라 빈대떡의 호화판이다. 값도 싸지는 않고 한 장에 1천 원쯤은 받는다. 그러나 아직도 한 장에 2천 원짜리 빈대떡이라는 것은 본 적이 없다. 아무리 호화판이 있다고 하더라도, 빈대떡이 그 이름을 간다면 몰라도 빈대떡의 이름 으로 대중을 배반할 수는 없다.

더운 계절에 빈대떡을 먹고 싶을 때는 되도록 붐비는 식당을 찾는 것이 덜 걱정이 된다. 녹두를 간 것이 쉴 시간적 여유가 적기 때문이 다. 쉰 녹두로 빈대떡을 부친 식당이 실제로 있었기에 내가 하는 말 이다. 인스턴트식품으로 빈대떡 가루도 나와 있고 보면, 빈대떡 혁 명은 어디까지 갈 것인지 흥미를 억누를 수가 없다. 노병은 죽지 않 는다지만 빈대떡도 죽을 것 같지는 않다. 노병은 그저 사라질 뿐이 라지만 빈대떡은 그저 사라질 것 같지도 않다.

미식가의 수첩

약밥, 강정, 적(炙)

약밥,
까마귀에 대한 보은(報恩)의 전설

약밥에 관한 전설이 있다. 신라 21대 왕인 소지왕 10년 정월 보름에 왕이 천천정(天泉亭)으로 행행(行幸)했더니 까마귀와 쥐가 와서 울어댔다. 쥐가 사람의 말을 하며 까마귀 가는 곳을 살펴보라고 했다.

왕은 기사(騎士)에게 명령하여 까마귀 뒤를 쫓아가게 했다. 기사가 까마귀 뒤를 따라 남쪽으로 가니 연못이 나왔다. 금오산 동쪽 기슭이었는데, 두 마리의 돼지가 서로 싸우고 있기에 그것을 구경하고 있다가 보니 까마귀가 온데간데없이 보이지 않았다.

까마귀의 모습을 잃고 어리둥절해하고 있는 기사 앞에 연못 속에서 한 사람의 노인이 나타나더니 한 통의 봉서를 주었다. 겉봉에 쓰기는 "이것을 열어 보면 두 사람이 죽을 것이요, 열어 보지 않으면 한 사람이 죽을 것이다."라고 했다. 기사는 돌아가서 이상의 일을 보고하면서 왕에게 봉서를 바쳤다.

"두 사람이 죽는 것보다는 한 사람이 죽는 것이 낫겠지." 하고 왕은 말했다. 노인이 기사를 통해 올린 봉서는 뜯어보지 않는 것이 좋겠다는 태도였다. 그러나 일관(日官)이 펄쩍 뛰었다. 일관은 길흉(吉凶)을 가리는 벼슬인데 그가 왕에게 아뢰기를 "두 사람이라는 것은 그저 그런 사람들이겠습니다만, 한 사람이라는 것은 바로 왕을 이르는 것입니다."라고 말하면서 봉서를 당장 뜯어보아야 한다고 간청했다.

왕은 일관이 말을 받아들여 봉서를 뜯어보기로 했다. 그것을 뜯어보니 "거문고의 갑(匣)을 쏘라."고만 적혀 있었다. 왕은 궁에 돌아가 거문고가 들어 있는 갑을 활로 쏘고 열어 보았다 그 속에는 거문고가 있지 않았고, 내전을 드나드는 천주사 중이 궁주(宮主)와 몰래 간통을 하면서 왕에 대한 흉계를 꾸미고 있는 중이었다. 왕은 두 사람을 주살(誅殺)했고, 그 봉서가 나온 연못을 서출지(書出池)라고 이름 지었다고 한다.

미리 위험을 알려 왕을 구했기에 정월 보름이면 찰밥으로 까마귀를 제사함으로써 그 은혜에 보답한 데서 약밥이 시작되었다고 전설은 말한다.

농경민족의 별식인
약밥

"찹쌀을 쪄서 대추, 밤, 기름, 꿀, 간장 등을 섞어 함께 찌고 잣을 곁들인 것을 약밥이라고 부른다. 대보름을 위한 좋은 음식이고 이것을 제사 지내는 데 쓴다. 신라의 옛 풍속인 것이다."라고 〈

미식가의 수첩

동국세시기〉는 적고 있다.

〈열양세시기〉에는 제법(製法)이 좀 더 자세하지만 그것을 굳이 여기에 소개할 것은 없고, 중국 사람들이 약밥을 무척 좋아한다고 이렇게 적고 있는 것이 재미있다.

"통역관들의 말을 따르면, 우리나라 사신이 연경(지금의 북경)에 갔을 때 대보름을 맞으면 반드시 요리사로 하여금 약밥을 만들게 한다고 한다. 그러면 연경의 귀인들이 이것을 맛보고 반색을 안 한 이가 없으며 약밥 맛을 매우 좋아한다고 한다. 다만 그것을 만드는 방법을 전해 주어도 끝내 만들지를 못한다고 한다."

육당 최남선은 〈조선상식문답〉에서, 해가 바뀐 뒤에 일부러 밥을 하여 까마귀에게 먹이는 풍속은 우리나라뿐만 아니라 만주와 더 북쪽 여러 민족 사이에 널리 행해진 바 있는 것이라고 적었다. 또 중국 음식에 여덟 가지 과일을 사탕에 초하여 찰밥에 섞어 먹는 팔보반(八寶飯)이라는 것이 있으니, 약밥이 꼭 우리나라만의 것이라고 할 수는 없다고 한다.

약밥은 약밥대로 따로 생긴 것이고, 정월에 까마귀를 대접하는 것도 저대로 따로 출처가 있는 일이라고 육당은 생각한다. 두 가지 일을 합쳐 만들어낸 전설은 어디까지나 전설이고, 과일을 섞어 지은 밥을 소중하게 여겨서 정월 초에 1년 내 벽사(僻邪, 나쁜 귀신을 물리치는 것)하는 의미쯤으로 먹는 것이 예로부터의 풍속이었으리라고 육당은 생각한다.

"후세에 와서는 까마귀 먹이는 일은 아주 없어지고, 정월 보름 안에 사람이 약밥을 먹어야 좋다고 하여서, 아무 음식 장수가 없던 옛날에 정월 초승이면 약밥 장수가 성중에 떼 지어 쏘대는 일을 보건대 약밥이 까마귀를 위하는 것이 아니라, 실상은 사람을 위하던 것임을 짐작하겠습니다."라는 것이 약밥 전설에 대해서 육당이 내린 결론이었다.

약밥이 까마귀를 먹이는 데서 시작이 되었거나 않았거나, 중국에서 들어온 것이거나 아니거나, 그것이 우리나라에서 발달한 음식인 것은 움직일 수 없는 사실이다.

동물성 단백질은 전연 사용되지 않고 찹쌀과 과일과 기름(식물성)과 간장과 꿀을 재료로 삼는 약밥은 농경민족의 별식이었다는 생각이 든다. 그것으로 조상에게 제사도 올리고 손님도 대접했으며 이웃에 보내기도 했던 것이다.

내 친구 가운데는 온갖 음식 중에서 아직도 약밥과 인절미를 으뜸으로 치고 있는 소년적 식성의 소유자도 있지만, 대부분의 친구들은 이제 약밥에 대해서 어린 시절에 가졌던 열성을 잃고 있으며 나 또한 그렇다. 요새는 어린이들도 약밥에 대해서 과거에 우리가 가졌던 것 같은 열성은 없는 듯이 보인다. 약밥 말고도 먹을 것, 마실 것이 풍부한 시대에 살고 있기 때문인 것 같다. 약밥 장수가 서울 거리를 떼 지어 쏘대는 시대는 지난 것이다.

약밥도 점점 없어져 가는 음식의 하나일까. 전에는 잔칫상이라면 으레 약밥이 놓여 있게 마련이었지만, 요새는 잔칫상에서 약밥을 볼 수 없는 경우가 흔하다. 잔치가 파티로 변했기 때문일까. 그래도 어쩌다 잔칫상에서 보게 되면 농경민족의 지혜라는 것을 생각하게 된다. 농경민족의 지혜가 오랜 세월에 걸쳐 집적되어 있는 듯이 느끼게 하는 것이 약밥이다.

정초(正初) 음식으로 손꼽혔던
강정

〈열양세시기〉는 순조 19년(1819)에 완성된 세시기인데, 그때는 새해를 어떻게 맞았는지 그 책으로 살펴보기로 한다.

"인가에서는 마루, 방, 행랑, 문, 부엌, 변소에 모두 등불을 밤새도록 켜 놓고 상하노소가 닭이 울도록 자지 않는데 이것을 수세(守勢)라고 부른다고 한다. 어린애가 피곤해서 졸면 '섣달그믐날 밤에 자면 두 눈썹이 센다.'고 겁을 준다.

그믐날 밤의 자정이 지나면 중들이 인가의 문밖에 와서 '재(齋) 올릴 쌀을 주시오'라고 큰 소리를 지르며 청한다. 그러면 수세를 위해 모여 앉아 떠들면서 밤이 깊은 줄도 모르고 있던 사람들이 이 소리를 듣고는 서로 돌아보며 '벌써 새해가 다 됐군.' 하고 말하게 된다. 선왕(先王, 정조) 원년에 중들이 서울 문 안에 들어오지 못하게 금지한 뒤로는 이 풍습은 없어졌으나 시골에서는 아직도 간혹 이런 일이 남아 있다고 한다.

설날과 대보름에 인가에서는 조상에게 제사를 지내는 데 으뜸가는 음식으로 강정을 꼽는다. 강정을 만드는 방법은 순수한 술에다가 찹쌀가루를 반죽하여 떡같이 만들고 가늘게 썰어 말린 다음에 기름을 끓여 놓은 속에 넣어 튀기면 둥둥 떠오른다. 그때 그 둥글고 큰 모습이 누에고치와 비슷하다. 여기에 엿을 바르고 흰 참깨 볶은 것을 묻힌다. 혹은 볶은 콩의 가루를 묻히기도 한다."

〈열양세시기〉는 이렇게 강정을 추켜올리면서 만드는 방법까지

소개했지만, 〈동국세시기〉나 〈경도잡지〉 같은 책에는 강정 이야기
는 보이지 않는다. 그러나 강정은 약밥에 비교하면 재료가 단조롭기
는 하지만, 그래서 담백한 것이 강정의 맛이다.

〈동국세시기〉를 보면 섣달그믐날의 하루 이틀 전부터는 소를 잡
는 것을 묵인해 준다고 한다. 평소에는 소를 잡는 것은 금지되어 있
는 것이다. 시민들이 정초에 쇠고기를 실컷 먹으라는 뜻에서 금지령
을 완화해 주는 조치라고 설명되어 있지만, 그랬다고 해서 일반 시
민들이 과연 정초에는 쇠고기를 포식할 수 있었겠느냐 하는 것은 의
문이다.

벼슬아치는 달랐다. 병마절도사, 감사, 병사, 수사, 수령 등은 연
말이면 조정의 벼슬아치에게 진상을 하는 것이 관례였다. 이를 '세
궤(歲饋)'라고 불렀다고 한다. 편지 안에 따로 작게 접은 종이를 준비
하여 토산물의 여러 종류를 열거하여 적었다. 이 종이를 총명지(聰
明紙)라고 불렀다는데 높은 사람에게 진상하는 것이 총명한 짓이라
고 생각되기 때문이었는지 어땠는지는 알 수가 없다.

각 관청의 아전들도 생치(生雉), 곶감 등의 물건을 자기와 친한 집
에 선물했다고 한다. 〈동국세시기〉는 '쟁반 위에는 큰 잉어를 가로
놓았고, 소쿠리를 내놓으니 두 마리 토끼가 누웠구나.'라는 소동파
의 시까지 인용하면서 이런 풍속이 옛날부터 그랬던 것이라고 설명
하고 있다.

이젠 설날에 강정을 만들어 제사상에 올리는 가정도 점점 줄어들
고 있다. 강정 자체가 약밥과 마찬가지로 점점 없어져 가고 있는 음
식이다.

옛날과 다름이 없는 것은 세궤(歲饋)의 풍속일까. 그러나 이 풍속
이 지나치면 곤란하다. 높은 사람에게 바치는 진상보다는 불우한 사

람들에게 베푸는 풍속이 더 성행해졌으면 얼마나 좋겠는지 모른다.

적(炙),
참맛을 꿰는 대꼬챙이 입맛

　　세찬 상에서 나로 하여금 가장 설날을 느끼게 하는 요리
는 떡국을 제외한다면 산적 또는 누름적 따위의 적(炙) 요리다. 갈비
찜, 편육, 전, 잡채 같은 것은 평소에도 '적'보다는 먹는 빈도가 비교
적 많은 편이다. 어디까지나 나의 개인적인 경험을 토대로 하는 말
이기는 하지만, 식당 또는 요정에서 적(炙)을 보는 기회는 결코 흔하
지 않다.

　고기나 생선을 길게 썰어 야채와 함께 대꼬챙이로 꿰는 작업이 귀
찮기도 하지만 한편 별로 쓸모도 없다고 여기기 때문인지는 모르겠
다. 사슬산적이니 사슬누름적이니 하는 것은 대꼬챙이로 꿰지 않은
산적이고 누름적이지만, 볼품은 두말할 것도 없고 풍미도 떨어진다.

　적(炙)이라면 으레 대꼬챙이로 재료를 꿰게 마련이지만, 내가 지
금 그런 형식을 형식이기 때문에 중요시하고 있는 것은 아니다. 그
린 형식을 충실하게 밟아서 비로소 완성되는 적 요리의 참맛을 나는
강조하고 싶은 것이다. 대꼬챙이를 쓰지 않은 사슬산적이나 사슬누
름적은 그저 고기볶음 같기도 하고 파전의 사촌 같기도 해서 설날도
느껴지지 않지만 요리의 개성도 느껴지지를 않는다.

나라마다 다른 꼬챙이 요리

싱가포르에서 열린 어떤 국제회의에 참석했다가 싱가포르 외무성이 베푼 리셉션에서 싱가포르 요리라는 것을 좀 맛본 적이 있다. 벌써 10년도 더 되는 이야기다. 싱가포르 요리라고는 하지만 나에게는 중국 요리의 일종으로밖에는 생각되지 않았다. 싱가포르는 주민의 8할 가까이가 중국 계통일 뿐만 아니라 중국 요리가 맛있는 곳이다.

그러나 중국 요리라고는 볼 수 없는 것도 있었다. 대꼬챙이로 고기를 꿰어 굽는 요리였다. 말하자면 이것이 싱가포르 요리였다. 카레 가루를 묻혀서 구운 것을 카레 가루와 기름을 섞은 듯한 소스에 찍어 먹는다. "맵다, 맵다." 하고 비명인지 신바람인지 알쏭달쏭한 소리를 연발하면서 어떤 일본인은 이것만을 계속 먹고 있었다. 내 입에는 그렇게 맵지도 않았으며 고기는 양고기로 짐작되었다. "이건 싱가포르 산적인 셈이군." 하고 나는 혼자 마음속으로 중얼거렸다.

그 싱가포르 산적의 이름이 무엇이냐고 물었더니, 한자로 '사다 (沙爹)'라고 종이에 써 주었다. 무슨 뜻인지 알 수가 없었다. 어떻게 발음 하느냐고 다그쳐 물었더니 '샤티'라고 발음한다는 것이었다. 이젠 알았다. 이것은 인도네시아 요리의 '삿테'를 본뜬 요리인 것이다. '삿테'라는 이름이 '샤티'가 된 것이며 '사다'라는 한자는 음을 나타내기 위한 것일 뿐, 아무런 실제적인 의미가 없는 것으로 보아야겠다.

나는 인도네시아에 가 본 일이 없기에 너무 아는 체를 할 수는 없지만, 일본에서 먹은 인도네시아 요리에 바로 이 삿테가 있었다. '삿테 깜빙'이 양고기 산적, '삿테 아얌'이 닭고기 산적, '삿테 사비'가 쇠고기 산적. 일본에서와는 달리 인도네시아 본고장에서는 '삿테 사비'는 잘 안 해 먹는다고 한다. 산적이라고 해도 야채를 쓰지 않고 고기만을 쓰는데 우리나라 산적보다 훨씬 더 복잡하다. 미리 고기를 양념에 재워 둔다. 이것을 구워서 찍어 먹는 소스도 세 가지가 있었으며, 자기의 구미에 맞추어 소스를 섞어 조합해서 삿테에 발라 먹는 것이다. 쇠꼬챙이를 썼는데 인도네시아 본고장에서는 대꼬챙이가 대중적인 것이 아닐까 하고 상상해 본다.

물론 중국 요리에도 꼬챙이에 꿰어 고기를 구워 먹는 요리가 있다. 단적으로 홍콩에서 겨울에 많이 보는 '차소(叉燒)'는 알기 쉽게 중국식 산적이라고 말할 수 있는 것일까. 발음은 '챠샤오'와 비슷하다. 이것은 고기를 양념에 오래 재워 두었다가 먹기 직전에 꼬챙이에 꿰어 약한 불로 구워내는 것이다. 홍콩의 식료품점에서 팔고 있는 챠샤오는 빛깔이 새빨갛다. 식용 염료로 물들인 것인데 나에게는 공연한 짓으로밖에는 생각되지 않는다. 이 챠샤오가 들어가 있는 국수가 '챠사오 면'이다.

꼬챙이로 고기를 꿰어 굽거나 지져 먹는다는 것이 무슨 대단한 지혜를 필요로 하는 요리는 아닐 것 같다. 산적이나 누름적도 나는 오직 한국에만 있는 한국의 자랑이고 독창(獨創)이라고 주장할 생각은 없다. 꼬챙이로 쓰기에 안성맞춤인 대나무가 자라는 지방에서는 어디에서나 주민들이 손쉽게 꼬챙이 요리를 개발해서 애용했을 것이다. 대나무가 없는 지방에서도 고기를 칼로 찔러 굽기도 했으며 쇠꼬챙이를 이용하기도 한다. 지금 미국에서도 유럽에서도 쇠꼬챙이 요리를 우리는 심심치 않게 볼 수가 있다.

그러나 꼬챙이 요리와 재료를 살펴보면, 역시 그 민족의 식성이나 종교적 계율이 나타나 있는 것 같다. 우리 겨레는 산적이나 누름적에서 쇠고기를 가장 많이 쓰고 있고, 중국 사람의 경우는 차사오(叉燒)의 재료는 돼지고기여야만 하고, 인도네시아의 삿테나 아랍 사람들의 꼬챙이 요리는 양고기나 아니면 닭고기다. 일본의 경우는 굽거나 지지거나 하지를 않고 끓이는 꼬챙이 요리가 있다.

하나씩 빼먹는
꼬치 요리의 재미

　　　　고기와 야채를 꼬챙이에 교대로 꿰어서 구워 먹는 바비큐식의 요리. 그러나 일반적으로 그때그때 있는 재료로써 조촐하게 만들 수도 있다. 떡과 함께 꿰면 떡산적, 파와 함께 꿰면 파산적으로 불린다. 여러 가지 재료를 고루 갖추어 꼬치에 색깔스럽게 꿰어서 기름에 지지든지 구워서 꼬치를 들고 하나씩 빼 먹는 재미있는 요리이다.

고유의 우리 조상님들이 잡수신 적 종류를 보면 그 종류는 상당한 수에 이른다. 섭산적, 제육장산적, 제육산적, 산적, 파산적, 생선섭산적, 닭산적, 정육산적, 마늘적, 생치섭산적, 누름적, 사슬적, 통산적, 잡산적 등이 그것이다.

여기서는 손쉽게 해 먹을 수 있는 요리 몇 가지만 소개한다.

제육산적 - ① 제육은 된살로 준비, 생강즙, 후추, 소금 등을 넣어 간을 맞추고, 삶아서 보자기에 싸 눌러 둔다. ② 제육을 넓이 1cm, 길이 8cm 정도로 가지런히 썰고 파(같은 길이로 자른)와 함께 간장, 소금, 깨소금으로 만든 양념에 잰다. ③ 꼬챙이에 고기, 파의 순으로 가지런히 꿴다. ④ 밀가루를 살짝 묻혀 기름 철판에 노릇노릇 지진다.

파산적 – ① 움파를 7~8cm로 자르고 기름이 없는 쇠고기도 같은 크기로 잘라 칼로 자근자근 두드려 부드럽게 한 다음 양념을 한다. ② 대나무 꼬챙이로 파, 고기를 교대로 꿴다. ③ 석쇠에 굽든지 프라이팬에 굽는다. 뜨거울 때 먹는다.

생선섭산적 – ① 생선과 쇠고기를 곱게 다지고 두부(물기를 꼭 뺀)와 양념을 섞어 잘 치댄다. ② 석쇠에 백지를 깔고 기름을 바른 후 재료를 5mm 두께로 골고루 펴서 은은한 불에 앞뒤 골고루 굽는다. ③ 3cm 네모로 반듯하게 썰어 접시에 담는다.

사슬적 – ① 쇠고기를 곱게 다져 간장, 설탕, 깨소금, 참기름, 후춧가루로 양념. ② 민어나 광어 같은 흰살생선을 6cm 길이의 연필 굵기로 잘라 소금을 살짝 뿌리고 참기름으로 향취를 돋운다. ③ 대나무 꼬챙이에 생선을 차례로 꿰되, 연필 굵기의 사이를 남긴다. ④ 빈칸에 양념한 쇠고기를 놓고 칼등으로 자근자근 누른다. ⑤ 석쇠에 굽든지 프라이팬에 지진다.

미역, 김, 튀각

귀천 없이 즐겨온 사계(四季)의 식품, 미역

전에 내가 다니던 어떤 직장에서는 사원 집에 출산이 있으면 '미역 값'이라고 약간의 돈이 나오게끔 경조 규정이 돼 있었다. 출산 증명서를 첨부한 청구서를 제출하면 '미역 값'이 나온다. 쇠고기 서너 근을 살 만한 액수였던 것으로 기억한다.

미역의 분포에 대해서는 아직은 정밀한 조사·연구가 없는 것 같다. 우리나라와 일본과 중국에 분포되어 있는 것은 알려져 있지만, 지구 위의 다른 수역(水域)에서는 어떤지 자세한 것을 알 수가 없다. 서양 사람들은 미역뿐만 아니라 일반적으로 해초 따위에는 별로 관심이 없다. 물고기와 비교하면 해초에 대한 조사·연구에는 힘을 기울이지 않고 있는 것으로 보인다.

서양 사람들은 미역을 먹지 않는다. 냄새가 싫기 때문이다. 중국은 워낙 지대물박(地大物博)한 나라라서 미역을 먹는 지방이 혹시 어디엔가 있는지도 알 수 없지만, 내 견문의 범위 안에서는 미역을 먹

미식가의 수첩

는다는 것은 보도 듣도 못했다. 김은 자채(紫菜)라고 해서 요리에 쓰기도 한다.

그러고 보면 미역을 많이 먹는 것은 우리나라와 일본이다. 일본 사람들도 무척 많이 즐긴다. 그러나 일본에서는 미역을 굳이 산부(産婦)에게 좋은 식품이라고 생각하고 있지 않다. 미역이 산부에게 없어서는 안 될 식품이고, 따라서 사원 집에 출산이 있으면 '미역 값'을 내는 직장이 있을 정도로 미역을 산부의 필수식(必須食)으로 여기는 것은 우리나라뿐이다.

미역이 산부에게 그렇게 좋다는 데는 무슨 과학적인 근거라도 있는 것일까. 미역국은 산부의 젖을 잘 나오게 한다고 한다. 국물이니까 그렇기도 하겠다는 생각이 든다. 소화나 흡수가 잘 안 되는 식품도 아니다. 쇠고기 장국에 끓이면 영양가도 높다. 미역 자체도 칼슘의 함유량이 풍부하고, 말린 미역의 경우에 당질이 50%에, 단백질이 13%나 함유되어 있다고 한다. 보기와는 달리 미역 자체의 영양분도 적은 것은 아니다. 그렇다면 미역은 역시 산부에게 좋으면 좋지, 결코 해로운 식품은 아니겠다.

이 미역을 우리 겨레는 언제부터 먹게 되었을까. 정확한 것을 알 길은 없지만 원시 시대에 벌써 미역을 먹고 있었을 것으로 짐작된다. 지금도 바닷가에 산재하는 패총(貝塚)들을 보면 출토품의 대부분은 패류이고 해초류 종류는 그동안에 썩어 없어져 남아 있지 않지만, 물고기보다도 먼저 패류와 해초를 먹었겠고, 그 해초 가운데는 미역도 끼어 있었으리라고 짐작된다. 물고기를 잡는 것보다는 패류를 줍거나 해초를 따는 것이 훨씬 더 수월했을 것이다. 파도에 밀려 절로 해변에 표착하는 해초도 많았을 것이다. 농사의 기술이 발달되지 않았던 그때로서는 이렇게 쉽게 채취할 수 있는 패류나 해초에 겨레의 식생활이 의존하는 도(度)는 굉장히 높은 것이 아니었을까 하는 생각이 든다.

인도의 뉴델리에서 한국 사람들끼리 모인 파티에서, 우리나라에서 가장 가져오고 싶은 식료품이 무엇이냐 하는 것이 화제가 됐다. 외교관 부인들은 거의 만장일치로 어리굴젓과 미역의 두 가지를 꼽은 것이 나에게는 인상적이었다. 어리굴젓은 잘 이해할 수 있었다. 그러나 다른 것들도 많은데 하필이면 미역이 그렇게도 먹고 싶은 것일까 하고 나는 좀 놀라운 기분이었다.

그 후에 내가 필리핀의 마닐라에서 어떤 동포의 가정에 저녁 초대를 받았을 때 식탁 위에 미역국이 나왔다. 나는 미역국이라는 것을 그렇게 맛있는 국이라고는 생각하지 않았었다. 그러나 이국에서 먹는 미역국은 또 다른 맛이었다. 그것은 고국 냄새가 풍기는 국이었다. 틀림없는 고국의 냄새였고 영락없는 고국의 맛이었다. 나는 뉴델리의 외교관 부인들의 향수를 비로소 이해할 수 있을 것 같았다.

마닐라에서 먹었던 미역국에 관해서 한마디 더 적어 놓을 것이 있다. 쇠고기를 쓰지 않고 건문어(乾文魚)만을 써서 국물 맛을 냈다. 나는 그런 미역국은 처음이었지만 남도식이라고 한다. 미역국뿐만 아니라 다른 국을 끓일 때도 말린 문어를 곧잘 쓴다고 한다. 내 입에는 쇠고기 장국보다는 건문어로 끓인 국이 담백하고 시원해서 마음에 들었다.

미식가의 수첩

영양식이고 망향식인 애식품,
미역국

산부는 으레 먹어야 할 영양식인 미역국. 외국에서 외교관 부인들이 그렇게 먹고 싶어 하던 망향식인 미역국.

그런데 '미역국을 먹는다.'고 하면 좋지 않은 뜻이 되기도 하니 이것은 어찌 된 괴변인가. 나도 영문을 모르지만, 하여간 시험에 낙방하거나 또는 직장에서 파면을 당하거나 하는 것을 '미역국을 먹는다.'고 하는 것이다. 미역국의 미역이 미끈미끈한 데서 미끄러지는 것을 연상한 것일까.

그런 뜻의 미역국은 먹고 싶지 않지만, 때때로 먹고 싶은 미역국에 냉국이 있다. 식초를 쳐서 한결 시원한 미역냉국은 비단 여름뿐만 아니라 사철을 통해 좋다. 그러고 보면 우리는 미역을 철저하게 이용하고 있는 겨레다. 더운 국으로도 먹는다. 볶아 먹기도 하고 지져 먹기도 한다. 무쳐서도 먹고 지짐이를 만들어서도 먹는다. 미역의 대가리라고도 볼 수 있는 미역귀를 김치로 담가 먹기도 하고, 폭이 넓은 미역을 적당히 잘라 밥을 싸서 미역쌈을 해 먹기도 한다.

여기에 교통이 발달하고 수송이 개량되어 서울에서도 생미역을 쉽게 구할 수가 있게 되었다. 말린 미역은 뭐니 뭐니 해도 건조야채다. 야채는 아무래도 말리지 않은 신선한 것을 쳐주어야 하는 것이 원칙이며, 미역의 경우도 생미역은 신선하고 향기도 빛깔도 살아 있고 맛있다. 팔팔 끓는 물에 살짝 데치면 금방 새파랗게 변한 것을 잘게 썰어서 초간장을 뿌리기만 하면 반찬도 되고 술안주도 된다. 서울에 앉아서 얼마든지 생미역을 먹을 수 있다는 것은 옛날 사람들이 부러워할 또 하나의 일이다. 값도 비싸지 않다.

값 이야기가 났지만 미역은 정말 서민적인 식품이어서 이것이 비싸면 곤란하다. 부귀를 자랑하는 집안에서도 산부는 으레 미역국을 먹게 마련이고 보면 반드시 서민적이라기보다는 귀천을 막론하고 애식하는 식품이라고나 할까.

고려왕조 인종 때 송나라에서 서긍(徐兢)이라는 사신이 왔다. 그는 고려에서 보고 들은 바를 글과 그림으로 적어 〈고려도경(高麗圖經)〉 40권을 남겼다. 그림은 그동안 없어지고 말았고 지금은 글만 전해져 있다. 그 〈고려도경〉에는 왕공(王公) 귀인만이 먹을 수 있는 축육 종류가 적혀 있고 세민(細民)이 잡아먹는 수산물 종류가 적혀 있는데, 한편 해조(海藻)·곤포(다시마)는 귀천을 막론하고 모두 즐기고 식기(食氣)를 돋구지만 비린 냄새가 나고 짠맛이기 때문에 오래 먹을 것은 못 된다고 적어 놓았다. 여기서 말하는 '해조'에는 미역도 들어 있는 것으로 보아야겠다.

한국인과
일본인이 즐기는 김

약 20년 전에 나는 미국 서해안에서 자취 생활을 하고 있었다. 지금과는 달리 샌프란시스코 근방에는 한국 식당도 없을 때였다. 하기야 내가 가기 전에는 '양할머니'라는 분이 하던 한국 식당이 있었는데 할아버지가 세상을 떠나자 폐업했다고 들었다. 물론 한국 식료품점도 없었다. 간장이나 두부 같은 것을 사려면 일본 식품점이나 중국 식품점에 가야만 했다.

중국 식료품점은 샌프란시스코의 차이나타운에 많이 있고, 일본

식품점은 산호세라는 도시에 큰 것이 있었다. 나는 샌프란시스코와 산호세의 중간쯤에서 살고 있었다. 다니는 학교가 그곳에 있기 때문이었다. 주말에는 뭐니 뭐니 해도 역시 많은 경우가 샌프란시스코에 나가게 마련이었다. 그러나 산호세에도 곧잘 갔다. 멕시코 계통의 미국인이 많이 사는 도시다. 멕시코 요리에는 고추를 써서 매콤한 것이 있고 값도 비싸지가 않기에 나에게는 안성맞춤이었다.

어떤 주말에 산호세에 갔다가 돌아올 무렵에 일본 식료품점에 들렀다. 이것저것 필요한 것을 호주머니와 의논하면서 사고 있다가 김이 있는 것을 발견했다. 향기도 빛깔도 좋은 김이었지만 값이 비쌌다. 망설이고 있다가 그 옆에 있는 김이 값이 훨씬 싼 것을 보고 그것을 집어 보았다.

"그것은 한국 김입니다."라고 점원이 친절(?)하게 가르쳐 주는 데는 나는 어안이 벙벙했다. 값은 싸지만 한국 김이니까 그만큼 질이 좋지는 않다는 뜻인 것이다. 불쌍한 한국 김! 분연히 나는 그때의 내 처지로서는 과분하게 많은 한국 김을 샀는데, 애국심에서였다기보다는 홧김에 화냥질했던 셈일까.

어떤 일본 사람은 나에게 한국 김을 '오오아지(大味)'라고 평했다. 오오아지에 해당하는 적당한 우리말을 모르지만, '큰 대(大)'자를 썼다고 해서 칭찬하는 뜻은 아니다. 아기자기하게 간칠맛은 없다는 뜻이다. 한우와 비교해서 우리가 수입 쇠고기에서 느끼는 맛과 비슷한 것이 오오아지이다.

김은 세계 여러 나라에서 양식하고 있다. 야채가 드문 한대 지방에서 에스키모 사람들도 양식하고 있다. 그러나 한국과 일본을 제외하면 양식의 규모는 작고 생산량은 보잘것없다. 세계의 김 생산은 대부분이 한국과 일본이 하고 있다. 일본의 생산량이 우리나라보다도 월등하게 많다.

서양 사람들은 해초 냄새를 몹시 역겹게 여기기에 일반적으로 김을 먹지 않는다. 중국 사람들은 김을 자채(紫菜)라고 부르고 요리에 쓰지만 이용하는 범위가 넓지는 않다.

일본에서도 그랬지만 우리나라에서도 옛날부터 김을 먹었다. 〈동국여지승람〉에 '해의(海衣)'라고 보이는 것은 김이다. 〈홍길동전〉의 저자인 허 균은 음식에도 조예가 깊었는데, 그가 남긴 〈도문대작(屠門大嚼)〉에는 감태와 해태의 두 종류가 적혀 있다. 김에도 종류가 많은 것은 우리가 익히 알고 있는 바와 같다.

이로써 우리 민족이 몇백 년 전부터 김을 먹어 온 것은 분명하지만, 김의 양식이 언제부터 행하여졌는지는 분명하지가 않다. 옛날 문헌에 태전(苔田)이니 해의전(海衣田)이니 하는 것이 보이지만, 김의 채취장인 것은 분명하다손 치더라도 과연 김의 양식장이었는가 하는 것은 알 수가 없다. 박구병의 〈한국어업사〉를 따르면, 김의 양식이 지금부터 약 3백50년 전에 시작됐다는 설이 있는가 하면, 약 2백60년 전이라는 설—심지어는 약 1백50년 전밖에 안 된다는 설도 있다고 한다.

일본 사람은 김의 향기와 빛깔과 윤기를 중요시하는 것 같다. 향기가 높고 빛은 검고 빤짝빤짝 윤이 나는 김에 고르게 매우 얇고 잡물이 없으면 고급품이다. 향기를 즐긴다고 그래도 살짝 간장에 찍어 먹기를 일본 사람은 좋아한다. 오래 두면 향기는 떨어지고 빛깔도 변하고 윤기도 사라지게 마련이기에 일본 사람은 김의 보관에 신경질적으로 마음을 쓴다.

우리도 향기가 좋고 빛깔이 검고 윤이 나는 고급품의 김을 마다하는 것은 아니지만, 한국 사람은 김에 참기름을 바르고 소금을 뿌리고는 구워서 먹는 것을 좋아한다. 따라서 향기나 빛깔이나 윤기에 일본 사람처럼 크게 신경을 쓰지는 않는다. 따라서 일본 사람처럼 김을 차곡차곡 통 속에 밀봉해 두었다가 조금씩 꺼내 먹는 풍습은 우리에게는 없다. 꼭 그래야만 할 정도로 고급품인 김은 생산되지도 않고 있다고 말하면, 해태 양식업계에게 야단을 맞을까? 김에 대한 기호가 다르니까 생산되는 김도 다르다고 지적하고 있을 뿐이다.

김밥이라는 것은 도시락으로 매우 편리한데 우리나라의 전통적인 음식은 아니다. 김은 옛날에는 수라상에 올랐기에 임금도 김을 입에 댔지만, 쇄국 시대의 임금은 김밥의 맛은 몰랐을 것이다. 임금이 몽진할 때 수라상에 올릴 음식으로는 비빔밥보다도 김밥이 더 준비하기 수월했을 터인데도 말이다.

김밥에 쓰는 김은 일본에서도 고급품은 잘 쓰지 않는다. 고급품은 비싸니까 김밥에 쓰기에는 아깝기 때문이다. 비빔밥의 경우는 밥을 되지 않게 부드럽게 짓지만, 김밥의 경우는 밥을 꼬들꼬들하게 짓고는 식초와 그 밖의 것(술, 설탕, 소금)으로 약간 양념을 한다. 속에 넣는 것은 사람마다 기호가 다르겠지만, 나는 참치와 오이를 좋아한다. 그러나저러나 김이 너무 비싸져서 탈이다.

음식 맛 돋구는 조미료 구실을 톡톡히 하는 튀각

꽁보리밥이 제법 화제가 돼 있기에 한번 가 보자고 친구들과 함께 나섰다. 값도 비싼 편은 아니어서인지 손님들이 그만하면 적지는 않았다. 꽁보리밥이라고는 하지만 쌀이 섞인 보리밥에 된장찌개, 콩나물국, 배추김치, 열무김치, 호박잎, 풋고추, 고추장이 따라 나왔다.

"말하자면 절밥이구나."라고 즉흥적인 논평이 재빨리 떨어졌다. "절밥이라면 튀각이 없는데."라는 가벼운 반박이 즉각적으로 뒤따랐다. 이론이랄 것은 없지만 하여간 말이 많은 친구들이었다.

절밥에 어떤 격식과 전형(典型)이 있는지를 나는 모른다. 튀각이 꼭 끼어야만 절밥으로서 구색을 갖추게 되는 것인지 어떤지는 더군다나 모른다. 절에 따라, 철에 따라, 각각 조금씩 다른 것이 아닌가 하는 생각은 든다. 그러나 절밥이라고 하면 얼핏 머리에 떠오르는 것은 역시 튀각이고 산채 따위 나물이다. 나물 가운데서도 고수풀 나물은 절밥에서나 맛볼 수 있었던 독특한 것이었지만, 지금도 고수를 재배하고 있는 절이 많은지 어떤지, 하여간 나는 최근에 절에서 고수밭을 본 일이 없다.

튀각이 절밥에서 빠져서는 안 되는 것인지는 모르겠지만, 절밥에 어울리는 찬인 것은 두말할 것도 없다. 절에서 식용으로 이용하는 해산물이라면 소금은 논외(論外)로 하고 해조(海藻) 따위에 국한되는데, 미역이나 김에서보다는 튀각에서 훨씬 더 고담(枯淡)한 선미(禪味)를 느끼는 것은 나의 개인적인 주관인지도 모르겠다. 그리고 절밥에 나오는 산채와 튀각이 비록 산해진(珍)미라고 할 수야 없을망정, 산해진(眞)미인 셈이라고 하는 것도 지나친 말장난일까.

추운 유럽 지방에서 많이 보는 '고이터(Goiter)'라고 불리는 갑상선종(甲狀腺腫)이 있다. 목의 살이 부어 혹으로 발전하는 병이다. 이것이 우리나라에서 거의 발생하지 않은 것은 다시마를 비롯한 각종 해조를 먹기 때문이라고 한다. 그런 다시마를 기름으로 튀겼으니 튀각은 더욱 건강에 좋은 반찬이 아니겠느냐 하는 주장도 나올지 모르지만 나는 이런 방면에 대해서는 전문적인 지식이 없다.

우리는 다시마를 주로 튀각으로 해서 먹는다. 다시마 조각의 양면에 찹쌀 풀을 발라 말린 것을 기름에 튀긴 것을 부각이라고 하고, 한편에만 찹쌀밥을 발라 말렸다가 튀긴 것은 튀각산자라고 하지만, 이것들은 모두 튀각의 변형(變形)이라고 볼 수가 있다. 다시마를 조린 장아찌는 일본에도 좀 비슷한 것이 있으나, 다시마의 생산량과 소비량이 세계에서 으뜸가는 일본에서 우리와는 달리 튀각을 흔히 먹지는 않는다. 일본에서는 여러 가지 다시마를 종류에 따라 다양하게 이용하지만, 가장 중요하게 여기는 다시마는 끓여서 맛난이 국물을 우려내는 종류인 것 같다. 엄격하게 말하면 그것도 식용이기는 하겠지만, 다시마 자체를 직접 먹는 것이 아니라 조미용(調味用)으로 쓰고는 버리는 종류다. 그런 다시마의 맛의 주성분(主成分)이 글루타민산(酸)의 나트륨염(鹽)임을 규명한 일본 사람들은, 그 맛을 내게 하는 화학조미료를 개발해서 이것이 세계에 보급돼 가고 있다. 그렇게 다시마를 잘 아는 일본 사람들인데, 어찌 된 셈인지 튀각이 널리 애용되어 있지는 않다.

서양 사람들은 다시마를 먹지 않는다. 그들은 해조의 일부를 약품 또는 화장품의 원료로 이용하거나 비료 또는 사료로 쓰고 있을 뿐이다. 중국요리에서도 나는 다시마를 본 적이 없다. 다만 고서(古書)들에는, 신라인이 다시마를 중국에 수출했다고 하고, 빌해(渤海)가 다시마를 당(唐)나라에 보냈다는 기록도 있고 보면, 중국 사람들이 다시마와 담을 쌓았다고 단언하기는 어렵겠다.

송(宋)나라의 서긍(徐兢)은 '고려도경(高麗圖經)'에서 고려인은 귀천을 막론하고 모두 해조와 다시마를 즐기며 식기(食氣)를 돋우나 냄새가 비리고 맛이 짜기에 오래 먹을 것은 못 된다고 설명했다. 서긍에게 다시마는 낯선 음식이었던 모양이지만, 그가 먹었던 것이 튀각은 아니었으리라는 생각이 든다. 튀각을 먹었다면 뭐가 그렇게 비리고 짰단 말인가.

이렇게 살펴보면 튀각은 우리나라에서 바로 사람을 만나고 빛을 본 음식이라고 하지 않을 수 없다. 부각이나 튀각산자쯤 되면 겨레가 요리의 창의(創意)를 유감없이 발휘한 창작이라고 말할 수 있다. 다만 '과유불급(過猶不及)'일까. 잔손이 지나치게 많이 간 부각이나 튀각산자보다는 나는 그냥 튀각의 단순하고 솔직하고 소박한 맛을 더 친다.

비빔밥을 먹는 데도 튀각이 안 보이면 나는 무엇인가 요긴한 것이 빠지거나 한 듯한 아쉬움을 느낀다. 물론 듬뿍 들어 있어도 곤란하지만 역시 조금은 들어 있어 주어야만, 안정감이 있는 비빔밥이다.

소채로 만든 동아시아의
나물 고기(?)

절밥 이야기가 나왔는데, 우리나라에서는 절밥이 발달하지 못했다고 펜을 놀린다면 큰 파란이 일는지 모르겠다. 조선왕조 시대의 숭유억불(崇儒抑佛) 정책의 탓이지 뭐냐고 변명 아닌 핀잔을 주실 분이 있을지도 모르겠다. 무슨 소리냐, 어쩌어떤 절에 가서 한번쯤 먹어 보고 다시 지껄이라고 역정 내실 분도 있을는지 모르겠다. "절은 불상을 모시고 오로지 불도를 닦는 곳이오, 다반(茶飯)이야 조식(粗食)일망정, 계율(戒律)을 따름으로써 족한, 문자 그대로의 다반사외다."라며 '나무아미타불'을 염불하실 스님도 있을지 모르겠다.

어차피 이렇게 '…모르겠다', '…모르겠다'로 이어지는 이야기라면 평지풍파를 피하는 뜻에서도 우리나라 절밥에 대해서는 아예 더 쓰지 않는 것이 현명할 것 같다. 외국의 절밥 이야기라면 어떨까. 외국에서는 절밥이 제법 이름난 요리로 발달되어 있는 경우가 있는 것이다.

어육(魚肉)을 삼간 요리를 중국에서는 '소(素)' 또는 '제(齊)'라고 해서 '소채(菜)', '소식(食)', '제식' 등으로 부른다. '소'와 '제'를 합쳐 '소제'라고 부르는 경우도 있다. 따라서 홍콩에서 거리를 거닐다가 '여의제(如意齊)'니, '칠보제주소식전가(七寶齊廚素食專家)'니, 하는 식당 이름을 보게 되면 어떤 요리를 하는 가게인지를 눈치 차릴 수 있다. '전가(專家)'라는 것은 '전문점'이라는 뜻일 게다.

소채를 전문으로 하는 식당에 들어가 보면 이것은 요리인지 장난인지 예술인지 분간할 수가 없다. 재료는 야채와 곡물과 식물유가 기본인데 돼지고기나 닭이나 새우와 비슷한 것이 나온다. 생김생김 뿐만 아니라 빛깔이나 냄새나 씹는 맛까지 비슷하도록 애쓴 데는 놀라움을 금할 수 없다. 씹어 삼킬 때는 식물식(植物食)임이 분명하지만, 입을 댈 때까지는 그저 감탄을 연발하게 된다.

우리가 시켰던 것 가운데 초백채(炒白菜)는 단순히 배추를 기름으로 볶은 것에 불과했으나 그것에 앞서 나온 상어 지느러미(紅燒素魚翅)는 죽순을 잘게 썰어 정말 비슷하게 만들었고, 마지막으로 나온 초소육(炒素肉)은 꼭 돼지고기볶음을 닮았는데 두어 번 씹어 보니 재료가 밀가루 같았기에 감탄도 했고 웃기도 했다. 해삼탕도 되고 잉어탕도 되며 소채의 가짓수는 수백 가지가 있다고 한다. 돈과 시간의 여유만 있다면 한번쯤 다시 가서 몇 가지를 더 시켜, 눈요기도 해보고 맛도 보고 싶은 그런 요리였다.

재료로 달걀과 우유와 굴은 쓸 수 있다고 들었다. 달걀과 우유는 분비물(?)로 간주되고, 굴은 피가 나지 않기 때문이라고 한다. 양념은 생강은 쓸 수 있어도 부추, 파, 마늘은 안 된다고 한다. 그리고 동물 가운데서는 닭과 물고기가 비슷하게 소채를 만드는 데 가장 어렵고 가장 기술이 필요하다고 한다.

　베트남에서 절밥을 먹었던 사람의 이야기를 들으면, 동물과 비슷하게 소채를 만드는 요리 유형(類型)은 중국과 같지만, 어찌나 계율을 엄하게 지키는지 달걀이나 우유나 굴은 고사하고 그 유명한 넉맘(생선 간장)도 쓰지 않는다고 한다. 베트남 사람이 넉맘을 일절 쓰지 않은 요리를 먹는다는 것은 정말 대단한 이야기다.

　홍콩에서 식당이 아니라 실제로 절밥을 먹었다는 사람에게는 이런 말을 들었다. 예를 들면 오리구이를 흉내 낸 요리를 '소소압(燒素鴨)'이라고 표현하지 않고 '가소압(假燒鴨)'이라고 표현하더라고 한다. 알기 쉽게 말하자면 가짜 오리구이인데 점잖게 새긴다면 오리구이를 흉내 낸 이미테이션(模造)이라는 뜻일 게다.

　일본에서는 조채(調采), 보다(普茶) 요리, 황벽(黃壁) 요리 등의 말을 쓰는 특별한 경우도 있지만, 일반적으로는 정진(精進) 요리라는 말을 흔히 쓴다. 한천으로 생선회 비슷하게 만들어내는 장난 같은 이미테이션도 없지 않으나 일본 정진 요리의 특징은 결코 이미테이션에 있지는 않다. 식물성인 재료를 가지고 먹을 만한 요리를 만들려고 취향(趣向)을 부리는 데 중점을 두고 있는 것 같다.

　일본의 정진 요리에는 튀각도 곧잘 나온다. 밀가루 반죽을 물에 빨아 떠오르는 글루텐(밀가루 단백질)을 건져 모은 '후(麩)'를 쓴 요리는 우리나라에서는 볼 수 없는 것이다. 두부를 동건(凍乾)해서 딱딱하게 만든 것을 다시 부드럽게 불려서 쓰는 요리도 우리나라에서는 볼 수가 없다. 그 밖에도 아기자기한 요리들이 많아 정진 요리의 전문점도 있는데 이런 것들은 대부분이 절에서 개발된 요리들이다. 일본에서는 절이 중국과 한국에서 문화를 수입하는 중계소(中繼所)였다는 사정도 있지만, 일본의 절은 우리나라 절보다는 역사적 환경이 상대적으로 훨씬 더 평온하고 안정되고 다행했다는 것을 새삼 상기하게 된다.

오이소박이와
멍게

겨레의 걸작
오이소박이

오이는 원산지가 인도 북부에서 히말라야 산맥에 걸친 지방이라고 알려져 있다. 언제 우리나라에 들어왔는지는 알 수 없지만, 고려 시대의 문장가인 이규보가 〈가포육영(家圃六詠)〉이라고 자기 집 채마밭에 심은 여섯 가지 채소를 읊은 시에는 오이, 가지, 무, 파, 아욱, 박이 등장한다. 다산(茶山) 정약용(丁若鏞)이 〈목민심서(牧民心書)〉에서 대표적인 아홉 가지 채소를 든 가운데도 오이가 끼어 있는 것은 두말할 것도 없다. 한자로는 호과(胡瓜) 또는 황과(黃瓜)라고 쓴다. 호과라고 쓰는 것은 오이가 북방 대륙에서 전해 왔기 때문이겠고, 황과라고 쓰는 것은 오이가 밭에서 익으면 빛깔이 누렇게 되기 때문이겠다.

서양에서는 오이로 고작 피클을 담그거나 샐러드에 쓰거나 할 뿐이고, 이용 방법이 매우 다양하지는 않다. 중국이나 일본에서는 제법 이용하는 편일까. 장황과(醬黃瓜)라는 중국의 오이장아찌는 맛있다. '외'는 '오이'의 준말이지만, 중국에는 그 밖의 외 종류로 장아찌를 담근 여러 장과(醬瓜)가 여러 지방에 있다. 일본에서는 일본식 오이김치도 나쁘지 않지만, 백과(白瓜)를 비롯한 외 종류로 나라즈께(奈良漬)를 만드는 식으로 오이를 주박(酒粕)에다 담근 것이 맛이 괜찮다.

뭐니 뭐니 해도 우리 겨레가 오이의 이용에서는 어느 민족에도 뒤지지 않는다. 오이김치, 오이깍두기, 오이지, 오이지무침, 오이소박이, 오이나물, 오이생채, 오이장(醬), 오이장아찌, 오이지짐이, 오이찜, 오이찬국, 오이짠지, 오이무름, 오이무름국 등등…. 일일이 헤아리기도 힘들다. 그러나 이렇게 적어 본 가운데서 과연 왕자는 누구냐고 전 국민이 투표를 해 본다면 어느 것이 당선될까.

나는 오이소박이에게 표를 던지고 싶다. 오이지도 유력한 후보자라는 것은 인정하지만, 오이지는 결국 피클의 일종이고 외국에는 오이지보다도 더 복잡하게 손이 간 피클이 적지를 않다. 그러나 오이소박이만은 우리나라의 독특한 김치다. 자칫하면 식욕이 떨어지는 여름에 오이소박이만큼 식욕을 불러일으켜 주는 반찬도 나에게는 드문 것이다.

필요는 발명의 어머니다. 채식 민족이었던 우리 겨레는 오이 하나를 가지고서도 이것을 여러모로 맛있게 먹기 위해 온갖 지혜를 총동원하여 남달리 연구를 거듭했으며, 그런 연구와 노력이 마침내 맺은 열매들의 하나가 오이소박이라는 걸작이었다.

오이소박이에서 고추는 결정적인 역할을 한다. 고추가 우리나라에 들어온 지 채 4백 년도 안 되는 점으로 미루어 보면, 오늘날의 오이소박이와 같은 걸작의 역사도 그렇게 오래된 것은 아니다. 다만, 걸작은 걸작이라도 우리끼리만 통하는 미각의 걸작이고, 외국인들에게는 오이지가 맵지 않아 훨씬 더 인기가 높은 것 같다.

한자로 쓴다면 과심저(瓜心菹). 정식 이름은 '오이소박이김치'지만, 이제 이 스피드 시대에 그렇게 유장(悠長)하게 부르는 사람도 보지 못한다.

오이지 맛과 닮은 유태인 피클

미국에서 오이지를 사 먹었다고 해도 이제는 아무도 신기하게 여기지를 않는다. 요즘 누가 통 안 보이더라고 해서 알아보면, 얼마 전에 미국으로 이민을 갔다는 세상이다. L.A.(로스앤젤리스)에만 대충 10만의 한국인 이민이 산다고 한다. L.A.쯤 되면 오이지가 아니라 오이지 할아버지가 있다고 해도 놀랄 것이 없는 오늘날이다.

그러나 20년 전만 해도 달랐다. 특히 20년 전의 뉴욕에서는 서해안과는 달리 배추김치도 사 먹을 수 없었다. 한국 식료품 상점도 없었고 한국 식당도 없었다. 그런 것들은 서해안에도 있을까 말까 했다. 서해안에서 배추김치를 살 수 있는 곳도 중국 또는 일본 식료품 상점이나 일부 슈퍼마켓에 국한되어 있었다. 그런 곳에서도 오이지는 팔고 있지 않았다. 그런 시절의 뉴욕에서 오이지를 사 먹었다는 것은 이야깃거리가 되지 않을까 하는 것이다.

'델리커테슨(Delitcatessen)'이라는 간판의 식료품 상점은 서해안에서는 별로 눈에 띄지 않았던 것 같다. 그러나 뉴욕에 와 보니까 거리에 델리커테슨이 여기저기에 있었다. 원래는 맛있는 것이라는 뜻이겠지만, 실제로는 이미 조리가 돼 있는 식료품을 말한다. 훈제를 비롯한 보존식품이라고 보아도 좋다. 구체적으로는 햄, 소시지, 통조림, 병에 든 음식, 샐러드, 서양식 김치(예를 들면 캐비지를 소금에 절인 것), 버터, 치즈 등을 파는 식료품 상점이었다. 그런 델리커테슨에서 병에 든 오이 피클을 샀더니 이것이 바로 우리나라 오이지 맛이었던 것이다.

피클은 이제 우리나라에서도 많이 알려져 있다. 소금, 설탕, 식초, 향료 같은 조미료로 적당히 간을 한 물에 야채를 담근 것이 피클이다. 우리나라 동치미도 물론 훌륭한 피클이지만, 다만 외국의 피클은 국물까지 식용으로 삼지는 않는 것이 보통이다. 피클 재료로는 세계에서 가장 많이 쓰이는 야채가 오이다. 나라 따라 지방 따라 특색이 있기에 세계에는 오이 피클의 종류가 많다. 우리나라 오이지도 그중의 하나다.

미국에서 먹는 오이 피클은 일반적으로 시큼하고 달착지근하다. 여러 가지 맛의 오이 피클이 있는 것은 사실이지만, 그것도 따지고 보면 얼마나 덜 달고 더 시큼하냐 하는 것과, 얼마나 덜 시고 더 달착지근하냐 하는 것으로 나뉘는 다양성이다.

그러나 델리커테슨에서 샀던 오이 피클은 독특한 맛이었다. 시지도 않았으며 달지도 않았다. 약간 찝찔한 맛이 꼭 우리나라 오이지와 비슷했다. 매우 약하기는 하지만 어떤 향료와 함께 마늘 냄새가 느껴지기는 했다. 굳이 차이를 찾는다면 그 정도일까. 하여간 어쩌면 그렇게도 우리나라 오이지 맛과 비슷하냐고 나는 감탄을 금할 수가 없었다.

독일의 델리커테슨(영어인 경우의 C가 독일어에서는 K로 되는 한 자만을 빼고는, 스펠링도 똑같고 델리커테슨이라고 발음한다)에서 오이 피클을 사 먹었다는 친구의 이야기를 들어 보면, 그것도 우리나라 오이지 맛과 꼭 같았다고 한다. 미국의 델리커테슨이나 독일의 델리커테슨이나 대부분이 유태인의 경영인 줄로 안다. 그러고 보면 우리나라 오이지 맛과 비슷한 오이 피클즈는 유태인의 방식인 모양이다.

막걸리 안주로 오이지를 고추장에 찍어 먹으면서 이런 이야기를 했더니, 어느 짓궂은 친구가, "아랍 방식의 오이 피클은 어떤 맛인가?" 하고 엉뚱한 질문을 했다. 아랍 방식? 난들 알겠는가? 오이지 이야기에 국제 정치를 개입시킬 것은 없을 것 같다

여름의 미각
멍게에 오이

오이 이야기를 쓰다가 멍게 생각이 난데는 그만한 이유가 있지만 그것은 좀 있다가 밝히기로 한다.

우선 독자들의 양해를 구하고 싶은 것은 '멍게'라는 이름이다. 멍게는 방언이고 표준말은 '우렁쉥이'로 돼 있기 때문이다. 글을 쓴다면 방언은 피하고 표준말을 써야 한다는 것을 나도 원칙으로 삼고는 있다. 그러나 우렁쉥이라고 쓴다면, 그것이 무엇인지 알아줄 사람이 과연 몇 사람이나 될까. 이제 모두들 멍게라고 하는데도 굳이 우렁쉥이라고 써야 할 필요가 있을까. 글은 소위 표준말을 위해서 있는 것인가, 또는 사람들 상호 간의 통신을 위해서 있는 것인가.

나는 멍게라고 쓰겠다. 그리고 왜 오이 이야기를 쓰면서 멍게 생각이 났느냐 하면, 멍게에 오이가 잘 맞기 때문이었다. 멍게를 초고추장에 찍어 먹는다면 특별히 곁들일 야채에 관해 신경을 쓸 것은 없다. 그러나 멍게를 초간장으로 먹을 때 어울리는 야채는 오이다. 멍게를 잘게 썰고 오이도 역시 잘게 썰어 곁들이면 멍게 맛이 한결

활개 치는 것 같다. 한창 오이가 쏟아져 나오는 철이 또한 멍게가 가장 맛있는 때다.

멍게에는 감히 젓가락을 대려고 하지 않고 외면하는 사람들을 나는 이해할 수가 있다. 멍게가 징그럽게 생겼다는 것도 나는 부인하지 않는다. 멍게를 입에 넣어 보고는 질겁하고 도로 토해내는 사람이 있다고 해도 결코 나는 그를 나무라지 않을 것이다. 왜냐하면 처음에는 나도 그랬었기 때문이다.

대학 1학년생 때였다. 그러니 벌써 30년 넘은 세월이 흘렀다. 그때 나는 처음으로 부산에 가 보았지만, 친구 집에서 차려 내놓은 밥상 위에서 멍게도 처음 보았다. 껍질을 까서 숭덩숭덩 썰어 놓은 멍게였지만, 그래도 처음 보는 나에게는 무슨 괴물처럼 징그럽기만 했다. 부산의 진미라고 친구가 하도 권하는 바람에 호기심이 움직여 그것을 입에 넣어 보기까지는 했으나, 고약한 냄새에 못 이겨 그냥 도로 뱉어 버렸다. 이렇게 멍게와 나와의 첫선은 실패작이었다.

지금 생각하면, 친구 집에서 썰어 내놓은 멍게는 한 점 한 점이 초심자인 나에게는 너무나 큰 덩어리(?)였다. 그 후에 내가 멍게 맛을 제법 알게 된 것은, 멍게를 매우 잘게 썰게 해서 먹어 보기 시작한 때문이었다. 맛의 자극이 상대적으로 덜 강하기에 그것을 받아들일 수 있었다. 맛의 자극이 강하면 강할수록 그것이 멍게의 참맛이라고 싱글벙글하는 멍게당(黨)의 골수분자와 초심자와의 사이에는 아무래도 그만한 거리가 있었다.

이럭저럭 나도 멍게당에 입당하고 보니, 그렇게 고약하고 강했던 냄새에서 바다의 냄새를 맛볼 수가 있는 것 같이 되었다. 멍게가 싱싱하면 싱싱할수록 바다 냄새는 뚜렷하고 바로 그것이 멍게 맛의 생명인 것을 알 수 있는 것 같이 되었다.

아직도 잘게 썰게 하지만, 멍게와 오이를 초간장으로 먹으면서 바다를 만끽하고 있는 듯한 착각을 일으키기도 하는 것이다.

껍질에 덮여 있는 멍게를 보고 징그럽다고 질색을 하는 사람들도 있는데, 한편 그것을 '바다의 파인애플'이라고 치켜올려 부르고 있는 내 친구는 멍게당 안에서도 당수감일까. 사람도 천재에 괴팍한 성격이 많은 것처럼, 음식도 별미 가운데 괴팍한 특성을 지닌 것들이 있다. 멍게도 그런 것들의 하나라고 볼 수가 있을 것이다. 멍게로 젓갈을 담그면 어떤 맛일까 하고 벼르면서도 아직 시험을 해 보지는 못하고 있다.

수박, 화채, 곶감

더위를 씻는 '복달임' 음식, 수박

'복허리에 복달임을 한다.'—이렇게 적으면 무슨 말인지 헤아리지 못할 젊은이들이 있을지도 모르기에 간단히 주석(註釋)을 달아 보겠다. '복허리'는 초복에서 말복까지 동안을 말한다. 바꾸어 말하면 삼복 기간 중이라는 뜻이다. '복달임'은 고기 같은 음식을 먹고 복더위를 물리치려는 것을 말한다. 복날에 먹는 것이 원칙이기는 하겠지만, 반드시 복날이 아니더라도 복허리라면 복달임이라고 말하지 못할 것은 없다.

복달임과 관련이 되는 것에 '복놀이'가 있다. 복날에 여러 사람이 어울려 복달임을 하면서 놀이를 벌이는 것을 이른다. 비가 오는 복날도 있기 때문에 집안에서 벌이는 복놀이도 얼마든지 있지만, 옛날 서울 사람들은 비가 오지 않으면 곧잘 들에 나가거나 물을 찾아서 복놀이를 벌였다.

복날이 아니더라도 여름에 물을 찾아 발을 담그는 것은 시원한 일이다. 〈동국세시기〉는 서울 풍속이라고 하면서 "남산과 북악산의 계곡에서 탁족 놀이를 한다."고 적고 있다. '탁족'은 발을 씻는다는 말이다. 창랑(滄浪)은 중국의 어떤 강 이름인데 〈초사(楚辭)〉에 나오는 노래에 "창랑의 물이 맑으면 내 갓끈을 씻으리오, 창랑의 물이 흐리면 내 발을 씻으리라"라는 구절이 있는 데서 '탁족'이라는 말이 유래되었다.

계곡물이 아니라 물고기가 노니는 냇물을 찾아 고기잡이를 하게 되면 이것은 '천렵'이다. 반드시 고기잡이를 하지 않더라도 물가에서 벌이는 놀이라면 천렵이라고 불러도 크게 탓할 것은 없겠고, 반드시 고기잡이에서 얻은 물고기가 아니더라도 물가에서 무엇인가를 얼큰하게 끓인다면 그것을 '천렵국'이라고 불러도 크게 문제 되는 것은 아니다.

복달임 이야기로 돌아간다면, 우리나라의 모든 세시기들이 으레 개장을 으뜸으로 들고 나서는데 나는 개장에 관해서는 별로 적고 싶은 마음이 내키지 않는다. 개장이 아니더라도 복달임을 할 수 있는 음식이 얼마든지 있기 때문이다. 옛날에도 계삼탕(요새는 '삼계탕'이라는 말이 일반적인 것 같다)이나 민어국이 복달임에 곧잘 쓰였지만, 불고기나 돈가스라고 해서 복달임이 안 되는 것은 아니다.

손쉽게 복달임을 하려면 참외와 수박도 있다. 〈동국세시기〉는 "참외와 수박은 더위를 씻는 음식이다."라면서 여름이 되면 동부에 채소와 과일이 모여들어 번성한다고 적었다. 옛날에는 서울을 동·서·남·북·중(中)의 5부로 갈랐었는데 동부에 있던 배고개(梨峴) 시장이 오늘날의 동대문 시장의 전신이다.

언젠가 참외를 포함해서 외(오이)에 관해서는 적은 바가 있기 때문에 이번에는 수박 이야기를 해 볼까 한다.

고려 시대부터 민중의 벗,
수박

오래전에 홍콩에서 수박을 먹었을 때까지만 해도 나는 수박은 으레 속이 붉은 것으로만 알고 있었다. 속이 붉어야만, 누구는 사과인데 아무개는 수박이라는 식의 인물평이 성립될 수가 있다. 사과―특히 홍옥 같은 것은 겉은 붉지만 속은 희다는 뜻이고, 수박은 겉은 붉지 않더라도 속은 온통 붉다는 뜻인 것이다.

하여간 홍콩에서 먹었던 수박은 생김생김도 둥그렇지가 않고 길쭉해서, 과장하여 말하면 호박을 크게 한 것 같은 모양이었지만, 속이 엷은 황색―말하자면 크림색인 데는 좀 놀라지 않을 수 없었다. 맛은 어떨까 하고 서둘러 입 안에 넣어 보았더니 매우 시원하고 달아서 나는 만족이었다. 공정하게 평해서 우리나라 수박보다 내 입에는 훨씬 더 맛이 나았었다. 그 후에 이란의 테헤란에서 먹은 수박은 홍콩에서 먹었던 것보다도 더 맛이 좋았던 것 같은데, 다시 그 후에 홍콩에서 신강성 하미과(한자로는 '합밀과哈密瓜')라는 것을 먹었을 때는 그 맛이 달고 농밀한 데 두 손을 들었다. 태양의 조화이리라고는 짐작하지만, 그 하미과가 수박의 종류인지 외의 종류인지는 잘 모르겠다.

하여간 수박을 한자로는 '서과(西瓜)'라고 쓴다. 서쪽에서 들어온 외라는 뜻이고 보면, 수박은 옛날에 현재의 신강성이나 그 근처를 거쳐서 중국에 들어온 것이었으리라고 생각된다. 원산지는 열대 아프리카인 것으로 알려져 있는 것이다.

수박이 언제쯤 어떻게 우리나라에 들어왔느냐 하는 것은 모르겠다. 전연 자료가 없는 것은 아니어서, 〈홍길동전〉의 저자로 유명한 허균의 〈도문대작〉에는 '서과전조홍다구시종어개성(西瓜前朝紅茶丘始種於開城)'이라고 보인다. 수박은 고려왕조 때 홍다구가 처음으로 개성에 씨를 심었다는 것이다. 그러나 〈도문대작〉은 그렇게 주장하는 근거를 밝히고 있지 않으며, 허균은 17세기에 세상을 떠났는데 (1618년) 홍다구는 13세기의 사람이었다. 시간적인 거리가 너무 길기 때문에 도문대작의 주장을 얼핏 받아들이는 것을 망설일 수밖에는 없다.

일본에 수박이 전래된 것은 약 3백 년쯤 전의 일이라고 한다. 그것도 경위는 여러 가지 설이 있는 모양이다. 하여간 우리가 알 수 있는 것은 허균이 살아 있던 시절에 이미 우리나라에서는 수박이 보급되어 있었으며, 그 무렵에 일본에는 처음으로 수박이 선을 보였다는 사실이다. 그때 우리나라에 보급되어 있었던 수박이나 또는 일본에서 비로소 선을 보인 수박이 과연 어떤 것이었는지는 전연 알 길이 없다. 일본에서는 수박을 천하게 다루었고 상류 계급과는 인연이 멀었다는 기록이 있을 뿐이다.

그러나 지금 우리가 먹고 있는 수박은 일본에서 개발한 대화(大和) 종 계통이 주종이 아닐까 하는 생각이 든다. 씨가 없는 수박을고 우장춘 박사가 우리나라에서 개발해 준 공로를 높이 찬양하면서도, 씨 없는 수박의 연구와 개발이 일본에서 훨씬 더 오래전부터 진행되어 왔다는 사실을 우리가 묵과해서는 안 될 것 같다. 수박 문제에 있어서도 우리가 우물 안의 개구리가 되어서는 안 되는 것이다.

아삭아삭한 수박 껍질 장아찌

수박은 어떻게 먹으면 맛있을까. 역시 여름의 과일이니만큼 차게 해서 먹어야 더 맛있는 것은 두말할 것도 없다. 전에는 우물에 넣어 수박을 차게 했는데 이것은 분명히 일리가 있다. 수박을 시원하게 하기도 하는 것이지만, 우물물 위에 떠오르는 수박은 잘 익은 수박인 것이다. 그것도 한 번 깊숙이 물속에 빠져 있다가 떠오르는 수박을 잘 익은 것으로 쳤다.

지금 우리가 가게에서 살 때는 손가락으로 툭툭 쳐 본다. 알고 하는 짓인지 괜스레 하는 짓인지를 나는 분간할 수가 없다. 그러나 툭툭 쳐 보아서 소리가 둔한 것이 좋기는 하지만 탁음이 심한 것은 지나치게 익어서 속이 비어 있는 경우가 많다. 쳐 보는 것도 중요하지만 눌러 보는 것도 필요하지 않을까. 눌러 보았을 때 탄력이 있는 것이 좋다.

잘(적당하게) 익은 수박을 먹고 난 후에 껍질을 이용하는 가정이 있는 것을 알고 나는 탄복했던 일이 있다. 밥상에 김치도 아니고 나물도 아니고 장아찌도 아닌 색다른 야채가 있었기에 무엇이냐고 물었더니 수박 껍질이라고 한다. 수박 껍질을 버리지 않고 소금에 절이면서 가압(加壓)한 것이라고 한다. 점심때 먹은 수박의 외피를 벗겨서 들깻잎과 함께 썰어 무쳐 가압했다는 것이 벌써 저녁에는 그렇게 아삭아삭하고 좋은 술안주였다.

나는 그때 홍다구를 생각해 보게 되었다. 그가 처음으로 수박을 우리나라에 심었다는 것이 사실인지 아닌지는 모르겠다. 그러나 그것이 큰 문제는 아니다. 도대체 홍다구는 어떤 사람이냐 말이다. 그는 고려 출신의 사람이면서 원나라의 군사령관으로 우리나라에 쳐

들어왔고, 원나라를 대리해서 우리나라를 괴롭혔다. 민족의 입장에서 그를 볼 때 홍다구는 민족의 배신자였다.

홍다구에게는 그 나름대로 할 말이 있을 수 있는지도 모르겠다. 그가 처음으로 수박씨를 우리나라에 심었던 것이 사실이라면, 그 뜻은 무엇이었을까 하는 것도 궁금하다. 하여간 고려왕조는 마치 살모사인 듯이 그를 두려워하고 미워하고, 한편 참을 대로 참았던 것이다. 김치인지 나물인지 장아찌인지 잘 몰랐던 것의 정체가 수박인 것을 알고, 나는 홍다구를 생각하면서 술잔을 들고 있었다.

더위와 갈증을 해소하는 데
효력 만점

박과의 1년생 넌출성 초본. 열대 지방 원산. 홍육종(紅肉種)·황육종·백육종의 세 종이 있다(홍육종이 그 90%). 기지성(忌地性)이 매우 강한 까닭에 4~8년 이상 윤작(輪作)하지 않으면 안 되는 재배상의 어려움이 있다.

성분은 수분이 94%, 단백질 0.4%, 지방 0.1%, 당분 5.2%, 섬유질 0.1%, 무기질 0.2%, 비타민 C 5mg. 씨앗에는 약 20%의 지방이 포함돼 있는데, 더러는 이 씨앗을 소금에 건조시켰다가 까먹기도 한다. 수박 속의 당분은 대부분 과당과 포도당이어서 피로 회복에 도움이 된다.

한방에서는 "수박은 냉량한 것이므로 더위를 해소하고 갈증을 풀어 주는 데 그 효력이 있다. 그러나 성질이 한랭하므로 비위가 약한 사람에게는 적합지 않다. 적게 먹는 것이 좋다. 수박의 성질은 차고 달며 담담하고 독이 없다.”며 소변 불통, 술독(酒毒), 기관지염, 신장염, 하혈, 토혈 등에 효력이 있다고 한다.

대개 그냥 썰어 먹으며, 다른 향기의 과일을 섞어 여름 음료로 만들어 먹기도 한다. 수박 껍질로는 수박깍두기, 수박 나물, 수박 장아찌 등을 해 먹기도 하나 흔히 먹을 만하지 못하다.

복날 손님 접대할 만한 손쉬운 수박 음료수 두 가지만 소개한다.

수박주스 - 수박 속살(과육) 500g·레몬즙 1숟갈(또는 오렌지 1/2 숟갈)·꿀 또는 설탕 적당량을 준비(2잔분) ① 수박을 적당한 크기로 잘라 행주로 싸서 즙을 짠다. ② 레몬즙과 감미료를 넣고, ③ 얼음 조각을 띄워 차게 하여 마신다.

※ 오렌지는 잘 갈아서 쓴다. 수박만으론 맛이 너무 담백할 것이다. 붉은 포도주를 적당량 넣으면 남자용 음료가 된다. 술 대용.

수박화채 - 통째로 소담하게 만들어 먹기도 하며, 화채 그릇을 사용. 수박 속살 조각만 가지고 만들기도 한다(때와 장소, 대접하는 사람에 따라 적절히 이용하도록). 수박 작은 것 1개·설탕 적당량 준비(10인분) ① 아무렇게나 구멍을 내지 않아야 하므로 깨지지 않고 잘 익은 것을 골라야 한다. ② 통으로 만드는 방법은, 꼭지를 중심으로 수박 높이의 1/3가량을 꽃잎 모양으로 오려 뚜껑을 떼어낸다. 뚜껑은 다시 덮어야 하니 잘 겨냥하여 오려내야 한다. ③ 아랫부분이 깊은 접시에 담아 쉽게 움직이지 않게 받치고 큰 숟가락 등으로 수박 살을 둥글둥글 떠내고 남은 살은 긁어 믹서에 넣고 즙을 만든다. ④ 맑은 즙을 다시 수박에 붓고 설탕으로 단맛을 조절한다(이때 소주나 브랜디를 조금 넣으면 맛이 더욱 좋다). ⑤ 떠낸 수박 살과 잘게 부순 얼음을 함께 수박 통에 넣고 뚜껑을 잘 덮어 차게 해뒀다가 손님이 오면 대접한다(덜어낼 때는 반드시 위에서부터).

※ 통째로가 아니고 화채 그릇을 사용하면 화사해 보이기도 한다.

화채(花菜),
더위 씻는 민족의 풍류

외국인들이 화채(花菜)를 그렇게 신기하게 여기는 데는 오히려 내가 놀란다. 우리에게는 대수롭지도 않는 것인데도 그들은 '원더풀'을 연발한다. 워낙 인사성이 많은 사람들이라서 약간은 허풍을 떠는 점이 있는지도 모르겠지만, 우리나라 음식에서 화채는 제법 외국인들에게 인기가 높다.

가만히 생각하니 외국에는 화채 같은 음료가 없다. 물론 그들에게 더위를 씻는 음료가 없거나 적다는 것은 아니다. 맥주 같은 술 종류는 여기서 빼고 생각하더라도, 그들에게는 커피도 있고 차도 있고 우유도 있다. 여름에는 구미에 맞추어 커피나 차를—우유는 언제나 데우지 않는 것이 보통이지만—차갑게 해서 마신다. 여러 가지 과일에서 짜낸 과즙도 있다. 콜라를 비롯해서 청량 음료수의 종류도 많다(다만 '사이다'라는 말은 일본을 제외하고 외국에서는 사과술로 알아듣는다). 특히 미국 사람들은 여름이면 아이스 워터(얼음물)를 잘 찾는다. 굳이 물 이야기까지 할 것은 없을 것도 같지만 반드시 그렇지도 않은 것은, 프랑스에서는 미네랄워터(鑛泉水)를 즐겨 마신다. 우리나라로 말하면 약수인데, 프랑스의 약수 가운데는 싸구려 포도주보다는 값이 비싼 것이 있기도 하니까 물이라고 덮어놓고 얕잡아 볼 수도 없다.

하여간 외국에는 외국대로 음료의 종류가 풍부하지만 우리나라의 화채 같은 것은 나는 보지 못했다. 그래도 화채와 비슷한 것이 뭐가 없었을까 하고 고개를 갸웃거리다 보니, 생각나는 것에 '펀치'와 '산매탕(酸梅湯)'이 있다.

펀치는 서양 사람들의 음료다. 빨간 포도주를 넣는 경우도 많은데 이것은 술맛을 즐기려는 데 주목적이 있는 것이 아니라, 펀치의 향기와 맛을 보태는 한편 빛깔을 보기 좋게 예쁘게 하는 데 목적이 있는 것 같다. 내가 마신 펀치는 과즙의 탓인지 포도주의 탓인지는 몰라도 으레 빛깔이 빨갛기 마련이었다. 그러나 결코 펀치는 술 행세를 하지 못한다. 옛날에는 신사들이 펀치를 즐겼기에 독한 술을 곧잘 썼고 뜨겁게 해서 마셨다지만, 현대적인 펀치는 차갑게 식혀서 마시는 부녀자들의 음료라고 말해도 좋다. 알코올에 과민한 여성 가운데는 펀치 정도로 벌써 얼굴이 불그스름해지는 분도 있지만. 체리(서양 앵두)나 레몬을 띄우기도 하기에 펀치를 서양 화채라고 부를 수도 있을 것 같다. 최근 우리나라 식료품 상점에도 펀치라는 이름의 상품이 등장한 것을 보았는데 정체가 어떤 것인지는 아직 알아보지 못했다.

그러면 산매탕은 중국 화채인 셈이 되는가. 매실을 말린 것을 빛깔이 까맣기에 '오매(烏梅)'라고 부른다. 오매를 물에 넣어 약한 불로 끓여서 매실의 향기와 산미(酸味)를 빼내고는 얼음 설탕과 향료(한약재의 일종)를 넣어 다시 끓였다가 차갑게 식힌 것이 산매탕이다. 이것을 그대로 마시지만, 만약 여기에 과일을 썰어 넣는다면 오미자가 오매로 바뀌었을 뿐인 화채라고 말할 수가 있지 않을까 한다. 시원한 여름 음료다. 서양의 거리에서 펀치를 파는 것을 보지 못했고 우리나라 거리에서 화채를 파는 것을 볼 수가 없지만, 산매탕은 홍콩이나 대만이나 또는 동남아의 중국 사람 동네에서는 흔히 거리에서 팔고 있는 서민적인 음료다. '열수빙진(熱水氷鎭) 산매탕'이라고 쓴 깃발을 내걸고 있는데, 물을 끓였다가 얼음으로 식힌 산매탕이라는 뜻일까. 단맛이나 신맛이 우리나라 화채보다 진하고 독특한 냄새가 나기에 이것을 처음 마시는 우리나라 사람 가운데는 역겨워하는 분도 있었다.

오미자 말이 나왔지만 우리나라 화채는 오미자를 우려낸 물을 바탕으로 삼게 되어 있다. 오미자 국물을 쓰는 것이 원칙이다. 그런데 〈동국세시기〉는, 배와 유자를 잘게 썰어 석류와 잣과 함께 꿀물에 탄 것을 화채라고 일컬으며, 이것도 시절 음식이지만 아울러 제사에도 쓴다고, 음력 9월 9일—그러니까 중양절(重陽節)이다—의 풍습을 설명하는 가운데 적고 있다.

음력 9월이면 깊은 가을인데, 옛날에는 화채가 그런 시절의 음료였을까. 배가 나오고 유자가 나오려면 역시 가을도 깊어야만 했던 것일까.

꿀물에 탄다고 했으며 오미자에 대해서는 언급이 없다. 옛날에는 설탕이 귀했기에 꿀을 쓴다는 것은 알 수가 있는데 꿀물이면 됐지, 반드시 오미자 국물을 써야 하는 것은 아니었던 것이 아닐까.

제사상에 올렸다는 것은 그만큼 화채를 별미로 여겼기 때문이겠다. 〈경도잡지〉를 보면, 차에는 토산물이 없어서 '연시(燕市, 북경北京을 말한다)'에서 사 오거나 '작설(雀舌, 나무의 갓 나온 어린싹을 따서 만든 차)', 생강, 꿀로 대신하기도 한다면서 관청에서는 찹쌀을 볶아 물에 타서 이를 차라고 부른다고 적혀 있다. 미숫가루를 물에 타서 차라고 부르면서 마셨던 시절에는 화채가 상당히 고급 음료였으리라는 것은 쉽게 짐작할 수가 있다.

'다무토산(茶無土産, 차에는 토산품이 없음)'이었기에 화채가 우리나라에서 발달했는지도 모른다. 그러나 얼마 전까지만 해도 그것은 더위를 씻어 주는 민족의 풍류였다. 그것이 외래풍의 각종 청량 음료수에 밀려서 빛을 잃어 가고 있는 것도 시대의 추세라고 한다면 여기서 부질없이 한탄을 해 본들 소용이 없을 것 같다.

삼천리 방방곡곡이
감의 주산지

감은 종류도 많지만 그 원산지가 어디인지를 나는 모른다. 열대 또는 온대에서는 자랄 수 있지만 한대에서는 자라기 어렵다고 알려져 있다. 우리나라에서는 자생(自生)하고 있었던 것이 아닌가 하고 짐작해 보지만 자신은 없다. 그러나 단감은 북한선(北限線)이 서울에는 이르지 못해 서울에서는 단감을 재배하기 어려운 것으로 나는 알고 있었다. 그런데 나는 지난해(1982년)에 북한산성(北漢山城)에서 재배되어 있는 단감을 먹어 보았다. 알은 작은 것들이었으나, 서울 북방에서 제법 단맛이 좋은 감이 재배되어 있다는 사실에 나는 놀랐다. '감나무골'이라는 이름으로 알려져 왔던 그곳 마을의 감은 나에게는 뜻밖에도 단감이었던 것이다.

전에는 서울에도 감나무밭이 있었다. 그것도 도심지인 관훈동(寬勳洞)에 스무 그루 또는 서른 그루쯤의 감나무밭이 있었다. 내 친구의 할아버지 댁 마당이었는데, 하루는 중학생이었던 내가 감나무에 올라가 잘 익은 열매를 담 너머로 동네 집 어린이들에게 던져 주는 바람에 대인기를 끄는 소동을 벌이다가 마침내 친구 할아버지에게 불벼락 같은 호통을 맞은 일이 있었다. 지금은 온데간데없게 된 그 감나무밭 자리 근처를 나는 거닐면서 옛날을 추억할 기회가 제법 많다. 그 감은 떫은 감이었고, 내 친구 할아버지 댁에서는 초겨울이면 감을 따서 껍질을 벗겨 곶감을 만드는 작업이 벌어졌었다.

서울에서 자랐지만 나는 친구 할아버지 댁 덕분으로 곶감을 만드는 작업을 어렸을 때에 눈여겨보았다. 만드는 작업도 작업이지만 그것을 말리는 광경이 나에게는 마음에 들었다. 그것은 서울의 복판에서 목가(牧歌)를 듣게 하는 광경이었다. 나는 그림에는 소질이 없지만, 그때 컬러사진 촬영이 지금처럼 발달되어 있었다면 하는 아쉬움을 금할 수가 없다.

몇 해 전의 초겨울에 갑사(甲寺)에 갔을 때에 도중에서 곶감 만드는 작업을 보았다. 갑사로 들어가는 어귀에서는 본격적인 관광지를 건설한다고 대대적인 공사가 진행되고 있었다. 어떤 공사가 실시되어 어떤 결과가 나올 것인지, 불안감도 없지 않았던 나는 곶감 만드는 아낙네들의 손길에서 얼마나 위로를 받았는지 모르겠다. 갑작스러운 강추위 때문에 집집마다 고드름이 주렁주렁 달려 있었던 광경도 인상적이었다.

곶감을 만드는 광경은 흔한 광경이기는 하겠으나 그래도 기회가 닿아야 구경할 수 있지만, 늦가을에서 초겨울에 걸쳐 감나무에 열려 있는 열매를 보는 것은 정말 우리나라 어디에서나 흔한 멋진 풍경이다. 그것은 나로 하여금 겨레와 나라를 느끼게 하는 빛깔이고 풍경이다. 나는 철이 되면 그런 풍경을 즐기기 위해 일부러 지방을 찾아다닌다.

내장산(內藏山)의 단풍에 관해서는 새삼스레 내가 운운할 필요가 없다. 그러나 내장사 경내의 양쪽에 자라고 있는 높은 감나무들의 멋에 관해 나는 별로 읽은 바가 없어서 안타깝다. 우리나라 시인들은 무엇을 하고 있느냐 하고 고개를 갸웃거리지만, 이미 내장사의 감나무를 읊은 아름다운 시가 있는데 다만 내가 그것을 모를 뿐이라면 기꺼이 사과를 드리면서 축배를 들려고 한다.

대관령에서 강릉(江陵)으로 내려갈 때의 기쁨도 철만 맞으면 감나무의 열매다. 알은 작다. 그러나 동해안인 강릉 일대를 감이 이렇게 수놓고 있다는 것은 나그네의 가슴을 들뜨게 한다.

지난해에 지리산 피아골을 처음으로 들어가 보았지만 도중에 감나무들이 군데군데 있어서 내 눈은 즐거웠다. 물론 전주를 지나 남원을 거쳐 구례로 가는 도중에서도 적지 않은 감나무들에 열매들이 주렁주렁 달려서 나는 마음이 흡족했지만, 경상도 지방에서는 6·25 때였지만 대구가 감나무가 제법 있는 도시인 것이 나에게는 신기했고 마음에 들었었다. '감나무집'이라는 술집에 많은 문인들이 많은 신세를 졌다.

그러나 부산은 별로 감나무가 눈에 띄지 않는 도시다. 아니다, 대구도 이젠 감나무가 별로 보이지 않게 되어 버렸다. 서울도 부산도 대구도 인천도 모두 감나무와는 거리가 멀어지고 있다. 그래서 대도시는 멋이 없어지기만 하는 것 같다.

세계적으로 널리 보급될 수 있는 식품,
곶감

수정과는 우리나라에만 있는 음료가 아닐까. 곶감을 잘 이용한 시원한 음료다. 감은 중국에도 있지만 중국에서는 감은 별로 크게 문제가 되지 않는 과일이며, 따라서 중국의 곶감에 대해서는 나는 아는 바가 없다. 감을 알아주고 따라서 곶감도 만드는 나라가 일본인데 일본에도 수정과는 없다.

일본말로 감을 '가끼(柿)'라고 한다. 그런데 프랑스나 이탈리아를 비롯한 유럽 나라들에서는 감을 '가끼' 또는 '까끼'라고 흔히 부른다. 일본말이 들어간 것이다. 이것은 일본 품종이 들어가는 데 따라 이름도 들어간 것이다. 감에 관해서는 풍토의 조건이 좋아서인지, 일본이 품종 개량에서나 생산량에서나 세계에서 선진국인 것은 틀림없지만, 수정과 같은 음료는 일본에서 개발되지 않았다. 미국의 캘리포니아 같은 지방에서는 감을 대량 재배할 수 있지 않을까 하는 생각도 해 본다. 감에 대한 미국인들의 기호가 문제가 되는지는 모르겠다. 그러나 곶감을 만든다면 그 더하지도 않고 덜하지도 않은 단맛이 제과업(製菓業)에 많이 이용될 수 있지 않을까 하는 가능성은 있는 것이다. 감이 열매를 맺는 데는 비교적 오랜 시간이 걸리지만 말이다.

나는 감 자체보다는 곶감이 세계적으로 보급될 수 있는 가능성을 지닌 식품이라고 생각한다. 더하지도 않고 덜하지도 않은 은근한 단맛은 매우 훌륭한 것이라고 말할 수 있다. 곶감에 실백(實栢)을 박은 안주가 있다. 나는 식후에 포트 와인(Port Wine)이나 스위트 셰리(Sweet Sherry) 같은 식후주를 들게 되는 호강을 할 때에는 이 안주를 즐겨 집는다. 이것도 우리나라에서 개발되었고 아직은 우리나라에서만 만들고 있는 안주다.

곶감은 앞으로 세계에 진출할 수가 있는 식품인 것 같다. 그리고 우리 겨레는 이미 곶감을 이용하는 요리에서 훌륭한 창의를 발휘했다. 그러나 이제부터도 더욱더 새로운 것들을 개발할 수 있는 것이 아닌가 하는 생각이 든다. 방방곡곡에서 아름다운 감 열매를 감상하면서, 이런 생각까지 하게 되는 자기 자신에 스스로 허! 하고 웃을 때도 있다.

샐러드, 우유, 샌드위치

샐러드,
육식 민족 식생활 보완 위해 발달

우리 겨레가 육식 민족이냐 채식 민족이냐 하는 입씨름이 벌어지고 있는 자리에서 누군가가 잡식(雜食) 민족이라고 주장한 적이 있다. 고기도 먹고 생선도 먹고 채소도 먹는다. 어느 한 것에 치우쳐 있지는 않다. 겨레의 식생활을 전체적으로 보면 역시 잡식 민족이라고 말할 수밖에 없다는 것이었다.

전체적으로 본다면 그렇게 말할 수가 있을 것이다. 그러나 육식이냐 채식이냐 하는 것은 식생활의 중심점이 어디에 있느냐 하는 것을 가리는 문제다. 육식 민족도 채소를 먹는 것이다. 그리고 전체로만 보지 말고 부분별로 본다면, 과거에 왕실이나 세도가(勢道家) 계층을 잡식이라고 말해도 좋고 육식이라고 말해도 좋겠지만, 겨레의 대부분은 과연 얼마나 육식 또는 어식(魚食)을 즐겼는가 하는 의문이다.

조선왕조 성종(成宗) 19년(1488)에 우리나라에 왔던 명(明)나라 사신 동월(董越)은 이곳에서 그가 보고 들은 우리나라 풍토와 풍속에 관해 부(賦)로 읊은 '조선부(朝鮮賦)'를 남겼다. 조선부는 우리나라 농촌에 관해서도 적었는데 그 가운데 "촌사람은 늙을 때까지 돼지고기 한 점을 맛보지 못하다가 어쩌다 관청에서 베푸는 잔치에서 먹게 되면 꿈결에 채소밭이 짓밟히게 된다."는 구절이 보인다.

"꿈결에 채소밭이 짓밟히게 된다."는 말은 좀 설명이 필요할지 모르겠다. 옛날 중국에 어떤 가난한 선비가 있었는데 평소에는 푸성귀만 먹고 지내다가 하루는 어쩌다가 양고기를 대접받았더니 그날 밤 꿈결에 내장(內臟)의 신(神)이 나타나서 "양이 채소밭을 짓밟아 놓았구나."라고 말했다는 것이다. 푸성귀만 아는 5장(臟) 6부(腑)가 낯선 양고기를 먹어 깜짝 놀라 뒤집혔겠다는 뜻이다. 지금도 남에게 초대되어 음식 대접을 잘 받으면 중국 사람은 주인에게 '답파채원(踏破菜園)'이라고 인사말을 하는 경우가 있다고 한다.

하여간 우리 겨레의 다대수는 고기는 물론이고 생선도 먹는 일이 그렇게 흔하지는 않았던 것이 사실이었을 것이다. 먹을 줄 몰라서가 아니라 고기 또는 생선이 없어서 못 먹었다는 뜻에서 우리 겨레의 다대수는 사실상 채식 민족이나 다름없었다고 말할 수 있겠다. 푸성귀를 잘 알고 있었으며 잘 가꾸고 다룰 줄도 알고 있었던 것이 우리 겨레였다고도 말할 수 있다.

이런 겨레가 왜 샐러드를 발달시키지 못했을까 하는 의문이 나로 하여금 생각해 보게 했다. 샐러드(Salad)라는 영어의 어원은 라틴어의 살라레(Salare)다. 소금을 친다는 뜻이다. 아주 옛날에 서양 사람들은 짐승을 사냥해서 먹을 때 그곳에 있는 채소(산채를 포함한다)에 소금을 쳐서 곁들여 먹었을 것이며 그것이 샐러드의 기원(起源)이겠다. 그 정도는 우리 겨레도 크게 다르지는 않았으리라고 생각된다.

그러나 그 후에 왜 우리나라(동양을 포함한다)에서는 샐러드가 발달하지 못했고, 서양에서 샐러드가 발달했던 것일까. 서양에서 샐러드가 발달한 것은 한마디로 말해 육식 민족이 식생활을 보완해야만 했던, 어쩔 수 없는 생리적 요구 때문이었으리라고 생각된다.

서양에서 고대에는 샐러드를 마치 보약(補藥)인 듯이 다루었다고 한다. 우리 겨레도 채소를 생식(生食)하지 않았던 것은 아니다. 그렇지만 샐러드가 발달하지 못했던 것은 식생활의 구조가 서양의 그것과는 크게 달라졌기 때문인 것으로 판단된다.

샐러드 만드는 데
다섯 사람이 필요하다고

샐러드를 맛있게 만들려면 네 사람이 필요하다는 속담이 서양에 있다. 기름을 넣는 한량(閑良), 식초를 넣는 구두쇠, 소금을 넣는 변호사, 샐러드를 휘젓는 미친 놈—이렇게 네 사람이라고 한다. 기름을 아낌없이 듬뿍 쓸 것이며, 식초는 찔끔 넣어야 하고, 소금은 따지고 따져서 식성에 맞추어 넣고, 재료들을 섞어 휘젓는 것은 미친 듯 재빠르게 해야 한다는 뜻이다. 최근에는 식물학자 한 사람이 더 필요하며 샐러드 재료를 골라야 하고 그 선도(鮮度)를 가려야 한다지만, 이쯤 되면 보다 합리적이기는 하지만 합리성에 가려 속담의 재미는 빛을 잃는 것 같다.

샐러드 재료가 맛있고도 사람 몸에 좋은 채소 종류인 데다가 신선해야 한다는 것은 당연하며 구태여 덧붙일 것은 없다는 생각이 든다. 하여간 속담의 뜻을 좀 더 풀이하면 기름을 아끼지 말고 식초는 아끼는 것이 샐러드를 만드는 요령이라는 것이다. 기름 3에 식초 1 정도가 기본적인 비율인 것 같다.

소금은 식성대로 알맞게 넣으라는 것은 잘 알아들을 수 있는 이야기인데 중요한 것은 미친놈이 된 듯이 재빠르게 또한 철저하게 재료를 휘저어야 한다는 마무리다.

샐러드는 결국 소스를 뿌려서 덮게 되니까 시큼한 맛을 좋아하는 사람은 그런 소스를 고르면 된다. 샐러드 자체는 산뜻한 맛이 생명인 까닭에 식초는 샐러드의 맛을 산뜻하게 하려는 데 목적이 있고 시큼하게 하려는데 목적이 있는 것이 아니다. 소금뿐만 아니라 기본 조미료로 설탕을 소금처럼 찔끔 넣는다. 이것도 샐러드의 맛을 달게 하려는 데 목적이 있는 것이 아니다.

식초가 샐러드의 맛을 산뜻하게 하지만 한편 시큼한 맛을 남겨 놓을 것이 두려워 식초의 산미(酸味)를 죽이려는 데 설탕을 넣는 목적이 있다.

기본 조미료 이외에도 이것저것 넣기도 하고 안 넣기도 하는데 이것은 전적으로 기호(嗜好)의 문제다. 대체로 후추와 머스터드(서양 겨자)의 가루를 역시 찔끔 넣는 짓을 서양의 가정에서는 흔히 하는 것 같다. 양파나 파슬리를 다져 넣는 것에 이르러서는 조미료인지 재료들인지를 분간할 수 없게 되기 시작하는데, 그것들은 샐러드 자체보다는 소스에 넣는 경우가 많다.

샐러드나 소스나 워낙 나라 따라 고장 따라 사람 따라 형편 따라 천차만별(千差萬別)인 까닭에 이야기가 복잡해지니까 다시 원점(原點)으로 돌아가 원칙적(얼마든지 예외가 있다)으로는 신선한 채소를 기름과 식초와 소금으로 조미해서 먹는 것이 샐러드라고 해두기로 한다.

가공할 수 없는 '여성의 예술', 샐러드

　　미친놈이 된 듯이 재빠르게 또한 철저하게 휘저어야 한다고 썼지만, 이것도 옛날이야기가 되어가고 있는 것 같다. 그동안 고급 호텔이 많이 생긴 덕분으로 고급 레스토랑도 많이 생겼으나 재료를 철저하게 휘젓는 샐러드는 별로 볼 수가 없다. 기름도 식초도 소금도 넣지 않고 전연 조미하지 않은 채로 채소를 그대로 접시에 담아 와 소스를 뿌려 먹게 하는 것이 정석(定石)처럼 되어 있다. 그런대로 소스에는 신경을 써서 몇 가지를 준비하여 손님으로 하여금 고르게 하고 있으니, 이것을 현대인의 나태(懶怠)를 입증하는 현상이라고 개탄할 수도 없다.

　　그러나 샐러드는 원래 손으로 휘저어야 하는 것이었다. 그것도 먹기 직전에 휘젓는 것이 가장 바람직하고, 휘젓는 손은 여자의 우아하고 부드러운 손이어야 한다고 생각되어 있었다. 여자에게는 자기 손으로 샐러드를 휘젓는 것이 영광으로 생각되어 있었다. 따라서 잔치가 있을 때는 미리 깨끗이 씻고 손으로 찢은 후에 말끔히 물기를 뺀 채소를 샐러드 조미용(調味用) 그릇에 담아 조미료를 얹고는 식탁 위에 내놓았다.

　　그 자리에 있는 여자들 가운데서 가장 주빈(主賓) 격인 여자가 이것을 휘젓는 것이 관례로 되어 있었다. 그런 귀부인에게 잔치의 주인이 그 역할을 청하는 것은 그녀에 대한 경의(敬意)의 표시였고 그녀에게는 이것은 명예스러운 일이었다. 이런 청을 받으면 당장 반지와 팔찌를 빼고 샐러드 그릇에 손을 넣어 휘젓고는 사람들에게 나누어 주는 것이 귀부인으로서의 고귀한 역할이었다. 톨스토이의 소설

'전쟁과 평화'에도 그런 장면이 나온다. 물론 이것도 옛날이야기이며 지금은 그 집의 주부가—성장한 딸이 있으면 그녀가 하는데 손이 아니라 나무로 만든 샐러드 조미용 스푼과 포크로 휘젓는다.

지금 우리나라에서는 차라리 대중적인 경양식점에서 휘젓고 만든 샐러드를 먹을 수 있다. 맛이야 먹는 사람 나름이고 또 식당 나름이겠지만 햄 샐러드, 멕시칸 샐러드, 포테이토 샐러드 등등이 그것이다. 샐러드는 휘젓는 것이 맛있느냐, 휘젓지 않은 것이 맛있느냐, 하게 되면 나로서는 대답하는 것이 불가능하다. 되풀이하거니와 샐러드는 천차만별이기 때문이다. 휘젓는다고 해서 덮어놓고 좋은 것도 아니고, 휘젓지 않았다고 해서 덮어놓고 좋은 것도 아닌 것이다. 그것보다는 재료와 소스가 더 문제가 된다거나, 휘젓는 경우에는 재료의 맛을 산뜻하게 살리는 데 목적을 두어야 하며 너무 짙은 조미료를 많이 써서 맛을 뒤범벅으로 만들 것은 없다는 일반론 정도를 말할 수 있을 뿐이다.

밥에는 우리의 김치나 나물이 어울리고, 빵과 고기에는 아무래도 담백한 샐러드가 어울린다. 아무리 통조림이 발달했어도 샐러드만은 통조림으로 가공할 수가 없는 '여성의 예술'인 것 같다.

우유(牛乳),
차게 가미(加味)없이 마셔야 제맛이

미처 나는 우유가 그렇게 맛있는 줄은 몰랐었다. 지난 3월의 일이었는데, 나는 일주일 동안 병원에 입원하는 신세가 되었다. 점심과 저녁을 먹을 때, 그러니까 하루에 두 번씩 그 병원에서 주는 우유가 그렇게 맛있었다.

원래 나는 우유와는 담을 쌓고 지내 온 사람이라고 말해도 과언이 아니다. 우유를 데워서 설탕을 넣은 것을 안 마셔 본 것은 아니지만 그것은 내 흥미를 끌지는 못했다. 뜨거운 것도 미지근한 것도 나에게는 다 마찬가지였다. 커피가 자기에게는 맞지 않는다고 다방에서 우유를 시켜 마시는 사람을 나는 좀 동정도 했다. 다방에서 시킬 것이 고작 그런 우유라는 것으로 보아 어지간히 복이 없는 사람인가 보다—하는 동정이었다.

망데스(Pierre Mendes)라는 프랑스 정치가가 있었다. 그는 47세의 나이에 수상으로 취임(1954년)하는 과정에서 앞으로 석 달 안에 인도지나 전쟁의 휴전 문제를 해결하지 못하면 깨끗이 수상직에서 물러나겠다고 공약을 했다. 약속한 석 달이 다 지나갈까 말까 하는 아슬아슬한 시점에서 그는 베트남을 남북으로, 북위 17도 선의 군사분계선으로 가르는 휴전 협정을 맺는 데 성공했다. 이 휴전 협정이 후세에게 어떤 역사적인 평가를 받을 것이냐 하는 것은 별 문제로 치고, 수상이 되면 석 달 안에 휴전케 하겠다던 약속을 어김없이 실천하여 마치 쾌도(快刀)가 난마(亂麻)를 베는 듯한 시원한 명연기(?)를 보여 주었다.

전쟁에 지치고 피곤했던 프랑스 국민에게 그는 박수갈채를 받았지만 그의 높은 인기는 오래가지 않았다. 국민에게 포도주를 마시지 말고 대신 우유를 마시라고 그가 권장했기 때문이었다. 국민의 보건을 위해서는 포도주보다는 우유가 낫다. 그러나 정치의 세계와 보건의 세계가 반드시 일치하는 것은 아니다. 프랑스 사람에게 포도주를 마시지 말라는 것은 한국 사람에게 김치를 먹지 말라고 하는 것과 비슷한 불가능의 권장이었다.

미식가의 수첩

망데스 프랑스 수상이 우유를 마시고 있는 사진을 보고, 내가 배꼽을 쥐고 웃었던 일이 기억난다. 정말로 그가 우유를 마시면서 식사를 하고 있는 사진이었다. 어린이나 병자가 아닌 바에야 멀쩡한 프랑스 신사가 포도주 대신 우유를 마시면서 식사를 한다는 것은 진풍경이라면 진풍경이었던 것이다. 여간 고지식한 사람이 아니구나 하는 생각이 들었다.

이 신념의 사나이—실천의 정치가의 솔선수범 사진에 관해 어떤 프랑스 사람에게 감상을 물어봤더니, "그 만화 말인가?" 하고 두 어깨를 약간 으쓱 추켜올려 보일 뿐이었다.

기회가 있어 미국에 가 보았을 때 나는 우유를 마시는 방법을 배웠다. 데우거나 설탕을 넣거나 하지를 않는다. 도리어 우유를 차게 식혀서 마신다. 아무것도 넣지 않고 그대로 마신다. 뜨겁게 데워놓고는 설탕을 넣은 우유보다는 냉우유가 훨씬 마시기가 낫고 우유 맛이 난다. 그러나 그렇다고 해서 내가 애유가가 된 것은 아니었다. 우유에 관한 한, 나는 미국에 있을 때나 미국에서 돌아와서나 줄곧 반 망데스 프랑스파였다. 물론 우유보다는 포도주였다.

그랬던 내가 나이 50을 넘고 나서 병원에서 우유가 그렇게 맛있다는 것을 비로소 깨달은 것이다. "술을 못 마시게 됐으니까 그렇지 뭐야?"하고 찾아온 친구는 나를 놀렸다. 그러나 병원에서 주는 우유를 그에게 마시게 했더니 역시 맛이 괜찮다고 그도 동의해 주었다. 시중에서 파는 여느 우유보다는 맛이 낫다고 한다. 알고 보니 그 병원에서 주는 우유는 생산량이 적어 널리 시판할 여유는 없지만 맛이 괜찮기로, 아는 사람들 가운데는 평판이 나 있는 우유라고 한다.

어째서 유별나게 맛이 있을까. 유우(乳牛)의 품종, 연령, 착유법(搾乳法), 사료도 다른 우유의 경우와 별 차이가 있다고는 생각되지 않는다. 살균법도 우리나라의 경우 섭씨 135도에서 2초 동안 가열 살균하는 UHT(초고온 단시간 가열)법이 보편적이고 보면, 그 우유도 마찬가지일 것이다. 그런데도, 빛깔은 다른 우유와 다를 바 없었지만 냄새와 맛이 낫다.

그 우유를 다루는 직원의 설명을 들어 보면, 생유에서 어떤 성분을 빼지 않고 그대로 살균하고 냉각했기에 다른 우유보다는 맛이 괜찮은 것으로 알고 있다는 것이었다. 생유에서 어떤 성분을 빼돌린 이유는 그런 약점을 보충하기 위해서 인공 색소와 향료 따위를 써서 딸기 우유, 초콜릿 우유, 바나나 우유, 포도 우유, 복숭아 우유 등을 만들어내고 있는 것이 아니냐고 그는 반문하는 것이었다. 그 우유를 다루는 직원이 그 우유를 선전하는 것이라고 생각하면, 과연 어디까지 믿어야 좋은 것인지 나는 몰랐다.

물론 내 친구는 그 말을 곧이들으려고 할 사람이 아니었다. "열쇠는 간단해. 물을 좀 덜 탄 게지." 하는 그는, 철저한 냉소주의자였다.

아리송한 '낙죽'의 정체

우리 겨레가 언제부터 우유를 마시게 되었는지는 알 수가 없다. 우유를 얻으려면 우선 소가 있어야 한다. 우리 겨레가 언제부터 소를 가축으로 기르게 되었는지도 알 수가 없다. 〈삼국사기〉에는 신라 22대 지증왕 3년(서기 502년) 3월에 '시용우경(始用牛耕)'이라고 처음으로 소가 경작에 사용되었다고 적혀 있으나, 그대로 믿을 것은 못 되는 것 같다. 왕명에 의한 우경은 그때가 시초였는지는 몰라도 그 이전에도 소는 이미 가축으로서 사육되었으며, 운반 또는 농경을 위한 노동력으로서 사용되고 있었으리라고 짐작된다.

다만 쇠젖은 언제부터 입에 대게 되었느냐 하게 되면 깜깜하다. 고려 중엽, 나라가 원에게 복속하게 되어 원나라와의 교류가 밀접하게 되었을 때는 유목 민족인 몽고족이 가축(양, 염소, 소, 말)의 젖을 여러모로 이용하는 것을 듣거나 보거나 배우거나 했으리라는 것은 짐작하기 어렵지 않다. 몽고족은 가축의 젖을 이용하여 버터, 치즈는 말할 것도 없고, 그것을 발효 요구르트나 '쿠미스(Kumis, 乳酒)'를 만들어 이용하고 있었다.

중국의 임어당(林語堂)은 "몽고인도 우리가 치즈를 먹게 하지는 못했다."고 적은 적이 있지만, 중국 사람 가운데는 지금도 치즈는 질색이라고 손을 대지 않는 사람들이 많다. 우리 겨레의 경우도 몽고인이 가축의 젖을 이용하는 방법을 골고루 모두 배워 전승하지는 않았다. 조선왕조 시대에 이르기까지 전해 내려온 것은 오직 우유를 마시는 것뿐이었다.

"우유를 마신다."고 썼지만 구체적으로 어떻게 마셨는지는 알쏭달쏭하다. 14대 선조 8년에는 임금이 왕비가 세상을 떠났음을 너무나 애통하게 여긴 나머지 건강을 해치기에 이르렀음에 삼정승(三政丞)이 임금에게 '낙죽(酪粥)'을 자주 드시기를 계청(啓請)한 일이 있었다. 16대 인조 14년에도 왕비가 세상을 떠났음을 슬퍼하여 제대로의 수라를 10여 일이나 들지 않았기에 약방(내의원內醫院)에서 걱정하여 정상적인 수라를 드실 때가 되었으니 더는 '낙죽'을 올리지 않게 해주시옵소서라고 계청한 일이 있었다.

21대 영조(英祖) 25년에, 하루는 암소 뒤를 송아지가 따라다니는 것을 임금이 보고 측은하게 여겨서 '낙죽'을 바치는 것을 그만두라고 어명을 내린 적이 있었다. 같은 영조 44년에는 임금이, 봄갈이도 멀지 않았으니 '낙죽' 올리기를 중지하고 소는 원래의 시골로 보내어 농경을 돕게 하라고 분부를 내린 일이 있었다. 2년 후에도 같은 분부가 내렸다고 한다. 이것 때문은 아니지만, 조선왕조 시대에서 가장 훌륭했던 임금들 가운데 한 분으로 나는 영조를 손꼽는다.

이것으로 우리는 젖이 나오는 소를 궁 안에 데려다 놓고 있었고, 소는 젖소가 아니라 축우였다는 것, '낙죽'은 임금이 원하면 언제든지 올릴 수 있는 태세가 되어 있기는 했지만, 정상적인 수라와는 달리 다분히 약용적인 것으로 간주되어 그것을 올리는 것은 사옹원(司饔院)이 아니라 내의원의 소관이었다는 것 등을 알 수가 있다.

다만 '낙죽'이 구체적으로 무엇이었던 것인지가 궁금하다. 일단 우유죽이라고 생각할 수는 있다. 그러나 그냥 생유로 죽을 쑤지는 않았을는지 모른다. 내의원에서는 약을 달이듯이 생유를 약탕관으로 달여 그래서 얻게 되는 농축된 우유가 '낙죽'이었지 않았을까 하고 나는 상상해 본다. 우유죽이 아니라 죽 비슷하게 농축된 우유가 아니었을까 하는 상상이다. 이것은 생유에서 번식하기 쉬운 여러 미생물들을 죽이는 단순자비법(單純煮沸法)인 살균법이기도 하다. 수분의 증산(蒸散)이 많고 겉에 떠오르는 지방질의 피막(皮膜)을 덜어 냈으리라고 상상하면 비경제적이라는 생각도 들지만, 궁중에서 그런 정도의 경제성 여부는 문제도 안 되었겠고, 임금을 위한 영양이라는 관점에서는 이런 농축 우유의 이용은 제법 합리적인 것이었다고 볼 수가 있다. 말하자면 밀크가 아니라 크림이었던 것 같다. 그것을 굳히면 치즈가 됐을 것이다.

그러나 임금이나 왕가 또는 고관대작이 아니면 '낙죽'이란 구경하기도 어려운 시대였다. 지금과는 시대가 달랐다. 지금 나는 퇴원 후에도 옛날 임금이 맛보지 못했던 시유(市乳)를 즐기고 있다. 그리고 뒤늦게 망데스 프랑스파를 이해할 수 있게 되었다. 다만 달고 뜨거운 다방 우유에는 아직도 친근감을 못 느끼지만.

샌드위치 백작은
애용자였을 뿐이다

　　그 새 이름은 '캘리포니아 제이(California Jay)'라고 했다. '제이'는 우리나라에서는 어치라고 부르는 새다. 검은 포도 빛깔의 몸은 참새보다는 크고 비둘기보다는 작았다. 나는 샌드위치를 먹게 되면 자꾸 그 새가 생각난다.

이젠 오래된 이야기지만 미국에서 나는 샌드위치를 싸 가지고 대학에 다녔다. 대학에는 제대로 된 식당도 있었고 또 카페테리아도 있었지만, 그것들은 내 호주머니와는 거리가 멀었다. 식당에는 한 번밖에 간 일이 없지만, 카페테리아에 간다는 것은 무슨 일이 있는 경우뿐이었으며 그것은 나로서는 사교(社交)상의 행사(?)였다.

내가 점심을 먹는 정석(定席)처럼 되어 있는 조용한 나무 밑 벤치가 있었다. 종이컵에 커피를 받아 들고 그 벤치에 가서 샌드위치를 먹고 있으면 으레 캘리포니아 제이 한 마리가 날아왔다. 그 대학에는 헤아릴 수 없이 많은 캘리포니아 제이가 살고 있어서 대학의 명물의 하나로 꼽히고 있었다. 그 새는 나에게 다가와서 짧고 날카로운 소리를 연발하는 것이 버릇처럼 되어 있었다. 던져 주는 빵 부스러기를 잽싸게 쪼아 먹는 동작은 언제나 민첩했다. 얼마 안 있으면 반드시 두서너 마리의 다른 새들이 더 왔다. 벌써 나는 샌드위치를 거의 다 먹었지만 나머지 빵은 그들의 차지였고, 이제 내가 할 일은 종이컵의 커피에 끝을 내고는 담배를 피워 무는 일밖에는 남지 않았다. 나의 조촐한 오찬회가 끝난 것이다.

하기야 샌드위치를 먹으면서 샌드위치 백작(伯爵)을 생각해 보는 일도 없는 것은 아니다. 존 몬타규 샌드위치는 영국에서 이름난 명문의 아들로 태어나서 열한 살 때 4대 백작으로 습작(襲爵)했다. 여행을 즐겼고 트럼프 도박에 미친 한량이었지만, 공적(公的) 생활에서는 가문(家門)의 전통을 지켜 영국 해군의 육성에 힘썼다. 가문의 덕택으로 상원(上院)의원이 되고 해군 장관도 했지만 정치가로서는 평이 좋지 못했다. 해군 장관으로 재직 중에 미국 독립군을 꺾지 못해서 결국 미국이 독립하는 불명예를 뒤집어썼고, 만년(晚年)에는 교우(交友)관계가 지저분하다고 해서 부패정치가라는 비난까지 받았다.

그러나 오늘날에 와서는 그가 집안의 이름을 더럽힌 것인지, 빛낸 것인지는 알쏭달쏭하게 돼 있다. 왜냐하면 그로 말미암아 '샌드위치'라는 이름은 세계에서 길이 (그리고 널리) 살아남았고 앞으로도 더욱 퍼지리라고 믿어지기 때문이다.

세계에는 '샌드위치'라는 지명(地名)이 적지 않다. 그중에서 어느 것이 그와 직접적으로 관련되는지는 알 수 없지만, 한때 영국에서 하와이 군도(群島)를 샌드위치 군도라고 불렀던 것은 분명히 그 때문이었다. 1778년에 백인으로서는 처음으로 하와이를 발견했던 영국 탐험가 토마스 쿡이, 자기의 비호자(庇護者)인 존 몬타규 샌드위치 백작의 이름을 따서 그 섬들에게 샌드위치 군도라는 이름을 붙였던 것이다.

그러나 뭐니 뭐니 해도 내가 캘리포니아 제이와 함께 나누어 먹었던 샌드위치라는 이름이 문제인데, 이것이 그 한량 백작의 이름에서 나왔다는 것은 여러 책들에 쓰여 있는 바와 같다. 다만 자세한 부분에 이르러서는 여러 책들이 손발이 맞지 않는다. 한량 백작이 트럼프가 아니라 경마에 미쳐서 배고프면 요기를 했던 것이 샌드위치였다는 설(說)이 있는가 하면, 마치 한량 백작이 샌드위치를 발명이나 한 듯이 쓰고 있는 책도 있다.

결론을 대신해서 〈브리태니커(Britannica)〉 백과사전을 이용하면, 백작이 1762년에 샌드위치 이외의 다른 음식은 들지 않으면서 24시간을 꼬박 트럼프 도박 테이블에 붙어 있었다기에, 그런 이름이 생겼다는 것이다. 또한 〈브리태니커〉 백과사전은, 최근의 연구에 의하면 그에게는 행정가로서의 수완이 있었음이 인정된다고, 샌드위치 백작 무능론(無能論)을 간접적으로 부정하고 있다.

도대체 샌드위치란 무엇인가. 두 개의 빵 조각에 고기나 치즈 따위를 끼워 먹는 것이 아닌가. 그런 것은, 빵을 먹는 민족들이 옛날부터 예사로 해 왔던 것이다. 새삼스레 18세기에 영국의 한량 백작에 의해 발명되었다는 것은 말도 안 된다. 백작이 애용했기에 백작의 이름을 따서 그것을 부르게 되었을 뿐인 것이다.

꿈을 끼운 샌드위치

거의 1년간을 거의 날마다 샌드위치를 먹고 지낸 사람이 샌드위치에 대해 어떤 태도를 취하고 있을 것인지는 길게 설명할 필요가 없을 것 같다. 샌드위치라면 가벼운 한숨을 금할 수 없으면서도, 어떻게 만들면 샌드위치 맛을 좀 낫게 낼 수가 있을까 하는 데 대해서는 관심이 크다.

빵은 당장 구워낸 것은 너무 말랑말랑해서 곤란하다. 롤(roll) 샌드위치라고 해서 빵을 말게 되는 경우를 제외하고, 보통 샌드위치는 구운 후에 하루쯤 지난 빵이 좋다. 그런 빵이 버터를 바르기 쉽다.

버터는 충분히 녹여 놓고 발라야 한다. 버터를 바르는 것은 빵에 끼우는 것으로부터 나오는 물기가 빵에 스미는 것을 막으려는 뜻이 있지만, 빵 맛을 돋우는 구실도 하기 때문에 조금 손을 쓰는 것이 낫다. 머스터드(서양 겨자)나 마요네즈를 버터에 섞어 개는 것이다. 또 버터 3에 카레 가루 1 정도를 섞은 것은 고기나 햄 또는 소시지를 끼울 때 내 입맛에 맞는다. 버터와 치즈 가루를 섞은 것은 빵에 발라 그대로 접어서 먹어도 된다. 빵이 얇으면 양주 안주가 된다.

이런 이야기들을, 나는 샌드위치는 어디까지나 경식(輕食)이라는 관점에서 하고 있다. 미국 대학 생활에서도 나는 샌드위치로 점심을 '때운다'고 여기고 있었으며 결코 '먹는다'고 여겼던 것은 아니었다. 그러나 세상에는 샌드위치의 종류가 무한하도록 많다. 클럽 샌드위치(미국식)라는 것은 나이프와 포크를 써서 먹는 초대형(超大型)이다. 이쯤 되면 이미 경식이 아니라 정찬(正餐)에 준(準)하는 것처럼 다루어진다.

어떤 샌드위치가 맛이 있을까. 빵과 빵에 끼우는 재료에 좌우되고 보면, 결국 사람의 개인적인 미각에 달린 문제라고 할 수밖에는 없다. 다만 맛이 아니라, 서민의 멋이 담긴 샌드위치 이야기를 소개하겠다. 빅토리오 데 시카(Vittorio de Sica), 지나 롤로브리지다 (Gina Lollobrigida)가 주연했던 영화 〈빵과 사랑과 꿈(Pane, Amore E Fantansia)〉—산골 경찰지서장(데 시카)이, 길에 쭈그려 앉아 빵을 먹고 있는 가난한 늙은 품팔이꾼에게 묻는다. "뭔가 끼워서 먹고 있나

미식가의 수첩

요?" 노인은 빵을 두 조각으로 쪼개 지서장에게 보인다. 아무것도 들어 있지 않은 것이다. "그럼요. 나으리, 꿈이랍니다." 아, 꿈을 끼운 샌드위치!

고추, 후추, 오향

식탁에서 빼놓을 수 없는 존재, 고추

"농수산 당국은 최근 값이 오르고 사기 힘든 고추를 서울 시민들에게 매 가구당 7.5 근씩 싼 값(근당 1천 원)으로 공급한다고 발표했다. 농수산 당국의 이 같은 조치는 서민 생활 안정을 위한 것으로 환영하는 바이나, 서민은 비단 서울에만 있는 것이 아니라는 점을 지적하고 싶다. 서울서 불과 1백 리 떨어진 인천의 경우는 서울보다도 고추 값이 비싼 형편이다. 그런데도 정부 당국의 배려가 서울에만 치우쳐 있는 것은 말도 안 된다. 소비 도시이기는 서울이나 인천이나 마찬가지이다. 당국의 선처를 바라는 바이다."라는 독자 투고를 어느 날 조간에서 읽었다.

다음날 다른 조간에 실린 어떤 교수의 칼럼도 고추 이야기를 다루고 있었다. "수입 고추 배급 전표를 프리미엄 붙여 팔면 돈 벌겠다."고 말하는 모(某) 교수의 주장이나, "내년부터는 화분에다 화초 대신에 고추를 심기로 하자."는 어느 교수의 제안이 소개되어 있었다. 오후의 한가로운 시간이기는 했겠지만, 고추는 교수실에서 교수들 사이에서도 제법 심심치 않은 화제가 되어 있는 것 같다.

고추 때문에 이렇게 야단이다. 어느새 고추는 우리 겨레의 식생활에서 빼놓을 수 없는 존재가 되어 버린 것을 새삼 확인하게 된다.

내가 아는 스페인 사람이 한국 요리를 이렇게 평한 것을 들은 일이 있다. 스페인 요리에도 물론 매운 것이 있지만 식탁을 차릴 때 매운 것은 한 가지쯤 내놓거나 말거나 하는 것인데, 한국 요리는 식탁에 나온 것들이 온통 맵다는 것이다. 한국 요리가 죄다 매운 것들뿐이라는 것은 말도 안 되는 오단(誤斷)이지만, 외국인으로서는 과장해서 그렇게 말하고 싶게도 되는 것일까.

일본 사람이 인도에 가면 비슷한 말을 한다. 인도 요리는 이것도 저것도 모두 매워 입에서 불이 나고 뱃속이 뒤틀린다고 비명을 지르는 것이다. 반드시 엄살만도 아닌 것이, 인도 요리는 카레로 조미한 것이 많고, 일본 사람의 혀에는 이것이 몹시 맵다. 그러나 고추로 단련(?)된 우리 입에는 그렇게 매운 것도 아니며, 한편 인도 사람은 한국 요리를 잘만 먹는다.

이젠 벌써 20년 전이 됐는데, 내가 미국에서 공부하고 있었을 때의 어느 주말이 생각난다. 나는 미국 학생들과 방안에서 맥주를 마시면서 잡담을 하고 있었다. 어느새 방안이 조용해진 것을 나는 깨달았다. 모두가 말을 멈추고 나를 쳐다보고 있었다. 두 눈을 둥그렇게 하고 있는 학생도 있었다. 내가 큰 빨간 고추의 피클(식초에 담근 것)을 손에 들고 맥주 안주로 씹고 있는 것이 그들에게는 놀라운 것이었다.

"맵지 않니?" 하고 참다못해 누군가가 물었다. 맵다니? 키 크고 싱겁지 않은 놈 없는 법이고, 고추도 이쯤 크면 그렇게 맵지는 않다. 가지만큼이나 큰 고추였다. "별로."—라고 대답한 나에게 그들은 한숨 같은 소리를 내뿜었는데, 그렇다고 나를 영웅시하는 것 같지는 않았다.

좀 비슷한 경험을 일본에서도 했다. 오사카(大阪)에서 엑스포가 열리고 있었을 때였으니까 1970년 초가을이었다. 세미나 관계로 오사카에 있었던 나는 밤이면 선배님을 모시고 술을 마셨다. 선배님이 술을 사주셨는지, 내가 사드렸는지가 문제가 되지 않을 싸구려 술집이었다. 전차가 다니는 육교 밑에 차려 놓은 집이어서 전차가 지나갈 때마다 소리는 요란하고 집이 울리는 것만 같았다.

'아오또오(青唐)'라는 안주를 우리는 즐겨 시켰다. 파란 고추라는 뜻이다. 풋고추를 굽는다. 그리고 나서 '가쓰오부시(鰹節)'라고 다랑어 살을 말려서 딱딱하게 만든 것이 있는데 이것을 대팻밥처럼 깎은 것을 구운 풋고추 위에 담뿍 얹고는 간장을 쳐서 내놓는 안주다.

날마다 아오또오를 빠짐없이 시켜대자 사흘째가 되는 날, 이제는 단골손님으로 여기고 마음을 놓았는지, 솜씨가 서툴러서 아르바이트인 것으로 짐작되는 젊은 아가씨가 "맵지 않으십니까?" 하고 사뭇 걱정스러운 표정으로 아오또오를 먹는 우리에게 묻는 것이었다.

"맵지, 그래서 안주가 된단 말야." 하는 선배님의 대답을 그녀가 얼마나 이해할 수 있었는지는 몰라도, 우리를 별로 영웅시하는 것 같지는 않았다.

고추의 원산지는 남미라고 한다. 따라서 15세기까지는 구(舊)대륙에는 알려져 있지도 않았던 것이 한번 번지자 그 속도는 빨라 16세기 후반에는 일본에 들어왔다. 우리나라에는 임진왜란 때 일본군을 따라 일본에서 들어온 것으로 알려져 있다. 16세기 말의 일인데 후추 맛과 비슷하나 쓰다고 해서 왜개자(倭芥子)라고도 불렀다.

서양 사람들은 고추를 피클로 담근다고 하는데, 작은 파란 고추를 피클로 담근 것에는 굉장히 매운 것이 있다. 너무 매워 나는 하염없이 눈물을 흘렸고 두 번 다시 그것에는 입을 대지 않기로 결심을 했다. 어떤 사람들이 그런 것을 먹는 것일까. 한 마디로 서양 사람이라고 하지만 별의별 종자가 다 있는 것이다. 고추를 가루로도 쓰고 소스를 만들어 쓰기도 하는데, 소스 가운데서는 '타바스코'라는 것이 맵다.

중국 요리의 조미료에는 날초유(辣椒油)라는 것이 있다. '날초'란 고추다. 날초유는 매운 기름인데 그냥 '날유'라고도 한다. 기름을 뜨겁게 데워 놓고는, 말린 고추의 씨를 빼버린 것을 잘게 썰어 넣어 얻는 기름이다. 참기름으로 고추를 끓이는 것이 최고라지만 참기름은 비싸니까 보통 식물성유를 쓰면 된다. 나물에 몇 방울 치면 나물 맛이 한결 살아난다.

그러나저러나 우리는 너무 고추를 많이 먹는 겨레가 아닐까. 반성이 필요한 것이나 아닌지 모르겠다. 해마다 고추의 소비량도 늘고 있고 음식은 자꾸 매워지고 있는 것 같다. 고추는 한국 요리의 발전에 크게 이바지했지만 바야흐로 고추가 한국 요리의 발전을 가로막으려고 하고 있는 것이 아닌지 두려울 때가 있다. 식당에서 고춧가루가 안 들어 있는 반찬이라고는 없는 것을 볼 때 나는 한국 요리의 앞날을 걱정하게 된다.

어쩌면 우리는 고추에 중독되어 있는 겨레인지도 모른다.

징비록에 나타난 후추 이야기

서애 유성룡의 '징비록'에는 기막힌 일들이 많이도 적혀 있다. 우선 첫머리에 나오는 후추(胡椒) 이야기에서부터 후세의 우리는 한숨을 쉬기 시작하게 된다.

임진왜란을 몇 해 앞두고 일본에서 귤강광(橘康廣, 다치바나 야스히로)이 사신으로 왔다. 예조에 도착하자 판서가 주관하여 연회를 열어 주었다. 현대식으로 말하면, 외무부에서 장관이 주재하는 환영 파티가 열린 것이다. 주연이 무르익어 갈 즈음에 귤강광이 연회 자리에 후추를 뿌렸다. 그러자 우리나라의 기생들과 악공(樂工)들이 다투어 그것을 줍느라 난장판을 벌였다. 귤강광은 숙소에 돌아가자 한탄을 하면서 통역관에게 말했다.

"자네 나라는 망하겠구나. 기강이 이리 엉망이 됐으니, 어찌 망하지 않기를 바랄 수가 있느냐 말야."

이때 서애는 고향에서 청경우독(晴耕雨讀)의 나날을 보내고 있는 신세였지만, 이보다 앞서 서애 자신이 예조 판서를 지냈었으며, 이보다 조금 뒤에 다시 예조 판서를 지냈던 일이 있기 때문에, '징비록'이 말하는 예조에서의 파티 이야기는 사실과 동떨어진 것은 아니리라고 짐작된다. 하기야 사실이 어떠했다는 것을 내가 지금 문제 삼고 있는 것은 아니다. 그 당시에 후추는 매우 귀중한 물건이었다는 것을 '징비록'을 통해서도 잘 알 수 있다는 것이 여기서 내가 지적하려는 점이다.

후추가 언제 처음으로 우리나라에 들어왔는지는 알 수가 없다. 고려 초기에 중국의 송나라와의 교역으로 후추가 들어온 것은 알려져 있다. 조미료로 썼다기보다는 처음에는 약재처럼 다루었던 것이 아닐까 하고 나는 상상해 본다. 그러나 "이것들(설탕과 후추)이 다량으로 들어오기는 고려 말에 남해 상인이 직접 왕래함으로부터이며,

이 남상(南商)의 무역은 무엇보다도 후추 수용(需用)을 위한 것이라 하여도 과언이 아니었다."고 최남선의 〈고사통〉은 적고 있다. 다량으로 들어오게 됐다고는 하지만 서민에 이르기까지 널리 보급되지는 못했으며, 조미료였거나 약재였거나 하여간 값진 귀중품이었기에 기생들과 악공들 같은 서민은 후추를 보고는 체면도 없이 환장했을 것이다.

유럽에서도 귀했던 후추

그 당시는 유럽에서도 후추는 값진 귀중품이었다. 마르코 폴로는 그의 여행기에서 중국의 항주가 엄청난 양의 후추를 소비한다고 숫자를 들었다. 세무 공무원에게 알아본 숫자라는데, 항주에는 후추가 하루에 짐짝으로 마흔세 개가 들어오고 짐짝 한 개는 2백 23파운드의 무게라고 한다. 그러면 총량은 1만 파운드에 가깝게 되고 미터법으로 환산하면 4톤을 넘는 무게가 된다. 아무리 항주가 대도시였더라도 하루에 후추를 그렇게 소비했다고는 믿을 수 없다. 어디에서인가 숫자가 크게 잘못된 것이지만, 후추를 마치 보석인 듯이 여기고 있었던 낭시의 유럽 사람들이 이런 이야기를 읽었을 때 얼마나 홍분했고 얼마나 동양에 탐을 냈겠는지는 짐작하고도 남음이 있다.

후추에는 흰 것과 검은 것이 있는데 종류는 같다. 열매가 익기 전에 따서 말린 것이 검은 후추이고, 열매가 익은 후에 따서 껍질을 벗긴 것이 흰 후추다. 일반적으로는 흰 후추를 상품(上品)으로 친다. 맛이 부드럽기 때문이지만, 후추는 역시 매워야 한다고 생각하는 나에게 흰 후추는 좀 싱겁다. 검은 후추가 더 후추 맛이 난다. 그것도 가루를 사서 쓰는 것이 아니라 식탁에서 후추알을 분쇄기로 부수어 써야만 제맛이다. 고운 가루가 나오지는 않지만 냄새도 맛도 살아 있는 후추를 즐길 수 있다. 부엌에서 요리를 만들 때는 가루를 쓰더라도 식탁에서는 분쇄기로 후추알을 부수는 것이 바람직하다. 국내에서 시제품(試製品)을 만든다는 소식을 들은 지도 꽤 오래되니까 빨리 국산품이 나오기를 기다려 본다.

유럽에서 후추를 보석처럼 귀중하게 여겼던 것은 육식과 관계가 있다. 고기를 저장하는 데도 후추를 썼지만 고기를 맛있게 먹는 데도 후추는 꼭 필요한 것이었다. 한편 귤강광이 후추를 가져와서 연회 석상에 뿌렸다지만 일본 요리에는 후추를 쓰는 경우가 거의 없다. 중국 요리에서는 후추를 다양하게 쓴다. 우리나라에서는 엿에 후추를 쓰기까지도 했다.

왕서방 솜씨 돋우는 조미료의 합창,
오향(五香)

'오향(五香)'에 관해 언제고 써 보겠다고 했던 약속을 이번에 지킬까 한다. 대중적인 중국 식당의 메뉴에서 곧잘 보는 '오향장육'이니 '오향족발'이니 하는 것들의 '오향' 말이다.

도대체 오향이 무엇이냐는 질문을 받을 때가 더러 있다. 나는 음식이나 맛에 관해 흥미를 가지는 일들이 없지 않아서, '주부생활' 칼럼에서 재미로 글을 써 오고 있다. 그러나 마치 내가 음식이나 맛의 전문가이거나 또는 소위 식도락가인 듯이 오해를 받을 때는 정말 질색이다. 오향에 관해 써 보련다고 약속한 것도 재미로 써 보겠다고 했던 것이지, 내가 오향에 관해 어떤 전문적인 지식을 가지고 있는 것은 아니다.

오향이라면, 낱말 자체의 기본적인 뜻은 다섯 가지 향기인데 중국 요리에서 실제로 쓰는 물건은 가루의 형태로 되어 있다. 따라서 그 물건을 강조할 때는 오향분(粉)이라고 부르기도 한다. 그러나 다섯 가지 향기를 내기 위해 다섯 가지 재료를 쓰는 것인지 어떤지가 확실하지가 않다. 또 몇 가지 재료를 쓴다고 할 때에 어떠어떠한 것들을 써야 하는 것인지도 분명하지가 않다.

나 자신은 오향이 꼭 다섯 가지 재료를 써야 하는 것이라고는 생각하지 않는다. 여러 가지 향기라는 뜻이겠고 따라서 여러 가지 재료가 사용되리라고 생각하는데, 여기에는 반론이 있을 것으로 예상하고도 남음이 있다. 왜냐하면, 일찍이 내가 중국 요리의 팔보채(八寶菜)의 '팔보'도 여러 가지 많은 맛있는 재료들을 쓴다는 뜻이며 그것을 꼭 여덟 가지 재료라고 생각하는 것은 너무 교조주의(敎條主義)적인 생각이라고 했더니, 어떤 중국인 친구가 팔보채는 반드시 여덟 가지 재료를 써야 한다고 단호하게 교조주의적인 입장을 고집했던 일이 기억나기 때문이다.

오향에 있어서도 이렇게 현실주의적인 입장과 한편 교소주의적인 입장이 있을 것 같다. 우리나라 구절판(九折版)의 경우는 워낙 찬합의 가장자리가 여덟 가지 구멍으로 구별되어 있고 복판에는 가운데 구멍이 있으니까 으레 여덟 가지 재료에 밀전병을 쓰게 마련이다. 중국 요리에서도 육색 냉반(六色冷盤)이라고 전채의 가짓수가 정해져 있는 경우는 물론 여섯 가지 재료이고, 그렇게 만들어져 있는 그릇들도 있다. 그러나 전채에 앞서 식전주(食前酒)를 마시면서 임시

(?)로 집어 먹는 이른바 사소채(四小菜)는 네 가지가 보통이기는 해도 그것이 세 가지였다고 해서 별로 잘못된 것은 아니다. 십경대과(十景大鍋)라고 우리나라 신선로 비슷한 것도 꼭 재료가 열 가지여야만 하고 그 이상도 그 이하도 안 된다는 교조주의적인 요리는 아니다.

오향도 원래는 다섯 가지 재료가 뿌리였으리라는 생각은 든다. 그러나 이제 '5'라는 숫자가 엄격한 구속력을 가지고 있다고는 나는 믿지 않는다. 교조주의적인 반론을 예상하지만 말이다.

맛을 달래고 돋우는
조미료의 합창단

꼭 다섯 가지여야 하느냐 또는 그렇지 않아도 상관없는 것이 아니냐 하는 가짓수 문제보다도 더 중요한 문제가 있다. 그것은 다섯 가지거나 몇 가지거나 도대체 무엇을 재료로 삼아 오향을 만드느냐 하는 구체적인 내용의 문제다. 그런데 이 내용의 문제도 숫자적인 형식의 문제에 못지않게 복잡하다. 무엇과 무엇과 무엇이어야 한다는 식의 교조주의적인 입장이 여기에서도 목청을 높이기 때문이다. 그러면서도 그런 교조주의자들 가운데서는 의견의 일치가 있느냐 하면, 결코 그렇지도 않은 것이 재미가 있다.

예를 하나 들겠다. 어떤 교조주의자는 오향은 화초(花草), 팔각(八角), 정향(丁香), 계피(桂皮), 사강(沙薑)의 다섯 가지 향신료를 섞어 가루로 만든 것이어야 한다고 주장한다. 나에게는 한방을 강의할 자격은 추호도 없고 또한 그것이 글의 목적도 아닌 까닭에 하나하나 설명하는 것은 생략하겠다. 다만 이 다섯 가지도 어디까지나 하나의

미식가의 수첩

예에 지나지 않는 것이며, 결코 절대적인 공식일 수는 없다.

어떤 문헌을 보았더니 오향의 재료로 열 가지가 적혀 있었다. 나는 그것을 베껴 한약방에 보였더니 그중의 두 가지만은 없다고 했다. 그래서 우리 집의 오향은 여덟 가지 재료로 만든 것인데 각 재료의 분량을 멋대로 맞추었기 때문에 제대로 된 오향이라고 자랑하지는 못하고 있다. 그래도 홍콩의 거리에서 팔고 있는 싸구려 오향보다는 적어도 재료의 가짓수에서는 뒤떨어지지 않을 것으로 자부하고는 있다. 앞서 적은 교조주의자의 오향 재료와 우리 집 오향 재료에서 공통되는 것은 팔각과 정향과 계피의 세 가지다. 계피는 그렇지도 않지만, 팔각이나 정향은 중국 요리에서 곧잘 단독으로도 사용된다. 오향을 조미료의 합창이라고 본다면 팔각이나 정향의 단독 사용은 독창인 셈이다. 합창을 좋아하느냐 독창을 하느냐 하는 것은 사람의 취미(식성)에 달린 문제다. 요리에 따라 합창을 하거나 하는 경우도 있겠지만, 일반적으로 말하면 합창을 좋아하는 중국 사람이 독창을 좋아하는 중국 사람보다는 훨씬 더 많다.

오향의 합창이 도대체 어떤 맛이기에 중국 사람들이 여러 요리에 이것을 쓰는 것일까? 이런 문제를 생각해 보기에 앞서 한마디 설명해야 할 것은 오향은 요리의 과정에서 음식에 넣는 가루이며, 요리가 끝난 음식을 먹으려고 음식에 뿌리는 가루는 아니라는 것이다. 바꾸어 말하면 오향은 어디까지나 부엌에 있어야 할 조미료이며 식탁 위에 올라와 있을 조미료는 아니다.

나는 오향 자체의 맛은 알 수가 없다. 오향 자체만을 맛보는 일은 없기 때문이다. 냄새는 물론 맡아 볼 수 있지만 우리 코에는 막연하게 한약재의 냄새로 느껴질 뿐, 유별나게 향기롭다거나 맛있을 듯한 냄새라거나 할 것은 조금도 없다. 그런데 이런 오향이 요리의 과정에서 요리의 재료들과 어울리게 되면 조미료로서의 진가(眞價)를 발휘하고 빛을 내는 것이다.

조미료로서의 작용에도 오향에는 세 갈래의 면이 있는 것처럼 나에게는 느껴진다. 첫째는 음식의 맛을 부드럽게 하는 면이 있다. 돼지나 닭이나 오리의 내장을 재료로 삼은 음식에서는 으레 오향의 냄새가 짙게 풍기게 마련인 것 같다. 좀 지나친 듯한 맛이나 냄새를 오향이 부드럽게 달래서 먹기 쉽게 하는 것이다.

둘째는 음식의 맛을 돋우는 면이 있다. 오향을 좋아하는 중국 사람들에게는 아마도 이 점이 가장 중요한 것이리라고 짐작된다. 특히 고기 요리에서 그렇다. 불고기를 위해 고기를 재울 때에 양념 국물에 오향을 약간 뿌려 두면 고기 맛이 한결 살아나는 것 같다.

셋째는 음식의 맛을 동시에 부드럽게도 하고 돋우기도 하는 면이다. 오향의 진가는 바로 여기에 있는 것이라고 많은 중국 사람들은 굳게 믿고 있는 것이다.

시판에 눌리는
재미없는 시대 조류

오향이 들어가지 않은 중국 요리는 도서관이 없는 대학 같은 것이라고 어떤 대학 교수가 하는 농담을 듣고 웃었던 일이 있다. 과장이라면 물론 과장이지만, 익살치고는 꽤 멋진 익살이라고 하지 않을 수 없다. 중국 요리와 오향과의 관계는 한약과 감초(甘草)와의 관계와 비슷하다고 말해도 과장이었겠지만, 한편 그 말이 사실과 대단히 거리가 먼 것도 아니다.

미식가의 수첩

이렇게 여러 가지 조미료의 가루를 하나의 합창단으로 편성하여 요리에 쓰는 예는 서양에는 없는 것이 아닌가 하고 생각된다. 그러나 아시아에는 더 극단적인 경우가 있는 것을 우리는 잘 안다. 그것은 인도의 카레다. 인도에서는 '카레'라고 말하지 않고 '카리'라고 발음하는 것으로 들렸지만, 인도 요리에서의 카리의 지위는 매우 높은 것이었다. 중국 요리에서 오향이 어디까지나 엑스트라인 셈이라면, 인도 요리에서 카리는 주연인 주(主)재료에 버금가는 조연쯤에 해당하는 것이었다. 그러나 카리 가루를 만드는 엄격한 공식은 없다. 어떤 의미에서는 가정주부들은 각 가정에서 자기의 독특한 주체적인 카리를 가지고 있는 것이다. 그것은 우리나라 가정주부들이 자기의 독특한 주체적인 김치를 담그고 있는 것과 같다. 맛이 있고 없고는 제 눈에 안경이니 여기서는 문제 되지 않는다. 그리고 젊은 주부들이 시판하는 카리를 사는 경향이 늘고 있는 것은, 우리나라의 젊은 주부들이 시판하는 간장, 된장, 고추장 그리고 김치까지도 사는 경향이 늘고 있는 것과 다를 바 없다.

　　중국에서 오향 가루도 그렇게 되어 있는 것으로 보인다. 시대의 흐름을 어찌할 수는 없지만, 과히 재미는 없는 현상이다.

사계(四季)의 음식,
눈으로 즐기고 마음으로
상미(賞味)하며

비빔밥과 담북장

콩나물의 전주식과 숙주의 진주식,
비빔밥

문제를 내는 아나운서가, "그럼, 다음 문제로 들어갑니다. 우리나라 지방 지방의 특색을 알아보는 문제입니다. 천천히 문제를 읽겠습니다. 비 - 빔 - 밥 - 의 본 - 고 - 장 - 은…?" 하기가 무섭게 출연자 한 사람이 재빨리 버저를 누른다.

"빠르시군요. 비빔밥으로 이름난 고장이 우리나라 어딥니까?"
"전주!"
"맞았습니다. 비빔밥의 본고장은 전주! 이래서 또 10점을 가산해서 80점으로 다시 선두를 달리게 됐습니다."

이런 TV 퀴즈 시간을 가상해 볼 수가 있다. 뭐가 잘못되어 있다고 꼬집어 말할 수는 없지만, 혹시 시비가 붙을는지도 모를 퀴즈 문제라고는 말할 수 있다.

잘못되었다고 말할 수는 없는 것이, 전주는 비빔밥으로 유명한 것이 사실이기 때문이다. '전주' 하면 사람들은 비빔밥을 연상하고, '비빔밥' 하면 전주를 연상한다고 해도 큰 과장은 아니다. 호암 문일평의 〈조선인과 음식물〉이라는 글을 보면, 어디까지나 매식에 관한 이야기지만 개성의 탕반과 평양의 냉면과 전주의 골동반(骨董飯)같은 것이 지방 도시의 거의 대표적 명식물(名食物)이라고 적혀 있다. '골동반'은 비빔밥이다. '골동면'이라고 하면 비빔국수다.

호암 같은 대선배께서 비빔밥 본고장의 영광을 전주에 돌리셨다면 그것으로 이 문제는 매듭이 지어진 셈이 아닌가. 그런데 그것이 그렇지가 않은 것이다. 역시 한국학(韓國學)의 거성인 육당 최남선은 〈조선상식문답〉에서 우리나라 지방 명식(名食)을 대답하는 가운데 전주의 경우는 콩나물을 들었고, 진주의 경우에서 골동반(비빔밥)을 들고 있다.

진주 사람들은 비빔밥은 진주가 최고라고 생각하고 있다. 서울에 있는 식당 가운데는 비빔밥을 메뉴로 내걸고는 있으나 굳이 어디 식이라고 주석을 달지 않은 경우가 대부분이다. 그러나 '전주식'이라고 주석을 달고 있는 식당도 꽤 많고, 더러는 '진주식'이라는 주석도 보인다. '전주식'이다 '진주식'이다 하고 바깥에 내세운 간판에까지 붉은 글씨로 주석을 달고 있는 것을 볼 때는 주인의 애향심과 프라이드를 느낄 수 있는 것 같아서 나쁘지 않다.

전주식과 진주식이 무엇이 다르냐 하게 되면, 전주 사람과 진주 사람은 각각 할 말이 태산같이 많겠지만, 솔직히 말해서 서울에서 먹는 전주식과 진주식이 무슨 대단한 차이가 있는지 나는 잘 모르겠다. 전주식은 우선 콩나물부터가 다르지 않느냐고 하지만, 그것은 콩나물이 맛있는 전주에 가서 먹을 때 비로소 의미가 있는 말이다.

정말 전주는 콩나물이 맛있다. 콩나물 국집은 아침 일찍부터 손님들로 붐빈다.

한편 진주식은 숙주는 쓰지만 콩나물은 안 쓰는 것 같다. 이것도 진주에 가서 논개를 생각하고 남강을 바라보며 진짜 진주식을 먹는다면 어떨는지 모르지만, 서울에서 먹는 진주식은 특별할 것이 없다. 전주식이나 진주식이나 서울에서 먹는 것은 결국 서울에서 구하는 재료로 만드는 비빔밥이다. 밥을 어떻게 지었으며, 재료를 어떻게 손질하고 다듬었느냐 하는 식당의 성의가 문제이지, 서울에서 먹는 비빔밥은 전주식이냐 진주식이냐 하고 굳이 따질 것이 못 되는 것 같다.

비빔밥은 어느 임금의 수라상에 올린 것이 시초였다는 이야기가 전해진다. 나라에 난리가 일어나 어느 임금이 몽진(蒙塵)했을 때 수라상에 올릴 만한 마땅한 재료가 없었다. 하는 수 없이 밥을 비벼 수라상에 올렸던 것에서 비빔밥은 유래한다는 것이다. 어느 정도로 믿어야 좋은 이야기인지는 모르겠다.

나는 비빔밥에 어떤 격식을 찾지는 않는다. 격식이 없는 것이 비빔밥인 것이다. 찬밥이 있고 나물이나 김치나 함께 비빌 것이 있어서 비비면 비빔밥이다. 농부가 밭에서 꽁보리밥에 묵은 고추장만을 넣어 비벼 먹어도 어엿한 비빔밥이다. 무엇이 빠져서는 안 되고 무엇이 꼭 들어가야 하고 하는 격식은 없다. 이렇게 말하기는 하면서도 최소한 고추장과 참기름은 있어야만 밥을 비빌 엄두가 나는 것이 사실이기는 하지만.

빵을 먹는 민족의 샌드위치나 핫도그처럼 비빔밥은 마땅한 찬거리가 없을 때 급한 대로 간편하게 먹을 수 있는 음식이다. 원래는 궁상스러운 음식이었는지도 모른다. 그래도 전주식이니 진주식이니 해서 우리 조상들은 이것을 명식으로 손꼽히게 발달시켜 놓았다. 비빔밥이 수라상에 올랐는지는 알지 못하지만, 전주식이니 진주식이니 하는 것은 지금 고급 식당에서도 곧잘 나오고, 한편 농부가 꽁보리밥에 고추장을 비벼도 비빔밥이다. 한마디로 비빔밥이라고 하지만 비빔밥도 비빔밥 나름인 것이 바로 비빔밥이다.

일본에는 '가야쿠메시(加藥飯)'라는 것이 있다. 일본 사람이 좋아하는 재료는 우리와 다르지만, 원리는 비빔밥과 다를 바 없다.

추위를 풀어주는 구수한 맛,
담북장

일찍이 내가 유도를 했었다고 말을 꺼내면 친구들은 배꼽을 쥐고 웃는다. 믿는 것인지 안 믿는 것인지, 하여간 덮어놓고 웃는다. 뭐가 그렇게 우스운가. 믿어지지 않기에 웃는다는 것도 나에 대한 실례지만, 믿기는 믿기에 더욱 우습다는 것은 더욱 큰 실례다. 친구들이야 웃거나 울거나 믿건 말건, 나는 국민학교 때 엄연히(!) 유도부원이었다.

겨울방학이 되면 한창 추운 무렵을 골라 열흘 동안 계속하는 새벽 연습이 있었다. 내가 다닌 국민학교는 경성사범에 부속되어 있었기에, 새벽 일찍 경성사범 유도장으로 달려가서 한 시간 동안 시달려야만 했다.

어린이는 추위를 모른다지만, 기온이 영하 20도 가까이로 내려가는 날도 있는 캄캄한 새벽은 어린이에게도 추위가 뼈에 사무쳤다. 그래도 연습을 하는 동안은 낫다. 유도장 구석에서는 난로가 빨갛게

미식가의 수첩

달고 있고, 연습을 하면 제법 땀도 난다. 그러나 연습을 마치고 또 얼음길을 밟으며 집으로 돌아갈 때는 다시 추웠다. 그동안에 동이 터서 시뻘건 태양이 모습을 나타냈지만 태양도 새벽하늘에 꽁꽁 얼어붙어 있는 것 같기만 했고, 연습 후에는 수건으로 닦기는 닦았지만 그래도 얼마쯤은 남아 있는 땀이 갑자기 살갗에서 싸늘하고 딱딱하게 얼기 시작하는 듯했다.

집으로 들어가 장갑과 외투를 벗어 던지고 밥상을 받으면 김이 무럭무럭 나는 오지 뚝배기의 냄새가 구수했다. 담북장이었다. 그 뜨거운 담북장을 서둘러 뜨거운 흰 밥 위에 얹어 입에 넣으면 혀를 데는 듯한 뜨거움에 눈물이 나올 지경으로 쩔쩔매는 경우도 있었지만, 밥은 몇 공기라도 거뜬히 먹을 수가 있었다. 채 삭지 않은 콩이며, 담북장 속의 쇠고기나 두부며, 좀 시큼해진 김치며, 어쩌면 그렇게도 입맛을 당겼을까. 어느새 추위는 온데간데없고 얼었던 몸이 완전히 풀려 있게 마련이었다.

그런 새벽 훈련을 지금 또 해 보라고 하면 도저히 자신이 없다. 그러나 예나 지금이나 겨울에 담북장은 구수하고 반갑다. 하기야 지금은 '담북장'이라는 말을 듣는 일이 드물어졌다. 식당에 가면 모두 '청국장'으로 통일되어 있는 것 같다. 그러나 이름이야 어떻더라도 큰 문제가 안 된다. 원래 담북장이니 청국장이니 하는 말이 분명한 것은 아닌 것이다. 그 말을 쓰는 사람에 따라 뜻하는 바가 반드시 같지는 않은 것이다.

담북장과 청국장은 같은 것이라고 생각하는 사람도 서로 다른 것이라고 생각하는 사람도 있다. 서로 다른 담북장과 청국장이 각각 장기 보존용(長期保存用)과 속성 속식용(速成速食用)으로 또 두 갈래로 갈라진다고 생각하는 사람도 있다. 담북장과 청국장은 같은 것이지만 장기 보존용인 된장의 일종을 가리키는 경우가 청국장이고, 콩을 삶아 띄워서 며칠 후면 먹는 속성 속식용을 가리키는 경우가 담북장이라고 생각하는 사람도 있다. 어느 쪽이 옳고 그른가를 가릴 수도 없는 문제다. 원래 지방마다 가정마다 뜻하는 바가 반드시 같지는 않게 전해 내려온 이름들이기 때문에 어쩔 수 없는 혼란이 있는 것이다.

18세기 초에 유암(流巖) 홍만선(洪萬選)이 펴낸 〈산림경제〉에 '전국장(戰國醬)'이라는 것이 보인다. 유암에 관한 일은 긴 이야기를 쓰지는 않겠으나 이것이 바로 담북장이다. '청국장'이라는 말은 이 '전국장'의 와음(訛音)이 아닐까 하고 나는 생각해 볼 때가 있다.

나는 삶은 콩을 띄운 지 2, 3일 뒤면 먹는 담북장을 장기 보존용보다도 더 즐겨 먹는다. 식당에서 먹는 찌개는 장기 보존용을 쓰는 것이 보통인데, 그것은 장기 보존의 이점이 있는 대신에 아무래도 풍미는 떨어지고 제맛이 나지 않는다. 진이 길고 한창 끈적끈적하게 발달한, 띄운 지 며칠밖에 안 되는 담북장은 양념을 넣어 그냥 먹어도 좋다. 찌개를 끓인 것이 내 입에는 맞는 것 같다. 그래서 한 그릇 가지고는 안 되는 것인지….

맛의 열쇠는, 우선 좋은 콩을 골라야 한다느니, 띄울 때의 온도를 적절하게 유지해야 한다느니—라고들 말하는데, 모두 옳은 말이지만 또한 운이 좋아야 한다. 볏짚에 묻어 있는 '바실루스 낫또' 균의 활동이 활발하면 맛있게 되지만, 반대로 그 균은 미약하고 다른 잡균이 왕성하면 자칫하다가는 암모니아 냄새까지 풍기는 얼치기가 되어 버린다. 일본에서는 그 균을 순수 배양해서 쓰는 위생적인 방법이 보급되어 있지만. 그러나저러나 아파트 생활에서는 담북장을 띄우는 데도 애로가 많다.

냉면과
콩국수

한겨울 밤참으로 즐기던
'동냉면(冬冷麵)'

　　더울 때 찬 음식을 찾고, 추우면 뜨거운 음식을 찾게 마련이지만, 이런 원칙에도 예외가 없는 것은 아니다. '이열치열'이라고 하면서 여름에 뜨거운 음식으로 땀을 뻘뻘 흘리는 것을 마다하지 않는 사람들도 적지가 않고, 냉면이나 맥주 같은 찬 음식이 겨울에 한결 맛이 더하다고 말하는 사람들도 많다. 나 자신의 경우도 겨울에 곧잘 냉면이나 맥주를 즐긴다.

　　〈동국세시기〉를 보면 냉면은 겨울의 시식으로 꼽히고 있다. 그리고 〈동국세시기〉도 〈열양세시기〉도 〈경도잡지〉도 더운 복날의 시식으로는 개장을 내세우고 있고, 개장을 먹어서 땀을 흘리면 더위를 물리치고 허한 것을 보강하여 양기를 돕는다고 적고 있다.

　　"메밀국수를 무김치, 배추김치에 말고 돼지고기를 섞은 것을 냉면이라고 부른다."는 동국세시기의 설명은, 국물에 대한 언급은 없지만 지금 우리가 먹는 냉면과 거의 다를 바 없다. 다만 〈동국세시기〉가 설명하는 '골동면'은 지금 우리가 냉면집에서 먹는 것과는 좀 다르다.

'골동(骨董)'이라는 말은 흔히 골동품을 가리키지만, 원래 이 말은 여러 가지 물건을 한데 섞는다는 행동이나 한데 섞은 것이라는 물체를 뜻한다. '골동면'이라는 것은 비빔국수다. '골동반'이라고 하게 되면 비빔밥이다. 이렇게 '골동'은 돈 많은 사람만이 만지는 것이 아니라 일반 대중의 식생활과도 거리가 멀지는 않다.

하여간 〈동국세시기〉는 '잡채, 배, 밤과 쇠고기, 돼지고기 썬 것과 기름, 간장을 메밀국수에다 섞은 것'을 비빔국수라고 설명하고 있다. 딴 것은 몰라도 잡채와 밤을 섞는다는 것은 지금 우리가 먹는 비빔냉면에서는 볼 수 없는 재료다. 동국세시기는 냉면은 관서 것이 최고라고 했다. 관서—즉 평안도 지방의 냉면은 옛날부터 이름이 높았었다는 것을 잘 알 수가 있다.

내가 국민학교 6학년 때였다. 서울에서 만주 안동으로 수학여행을 갔다가 돌아오는 길에 평양에 들렀을 때 나는 여관에서 여관 밥을 사양하고 그 대신 냉면을 시켜 먹었다. 평양까지 와서 냉면을 안 먹고 돌아갈 수야 없지 않느냐 하는 마음이었지만, 어린 혀가 본고장의 냉면 맛을 어떻게 느꼈는지는 지금 기억하지 못한다. 지금도 기억하는 것은 골목을 누비는 냉면 배달 자전거다. 많은 냉면 그릇과 큰 국물 주전자를 올려놓은 널찍한 목판을 한 손으로 받치고, 다른 한 손으로 자전거 핸들을 쥐고 골목을 달리는 냉면 배달부의 모습은 보기에도 아슬아슬했다. 서울에서도 그런 풍경을 안 본 것은 아니었지만 평양의 냉면 배달 목판은 보다 더 널찍하게 보였다.

우미관 옆 골목 속에, 미군정 시대에 있었던 평양냉면집이 생각날 때가 있다. 친구들과 벌인 냉면 내기 바둑의 청산은 으레 그곳에서 했는데, 냉면이 맛도 좋았지만 그 집에서 자주 보는 어느 미국 사람이 있었던 것이다. 그렇게 냉면을 좋아하는 미국 사람이 있는 것을 그 후로 지금까지 나는 두 번 다시 보지 못했다. 냉면에 홀딱 반한 사람이었다. 그 사람 이야기는 신문에까지 났는데, 별일이 없다면 점심은 날마다 그 집에서 냉면을 먹는다고 했다. 군정청에서 근무하는 사람이라고 이름도 소개되어 있었다. 미국에 돌아간 후에 냉면 생각이 간절해질 때 그는 어떻게 했을까 하는 것이 약간은 궁금하다.

그때만 하더라도 유행이었는지 멋을 부리려는 것이었는지, 이름난 냉면집의 그릇은 한결같이 컸었다. 그러나 큰 그릇을 쓰는 냉면집이 점점 없어지고 지금은 거의 없는 것 같다. 10년 전쯤만 해도 더러는 있었는데…. 일본 언론계의 원로인 모(某) 씨를 냉면집에 데리고 갔을 때는 그런 큰 그릇이었다. 그 후에 일본이나 외국에서 그를 만나면 대화 중에 "대야 같은 그릇으로 냉면을 먹은 것이 잊히지 않습니다."라는 인사말이 반드시 나온다. 대야 같이 컸다는 것은 물론 과장이지만, 큰 냉면 그릇이 인상적이었던 모양이다.

함흥냉면 또는 회냉면이라는 것은 골동면의 별종으로 볼 수가 있으며 국수가 쫄깃쫄깃하고 매운 것이 특징이지만 지금 이것도 인기가 높다. 그러나 그런 함흥냉면이라는 것을 자기는 함흥에서 본 일이 없었다고 주장하는 함흥 출신 친구가 있으니 이는 어찌 된 일인가. 평양에서 이른바 평양냉면이 보편화되어 있었던 것과는 달리, 함흥에서 이른바 함흥냉면—다시 말해서 회냉면은 그렇게 보편화되어 있었던 것은 아닌 것 같다.

〈동국세시기〉는 겨울의 시식으로 냉면에 이어 '동침(冬沈)'을 들었다. 동치미다. 겨울밤에 메밀국수를 동치미 국물로 말아 먹는 동냉면은 이가 시리도록 차고 시원해서 정신이 번쩍 들기에, 밤새워 공부할 때 알맞은 밤참이었다. 냉면에 넣는 고기는 뭐니 뭐니 해도 꿩고기를 으뜸으로 쳐야 하지 않을까. 이런 점에서도 냉면은 역시 겨울의 시식이다.

그러나저러나 서운한 것은 냉면집마다 집 앞에 높이 걸어 놓던 둥근 종이 술 모습을 이제는 볼 수 없게 된 일이다. 전에는 너울거리는 그 종이 자락들을 보게 되면 멀리서도 그 집이 냉면집이라는 것을 알 수 있었다. 그리고 보면 용수를 걸어 놓은 술집도 이제 볼 수가 없다. 술집에서는 가느다란 대나무 위에 용수를 거꾸로 걸어 놓고 그 집이 술집이라는 것을 알렸던 것이다. 지금 그런 것들을 부활시키자는 것은 아니지만, 민속촌 같은 곳에서는 볼 수 있었으면 한다.

일본 메밀국수의 은인
원진 스님

그렇게 냉면을 좋아하던 미국 사람이 미국에 돌아가서 어떻게 했을까 약간은 궁금하다고 썼지만, 지금은 미국에서 냉면을 먹기가 어렵지 않다. 보신탕이니 생사탕이니 하는 매우 특별한 것들을 제외하고는 서울에서 먹을 수 있는 것은 모두 미국에서도 먹을 수 있다고 한다.

그러나 20년 전만 해도 미국에서 냉면을 먹는다는 것은 하늘의 별 따기였다. 하와이의 호놀룰루에 있던 '김칠레트'라는 식당에서는 냉면을 팔고 있었다. 이가 빠진 교포 노인이 경영하고 있었는데, 이승만 대통령이며 조병옥 박사며 모두 잘 아는 사이라고 말씀하시는 것을 그저 나는 묵묵히 들을 수밖에 없었다. 작은 식당이었고 냉면 값은 한 그릇에 1달러였다. 냉면 맛에 관해서는 굳이 여기에 적지 않으려는—그 정도의 예의는 나도 지니고 있다.

지금은 미국 여러 곳에서, 서울에서 먹는 냉면과 거의 다름없는 냉면을 먹을 수 있다고 한다. 오래전부터 많은 교포가 살고 있는 일본에서도 맛있는 냉면을 먹기가 그렇게 어렵지 않다.

다만 손님들은 대부분이 한국 사람들이다. 우리와 식성이 비슷하다면 비슷한 일본 사람들도 냉면보다는 저희들의 메밀국수를 찾는다. 일본은 메밀국수가 무척 발달한 나라인 것이다.

일본이 메밀국수가 발달한 나라이기는 하지만 그 메밀국수는 애당초 한국 사람에게 배운 것이었다. 메밀 그 자체도 중국에서 한반도를 거쳐 일본에 건너간 것이었다. 언제 메밀이 한반도에 들어왔고 언제 일본에 건너간 것인지는 기록에 없지만 꽤 오래된 일인 것으로 짐작되고, 우리나라에서도 일본에서도 메밀은 오곡에 끼지는 못하는 곡식이었다. 재배하기가 쉬운 까닭에 토지가 척박한 산골에서도 심을 수 있고 가뭄으로 벼농사를 망쳤을 때에 대작(代作)을 할 수도 있는 일종의 구황작물(救荒作物)이었다. 옛날의 일본 사람들은 메밀가루를 뜨거운 물에 넣어 휘저어 죽처럼 해서 먹거나 경단처럼 둥글게 만들어 삶아 먹거나 하는 것이 고작이었다. 점착력이 적은 메밀가루를 가지고 국수를 만든다는 것은 엄두도 안 나는 일이었다.

메밀가루로 국수를 만드는 방법을 일본 사람에게 가르쳐 준 것은 한국에서 건너간 스님 원진(元珍)이었다. 기록에 의하면 원진은 1624년에서 1644년까지 일본 남도동대사(南都東大寺)에 객승으로 머물러 있었다고 한다. 우리나라로 말하면 인조 때의 일인데, 무엇때문에 20년이라는 세월을 그가 일본의 절에서 보냈는지 자세한 내용을 알 수가 없지만, 그는 그곳에 머무르고 있는 동안에 메밀가루로 국수를 만드는 방법을 가르쳐 주었다. 방법은 간단했다. 밀가루를 섞는 것이었다. 밀가루 2에 메밀가루 8이면 국수를 만드는 데 넉넉한 점착력이 생기기 때문이었다.

메밀국수 이외에 또 무엇을 원진이 일본 사람들에게 가르쳐 주었는지는 알려져 있지 않지만, 메밀국수는 일본 사람들에게 대환영을 받았다. 얼마 안 있다가 에도(江戸)—현재의 도쿄—의 거리에는 메밀국수 장수가 나타났고, 곧이어 메밀국수는 일본 전국에 보급되었다. 그리고 오늘날 일본에는 갖가지 메밀국수가 발달되어 있는 것이다. 지금 우리나라에도 일본식 메밀국수 가게가 적지 않은데, 말하자면 원진이 가르쳐 준 것을 역수입한 셈이라고 볼 수 있을까.

메밀 또는 메밀국수를 일본 말로는 '소바(蕎麦)'라고 한다. 원진은 분명히 밀가루 2에 메밀가루 8이라고 가르쳐 주었기에, 따라서 일본에는 '2·8 소바'라는 말까지 있지만 지금 일본에서 팔고 있는 소바는 그 비율이 거꾸로 되어 '2·8 소바'가 아니라 '8·2 소바'쯤 돼 있는 것이나 아닌지 모르겠다고 어느 일본인 친구는 나에게 얼굴을 찌푸리며 말했다.

8·2 소바? 지금 우리가 서울에서 먹고 있는 일본식 메밀국수는 밀가루와 메밀과의 비율이 어느 정도쯤인 것일까. 냉면집에 가서도 의문을 느낄 때가 있다. '순모밀의 모밀은 메밀의 방언'이라는 간판이나 종이 딱지가 눈에 띄는 일이 있는데, 메밀만 가지고 냉면 국수를 뽑을 수가 있단 말인가.

미식가의 수첩

콩국 국수가 콩국수로

'역전 앞'이니 '철교 다리'니 '빵떡'이니 하는, 뜻이 거듭되는 말을 나는 덮어놓고 비합리적이라고 물리치는 편은 아니다. 바른 말 쓰기 운동 같은 것에 나는 호감을 가지지만, 실제로 어떤 말이 바르고 그른가를 가린다는 것이 반드시 쉬운 일은 아닐 것 같다. 존재하는 것은 합리적인 것이라고 말한 철학자도 있지 않았느냐 말이다.

'콩국수'라는 말도 나는 덮어놓고 비합리적이라고 몰아세우지는 않는다. 콩으로 만든 국수도 아닌데 어째서 콩국수냐고 검사라도 된 듯이 논고를 벌이는 사람을 나는 딱하게 여긴다. 콩국수라는 것이 콩으로 만든 국수라고 생각하는 사람은 아무도 없다. 이것은 역전 앞이나 철교 다리 같은 중복과는 반대로 말을 줄인 경우다. '콩국 국수'라는 뜻인데 '국' 자가 두 개 연속되기에 한 개를 절약했을 뿐이다. 중복을 하는 경우도 있고 생략을 하는 경우도 있어서 살아 있는 말은 생명력을 지닌다.

말은 그렇다고 치고 맛은 어떤가. 빛깔도 감촉도 우유와 비슷하지만 냄새도 맛도 구수한 것이 매우 한국적인 음식이다. 맛이 단조롭다면 단조롭기에 소금을 치는데 찝찔하지는 않게 적게 치는 것이 요령이다. 오이를 넣더라도 되도록 잘게 썰어 조금만 넣는 것이 요령이고, 깨를 뿌리더라도 어디까지나 들러리인 까닭에 결코 많이 뿌린다고 콩국수의 맛이 더하는 것은 아니다. 두말할 것도 없이 여름의 음식이고 따라서 차야만 한다. 시원하다는 것이 콩국수의 생명이다. 앞서 한국적인 음식이라고 적었지만, 콩국수는 우리나라에만 있는 음식이다.

중국에서도 콩국을 잘 마시지만 그것은 뜨거운 콩국이다. 소금이 아니라 설탕을 탄다. 국수를 넣지 않고 밀가루를 기름으로 튀긴 것을 띄워서 마시는데 그것도 우리가 콩국수에 오이나 깨를 띄우듯 들러리에 지나지 않는다.

홍콩이나 대만에서 새벽에 거리를 걷게 되면 사람들이 길에서 이 콩국을 사 마시는 것을 흔히 보게 된다. 아침에 흔히 마시는 것을 보면 중국 사람들의 모닝커피인 셈일까. 커피보다는 식사의 뜻이 더 강하겠지만 식사라도 경식(輕食)이고 그저 요기하는 정도일 것이다. 먹는다기보다는 마시는 것이며, 그것도 숟가락을 쓰지 않고 두 손으로 사발을 들고 훌훌 들이마시는 것이 보통이다. 퇴계로에 그런 콩국을 파는 집이 있다. 콩국을 '두장수완(豆醬水碗)'이라고 써 놓았다. 들러리인 밀가루 튀김은 '유조지(油條枝)'라고 써 놓고도 가게에서는 '마탕'이라고 부르는데 그 까닭을 모르겠다.

일본에서는 콩을 갈아 된장국(미소시루)에 섞어 넣은 것을 '고지루(吳汁)'라고 부른다. 된장국의 변형의 하나로 보아야겠고 순수한 콩국은 아니나 풍미는 있다.

떡국과 수제비

동양 삼국의 세찬(歲饌),
떡국

설날에 사람을 대접하는 음식이 세찬(歲饌)이고 이때의 술이 세주(歲酒)지만, 이제는 세주로 도소주(屠蘇酒)를 내놓는 집이 거의 없는 것 같다. 도소주를 만드는 방법도 가지각색인 모양이나 보통은 산초(山椒)·방풍(防風)·백출(白朮)·밀감피(蜜柑皮)·육계피(肉桂皮) 등을 조합한 것을 약주머니에 넣어 섣달그믐날에 술에 담갔다가 설날에 마시는 것이었다.

만들기가 조금도 어렵지 않다. 재료는 한약방에 말하면 얼마든지 조합해 준다. 약주머니라는 것이 특별히 있어야 하는 것도 아니다. 깨끗한 헝겊으로 싸서 청주 속에 넣으면 그만이다.

재미로 해 보려면 해 보는 것이고, 도소주를 마시면 일 년의 사기(邪氣)를 없애고 오래 산다는 말에는 별로 귀를 기울일 필요가 없다. 도소주는 물론이고 세주는 데우지 않고 마시는 것이 원칙이다. 봄을 맞이하는 뜻에서 그러는 것이지만 이것도 양력설에서는 별로 의미가 없다.

　세찬에서 빼놓을 수 없는 것은 떡국이다. 내가 어렸을 때 어른들이 "너는 떡국이 몇 그릇째냐." 하고 묻는 일이 많았는데 이것은 물론 내 나이를 묻는 질문이었다. 옛날에는 섣달그믐날 밤늦게 차례를 지내고 나서 떡국을 먹었는데 지금도 그렇게 하는 집이 적지 않은 것 같다. 떡국이야 어느 집의 떡국이나 다 비슷비슷한 것이지만 그렇다고 반드시 같지도 않다. 옛날의 문헌을 보더라도 비슷비슷하면서 좀 다른 점이 없지도 않다.

　〈동국세시기〉는 떡국을, "이것(흰떡)을 얄팍하게 돈 같이 썰어 장국에다 넣어 끓여 쇠고기나 꿩고기를 넣고 고춧가루를 친 것을 떡국이라고 부른다."고 설명하고 있다. 〈열양세시기〉는, "먼저 장국을 만들어 국물이 펄펄 끓을 때 떡을 마치 돈 모양 같이 썰어 그 속에 집어넣는다. 끈적끈적하지도 않고 부서지지도 않은 것이 잘된 것이다. 혹돼지 고기·쇠고기·꿩고기·닭고기 등을 섞기도 한다."고 적고 있다. 〈경도잡지〉는, "얇기가 돈과 같은 떡을 끓여 꿩고기와 후춧가루를 섞은 것으로서 세찬에 없어서는 안 되는 것"이라고 떡국을 설명한다.

　일본 사람들도 설날에는 떡국을 먹지만 떡도 우리나라 흰떡과 다르고 떡국을 만드는 방법도 다르다. 재료가 다른데다가 국물이 또한 다르다. 그렇다고 내가 일본의 떡국은 맛이 없다고 말하고 있는 것은 아니다. 일본 떡국에는 그것 나름대로의 맛은 있는 것이다. 다만 일본에서 떡이라면 찹쌀로 만든 떡(모찌)뿐이다. 우리나라의 시루떡 같은 것도 없다.

　중국에서 설이라면 음력설이지만 중국 사람들도 설날에 떡국을 먹는 지방이 더러 있기는 있고, 따라서 떡국을 뜻하는 '탕년고(蕩年

糕)'라는 음식 이름까지 있지만, 일반적으로 중국 사람들이 설날에 해 먹는 떡은 시루떡이다. 우리나라 것 같은 질그릇인 시루를 쓰는 것이 아니라 중국식 찜통을 쓰는 것이 보통이지만, 떡의 성질로 보아서는 시루떡이고 무척 종류가 많다. 무도 넣고 토란도 넣고 호박도 넣고, 심지어는 돼지고기포나 순대나 새우나 생선까지 넣는다. 그냥 먹기도 하지만 날이 지나 굳어지면 구워서도 먹고 기름에 지져서도 먹기도 한다.

여기서 설날과 관련된, 홍콩의 재미있는 풍습을 하나 소개해 볼까 한다. 음력설이 다가올 무렵이면 홍콩은 다시 따스해진다. 홍콩에는 신계(新界)라고 불리는 농어촌 지구가 딸려 있어, 연말이 되면 여유가 있는 홍콩 사람들은 신계의 화원을 찾아 복숭아나무를 고른다. 방안에서 화분으로 가꾸는 것이기에 크기도 적당해야 하고 봉오리는 많이 져 있을수록 좋지만 무엇보다도 기운 좋은 꽃나무여야 한다.

마음에 드는 것을 사 가지고 와서는 설날에 꽃 피게 할 것을 목표로 정성을 기울여 가꾼다. 설날에 많은 꽃이 피어 있으면 그 해는 매우 재수가 좋은 해라고 생각되기 때문이라는 이유를 듣게 되면 김이 빠지지만, 그런 이유를 듣지 않으면 얼마나 멋있는 풍습인가?

남주북병(南酒北餅)

떡 이야기가 나왔지만 옛날의 서울에는 '남주북병(南酒北餅)'이라는 말이 있었다. 〈경도잡지〉의 시포(市鋪) 항목을 보면, 남산 아래에서는 술을 잘 빚었으며 북부에는 떡을 파는 집이 많았기에 흔히 '남주북병'이라고 일컬었다. 즉 '남산하선양주(南山下善釀酒) 북부

다매병가속(北部多賣餠家俗) 칭남주북병(稱南酒北餠)'이라 설명되어 있다.

좋은 술을 빚으려면 우선 물이 좋아야 한다. 남산에는 지금도 좋은 약수터가 남아 있기에 좋은 술을 빚는 데 필요한 기본을 갖추고 있는 셈이지만, 북부에서 떡 파는 집이 많았다는 것은 어떻게 설명되어야 하는 것인지 모르겠다. 역시 북촌에는 경제적인 여유가 있는 양반들이 많이 살고 있었기에 그만큼 떡의 수요도 많았던 것이라고 볼 수가 있는 것일까.

'남주북병'을 달리 해석하는 분도 있다. 남촌의 가난한 선비 댁에서는 손님 대접이라야 기껏해야 술뿐인데 북촌 양반댁에서는 떡을 비롯해서 먹을 것이 오만가지가 담긴 술상을 내놓았다는 것이다. 사랑(舍廊)에서 '떡 내오라.'는 나으리의 분부가 내리면 푸짐한 술상이 들어갔다는 것이다.

그것을 가리켜 '남주북병'이라고 일컬었다는 것인데 이것은 '남주북병'의 본뜻은 아닐 것이다. 〈경도잡지〉가 분명하게 적고 있는 것처럼 '남주북병'은 원래 장사에 대한 말이었다. 그것이 손님 대접 방법에 대한 말로 쓰였다고 하더라도 그것은 뜻의 전화(轉化)일 뿐이며 본뜻이라고 생각되지는 않는다.

'병(餠)'이라는 말은 '떡'이라는 뜻이지만 대만이나 홍콩에 가서 식당의 식단에 '육병(肉餠)'이라고 보일 때는 이것을 고기 떡이라고 짐작할 것은 아니다. 떡과는 아무런 상관도 없는 것이다. 돼지고기를 잘게 다진 것이 '육병'일 뿐이다. 증육병(蒸肉餠)이라고 하면 돼지고기를 잘게 다져서 양념을 하고 찜통으로 찐 것이다. 고급 요리라고 할 것은 없고 그저 가상채(家常菜)—즉, 가정에서 흔히 만들어 먹는 반찬이지만.

예를 들어 식당의 식단에 '전계육병(田鷄肉餠)'이라고 적혀 있으면 돼지고기 다진 것과 식용 개구리(다리)를 함께 찐 요리다. 닭고기와도 아무런 관계가 없고 떡과도 아무런 관계가 없다.

수제비,
라면한테 밀려나니 더욱 서러워…

단골로 다닐 정도는 아니라도, 두서너 번쯤 가 본 적이 있다는 그런 식당도 전연 없는 동네에서 점심을 먹어야 할 때가 있다. 그런 경우에는 밖에 내건 간판 메뉴에 수제비나 꽁보리밥이나 빈대떡이 보이는 식당에 들어가는 것이 안전하다는 것이 어느 친구의 주장이다. 절대로 바가지를 쓸 걱정이 없다는 것이다.

"꽁보리밥이니 빈대떡이니 하면 알겠네. 그러나 수제비를 파는 식당도 있단 말인가?" 하고 나는 웃었다.

"허어 참, 아무것도 모르는구나. 무교동에 가면 수제비 백반이라는 것도 있네." 하고 그는 나의 아래위를 훑어보듯이 하는 시늉으로 대꾸했다.

그런 말을 들은 후에 거리에서 유심히 보니까 과연 수제비를 파는 식당이 제법 있는 것을 나도 확인할 수 있었다. 다만 수제비 백반이라는 것만은 아직도 간판 메뉴에서는 한 번도 본 적이 없다. 수제비 백반이 정말로 있는 것일까.

그런 의문을 느끼는 까닭은, 편견일는지는 몰라도 나에게는 수제비라는 것이 어디까지나 경식(輕食)이라는 생각이 들기 때문이다. 하기야 만두 백반이라는 것이 있기는 있다. 그러나 냉면 백반이라는 것은 생각할 수 없지 않는가. 하여간 수제비 백반이라는 것은, 설사 있다고 하더라도 이미 경식은 아닐 것 같다.

수제비는 별로 현대적인 음식이 아닌 것만은 분명하다. 현대의 젊은이들은 수제비보다는 차라리 라면을 환영할 것 같다. 그래서인 지는 몰라도 나는 간판 메뉴에다 수제비를 내걸고 있는 식당이 없지 않다는 것을 확인하고는 지나간 날에의 향수 같은 것을 느꼈다. 지 난날의 식당에서 수제비를 팔았기 때문인 것은 아니다. 내가 젊었을 때는 적어도 내 경험에서는 수제비를 파는 식당은 없었다. 그러나 가정에서는 곧잘 수제비를 떴고 나는 우리 집에서 또는 친구 집에서 수제비를 먹었던 일이 심심치 않게 있었던 것이다.

수제비를 만드는 것을 우리는 수제비를 "뜬다"고 말한다. 이것은 매우 독특한 표현이라고 여겨진다.

밀가루를 반죽해서 적당한 크기로 잘라 끓는 장국 속에 넣는다. 그것이 익어서 둥둥 떠오르게 되면 수제비는 완성되었다. 장국 위 에 뜨기에 "뜬다"는 표현이 생긴 것이나 아닌지 모르겠다. 만두 같 은 것을 "빚는다"는 어원(語源)도 잘 모르겠지만 그것은 요리의 과 정과 관계가 있는 것 같고, 수제비를 "뜬다"는 말은 요리가 완성된 결과의 현상과 관계가 있는 것 같다. 국어학자들의 의견은 어떤지 궁금하다.

밥 대신 먹던 수제비, 이제 맛으로 먹어

앞서 적은 그 친구는 수제비에 대해서 일가견(一家見)을 가지고 있었다. 시원한 냉면이 겨울의 음식이라면 뜨거운 수제비는 여름의 음식이라는 것이다. 여름에 더위로 식욕을 잃게 되었을 때 가족이 "점심엔 수제비나 뜰까?"하고 먹는 경식이라는 것이었다. 덮어놓고 부정할 생각은 나에게 없다. 경식이라는 점에도 일리가 있다. 냉면은 여름이 아니라 겨울이 철이라는 주장에도 결코 반대하지는 않겠다. 다만 수제비가 여름의 음식이라는 것은 알쏭달쏭하다. 굳이 철을 가릴 것 없이 서민들이 손쉽게 만들어 먹었던 음식이 아니겠는가?

나는 6·25 때 서울에서 이런 경험을 했다. 집에 쌀이 떨어지자 한동안 수제비를 먹게 되었다. 곧 밀가루도 구할 수 없게 되어, 밀가루가 아니라 밀 껍질을 빻은 가루로 만든 개떡이라는 것으로 요기를 하게 되었다. 그것마저 입에 대기 어렵게 되었을 무렵에는 소위 의용군으로 끌려 나가지 않으려고 이 집 저 집을 숨어 다니는 산송장 같은 신세였다.

그때의 경험에서 말하면 수제비 음식의 성격을 그 친구처럼 그렇게 간단하게 내리기는 어려운 것이 아닌가 하는 생각이 든다.

여름에 식욕을 잃었을 때 식사의 변화를 위해서 수제비를 떠먹는 계층도 있었을 것이다. 맑은장국을 쓰거나 미역국을 쓰거나 하여간 국물에는 굉장히 신경을 썼을 것이다. 쇠고기며 멸치며 하면서 국물 맛에 최선을 다해야 한다. 이런 경우의 수제비는 국물 맛이 생명이기 때문이다.

그러나 식사의 변화를 위해서가 아니라 먹고 살기 위한 경제적인 이유에서 수제비를 뜨지 않을 수 없는 사람들도 있었을 것이다. 이미 국물 맛은 문제가 아니다. 보다 중요한 것은 수제비의 양이 얼마나 되느냐 하는 것이다. 여름이고 겨울이고 철이 문제가 아니라 수제비는 생존을 위한 수단이었던 것이다.

이렇게 생각하면 수제비도 사회학의 연구 대상이 될지도 모르겠구나 하고 진반(眞半) 농반(弄半)의 생각도 하게 된다. 경식이 아니라 배불리 먹기 위한 방법으로서 수제비 백반이라는 것도 합리화될 수가 있다.

앞서 적은 그 친구를 만나 그런 이야기를 했더니, '수제비에 대한 식생활 태도의 사회학적 의미의 분석'이라는 제목이라도 달아서 박사학위 논문을 작성해 볼까 하고 껄껄 웃었다. 나를 놀리고 있는 것이었다.

음식 역사로 따지면 수제비가
최고참 음식?

우리 겨레가 언제부터 수제비를 떠먹게 되었는지는 알 수가 없다. 밀을 언제부터 재배하게 되었느냐 하는 문제가 먼저 가려져야 하겠는데 이것도 확실한 것이 알려져 있지 않다. 학자에 따라서는 이미 신석기 시대에서 밀을 재배하고 있었으리라고 짐작하기도 한다. 한반도에서의 신석기 시대도 확실하지는 않고 대충 4천 년 전쯤에서 2천 년 전쯤으로 어림하고 있는 것이 실정이고, 그 시절에 이미 밀이 재배되었으리라는 것도 확실한 근거가 있는 이야기는 아니다. 도작(稻作)보다는 뒤졌으며 4세기 이전에 이미 재배되어 있었던 것 같다고는 말할 수 있겠다.

밀을 가루로 빻아 식용하는 데 있어 가장 초보적인 방법이 풀을 쑤어 먹는 것이었겠고, 다음이 원시적인 수제비였지 않았겠느냐 하는 생각이 든다. 국수는 한층 더 발달된 식품 형태다. 국수가 사람이라면 수제비는 원숭이쯤 되는 셈이다. 그러나 이것은 어디까지나 식품 형태의 발달사(發達史)적인 관점에서 하는 말이며, 맛과는 아무런 관계가 없다. 발달사로 말하면 날로 먹는 것이 가장 원시적이겠지만 세상에는 날로 먹는 것이 맛있는 식품이 얼마든지 있는 것이다.

수제비를 한자로는 '박탁(餺飥)'이라고 쓴다. 이것은 어디에 유래하는 것인지 모르겠다. 중국의 당(唐)나라 시대에 그런 이름의 과자가 있었다는 기록은 있다. 수제비 모양의 밀가루 반죽을 기름으로 튀기기라도 한 것이었을까 하고 상상해 보지만 확실한 것은 알 수가 없다.

일본식 수제비,
재료 많이 쓴다

일본에는 지금도 '박탁'이라고 불리는 음식이 있다(일본 말로는 '하꾸다꾸' 또는 '호오또오'). 그러나 일부 지방의 가정요리 같은 것이고, 도쿄의 식당에서는 내놓는 집이 없거나 드물 것이다. 이것도 지방마다 가정마다 스타일이 달라서 한마디로 말하기가 어렵지만 일본식 수제비라고 해 둘 수는 있지 않을까. 보통은 밀가루를 쓰지만 더러는 쌀가루를 쓰기도 한다. 모양은 경단 모양으로 둥근 것이 보통이다. 보통은 된장(왜된장)국을 쓰지만 더러는 일본식 장국을 쓴다. 이 밖에도 우리 수제비와 다른 특징은 여러 가지 재료들을 넣는다는 데 있다. 달리 넣는 재료야말로 기호와 식성을 따르는 것이고 보면 가정에 따라 사람에 따라 일정하지가 않다. 먹기 전에 파를 뿌린다는 것만은 대체로 공통되어 있는 것 같다.

일본의 일부 지방에서 '쓰미이레'라고 부르는 음식도 '박탁'과 별로 다를 바 없는 것 같다. 후꾸다(福田) 전 총리가 일본에서 가장 맛있는 음식이라고 주장하는 쓰미이레는 그저 된장국에 감자나 무나 여러 야채를 썰어 넣고 밀가루 경단을 띄운 것이다. 추울 때는 괜찮은 경식이겠다.

사내아이들이 시냇가에서 곧잘 수제비를 뜬다. 이것은 음식과는 거리가 먼 돌팔매질이다. 던진 돌이 물 위를 담방담방 몇 번이고 점프하게 하는 장난이다. 점프의 횟수가 많아야 자랑이다. 납작한 돌의 납작한 면이 수면에 부딪히게 하고, 돌이 수면에 닿는 각도를 되도록 작게 하는 것이 요령이다.

짜장면과 만두

손으로 뽑은 가락 쫄깃한 맛,
짜장면

　　사람의 미각은 각인각색이지만 내가 아는 어떤 이는 묘한 미각을 고집하고 있다. 술안주에 관해서 말하면 맥주에는 식빵, 소주에는 인절미, 배갈에는 짜장면이 최고라는 것이다. 정종(일본 청주)에는 무슨 생선회가 최고냐고 물으면 생선회는 일절 먹지 않는다는 것이다. 그러면서도 생선 초밥은 즐긴다고 한다. 묘한 미각이고 식성이기는 하지만 거기까지는 개인의 자유라서 남들이 참견할 수는 없다. 문제는 "진짜 술꾼이라면 배갈은 짜장면 하나면 그만인 거야." 하고 목에 힘을 주는 데 있다. 마치 너희들은 가짜 술꾼이라는 듯이 남들을 자극하기에 평지풍파가 일어난다.

　'소년성 최고모색형(少年性最高摸索型)'의 미각이니 '성장중단형 편집성(成長中斷形偏執性)'의 식성이니 하고 남들이 반발하게도 되었다. 그래도 그는 "홍, 역시 바보는 죽어야만 낫는다구!" 하고 막무가내다. 마침내 그의 주변에서는 이런 음모가 나오기까지 했다. 중국 요리를 한 상 푸짐하게 잘 차려 놓고 배갈을 마시면서 그에게는 짜장면 하나를 시켜 보자는 것이었다. 그러나 음모는 거론에만 그치고 실천되지 않았으며, 그는 오늘도 여전히 "짜장면이 최고야."라며 콧노래를 부르고 있을 것이다.

그러나 그런 그도 외국에 나가면 즐거이 콧노래를 부르기는 힘들 것이다. 나의 외국 여행도 오래전의 일이었고 나라도 많지는 않았기에 최근의 외국을 말할 자격이 나에게는 없지만, 나의 제한된 경험으로는 미국이나 유럽에서 짜장면을 먹기는 힘들었다. 미국에 1년 가까이 머문 동안에 중국집도 많이 다녀 봤지만, 짜장면을 먹을 수 있었던 식당은 그때 샌프란시스코의 차이나타운 외곽에 새로 생긴 북경반점뿐이었다. 북경반점에서는 짜장면이 아니라 모든 음식이 한국인의 입에 맞았다. 그도 그럴 것이, 서울의 다동에서 영업하고 있다가 옮겨 왔다면서 주인은 우리말을 유창하게 했다. 다만 북경반점은 오래가지 못하고 내가 미국을 떠난 뒤에 문을 닫았다고 한다. 손님이 한국인들뿐이어서 그것만으로는 장사가 안됐던 모양이다.

심지어는 대만이나 홍콩에서도 짜장면을 먹기란 쉽지가 않다. 일본에서도 쉽지가 않다. 북경 요리라고 간판을 내걸고 있는 식당이라면 짜장면이 있는 것이 보통이지만 북경 요리 식당이 드문 것이다. 국수가 전문이고 오만가지 국수를 준비하고 있는 이른바 면가(麵家)에서도 나는 짜장면을 구경하지 못했다. 면가 이야기가 나왔으니 말인데 중국에서도 남쪽은 국수가 일반적으로 가늘다고 느꼈다.

'자장면'이냐 '짜장면'이냐 하게 되면 나는 아무래도 좋다. 원래는 우리말이 아니기 때문이다. 원어는 '작장면(炸醬麵)'인데 중국어 발음이 '자'장면 쪽에 가깝다고 해도 어차피 정확할 수는 없다. 중국어의 사성(四聲)은 우리말로 표기할 길이 없다. '쭝국집'이나 '쏘주' 또

미식가의 수첩

는 '쐬주'라고 하는 것은 곤란하다고 치더라도 '짜'장면의 경우는 원래가 우리말이 아니기 때문에 나에게는 아무런 저항감도 없다.

하여간 짜장면은 북경 요리인 것이다. 짜장면이 북경 요리의 대표라고 한다면 북경 요리가 기절하겠지만 대중성에 있어서는 손꼽히는 음식이다. 북경 요리라는 대부대에 속하는 사병들 중의 하나다.

짜장면이라면 한국에 오라

청(淸)요리라는 이름으로 중국 요리가 우리나라에 들어온 지 채 1백 년도 안 되지만 짜장면은 전국을 휩쓸었다. 방방곡곡에서 짜장면을 먹을 수 있다면 과언일는지 모르지만, 거의 그런 상태라고는 말할 수 있을 것 같다. 그런 나라는 세계에서 한국밖에는 없다. 10억의 인구를 가진 중국 대륙에서보다도 3천8백만 인구의 한국에서 짜장면을 먹는 사람들의 수효가 더 많은 것이 아닐까 하고 나는 고개를 갸우뚱할 때가 있다. 짜장면을 먹고 싶으면 한국에 오라고 세계에 선전해도 좋겠다. 중국에서는 북경, 천진 지방에서나 짜장면을 쉽게 먹을 수 있을 뿐이니 말이다.

우리나라에서 짜장면이 이렇게 보급된 이유는 뭐니 뭐니 해도 우선 값이 싸기 때문이겠다. 짜장면 값은 설렁탕 값보다 반드시 얼마라도 싸게 정한다는 말을 나는 많이 들었다. 동기론으로는 얼마나 신빙성이 있는지 알 길이 없지만, 결과론으로는 너무나 명백해서 의심의 여지가 없다. 그동안 설렁탕 쪽에서 독주를 거듭했기에 지금은 설렁탕 한 그릇 값으로 짜장면을 두 그릇 먹을 수 있다. 값 다음으로 생각되는 것은 역시 국수에 대한 우리 겨레의 기호일까. "언제 국수

먹여 주지?" 하고 국수와 결혼이 결부되지만 하여간 우리는 국수를 좋아하는 겨레다.

짜장면도 어디 한 가지뿐인가. 비슷한 것이지만 보통 짜장면보다는 장의 양과 물기가 덜하고 돼지고기로 맛을 더했다는 간짜장이라는 것이 있다. 그보다도 좀 더 고급 행세를 하는 삼선(三鮮) 짜장면도 있다. '삼선'이라는 것은 원래는 세 가지의 생선, 해물이라는 뜻이지만 까다롭게 따지는 것은 중국식이 아니다. 이것저것 재료를 보태어 장을 맛있게 볶았다는 정도로 대범하게 이해하고 젓가락을 들면 된다.

삼선짜장면의 경우는 장을 따로 가져다준다. 나는 짜장면의 역사를 전연 모르지만, 원래는 국수를 젓가락으로 집어서 딴 그릇의 장에 찍어 먹었던 것이 아닌가 하고 상상해 본다. 그것이 이른바 '맨더린(Mandarin, 옛 중국 관리)'의 식법으로 어울릴 것 같다. 북경에서는 짜장면을 시키면 장은 따로 가져온다고 한다. 따로 가져온 장을 국수 위에 쏟아 얹어 먹는 것은 우리와 마찬가지다. 이젠 맨더린의 시대는 아니다.

최근에는 인스턴트 짜장면도 나왔다. 보통 짜장면, 간짜장, 삼선짜장면에 인스턴트 짜장면까지 갖추었다면 이제 짜장면 왕국은 중국이 아니라 한국인 셈인가. 다만 짜장면은 장도 맛있어야 하지만 국수가 좋아야 한다. 약간 굵으면서 탄력성이 있는 국수는 역시 손으로 쳐야만 한다. 주방에서 탕탕 하고 쉴 새 없이 국수 치는 소리가 들려오는 식당이라면 시끄럽더라도 꾹 참아 볼 만하다고 기대를 걸 수 있다.

꿩고기가 들어가야 으뜸, 만두(饅頭)

떡만두를 처음으로 먹은 것이 종각 뒷골목이었는지, 충신동 골목이었는지 기억하지 못한다. 국민학교 5학년 때였는지, 6학년 때였는지도 기억하지 못한다. 내가 다닌 국민학교는 경성사범에 부속되어 있었는데, 경성사범의 실험용이었던 셈이라서 경성사범—우리는 그것을 '본교(本校)'라고 불렀다—에서 교생이 언제나 몇 사람씩 나와 있었다.

교생(한국인)은 아직도 학생이기는 했지만 우리에게는 '교생 선생님'이었다. 교생 선생님으로서는 어중간하기는 하더라도, 하여간 스승의 입장에서 처음 대하는 국민학교 어린이들인 우리가 몹시 귀여웠던 모양이다(그러고 보니 나에게도 귀여운 시절이 한때 있었구나!). 우리와 함께 사진 찍기를 그렇게도 좋아했다.

한편 우리는 교생 선생님이 아무래도 만만해서 버르장머리 없이 어리광을 부리면서 잘 따랐다. 교생 선생님은 경성사범 매점에서 우리에게 일본식 팥죽이나 우동을 곧잘 사 주었는데, 때로는 우리를 종각 뒷골목이나 충신동 골목으로 데리고 가 주기도 했던 것이다.

떡만두를 언제 어디서 처음 먹었는지는 기억하지 못하지만, 분명한 것은 어떤 교생 선생님이 사 주었다는 것이다('어떤 선생님'이라고 적으려니 나는 죄송스럽다. 전연 이름이나 모습이 기억에 없기 때문이다. 어쩌면 그런 기억은 불가능한 것인지도 모른다. 몇 사람씩 나오는 교생 선생님들이 자주 바뀌니, 우리는 일일이 이름을 외어 둘 재간이 없었다).

떡만두의 존재를 처음으로 알았을 때 나는 매우 신기하게 여겼다. 떡국과 만두를 한꺼번에 먹는다는 것은, 누군지 매우 약은 사람의 발명으로 생각되었다. 떡만두의 존재를 알고 나서는 그런 교생

선생님이 우리를 데리고 갈 때마다 나는 언제나 떡만두를 시켰다. 집에서 만두를 빚으면 으레 만두를 건져 초간장에 찍어 먹는 것으로만 알았던 나는, 만두를 그대로 먹는다는 것도 신기했고, 그대로 먹는 만두가 싱거운 듯하면서 구수한 것도 마음에 들었다.

성장한 뒤로는 식당에서 떡만두를 시키는 일이 거의 없다. 소년 시절에 실컷 먹었기 때문일까. 어떻게 생각하면 떡만두는 이것도 아니고 저것도 아닌 얼치기인 것 같다. 소년에게는 떡국과 만두를 한꺼번에 먹는 일석이조가 되는지 모르지만, 어른이 먹기에는 어딘가 유치하고 좀 촌스러울 것 같다. 그런대로 식당에서 떡만두라는 세 글자를 보면 잠시 소년 시절을 추억하게 된다.

만두는 식당에서 때때로 시켜 먹는다. '분식날'이 마련돼 있을 때는 곧잘 그랬다. 만두는 절미를 위한 별식이었겠다는 생각이 든다. 그러나 만두를 건져 초간장에 찍어 먹게 해주는 식당은 없다. 평안도 출신의 친구 가운데는 만두국에 식초를 타서 먹는 사람이 있다. 그것이 평안도식이라고 한다. 냉면에 식초를 타는 것은 상식이지만 만두국에까지 식초를 타는 데는 놀랐다. 흉내를 내서 만두국에 식초를 타 보니까 맛이 나쁘지는 않다. 평안도식 이야기가 나왔으니 말인데 평안도식은 밥을 먹으면서 만두국을 먹는다. 만두국은 어디까지나 밥에 대한 반찬으로 다루어지고 있는 것이다. 평안도 사람들의 만두 솜씨도 좋다. 평안도 사람이 하고 있는 어떤 식당에는 '짬뽕'이라는 것이 있는데 이것은 칼국수에 만두를 넣었고 여기에 밥이 따로 달려 나오는 것이었다. 칼국수와 만두는 맛있게 먹었지만, 밥에는 전연 손을 댈 수가 없었던 것은 식성 때문이었는지 식욕 부족 때문이었는지 알쏭달쏭하다.

평안도식 만두만 칭찬하고 개성 '편수'에 대해 언급하지 않는다면 이렇게 불공평한 일도 세상에 드물겠다. 일명 '변(卞)씨 만두'라고도 하니, 변 씨라는 어떤 부인이 잘 빚었거나 또는 처음으로 만들었던 것으로 짐작된다. 개성 출신의 어떤 대학 교수는 술안주로 꼭 편수를 시킨다. 시장기가 들면서 술 마실 때는 안주로도 알맞다. 평안도식 만두는 겨울의 음식이지만, 개성 편수는 원래 여름 음식이었다는 것도 재미있다.

만두소로는 여러 가지 재료가 쓰이지만 으뜸은 꿩이었다. 뼈에 붙어 있는 꿩고기를 뼈째 잘 다져서 만든 소가 들어 있던 만두가 그립다. 다시 쌀 막걸리며 쌀 약주도 나왔으니, 언젠가는 다시 꿩고기 만두를 먹게 될 것을 기대한다.

군만두보다 격 높은
물만두

'만두'라는 말은 중국어의 '만두(饅頭)'에서 나왔으리라. 중국에는 만두에 관한 전설이 있다. 중국에서 삼국 시대 때, 제갈공명이 군대를 이끌고 남쪽으로 쳐 내려가서 노수라는 강에 닿으니, 갑자기 강한 바람이 불어 닥쳐왔다고 한다. 사람도 말도 수레도 날려 갈 것만 같았고, 낮인데도 하늘은 시커멓고 어두웠으며 금세 큰비가 쏟아져 내릴 듯했다. 여기에는 반드시 무슨 까닭이 있으리라고 공명이 마을의 노인에게 물었더니, 이런 대답이었다.

"거듭되는 전쟁으로 많은 사람들이 죽었기에 하늘이 노한 것이오. 하늘의 노여움을 풀려거든 희생을 바쳐야 하오. 사람 목 마흔아홉 개에, 양과 소를 각각 마흔아홉 마리씩을 하늘에 바친다면 하늘의 노여움은 풀릴 것이오."

공명은 당장 희생을 바치기로 작정했으나 차마 사람 목을 바칠 수야 없었다. 그래서 사람 목 대신에 밀가루를 물에 타서 사람 머리 모양으로 만들어 얼굴을 그리고, 머리털도 붙여서 고사를 지냈더니 갑자기 바람도 강물도 잔잔해졌기에 공명의 군대는 무사히 강을 건널 수가 있었다고 한다.

그때부터 밀가루를 그런 모양으로 쪄낸 것을 만두라고 부르게 되었다는 것이다. 만(饅)은 속인다는 뜻의 만(謾)과 음이 통한다. 두(頭)는 머리를 뜻한다. 목—다시 말해 머리라고 속인 것이 만두였다.

다만 중국에서는 아무런 소가 들어가 있지 않은 것이 만두인 것 같다. 소를 넣는 경우도 물론 있지만 어디까지나 그것은 특제이고 예외이고, 보통은 아무것도 넣지 않는 것이 만두인 것 같다. 우리가 밥이라면 보통은 아무것도 넣지 않은 흰 밥을 뜻하지만, 콩밥이니 보리밥이니 오곡밥이니 하는 특제(?)도 얼마든지 있을 수 있는 것처럼.

중국에서는—특히 북부에서는 만두가 주식 구실을 한다. 만두는 밀가루가 부풀어 커진 것이기 때문에 중국 사람은 재수 좋은 음식으로 친다. 부풀어 커지는 것이 중국어에서는 '발(發)'인데 '발'에는 돈을 번다는 뜻도 있기 때문이다. 그러나 주식으로 만두를 먹고 있는 많은 중국 사람들이 모두 재벌인 것도 아닌 것은 미안한 일이다.

소를 넣어 찐 것은 보통 '포자(飽子)'라고 부른다. 중국 식당의 고기만두나 팥만두가 모두 포자다. 여러 가지 종류의 포자가 있는데, 뜨거운 국물이 들어 있는 것이 탕포자다.

소를 넣어 삶은 것이 '교자(餃子)'. 군만두와 구별해서 물만두는 '수

교자(水餃子)'라고 부른다. 교자 가운데서는 물만두가 격이 높고 군만두는 격이 낮기 때문에, 대만이나 홍콩을 여행하면서 군만두를 먹으려면 힘이 든다. 전연 없는 것이야 아니겠지만, 결국 나는 찾지를 못했다.

교자라면 원래 물만두가 진짜라고 한다. 군만두라고 해서 가짜라는 것은 아니지만, 군만두는 하인들이 먹는 것으로 여겨져 왔다는 것이다. 주인들이 먹다 남긴 물만두를 다시 삶아서 먹을 수가 없기 때문에, 할 수 없이 하인들이 그것을 구워 먹은 데서 군만두가 생겼다는 것이다.

그러나 이것은 만주—중국 사람은 '동북(東北)'이라고 부른다—와는 크게 상관이 없는 풍습이었던 것 같고, 만주에서는 제법 군만두를 먹는다고 한다. 우리나라에서 군만두가 인기가 있는 것은 여러 이유로 만주의 영향을 받아서인지도 모르겠다. 그리고 배갈 안주로는 물만두도 나쁠 것은 없지만 군만두가 더 어울리는 것 같다.

중국 음식에는 또 '소맥(燒麥)'이라고 부르는 것이 있지만 우리나라에서는 흔하지 않기에 여기서는 언급하지 않기로 하겠다. 하여간 중국 사람이 밀가루를 반죽해 쪄서 아무것도 넣지 않고 먹는 만두를 우리도 만두라고 부른다. 고기나 팥을 넣어 쪄 먹는 '포자'도 우리는 만두라고 부른다. 삶아서 먹는 교자도 만두이고, 구워서 먹는 교자도 만두라고 부른다. 우리는 만두라는 개념으로 여러 가지 종류의 음식을 포함시키고 있는 것이다.

중국인 친구에게 중국 요리에서 한국의 만두국과 가장 가깝거나 비슷한 음식이 뭐냐고 물어보았다. "그것은 '혼돈(餛飩)'일 게다."라는 대답이 서슴없이 나왔다. 중국 식당에 가서 '완탕'이라고 시키면 '혼돈'을 가져다준다.

삼계탕과
오리 요리

뚝배기에 담긴 겨레의 맛,
삼계탕(蔘鷄湯)

　　서울에 살면서 이제 서울을 모른다. 강 건너 일곱 구(區)가 있다고들 하는데, 내가 어느 정도라도 지리를 알고 있는 구는 하나도 없다. 최근에 새로 서울에 편입된 지구뿐만 아니라 4대문 안도 변화가 심하다. 어쩌다 오래간만에 어디를 가 보았다가 그동안 변할 대로 변한 모습에 뽕나무밭이 변하여 푸른 바다가 되었다는 '상전벽해(桑田碧海)'란 옛말을 실감하게 될 때가 적지 않다.

　오장동(五壯洞)의 닭곰탕 골목도 20년 전을 생각하면 '상전벽해'다. 오장동이라는 동네가 쪼개져서 닭곰탕 골목이 있었던 지역은 지금 '쌍림동(雙林洞)'으로 불리고 있다('쌍림동'이라는 동네 이름은 과거에도 있었다). 골목은 넓혀져서 포장이 된 거리로 변했으며 횡단보도에서 신호등을 따라 길을 건너가게 되었다. 골목 양쪽에 즐비했던 닭곰탕집들이 오래전부터 온데간데없고, 지금은 오직 B 나무집만이 남아 있을 뿐이다. B 나무집도 쓰러져 가는 듯했던 낡은 집이 아니라, 지금은 5층 건물을 짓고 성황을 자랑하고 있다. 그 B 나무집을 압도하듯이 내려다보며 우뚝 솟아 있는 웅장한 고층빌딩이, 우러러 쳐다보이는 거리가 오늘날의 닭곰탕 골목이다.

이렇게 닭곰탕 골목은 '상전벽해'의 변화를 겪고 이미 없어져 버린 지 오래다. 이제 서울에서, 같은 음식을 파는 음식점이 몰려 있기로 이름난 골목은 청진동(淸進洞)의 해장국 골목과 교보(敎保) 빌딩의 바로 뒤인 빈대떡 골목 정도일까? 그러나 해장국 골목도 빈대떡 골목도 '상전벽해'라고는 할 수 없더라도. 옛날 같은 뚜렷한 개성을 해마다 잃어 가고 있는 것은 역시 세월의 흐름 때문이겠다.

그날 나는 이제는 쌍림동이 되어 있는 B 나무집에서 삼계탕을 들었다. 지난날이 생각나게 되니 '삼계'탕이라는 이름에 대해서도 지난날이 생각되었다. 내가 어렸을 적에는 사람들이 '계삼'탕이라고 불렀던 이름이, 지금은 어디를 가거나 '삼계'탕으로 통해 있다. 그렇게 통일되어 통하고 있다면 그만이며, 나에게 무슨 불만이 있는 것은 아니다. 다만 '계삼'이 아니라 '삼계'라고 '삼(蔘)'을 앞세우고 있는 점에 장사의 지혜를 느낄 뿐이다.

뚝배기에 담아 온 삼계탕은 오랫동안 뜨끈뜨끈하다. 역시 삼계탕은 뜨거워야만 한다. 그렇다고 삼계탕을 굳이 겨울의 시식(時食)이라고 볼 것은 아니다. 삼복더위에 복달임으로 개장(보신탕)을 먹지 않는 집에서는 곧잘 삼계탕을 해 먹었다. 식욕을 돋우고 보양을 하기 위한 복달임이었지만, 뜨끈뜨끈한 삼계탕에는 이열치열(以熱治熱)의 뜻도 있었으리라고 생각된다.

삼계탕은 인삼이 특산물인 우리나라에서만 보급되어 있는 닭 요리라고 말할 수 있다. 외국에서도 닭과 인삼과 찹쌀만 있으면 삼계탕을 끓이는 것이 불가능한 일은 아니지만, 인삼을 구하기가 우리나라의 경우처럼 쉽지가 않다는 데 문제가 있다. 우리나라 고유의 독특한 음식으로 이 삼계탕도 꼽을 수 있다.

브로일러는
획기적인 기술적 성과

　　"그러나 닭이 맛있어야잖어? 우리나라 고유의 음식이라면 닭도 우리나라 고유의 닭이어야지. 뭐."라고 항변하는 친구가 있다. 그런 항변을 정면으로 반박할 도리는 없다. 요즘 시판되는 브로일러(Broiler)가 지난날의 닭보다 고기 맛이 떨어지는 것은 부인할 수 없는 사실이기 때문이다.

'우리나라 고유의 닭'이라는 표현은 어색하지만, 하여간 지난날의 시골에서 뛰어놀면서 벌레나 지렁이를 쪼아 먹고 자라던 닭은 맛이 있었다. 그런 닭으로 삼계탕도 끓여야 삼계탕 맛이 한결 낫다는 것은 두말할 것도 없다.

그러나 문제는 그런 시골 닭을 지금 손쉽게 구할 수가 있느냐 하는 데 있다. 흔히 재래종이라고 불리는 그런 시골 닭이 아직은 결코 씨가 마르지 않았지만, 지금 농촌에서도 과연 재래종을 얼마나 많이 기르고 있는 것일까? 도시의 수요는 양계장에 의한 공급이 도맡고 있는 것이 실정이다. 시골에 일가친척이 있더라도 어쩌다가 한두 마리라면 몰라도, 무슨 염치로 시골 닭을 내내 대달라고 부탁할 수 있단 말인가?

브로일러가 재래종에 비하여 고기 맛이 떨어지는 것은 사실이지만, 어차피 이제 도시 생활자에게는 닭이라면 으레 브로일러인 시대에 우리는 살고 있다. 그래서 나는 닭이라면 질색이었지만, 최근에 와서는 생각을 좀 달리하고 있다. 브로일러 시대가 왔다면 그 시대에 적응하며 브로일러를 조금이라도 더 맛있게 먹어 보려는 연구나 노력이 필요하지 않을까 하는 생각이 드는 것이다. 삼계탕도 닭은 재래종을 써야만 맛이 좋지 않겠느냐 하는 말은 백번 천번 옳은 말이기는 하겠지만, 이제 도시 생활자에게는 별로 현실성이 없는 사치스러운 잠꼬대에 지나지 않는 말인 것 같기도 하다.

브로일러는 원래 통닭구이용의 어린 닭(암닭)을 뜻하는 말이었다. 그러나 지금은 암컷 수컷을 가릴 것 없이 2, 3개월 만에 몸무게가 900g에서 1.5㎏ 정도로 성장하는 어린 닭을 우리는 브로일러라고 부른다. 먹이로 억지로 빨리 키운 닭이라서 고기 맛은 떨어진다지만, 브로일러 산업은 인류의 식생활의 역사에서는 매우 획기적인 일이라고 생각된다. 제2차 세계대전 중에 육류가 극도로 달렸을 때 브로일러는 연구되었고 개발되었다. 그것은 라디오나 텔레비전보다도 시대적으로는 새로운 기술적 성과였다.

어린 닭을 빨리 대량 생산해서 값싸게 공급할 수 있게 되었다는 점은 높이 평가되어야 한다고 믿는다. 문제는 고기 맛이지만, 이것도 앞으로 연구와 노력에 따라 육질(肉質)이 상당히 향상될 수 있을 것으로 기대된다. 지금도 브로일러에 따라 육질이 크게 다르다. 내가 B 나무집에서 점심을 먹었던 삼계탕의 닭도 물론 브로일러였다. 그러나 브로일러치고는 육질이 괜찮았다. B 나무집 아주머니는 육질이 좋은 닭을 구하려는 문제가 매우 골치가 아프다고 푸념을 했다. 오죽해야 양계장을 하나 차렸으면 하고 생각해 본 적도 있었지만, 그것도 여러모로 문제가 예상되어 어디 쉬운 일이겠느냐 하는 것이었다.

다양한 닭고기 요리의 개발을…

　　　　모든 물가가 날이 갈수록 오르고 있다. 국민의 영양에서 중요한 단백질원(源)을 생각해 볼 때, 고기나 생선 값이 대중의 수입이 느는 것과는 상관없이 너무 독주(獨走)하고 있는 것 같다. 여기에 비하면 닭 값이나 달걀 값은, 어디까지나 상대적인 이야기이기는 하지만 다른 단백질원보다는 덜 오르고 있는 것이 아니겠는지? 옛날에는 닭이나 달걀은 고기나 생선에 못지않은 값비싼 단백질원이었던 것으로 기억한다.

　닭고기 맛이 떨어졌다고 지난날의 재래종 닭고기 맛을 그리워하는 것을 나는 탓하려고는 하지 않는다. 옛날에의 그런 향수를 나도 가지고 있기 때문이다. 그러나 옛날에의 그런 향수가 감상(感傷)의 차원에서 머물고 그친다면, 앞으로 자라나는 우리 후손들을 위해서 별로 도움이 될 것 같지가 않다. 재래종으로 삼계탕을 끓여야만 제맛이라는 주장은 아무리 옳은 말이라도, 그렇게 고집만 하다가는 우리 후손들은 우리나라 고유의 음식인 삼계탕을 맛보지도 못하게 된다.

　어차피 브로일러 시대에서 살게 된 우리는 브로일러 시대를 현실로서 받아들일 수밖에는 없을 것 같다. 나는 그날 B 나무집에서 삼계탕을 제법 맛있게 먹었다. 재래종 생각을 안 해 본 것도 아니었지만, 매우 아쉬워한 것은 아니었다. 브로일러를 썼더라도 삼계탕은 어디까지나 삼계탕이고, 그것이 우리나라에서 개발되고 보급된 우리나라 고유의 음식임에는 틀림이 없다.

　이런 생각도 해 보았다. 삼계탕도 좋지만, 상대적으로 값이 비싸다고는 볼 수가 없는 닭(브로일러)이나 달걀을 국민의 단백질원으로 이용하기 위해서는 그 요리 방법이 우리 겨레의 식성에 맞게 훨씬 더 다양하게 개발되어야 하지 않겠느냐 하는 생각이었다. 특히 달걀 요리의 가짓수가 빈약하지 않은가 하고 생각되었지만, 여기서는 닭고기에 관해서만 적는다.

쌍림동의 B 나무집은 닭곰탕이 전문이라고 내세우고 있는데, 그것 이외에도 닭찜과 전기구이(통닭)와 삼계탕을 손님들에게 서비스하고 있다. 한식으로 닭을 다루는 전문 식당으로 손꼽히는 B 나무집의 메뉴도 고작해야 그 정도밖에는 안 된다. 그러나 닭 불고기 같은 메뉴도 등장할 수 있는 것이 아니겠는가 하는 생각이 든다. 닭고기를 이용한 전골도 생각해 볼 수가 있다. 찌개 같은 것도 여러모로 개발할 수가 있을 것 같다.

양식이나 중국식을 생각하면, 이미 많이도 개발된 닭고기 요리가 아직 우리나라에는 충분히 소개되어 있는 것 같지가 않다. 고기에 대한 금기(禁忌) 관계로 닭고기를 으뜸으로 치는 인도 사람들이 닭고기를 카레로 요리하는 방법 같은 것은, 우리 겨레의 구미에 제법 맞는 것이 아닐까 하고 나는 생각한다.

닭 잡아먹고 오리발

바캉스네 뭐네 하고 나서게 되면, 피서는 무슨 피서 그것이 곧 고생의 시작이라는 것을 깨닫게 된 나는, 그날 일요일 아침에는 처음부터 밖에 나갈 생각은 없이 오래간만에 텔레비전을 틀어 보았다. '잡학사전'이라는 프로그램이 방영되고 있었는데 이것이 제법 재미있었다. 우리나라 속담에 '닭 잡아먹고 오리발 내어놓는다.'고도 하고 '낙동강 오리알'이라고 하는 것도 있는데, 그 뜻과 유래가 각각 어떤 것이냐 하는 문제를 놓고 알아보고 따지고 하는 프로그램이었다.

매우 계몽적인 프로그램이라고 느꼈으며, '연구원'이라는 출연 멤버들의 유머 감각을 담은 연구(?) 태도가 그런대로 재미있었던 것이다.

먼저 '닭 잡아먹고 오리발 내어놓는다.'는 속담을 우리도 여기서 다루어 보기로 하자. 어떤 속담 책에는 '나쁜 짓을 해놓고 탄로 나지 않도록 계교를 꾸민다는 말'이라고 풀이되어 있고, 다른 속담 책에는 아예 '악행'이라는 항목으로 분류되어 '제가 저지른 나쁜 일이 드러나지 않도록 수를 써서 남을 속이려 한다는 말'이라고 비슷하게 풀이되어 있다.

텔레비전 프로그램의 결론도 여기서 크게 달라질 수는 없는 것이었지만, 그래도 부도덕한 악이라는 것을 강조하는 것을 피했다는 점에서는 속담 책의 풀이와는 뉘앙스가 좀 달랐다. 겨레의 공동 사회 생활에서 있을 수 있었던 가벼운 일탈(逸脫)을 얼버무리는 행위로서 그 속담의 유래가 설명되었던 것이다. 현대식으로 말한다면, 냉장고에서 맥주를 꺼내어 마시고는 그것을 야단치려는 어머니에게 빈 콜라병을 내어 보이는 아들의 경우일까. 이것이 윤리의 문제냐, 또는 능청이나 응석의 문제냐 하는 것은 당사자들이 관련된 종합적인 상황을 살펴보지 않고서는 그렇게 쉽게 판별을 내리기도 어렵겠다는 생각이 든다.

나에게는 여러모로 생각되는 바가 있었지만, 그것들을 여기서 적을 것은 아니다. 여기서 문제 삼는 것은 우리나라에서는 닭이 보다 고급이고 오리는 저급으로 여겨지고 있다는 것을 이 속담이 말해 주고 있다는 점이다.

제사상에 닭을 올릴 수는 있어도 오리를 올리지는 않았다는 이야기가 그 텔레비전 프로그램에서 나왔다. 아무래도 제사상에는 고급스러운 것을 올렸으며 저급의 음식을 올리지는 않는다는 것이었다. 여부가 없는 이야기라고 생각된다. 그리고 닭 잡아먹고서도 닭이 아니라 오리 잡아먹었다고 증거(?)로 내어놓는 오리발은 먹을 수가 없기에 남아 있는 것이라는 설명이었다. 그것도 여부가 없는 이야기인 것이라고 하지 않을 수 없다.

다만, 오리발을 내어놓는 사람은 닭도 잡아먹고 오리도 잡아먹은 것이 아니냐고 의문을 제기하는 사람도 있을지 모르겠다. 그러나 그것은 이미 속담의 초점과는 거리가 먼 의문이다.

오리발을 즐겼다는
중국 식도락가

닭 잡아먹고 내어놓는 오리발의 오리는 집오리라고 생각할 수밖에 없다. 이를테면 물오리 같은 야생 오리의 발을 그렇게 쉽게 내어놓을 수는 없기 때문이다. 잡아먹은 닭도, 내어놓을 오리발의 오리도 모두 가금(家禽)이라고 생각해야만 될 것 같다.

우리나라에서도 물오리를 길들여 집오리로 사육하게 된 역사는 꽤 오래 된다. 고려왕조 충숙왕 12년(1325)에, "앞으로 닭, 돼지, 거위, 오리를 길렀다가 필요할 경우에 쓸 것이며, 소와 말을 도살하는 것은 죄를 저지른 것으로 다스리겠다."는 금령(禁令)을 내렸다는 기록이 〈고려사(高麗史)〉에 보인다. 닭, 돼지, 거위, 오리는 필요에 따라 잡아도 좋고 한 것을 보면 이것을 불교의 영향이라고 보기는 어럽겠다. 아마도 소와 말이 많이 도살되는 추세를 억누름으로써, 식용 이외에도 쓸모가 많은 마소를 확보하려고 했던 현실적인 정책 목적 때문이었다고 해석하고 싶다. 그리고 이미 충숙왕 이전에도 오리는 사육되고 있었을 것으로 생각되어진다.

무엇 때문에 오리를 사육했을까. 두말할 것도 없이 식용을 위해서인데, 앞서 적은 속담을 보면 역시 닭보다는 인기가 덜했던 것을 알 수가 있다. 외국에서도 오래전부터 오리를 길들여 길렀지만 집오리가 그렇게 인기가 높은 고기는 못 된다. 그러나 북경 오리만은 이야기가 다르다. 하여튼 외국에서도 물오리를 제외하고는 집오리에 대해서는 그렇게 치는 것 같지가 않다.

그들이 치는 것은 야생의 물오리다. 나라의 자연보호 정책이 서 있으니까 우리는 물오리를 보호해야 한다. 외국에서도 보호를 하지 않는 것은 아니겠지만, 유럽의 물오리 요리는 닭이 문제가 되지 않는다. 프랑스에서 오렌지로 물오리를 삶아낸 요리, 폴란드의 물오리 요리가 또 그만이라는데, 물론 나는 그것을 맛보지는 못하고 있다. 일본의 천황은 매우 전통적인 방법으로 물오리들을 잡아 외국 대사들과 고관들을 현장에서 대접하는 것을 연례행사로 삼고 있다는데, 이것도 나하고는 너무 세계가 멀다.

이렇게 세계가 먼 이야기가 나온 김에 하나만 더 할까 한다. 옛날 중국의 어떤 돈 많은 식도락가는 뜨겁게 달구어 놓은 철판 위에 집오리 떼를 몰아넣었다고 한다. 철판이 뜨거워서 오리가 발을 올렸다 내렸다 법석을 하는 동안에 발은 충혈되고 익어 버린다. 그러면 발을 잘라 나머지는 하인들에게 주고, 자기는 오리발의 익은 물갈퀴만 먹는다. 오리의 정기가 온통 발에 모였다는 이론이었다고 한다.

이쯤 되면 '닭 잡아먹고 오리발 내어놓는다.'는 속담도 통하지 않

　　　　　　　　　　　　　　　　　미식가의 수첩

겠다. 우리나라에서도 그런 속담이 통했던 것은 닭이 정말 맛있었던 옛날이야기가 아니었을까. 빨리 크게 키우는 이점은 있지만 요새 같은 브로일러 종의 닭을 먹다가 보면, '닭 잡아먹고 오리발 내어놓는 다.'는 속담이 암만해도 실감이 나지 않는 것이다.

오리알로 만드는 요리

그 텔레비전 프로그램은 다음으로 '낙동강 오리알'을 다루었다. 오리알은 땅 위에 있어야만 제구실을 하는 것이지, 강물에 잠기거나 빠져서야 이렇다 할 구실을 할 수가 없다. '낙동강 오리알'이라는 말은 쓸모가 없는 헛것이라는 뜻으로 결론이 나왔다. 이것도 여부가 없는 이야기인데, 다만 그 속담의 유래에 대해서는 아무런 논급이 없었던 것이 아쉬웠다. 나는 아무런 문헌상의 근거도 잡지 못하면서 혹시 낙동강에서 오리를 제법 길렀으면서도 낙동강에 홍수가 잦았다는 두 가지 사실이 이 속담의 배경을 이루고 있는 것이 아닐까 하고 짐작해 왔었기에 기대가 컸었는데 말이다.

'낙동강 오리알'의 유래에 관해서는 계속 숙제로 남겨 두기로 하자. 오리알에 관해서만 그때 생각났던 것들을 적어 보기로 한다.

오리알 요리가 달걀 요리보다 더 발달되어 있다고는 나는 말하지 않으련다. 날로 먹거나 삶아 먹거나 하는 점에서는 비슷하다고 하더라도 달걀 요리가 오리알 요리보다는 훨씬 더 발달되어 있다고 보는 것이 객관적으로 공정할 것 같다. 달걀 요리의 가짓수가 훨씬 더 많은 데다가 보급률은 비교가 되지 않는다. 도대체 내가 오리알을 사고 싶다면 어디에 가야 살 수 있는 것인지를 모르겠다.

다만 오리알에 특수한 요리가 있기는 있다. 필리핀의 '발루트(Balut)'라는 것은 오리알을 부화시켜 새끼 오리가 나오기 직전의 것을 삶은 것을 껍질을 까서 먹는 것이다.

여기서 소개하고 싶은 것은 '피단(皮蛋).' 오리알을 가공한 중국 요리도 몇 가지가 있지만 가장 널리 알려져 있는 것이 피단이다. 말하자면 오리알을 특수한 제법으로 발효시킨 것인데, 일단 발효를 마친 피단은 오랫동안 저장할 수 있는 것이 신기하다.

'송화단(松花蛋)'이라고도 부른다. 왜 그렇게 부르는지 잘 모르지만 피단 껍질을 까서 썰었을 때 보이는 피단 속의 누런 색깔이 소나무꽃 색깔과 비슷하기는 하다. 또 그것을 세로로 잘게 썰어 접시 위에 방사형으로 늘어놓으면, 과연 이래서 소나무꽃이라고 하는 것일까 하고 알 듯 말 듯 하게도 된다.

원래는 중국 천진이 본고장이라는데 우리나라에서도 곧잘 만든다. 중국 상점에 가면 쉽게 살 수가 있지만, 이것도 값이 올랐다. 썰어서 그냥 먹어도 좋고, 생강 간 것을 간장으로 갠 것에 참기름을 몇 방울 떨어뜨려 찍어 먹어도 좋다. 고소한 전채(前菜)다.

극비에 붙여 온
피단의 제조법

오리에 대한 요리는 그런대로 구색을 갖출 수가 있겠으나 오리발 요리에 대해서는 이렇다 할 요리법이 있다고는 할 수가 없겠다.

숯불에 굽기도 하고 소금과 조미료를 가미해 튀기기도 하며 찜을 해서 먹는 방법이 있다. 시중의 어지간한 중국 음식점에 가면 맛볼 수 있지만 찾는 사람이 드물다고 한다.

어느 주방장은 "누가 오리발을 먹겠습니까? 오리를 먹지." 하며 한 마디로 '얼음 뎀뿌라'라고 말한다.

피단은 오리알을 진흙이나 왕겨 따위에 싸서 4개월여를 재 속 등에 묻어 발효시키는 것으로, 만드는 데에는 상당한 어려움이 따른다.

첫째는 알의 선택이요,

둘째는 알을 싸는 어려움이요,

셋째는 보관상의 어려움이다.

게다가 전래의 중국 각 가정에서는 만드는 법을 극비에 붙이고 자식들에게까지도 비밀로 한다면 과장된 표현일까?

중국 음식점의 요리사들은 피단을 만들 경우에는 새벽 서너 시경에 남몰래 만들어서는 자기만의 은밀한 곳에 보관한단다. 그래서 어느 요리사는 시멘트벽에 구멍을 뚫고서 막역한 동료가 만드는 것을 훔쳐보고서 가까스로 배우게 되었다며 만드는 법에 대해서는 노 코멘트.

현재 서울에서 피단을 만들 줄 아는 사람이 다섯 손가락으로 꼽을 정도라는데 정말인지는 확인하지 못하였다. 이렇듯 만드는 법을 알기에도 어려울 뿐 아니라 만드는 도중에도 변질되는 경우가 많아 순수 만들어 보겠다는 것은 희망에 불과할 뿐인 것 같다.

일단 완성이 되면 절대로 상하지 않으며 흰자는 단단하며 신기한 무늬가 있고 우뭇가사리와 비슷한 맛을 갖고 있다. 노른자는 젤리와 같이 되어 짙은 카키색을 띠고 구수한 뒷맛이 있어 술안주로 찾는 손님이 더러 있단다.

중국인들은 좋아하지만 한국 사람들은 호기심에서 찾는 경우가 많고 시중의 중국 음식점에 가면 쉽게 구할 수 있다.

나를 난처하게 만들었던
발루트

필리핀의 음식 가운데는 나를 몹시 난처하게 만드는 것이 있었다. '발루트(Balut)'라고 한다. 오리알로 만든 것이다. 중국에도 피단(皮蛋)이니 송화단(松花蛋)이니 해서 오리알을 발효시킨 것이 있고, 톈진(天津) 것이 최고라지만, 우리나라에도 흉내 내는 것이 있어서 중국 요리의 전채로 쓰인다.

필리핀의 발루트는 오리알을 발효시킨 것이 아니라 오리알을 따뜻하게 보온해 주어, 부화 과정을 밟게 하고는 부화 직전에 삶아 먹는 것이다. 겉으로 볼 때는 보통 오리알과 조금도 다름이 없다. 그러나 껍질을 까면 이야기가 달라진다. 부화 직전의 오리알이기 때문에, 이미 흰자위도 노른자위도 없고 병아리가 되기 직전의 상태의 것이 들어 있는 것이다.

필리핀에 가서 필리핀의 특색 있는 음식을 소개하라고 조른 것이 내 잘못이었는지도 모른다. 필리핀 친구가 사 오게 한 것이 발루트였다. 굉장한 정력제라고 애국심을 발휘하여 선전도 하면서, 눈으로 보면 징그럽게 여길는지 모르니 전등을 끄고 먹는 것이 좋겠다고 충고도 해주었다.

국물만 쭉쭉 빨아 먹어도 괜찮다는 것이다. 무슨 음식을 먹는데 전등을 끄고 먹을 것까지야 없다고 생각하고 나는 발루트의 껍질을 까고 소금을 쳐서 먹었다. 맛있었다는 말은 하지 않겠으나, 그때는 호기심 때문인지 별로 징그럽게 느끼지 않았으며 대수롭지 않게 여겼었다.

그때부터가 골치였다. 이 친구가 다른 필리핀 사람들에게 나를 발루트 좋아하는 외국인으로 소개하는 수선을 떨고 다녔으니, 나는 필리핀 사람들 가운데 제법 인기를 얻으면서 그 대가로 무척 많은 발루트 대접을 받아야 했다.

더러는 부화가 거의 다 되어 날개까지 생겨나 있는 것도 있었다. 정말 그렇게 발루트를 좋아하는지—하고 많은 사람들이 쳐다보고 있기에, 나는 속으로 울면서 겉으로는 웃으며 그것을 먹는 억지를 부릴 수밖에는 없었다.

'발루트!' 하고 외치는 행상의 소리가 그립게 회상된다.

북경 오리구이

모(某) 씨의 글 가운데 나온 카오야아즈 이야기를 하자. 카오야아즈는 오리를 구운 요리다. 우리나라 발음으로는 고압자(烤鴨子). 갈고랑이로 걸어 화덕 속에 넣어 굽기 때문에 괘로고압(掛爐烤鴨)이라고 부르기도 한다. 영어로 '베이징 덕(Peking Duck)'라고 하는 것은 북경 오리를 쓰면서 북경에서 발달한 요리이기 때문이다.

전취덕(全聚德)이니 편의방(便意坊)이니 하는 식당은 오리구이로 이름을 떨쳤으며 지금도 북경에 남아 있다면 식당의 역사가 백 년이 넘을 것이다.

북경 오리는 날개와 다리는 짧고 가슴이 발달한 특징을 지녔고, 생명력이 매우 강하다. 기르는 것은 보통으로 기르지만 오리가 커져서 그것을 잡을 만하게 되면 잡기 한 달 전쯤에 특별실에 넣어 특별 사료를 준다고 한다. 옥수수나 쌀이나 고량(高粱)에 꿀을 섞은 특별 사료를 탄(彈)이라고 부르는데, 어른의 엄지손가락만 한 탄을 오리 는 먹기가 거북한지 자진해서는 잘 먹지 않는다. 따라서 사람이 오 리의 목 속에 손을 넣어 억지로 탄을 깊이 밀어 넣고 그것이 내려가 도록 목을 쓰다듬어 준다고 한다. 운동을 시키는 것은 탄을 허비하 는 셈이니 운동을 시키지 않는다.

이렇게 해서 잡기 일주일 전쯤 되면 오리는 거의 움직이지도 못하 게 된다. 그러면 오리를 암실에 넣고 계속해서 억지로 탄을 먹인다. 이렇게 기른 오리는 살이 매우 부드럽고 지방이 풍부하게 발달되어 있다고 한다. 이것을 잡아서 요리하는 데도 수선이 대단한데, 껍질 과 살 사이에 바람을 넣어 풍선처럼 해놓고 굽는다. 그래야만 구워 졌을 때 껍질과 살이 서로 쉽게 떨어진다는 것이다. 때는 장작에도 수선을 떤다. 대추나무가 최고인데 그것이 없으면 살구나무 정도라 도 써야 한다고 한다.

하여간 나는 이 오리 요리를 처음 먹었을 때 실패를 했다. 〈코리 아 헤럴드〉의 언론인과 함께 홍콩에 묵게 되었을 때 호텔에서 우리 는 관광안내원 한 사람을 만났다. 자기가 운전하는 자동차로 홍콩을 안내해 준다는 것이었다. 요금을 정하고 우리는 홍콩 관광으로 나섰 다. 태백이라는 해상 레스토랑—큰 배를 식당으로 만들었다—에서 점심을 먹었고 신계도 구경하고 홍콩에 돌아오니 저녁이라고 할 만 한 시간이었다. 좀 이르다는 느낌은 있었지만 저녁을 함께 먹은 후 에 안내원과 헤어지기로 했다.

식당에서 식단을 보니 구이가 있었기에 그것을 시키기로 했고, 사 람이 세 사람인데 요리도 세 가지쯤은 있어야 하지 않겠느냐고 두

가지를 더 주문했다. 식당 측에서 오리를 한 마리 들고나오더니 우리에게 보여 주었다.

'이놈을 요리하겠는데 마음에 드십니까?' 하는 몸짓이라고 한다. 우리에게는 마음 들고 안 들고 하는 여부가 있을 리 없었다. 어디 오리냐고 묻기는 했는데, 틀림없는 북경 오리라는 대답을 믿어야 하는지 어떤지도 우리가 분간할 수 있을 리가 없었다.

따로 시킨 두 가지 요리가 먼저 나왔다. 세 사람이 그것을 다 먹었을 때 오리구이가 나왔다. 그것을 보고 나는 놀랐다. 대추나무나 살구나무로 구웠을 리는 없고 그저 연탄불로 구웠겠지만, 고기의 분량이 굉장히 많고 오리 뼈를 삶은 수프까지 곁들여 나왔기 때문이었다. 오리구이 하나만을 시켰어도 세 사람에게는 충분했던 것이다. 그러고 나서 국수라도 먹으면 훌륭한 만찬이 되지 않는가.

고기는 부드럽고 향긋하고 맛있었지만 껍질이 더 맛이 좋았다. 특히 껍질 밑에 붙어 있는 기름이 고소했다. 잘 구워서 좀 바삭바삭하게 느껴지는 껍질을 중국 된장에 찍어 밀전병으로 흰 파와 함께 싸 먹는 것은 맛있었지만, 그 많은 분량의 고기를 말끔히 처리할 위장은 우리에게는 없는 것이었다.

나는 배가 찼기에, 미리 요리 분량을 알려 주지 않았던 안내원을 속으로 원망하면서 뜨거운 중국차를 청하고는 담배를 꾀워 물었다. 동행한 언론인도 배부르다고 젓가락을 놓았다.

"나에게는 아이들이 많습니다. 나는 가난하기에 그들을 충분히 먹이지 못합니다. 만약 두 분이 너그러이 허락하셔서 이 남은 고기를 집에 가져가게 해주신다면 그들은 얼마나 기뻐하며 얼마나 잘 먹겠습니까." 하고 안내원이 미안한 듯한 표정과 목소리로 우리에게 청했다.

우리는 오리고기를 4분의 1이나 먹었을까. 정말 많은 분량이 남았다. 속으로는 좀 당한 듯한 기분이었지만 겉으로는 쾌히 안내원의 청을 수락해 주었다. 그리고는 정했던 요금을 지불하고 또 팁을 주었다. 얄팍한 호주머니로 신사 행세를 하는 것은 여간 고된 일이 아닌 것이다.

이런 이야기를 홍콩의 신문 기자에게 했더니 깔깔 웃는다. 껍질만 먹었다면 잘했다는 것이다. 오리구이의 가장 맛있는 부분은 껍질이기에, 옛날에는 손님들이 인력거를 타고 오리구이를 먹으러 가면 껍질만을 먹었으며, 고기는 으레 인력거꾼의 차지였다는 것이다. 어디까지나 옛날이야기지만.

지금은 서울에서도 오리구이를 먹을 수 있다. 그만큼 고급 중국 요리점이 늘었다. 식단을 보면 보통 '괘로고압(掛爐烤鴨)'이라고 적혀 있는데, '북경압자(北京鴨子)'라고 적은 집도 있다. 마찬가지 요리다. 어느 집에서, 정말 오리구이가 되느냐고 물었더니 하루 전에 맞추면 된다는 대답이었다. 오리는 어디서 오는 어떤 오리일까, 궁금했지만 그 이상을 물어보는 것은 삼갔다. 왜냐하면 식단에 오리구이 값이 2만 5천 원이라고 적혀 있기 때문이었다. 자기와 상관이 없는 것을 너무 묻는다는 것은 신사가 할 일이 못 된다.

가릿국과
설렁탕

가리가 안 보이는
가릿국(갈비국)

'가릿국'이라는 것이 있다. 서울에 가릿국으로 좀 이름
이 난 식당도 있다. 매우 서민적인 자그마한 집인데 제법 손님들로
붐빈다. 명동 한복판에 자리 잡고 있기에 저녁에는 아베크족도 들
어온다.

"가릿국이라는 게 뭐야?"라고 남자에게 여자가 물었다. 나는 남의
말을 엿듣는 취미는 추호도 없는 사람이지만, 한편 그렇게 또랑또
랑한 목소리로 남자가 대답하는 것을 듣지 못하는 귀머거리도 아니
다. 사실을 고백하면 나는 내 귀에 들려오는 남자의 설명에 적지 않
게 놀란 나머지 잠깐 그를 뒤돌아보는 비신사적인 실례를 범했다.

"함경도의 명물인 고깃국인데 말야, 이것은 먹는 방법이 따로 있
거든. 덮어놓고 먹는 것이 아냐. 국건더기와 국물을 먼저 먹은 후에
그릇 속에 남아 있는 밥을 먹어야 하지. 순서가 있는 거야."

"여기서 다들 그렇게 먹어?"

"아는 사람이나 아는 격식이지. 대부분은 멋도 모르고 먹어. 아마도 함경도에서 반주하는 사람들 사이에 이런 격식이 생긴 모양이야."

"'가리'는 무슨 뜻인데?"

"글쎄, 그건 모르겠는걸. 함경도의 사투리겠지, 뭐. 하여간 가릿국이란 먹는 데 순서가 있는 거야."

내가 적지 않게 놀란 이유는 어디서 주워들었는지 일단 그가 박식하기 때문이었다. 가릿국이 함경도의 명물이라는 것도, 그것을 먹는 데는 격식인지 순서인지가 있다는 것도 처음 들었다. 아마 그럴는지도 모른다. 그러나 '가리'가 함경도의 사투리일 것이고 의미불상(意味不詳)이라니, 이를 어떻게 하지! 얼떨결에 내가 뒤를 돌아다보는 비신사적인 실례를 범했던 것이 그때였다.

'가리'는 흔히 쓰이지 않게 되었지만 사투리가 아니라 표준말이다. 우리가 먹는 쇠갈비가 바로 가리이지 딴 것이 아니다. 가릿국(가리탕이라고 불렀다), 가리구이, 가리찜, 가리조림, 가리적 등을 차례로 현대어로 옮기면 갈비국(갈비탕), 갈비구이, 갈비찜, 갈비조림, 갈비적이 된다. 이렇게 식용으로 하는 경우에만 '가리'라고 일컬었고 그것도 원칙적으로 쇠갈비에 국한되는 것이었다.

데이트 상대에게 가릿국을 신나게 설명한 청년에게 내가 무안을 줄 수는 없었다. 사실 가리가 함경도의 사투리거나 몽고말이거나 또는 쇠갈비를 뜻하거나 닭 다리를 뜻하거나 간에 그들에게 그것이 무슨 중대한 문제였겠는가. 그들에게 중대한 문제는 서로 상대방에게서 점수를 따는 즐거움이 아니었을까. 가리의 뜻은 이런 것이라고

미식가의 수첩

그들에게 설명을 시작한다는 것을 결코 친절이 아니라 오히려 방해밖에 안 되는 주책바가지 짓이리라는 것을 나는 잘 알고 있었다.

가리를 무슨 말의 함경도 사투리쯤으로 잘못 알게 된 것은 그 집 주인이 함경도 출신의 노인 내외이기 때문이었는지도 모른다. 책임이라면 말이 좀 거창하지만 그 식당에도 책임이 전연 없는 것은 아니다. 가릿국이라고 내놓는 국밥에 갈비가 보이지가 않으니, 가릿국과 갈비국이 같은 것이며 말만 다를 뿐이라는 것을 모르고 지내게도 된다. 갈비 고기 좀 들어가기는 한다고 그 집에서는 주장하지만.

결코 내가 그 집을 나무라고 있는 것은 아니다. 지금 갈비 값이 얼마인데 그 서민적인 식당에서 그 서민적인 값으로 틀림없는 가릿국을 내오라고는 아무도 요구할 수 없는 것이다. 그 집의 가릿국에는 가리는 보이지 않았어도 고기는 보였으며 선지도 보였다. 선지를 가늘고 길게 썰어 넣은 것이 특징이었다. 제법 구수한 국밥이었다.

사람은 기분에 좌우되는 동물이다. 자기도 미남미녀가 된 기분으로 명동을 산책하다가 고급 식당에 들어가는 기분으로 그 식당에 가서 호골주(虎骨酒)를 마시는 기분으로 소주를 마시면서 가릿국을 먹는 기분으로 그 국밥을 들면 된다. 따지는 것만이 좋은 것도 아니다.

숯불갈비라야 제맛

우리나라 사람들이 갈비를 좋아하지만 외국 사람들도 우리나라 갈비구이를 좋아한다. 인도 사람에게 갈비를 먹자고 해 본 적은 없지만, 다른 외국 사람들을 청해서 갈비구이를 대접하면 모두 잘 먹는다.

"한국에서는 이것을 하모니카라고 한다면서요?"라고 아는 체를 하는 사람도 있다.

외국에도 갈비 요리가 있지만 나는 우리나라 갈비구이가 갈비 요리로서는 세계에서 둘째가라면 서러워할 요리라고 믿는다. 하모니카는 이제 한국 요리의 국가대표의 하나가 되었다고 말하여도 과언이 아니다. 한우의 육질이 좋다는 것도 우리나라 갈비구이의 맛이 좋은 이유의 하나겠지만, 양념 속에 갈비를 재우는 솜씨가 우리나라에서 발달되어 있는 것을 쳐주어야 할 것만 같다.

가리가 없는 가릿국 이야기를 썼지만 '암소 갈비'라고 큼직하게 써 놓은 식당에서도 암소 갈비를 본다는 것은 하늘의 별 따기다. 그러나 그렇다고 '양두구육(羊頭狗肉)'을 따지고 덤벼들면 히스테리 환자가 아닐까 하는 오해를 받기 꼭 알맞다. '암소 갈비'라고 써 붙여 놓은 식당에서 갈비를 뜯고 있는 손님들 가운데 지금 자기가 암소 갈비를 먹고 있다고 믿는 사람은 한 사람도 없는 것이다. 황소 갈비라면 어떻다는 말인가. 황소 갈비라도 양념 속에 잘 재워서 맛있게 구워 먹을 수 있는 요리 기술이 우리나라에는 발달되어 있는 것이다. '암소 갈비'라는 글씨는 기분을 내려는 애교라고 봐주면 된다.

갈비를 양념 속에 재우는 방법에 관해서는 나는 말할 자격이 없다. 모르기 때문이다. 분업의 시대라서 나는 구워서 먹는 쪽이다. 그런데 갈비도 그렇지만 불고기감을 재울 때도 양념에 배를 썰어 넣고 육회에도 배를 썰어 곁들이는 것을 보면, 배라는 과일에는 소의 날고기를 맛있게 하거나 연하게 하거나 또는 해독하는 효능이 있는 것인가. 한방에 어두운 나로서는 이것도 이유를 알지 못한다.

미국에서는 갈비 값이 쌌다. 20년 전의 일이니까 지금은 어떨는지 모른다. 가난한 사람들이 사 가지고 가서 스튜로 해 먹는다고 들었지만, 나도 툭하면 오븐에 넣어 구웠다. 양념도 엉망이었으며 육질도 우리나라 소와는 달랐다. 그러나 갈비는 역시 숯불로 구워야지 오븐으로 구워 익히는 것은 제맛이 나지 않았다. 교포 집에 초대를 받아 가면 곧잘 갈비찜이 나오는데 그것은 먹을 만했다.

지금도 갈비구이를 하모니카라고 할 수 있을까. 갈빗집에 가보면 종업원이 가위로 고기를 잘라 주는 곳이 많다. 가위로 잘게 자른 고기를 젓가락으로 집어 먹고 보면 하모니카와는 거리가 멀다. 고기를 잘라냈기에 앙상하게 남아 있는 뼈를 들고 갈빗대 힘살을 뜯어 먹으려고 하모니카를 부는 것은 지금도 하려면 할 수 있지만, 전에는 갈비구이라면 으레 처음부터 하모니카였다.

갈빗대 힘살 이야기가 나왔으니 말인데, 나는 젊었을 때 이것이 굉장히 맛있었다. 갈비를 타지 않게 구우면 속까지 완전히 익지를 않는다. 따라서 갈비를 한두 번쯤 불 위에 올려놓고 구워 먹고 나서 마지막으로 갈빗대 힘살을 불에 굽는다. 적당하게 구워졌을 때 그것을 뜯는 것이 맛있었고 재미도 있었다. 갈비구이를 '먹는다'고도 하지만 '뜯는다'고도 하는데 '뜯는다'는 실감이 나는 것이 마지막으로 갈빗대 힘살을 뜯을 때였다. 이도 위도 튼튼했고 식욕도 왕성했던 때의 이야기다.

이제는 숙녀들은 물론이고 신사들도 하모니카를 부는 사람은 줄고 있는 것 같다. 갈비구이는 이로 뜯는 것이 아니라 젓가락으로 집어 먹는 것으로 변해 가고 있는 것 같다. 갈비에 붙어 있는 고기가 많은 것을 자랑으로 내세우는 집도 있다. 그렇게 고기가 커서야 하모니카를 불 수는 없고 가위질을 부탁할 수밖에 없다. 처음부터 하모니카를 부는 야성적(?)인 맛을 전제로 영업하고 있는 갈비집이 서울에 그렇게 많지가 않은 것 같다.

지금도 수원 갈비는 이름이 높아 휴일이면 서울에서 차를 몰고 가는 사람들이 있지만 성명(盛名)이 전과 같지는 않게 느껴진다. 상승세에 있는 것은 해운대 갈비인 것 같다. 해운대에 갈 때마다 보면 그동안에 갈비집이 늘어나 있다. 수원도 해운대도 처음부터 하모니카를 부는 갈비가 아니라 가위질 갈비다. 가위질에도 이제는 저항감이 희박해졌지만 맛이 점점 달착지근해지고 있는 데는 불만이다.

처음부터 하모니카를 불게 갈비를 다듬었고 양념 맛이 달지도 않아 내가 애용하는 갈비집이 있다. 주인은 평안도 출신이라고 한다.

하루는 그 집에서 내가 하모니카를 불고 있으니까, "이것 빨리 썰어 줘야잖아?" 하고 소리치는 손님이 근처에 있었다. 그 손님상에도 가위가 있기는 했다. 종업원이 달려와서 그 손님의 갈비에 가위질을 했다.

"브루터스, 그대까지도!" 하는 기분이 나에게 없지 않았다. 그러나 하모니카를 계속해서 불고 있는 나를 아까부터 바라보고 있던 그 손님의 표정이 좀 느긋해진 것 같다.

'이젠 그런 꼴로 고생하지 않아도 좋게 됐어요. 가위를 불러왔어요.'라고 그 손님의 표정은 나에게 말해 주고 있는 것 같았다.

장국밥은 가고 설렁탕은 남고

호암 문일평 선생이 설렁탕을 거론한 글이 있다. 호암은 설렁탕을 예찬하면서도 위생상 주의를 할 것을 당부하였고 설렁탕을 개량할 것을 주장했다. 그렇게만 한다면 평민의 음식으로도 이처

럼 맛있고 자양분이 많은 좋은 음식이 또 어디 있겠는가 하고 설렁
탕을 추켜올리고는,

"…엄동설한에 뽀얀 설렁탕 육즙을 5전이면 넉넉히 사 먹을 수 있
으니, 이것은 양식 수프에 비하여 자양은 훨씬 앞서고 그 가격이
아주 저렴한 것이 아닌가. 조선인은 이렇게 훌륭한 평민적 요리
를 가지고도 이것을 개량, 확장하여 크게 진출할 방침을 세우지
못하는가."

하는 격려를 뜻한 개탄으로 결론을 맺었다.

설렁탕 한 그릇이 5전이었으니 호암의 지적대로 정말 쌌다. 내가
잘 다니는 설렁탕 집은 지금 5백 원을 받는다. 그동안 100대 1과 10
대 1의 두 차례 통화 개혁이 있었던 것을 쳐서 셈을 해 보니 설렁탕
값이 1천만 배로 올랐다는 이야기가 된다. 1천만 배? 무엇인가 잘
못이 없었나 하고 다시 계산을 해 보아도 틀림없이 1천만 배인 것은
기가 막혔다.

5백 원이면 미국 돈으로 약 1달러다. 설렁탕 한 그릇이 5전 하던
때의 5전은 미국 돈으로 얼마였을까. 1달러가 1원이었다고 치면 5
센트였고 2원이었다고 친다면 2.5센트였다. 달러의 구매력도 20분
의 1에서 40분의 1 정도로 떨어진 셈이지만 우리나라 돈의 경우는
그동안 구매력이 1천만분의 1 이하로 떨어졌단 말인가.

호암이 말하는 '위생상의 주의'가 구체적으로 어떤 것인지는 알
수가 없다. 옛날 식당들은 오늘의 기준으로 볼 때 대체로 불결했다.
내가 어릴 때 처음으로 가 보았던 설렁탕 집은 움집이었다. 당국의
단속 탓인지 개화 때문인지—또는 두 가지가 다 작용해서인지 이미

그때의 눈앞에 쇠머리를 늘어놓은 광경은 볼 수 없었다. 한길에서 내려 들어가는데 바닥은 땅이었고 집 안은 어두컴컴했고, 무럭무럭 김이 나는 큰 가마솥 근처에 쇠머리가 두어 개 아무렇게나 놓여 있는 것도 징그러웠고, 가마솥 가까이 가서 살펴보니 쇠머리를 통째로 삶고 있는 것이 나를 놀라게 했다.

그때 서울의 음식으로 서울식이라고 내세울 만했던 것에 무엇이 있었을까. 동대문 밖에까지 나가야 했던 형제주점의 추탕이나 아침 때 술꾼들이 즐긴 술국은 특별한 것이었다고 치고, 일반적으로는 장국밥과 설렁탕집 정도가 아니었을까.

원래 장국밥집은 설렁탕집보다 격이 높았다. 구한말 때 유명했던 장국밥집은 수표 다리 건너편과 백목(白木) 다리(신문로에서 정동으로 통하는 길옆에 있었음) 건너편에 있었는데, 수표 다리 쪽에는 재상들만 갔고 백목 다리 쪽에는 부상(富商)과 오입쟁이들이 다녔다는 것이 송사(松士) 김화진(金和鎭) 선생의 회상이었다.

내가 어렸을 때는 이미 그런 장국밥집은 없었고, 특별히 장국밥으로 유명하다는 집도 과문의 탓으로 나는 모른다. 종로 뒷골목—보신각 뒤에서 우미관(종로 남쪽에 있었음) 골목에 이르는 사이에 설렁탕집보다는 훨씬 격이 높은, 지붕도 기와집인 탕반집들이 있어 장국밥도 팔고 떡국이나 떡만두도 팔았지만, 그 집이 그 집 같아서 매우 유명했다는 집을 고를 재간은 나에게 없다.

그런 집들이 빛을 잃은 후에도 무교 탕반은 남아 있었지만, 탕반이라고 하면 서울식이라기보다는 역시 개성적인 것이 아닌가 하고 나는 생각한다. 그러나저러나 무교 탕반도 없어진 지 오래다. 장국밥이고 탕반이고 최근에는 서울에서 사 먹기가 어렵게 되었다. 그렇게 흔하던 것이 자취를 감추어 버렸다. 어쩌다가 시골의 역전 식당에서 장국밥을 파는 것을 보고는 옛 서울이 생각나서 향수 비슷한 것을 느낄 때가 있다.

설렁탕의 진미는 국물

장국밥과는 달리 원래 서민의 음식이었던 설렁탕은 서민의 사랑을 받아 왔고 지금도 꾸준하다. 설렁탕을 흔히 한자로 설농탕(雪濃湯)이라고 적지만, 실상은 선농탕(先農湯)이 와전된 말이라는 것이 송사의 주장이었다.

조선왕조 때 해마다 음력 2월 상신일(上辛日, 첫 번째 신辛자가 든 날)이면 임금이 제기동의 선농단(先農壇)에 납시어 제전을 올리고 경전(耕田) 의식을 거행한다. 그 제전에서 잡은 소로 국을 끓여 뚝배기에 밥을 말아 노농(老農)과 부로(父老, 60세 이상)들을 불러 먹였다. 김치가 없으니 파를 썰어 놓았고 간장이 없으니 소금으로 간을 맞추게 했다. 설렁탕은, 선농단에서 끓인 국 같다고 해서 선농탕이라고 하던 것이 와전된 것이며, 파와 소금으로 양념을 하는 것도 선농단에서 하던 것을 흉내 낸 것이라고 송사는 주장했다.

내가 처음으로 가 보았던 설렁탕집의 옥호가 기억에 없다. 통의동 골목에 전찻길로 빠지는 모퉁이에 있었고 전차길 쪽에서 들어가게 되어 있었다. 8·15 해방 후에도 그런 식으로 영업을 했고, 하루는 백범 김구 선생이 그 집에 들러 뭇사람들에 섞여 설렁탕을 즐겼다고 한다. 6·25 후에도 개장을 하고는 설렁탕을 한동안 팔고 있었는데 지금은 완전히 모습을 바꾸어 약국이 되어 있다.

대표적인 설렁탕집은 역시 이문식당이었다. 지금은 그 자리가 주차장이 되어 있다. 골목을 하나 달리하고 '이문 설렁탕'이 지금 영업 중인데 옛 이문식당과 무슨 연고가 있는지 없는지 모르겠다.

6·25 때까지만 해도 남대문 밖에서는 서울역 앞 동자동의 '잼배옥'이 손꼽혔다. '잼배'라는 말이 무슨 뜻인지 언제고 한번 물어봐야겠다고 벼르고 있었는데 6·25가 일어나 잿더미가 되었는지 온데간데없이 되고 말았다.

어렸을 때, 밖에서 놀다가 시장해져서 친구들을 데리고 집에 가도 집에서는 당황하지 않았다. 찬밥만 있으면 설렁탕 국물을 사와 말아 먹을 수 있기 때문이었다. 간편한 꼬마 손님 대접이었는데, 설렁탕집과는 달리 장국밥집에서 장국을 팔았을 것 같지는 않다.

호암은 설렁탕을 어떻게 개량하려고 하였을까. 호암의 글에는 설렁탕을 개량하는 구체적인 방향 제시가 없다.

나는 살코기만이 들어 있는 얼치기 설렁탕은 질색이다. 설렁탕의 생명은 국물이지만, 건더기는 연골이나 섯밑이나 또는 만하, 콩팥 따위의 내장이라야 제격이다. 설렁탕은 점잔을 빼는 음식이 아니다. 고기라면 쇠머리편육 정도가 고작이고, 결코 비싼 살코기를 주로 쓰는 음식은 아니다.

하여간 장국밥은 갔고 설렁탕은 남았다. 다만, 이제 쇠머리를 삶는 본격적인 설렁탕집이 몇 군데나 될까 하고 생각하면, 호암의 뜻과는 달리 아직도 개량되었다고 볼 수는 없다. 명목상의 값이 1천만배나 올랐다는 것은 별수 없다고 치더라도.

설렁탕 이야기가 나온 김에 설렁탕의 어원에 관한 육당 최남선의 주장을 소개해 본다. 송사(松士) 김화진(金和鎭)의 주장은 전농동의 선농단(先農壇)과 결부시킨 것이었다. 내용을 되풀이하지는 않겠으나, '선농탕(先農湯)'이라고 부르던 것이 '설렁탕'으로 변화했다는 주장이다.

육당의 주장은 멀리 고려 시대로 거슬러 올라간다. 몽고족이 중국에 세운 원나라에 고려는 복속(服屬)했다. 고려의 왕은 원나라의 황실에서 왕비를 맞는 것이 관례처럼 되었으며, 고려와 몽고 사이에 자연히 문화가 교류하게 되었다. 몽고어도 우리나라에 흘러들어 와 우리 민족의 언어생활에 영향을 끼치게 됐다.

"시방도 조선어에 고기 삶은 공탕(空湯)을 '설렁'이라고 하거니와 몽고어에 이것을 '술루'라 하고, 만주어에서는 '실레'라고 이른다."고 육당은 〈고사통〉에 적었다. 설렁탕의 '설렁'이 몽고어의 '술루'에서 나왔다고 주장하는 육당은, 그 요리 방식도 몽고의 영향을 받은 것이리라고 시사하고 있는 것 같다. 그러나 육당의 주장에는 그 이상의 보충 설명이 없는 것이 아쉽다.

돼지고기와
족편

독일의 아이스바인,
중국의 탕포자(湯包子),
프랑스의 잠봉 페르시에

    '족'이라면 '발'이라는 뜻인데 '족발'이라고 부르는 것은, '삽교(揷僑) 다리'라고 말하는 식일까. 〈국어대사전〉에는 "족에서 각 뜬 돼지의 발모가지"라고 보인다.

  족발을 먹다가 이런 일을 회상할 때가 있다. 이제 10년도 더 됐을 것 같다. 홍종인(洪鍾仁) 선생이 일본의 중진 언론인인 E씨와 I씨를 점심에 초대하여 불고기와 냉면을 대접하는 자리에 배석하게 되었다.

  E씨는 제2차 세계대전 때 베를린에서 통신사 특파원으로 근무했다. 연합군의 폭격으로 단단히 고생을 했다고 한다. 전쟁에 져서 일본으로 송환되는 배를, 유명한 지휘자인 고노에(近衛)와 함께 탔다고 한다. 일본신문협회의 간부였다.

  I씨도 전쟁 때 상해에서 통신사 특파원으로 일했다. 한국 임시정부의 요인의 아들이 상해에 남아 있어 일본 헌병대에서 시달림을 받

고 있는 것을 알고 자기가 나서서 도와주었다고 한다. 두 사람은 학교 동창이었던 것이다. I씨의 영어는 정말 훌륭했다. 그는 교도(共同) 통신사의 간부였다.

어떤 경위였는지는 잊었지만, 홍 선생이 족발 이야기를 꺼내셨다.

"허—, 이곳에선 돼지 발도 먹습니까?" I씨가 놀라워했다.

"독일에서는 잘 먹어요. 아이스바인이라고 부르는 요리인데 맛이 있어요."라고 재빨리 E씨가 말했다. 돼지 발을 먹는다는 데 대한 I씨의 놀라움이 혹시라도 주인 측에 대해 실례가 되지나 않았을까 하는 마음씨가 느껴지는 E씨의 말투였다.

아이스바인—바로 돼지 다리라는 뜻이다. 족발을 소금에 절여 두었다가 쓴다. 여기에 꼭 곁들이는 것은 '자우어크라우트'. 양배추를 소금에 절여 시큼시큼하게 발효시킨 것이다. 족발과 자우어크라우트를 함께 삶은 시큼한 요리인데 결코 싸지는 않다. 아이스바인을 썰어 머스터드(서양 거자)를 바르면 포도주나 맥주의 좋은 안주다.

E씨는 독일에서 아이스바인을 많이 먹었던 모양이지만, I씨는 중국에서 무엇을 먹거나 보거나 했던 것일까. 왜냐하면 족발은 중국에서도 즐겨 먹기 때문이다. 족발을 팔고 있는 중국 요리집이 지금 서울에도 얼마든지 있다. 한국에서 족발을 먹는다는 데 대해 그가 그렇게 놀란 까닭을 잘 알 수가 없다.

중국 사람은 음식과 보양을 결부시켜서 생각하는 경향이 있는데, 이것은 다른 민족도 정도의 차이는 있을망정 마찬가지인 것 같다. 소설 〈금병매〉에는 엄청난 식욕—엄청난 보양의 세계도 그려져 있다.

보양을 위한 여러 음식 가운데 족발도 낀다. 족발의 요리법이 까다롭고 장황하게 설명되어 있지만, 허무맹랑한 듯이 느껴지기도 해서 여기에 소개하는 것은 삼가겠다.

일본 사람은 족발을 먹지 않기에 I씨는 그렇게 놀랐다. 그러나 일본 사람이라고 전연 족발을 먹지 않는 것은 아니다. 도쿄에도 족발을 파는 식당이 몇 군데는 있다. 다만 오키나와 요리를 하는 식당이다. 그런 곳에 가면 '아와모리(泡盛)'라는, 고구마가 원료인 독한 소주를 마시면서 얼굴이 불그스레해진 아저씨들이 손에 든 족발을 물어뜯고 있는 광경을 볼 수가 있다. 오키나와에서는 족발을 잘 먹는다고 한다. 역시 오키나와는 여러모로 중국 문화의 그림자가 아직도 짙다.

우리는 족발을 쪼개 끓여서 족편을 만들어 먹기도 한다. 이것은 중국도 마찬가지인데, 중국 사람은 한 걸음 더 나아가서 이 족편을 소로 써서 작은 만두를 만든다. '탕포자(湯包子)'라고 부른다. 탕포자를 쪄서 솔잎 위에 얹어 내놓는다. 겨자를 푼 간장에 이것을 찍어 먹으면, 족편이 녹은 국물이 입 안에서 뜨겁고 향긋한 솔잎 냄새가 맛을 한층 돋운다. 만드는 방법도 간단하고 값도 싼, 매우 서민적인 음식이다.

올해는 부활주일이 4월 10일이라는데, 프랑스의 부르고뉴 지방에서 부활절에 해 먹는 '잠봉 페르시에(Jambon Persille)'라는 족편 요리가 있다고 들었다. 소금, 후추, 백포도주로 간을 하고 부케(향초 다발)를 넣은 물로 족발과 햄을 끓인다. 햄은 익는 대로 꺼내어 썰어 둔다. 족발의 젤라틴이 다 녹았다고 생각되면 불을 끄고 국물을 거른다. 거른 국물에, 썰어 둔 햄과 대량으로 파슬리를 다져 넣고 식혀서 만든 족편이 잠봉 페르시에다.

부활절과 족발이 무슨 관련이 있는지도 모르겠고, 먹어 보지 못했기에 어떤 맛인지도 모르겠다. 어디까지나 지방의 풍습이고, 파리에서는 그동안 못 먹었던—사실은 덜 먹었던—고기나 실컷 먹는 것이며, 부활절이라고 모두가 먹는 특별 요리는 없는 것 같다.

중국 사람과
돼지고기의 함수관계

　　　　부활절과 족발이 무슨 관련이 있는 것인지 고개를 기울이게 되는 까닭은, 예수는 족발을 먹은 일이 없다고 믿어지기 때문이다. 족발뿐만 아니라 돼지고기는 일체 입에 대지 않았으리라고 믿는다.

　이스라엘 사람들은 돼지고기를 먹지 않기 때문이다. 비늘이 없는 생선도 먹어서는 안 된다는 종교적 계율 때문에 새우나 게나 전복이나 오징어도 먹지 않는다.

　불행히도 이스라엘과 원수처럼 되어 있는 아랍 사람들도 같은 종교적 계율을 가지고 있다. 아랍이나 이스라엘이나 더운 지방이 많기 때문에, 부패하기 쉽고 프토마인(Ptomaine) 중독에 걸리기 쉬운 음식은 아예 먹지 못하게 하기 위해 생긴 계율인 것 같다.

　미국에서 사귄 파키스탄 친구는 철저했다. 대학 카페테리어에 들어서면 돼지고기가 들었느냐고 일일이 따지고 확인한 다음에야 음식을 접시에 담았다. 어떤 파키스탄 여학생은 핫도그를 먹은 지 두어 시간이나 지난 후인데도, 자기가 먹었던 핫도그의 소시지의 재료가 돼지고기라는 것을 알자, 갑자기 얼굴이 창백해지고 몸을 오들오들 떨더니 마침내 토하고야 말았다. 정신적인 압박이란 대단한 것이구나 하고 새삼 놀라지 않을 수 없었다.

　미국 제18대 대통령은 그랜트 장군이었다. 남북 전쟁에서 북군 사령관으로 남군을 격파하고 리 장군을 항복시켜 용맹을 떨친 장군이었지만, 대통령으로서는 업적보다 실패가 더 많았다는 비평을 받고 있다.

　그랜트 장군이 대통령을 그만두고 세계 일주의 유람 여행을 했던 일이 있다. 하루는 신문 기자를 만났다. "각하께서 구경하신 것들 가운데 가장 신기했던 것이 무엇입니까?"라고 기자가 물어보니, 장군은 서슴지 않고 "중국의 장사꾼들이 맹렬한 경쟁으로 유태인을 몰아세우던 일이었다."고 대답하고는, "(중국에 있는) 유태인이 돼지고기를 먹고 있는 것을 보고는 깜짝 놀랐네."라고 덧붙였다.

유태인의 상술에 두 손을 들었던 기독교도의 눈에, 그 유태인을 누르는 중국 상인들은 무슨 괴물처럼 비쳤는지 모를 일이다. 더구나 중국에서는 유태인이 돼지고기를 먹고 있으니, 그랜트 장군은 두 눈을 비비고 또 비볐던 모양이다. 그리고는 중국을, 마치 무슨 마술이라도 부리는 나라인 듯이 깊은 인상을 받고 미국에 돌아왔던 것 같다.

그러나저러나 유태인이 돼지고기를 먹다니! 아마도 예외에 속하는, 국부적인 일이 아니었을까. 중국 사람의 동화력이 그렇게도 강하다고 해석하는 것은 이 경우에는 합당하지 않을 것 같다. 중국의 돼지고기 요리가 하도 맛이 있어서 몇몇 유태인들이 종교적인 계율을 잊을 정도였다고 해석하는 것이 무난할 듯하다.

중국 사람은 고기라면 으레 돼지고기다. 우리가 그저 '불고기'니 '고깃국'이니 할 때는 쇠고기를 뜻하는 것처럼 중국에서 '우육(牛肉)'이니 '양육(羊肉)'이니 하는 주석이 없어 그저 '육'이라고만 하는 것은 돼지고기다. '주지육림'이라고 할 때의 '육'도 돼지고기고 '탕수육'이라고 할 때의 '육'도 돼지고기다.

중국 사람은 돼지고기를 잘 다룰 줄 안다. 돼지는 80근에서 1백근 사이의 것이 맛이 가장 좋다고 하고, 신선할수록 좋기에 갓 잡은 것을 요리하도록 해야 한다나. 잡은 지 네 시간만 지나면 맛이 뚝 떨어진다고 중국 식도락가는 수선을 떤다.

종교적인 계율 이야기로 다시 돌아간다면 나에겐 이런 경험이 있다. 프랑스에 가려고 로마에서 여객기를 타니까, 내 옆 좌석에 레바논 사람이 앉아 있었다. 직업은 대학교수고, 종교는 이슬람교라고 했다. 이 사람이 비행기 안에서 술을 마시는 것부터가 수상쩍었다. 이슬람교도는 술을 마셔서는 안 되는 것이다. 식사 시간이 되어 이 사람이 햄을 맛있게 먹게 되자, 내 호기심은 그 이상을 참을 수가 없었다. 술이나 돼지고기가 계율에 걸리지는 않느냐고 점잖게 물어보았다.

"지상에서는 계율에 걸려서 안 됩니다, 그러나 여기는 하늘이니까요."라고 그도 점잖게 대답하는 데는, 나는 어안이 벙벙해서 더 말을 잇지 못했다.

'돼지고기 협의회'와 돼지

'돼지고기 협의회'라는 것이 발족했다. 값비싼 쇠고기를 수입까지 해서 먹을 것이 아니라, 쇠고기의 반값이지만 영양이나 열량이 쇠고기에 조금도 뒤지지 않는 돼지고기를 효율적으로 이용할 것을 추진하려는 단체라고 한다. 그 취지에 대찬성이다.

중국 사람들은 한약을 먹으면서도 돼지고기를 먹는데 우리나라 사람들은 한약 효과가 나지 않는다고 절대 금하고 있는 건 생각해 볼 문제라는, 협의회 발기인의 말이 신문에 보도되었다. 평소에 나도 이해할 수가 없던 문제였다.

한국인과 중국인이 그렇게 체질이 다르다는 것이 사실이겠는가. 매우 큰 의문을 느낀다. 어린아이에게 돼지고기는 해롭다고 배웠지만, 그 이유에 대해서는 아무런 시원스러운 설명을 듣지 못했다. 어린이에게 쇠고기는 괜찮고 돼지고기는 해롭다는 것은 그대로 납득하기가 어렵다.

우리가 중국 사람처럼 돼지고기를 잘 다룰 줄을 몰랐던 데서 나온 학설(?)이 아닐까 하는 생각이 든다. 이슬람교나 유태교의 종교적 계율처럼 그것은 예방의 의미는 지니지만 과학적인 것이라고 볼 수는 없고, 돼지고기를 먹더라도 위생 관념과 요리 방법으로 능히 탈을 예방할 수 있다고 생각한다.

첫째는, 돼지고기는 절대로 날로 먹어서는 안 된다. 쇠고기는 육회를 쳐서 먹기도 하지만 돼지고기만은 절대로 안 된다. 쇠고기도 날로 먹다가 기생충에 감염되는 수가 있으나, 돼지고기의 경우는 훨씬 더 무섭고 고약한 기생충에 감염되기 쉽다. 어느 시골에서 동네 사람들이 밀도살한 돼지의 내장을 날로 먹는 것을 보고 나는 소름이 끼쳤다. 아무리 내가 말렸어도 그들은 약으로 먹는 것이라고 말하면서 막무가내였다.

둘째로, 조금이라도 상한 돼지고기는 절대로 먹지 말아야 한다. 특히 여름에는 조심을 해야 한다. 프토마인(Ptomaine) 중독에 걸릴 위험이 있는 것이다.

셋째로, 이것은 소비자가 할 일은 아니지만, 사육 단계에서 판매 과정에 이르기까지 위생 관리에 철저를 기해야 한다. 위생적으로 신용이 되는 돼지를 시장에 내놓아야만 소비자가 안심할 수가 있고, 수출에도 지장이 없다.

다음은 요리 방법의 문제인데, 이것은 중국 요리에서 배울 점이 많다. 하기야 기름기를 더 좋아하는 사람도 있지만, 일반적으로는 기름기를 제거하거나 중화해서 느끼하지 않게 하는 것이 맛도 좋고 몸에도 좋은 것이 아닐까.

- 시간의 이용 - 오랜 시간을 삶고 찌는 '동파육(東坡肉)'.
- 산미(酸味)의 이용 - 시큼한 김치찌개, '아이스바인', '탕수육' 같은 경우. 어린 돼지의 족발을 식초에 담가 저장했다가 요리하는 것이 서양에 있다.
- 매운맛의 이용 - 고추장을 발라 굽는다든가, 고추장찌개에 넣는다든가 하는 것. 사천요리에 참고삼을 점이 많다.
- 쌘 불의 이용 - 쌘 불로 직접 찌는, 필리핀의 '레촌(Lechon)' 같은 것. 광동 요리처럼 약한 불로 찔 때는 미리 담가 두는 양념 간장에 신경을 쓴다.
- 기름기 적은 고기의 이용 - 일본 사람이 발명한 '돈가스'.
- 술을 이용 - 김빠진 맥주가 있으면, 그것으로 돼지고기를 한 점 한 점씩 삶아서 겨자를 푼 간장에 찍어 먹는다.
- 돼지고기를 갈아서 이용하는 방법

이 밖에도 여러 방법이 있는 것이고, 또 연구를 해서 앞으로 많은 방법이 개발될 수 있을 것이다. 식초, 겨자, 고추장, 마늘 같은 조미료를 진하게 이용하는 것이 우리 입에는 맞을는지 모른다.

쇠고기보다 훨씬 값싸기에 주부들의 가계부 부담도 덜어 주고 한편 돼지 값을 조금이라도 회복시켜 준다면 돼지를 기르는 농가에도 도움이 되는 것이다.

미국·중국·일본의 돼지갈비 요리

요즘 서울의 뒷골목에는 '돼지갈비'라고 써 놓은 간판이 늘고 있다. 쇠갈비와 비교하면 값은 싼데다가 영양에 있어서도 뒤질 것이 없다. 돼지갈비의 주가가 오르는 것은 그만한 이유가 있기 때문인 것이다.

"전엔 돼지갈비는 별로 안 먹었지 않아?" 하고 내 친구가 돼지갈비 간판을 보면서 말했다. 갈비란 으레 쇠갈비였던 것이 아니었느냐 하는 말투였다. 직업에도 귀천이 없으며 음식에도 귀천이 없다. 쇠갈비는 고귀하고 돼지갈비는 비천하다는 이론은 성립되지 않는다.

전에는 사람들이 돼지갈비를 별로 안 먹었다고 말하지만 먹는 사람은 먹었을 것이다. 전에는 돼지갈비를 먹지 않고 버렸단 말인가. 돼지고기 보다는 쇠고기에 대한 선호 성향이 강한 우리나라에서, 전에는 쇠갈비가 지금처럼 이렇게 비싸지는 않았기 때문에 서울에서는 돼지갈비가 별로 나돌지를 않았을 뿐이다. 시골에서 장날의 장터 근처에서는 전에도 돼지갈비가 곧잘 상미(賞味)됐을 것이다.

나는 돼지갈비를 제법 먹었다. 20대 때의 일이었는데, 연락 장교로 미군 부대에 파견되어 근무했던 경험이 있다. 그때 식당에서 툭하면 나오는 포크 찹(Pork Chop)이라는 것이 돼지갈비를 구운 것이었다. 미국식이라서 우리나라처럼 잘게 썰어서 양념을 바른 것이 아니라 큼직한 돼지갈비 덩어리를 양념도 하지 않고 그냥 구운 것이었다. 철판 위에서 버터로 구웠기에 흰 살이 브라운 색으로 변할까 말까 하며 무럭무럭 김을 내고 있는 포크 찹은 냄새가 고소했다.

냄새가 고소한 것은 좋으나 이 포크 찹은 젊었던 나에게도 너무 컸다. 지방분이 많아서 소금과 후추만을 가지고서는 나는 당해낼 수가 없었기에 듬뿍 머스터드(서양 겨자)를 바르기가 일쑤였다. 나와 친했던 미군 장교 가운데는 내가 포크 찹에 온통 노랗게 머스터드를 발라 먹는 것을 놀려대는 사람도 있었다. 포크 찹을 먹는 것이냐, 머스터드를 먹는 것이냐―어느 쪽이냐 하는 것이었다.

그렇게 기를 써도 그 큰 덩어리의 포크 찹을 뼈만 남기고 모두 발라 먹는다는 것은 나에게 힘겨웠다. 포크 찹을 먹고 나면 커피를 평소의 곱은 마셔야 했다. 이렇게 쓰면 포크 찹은 맛대가리 없는 요리구나 하고 오해를 일으킬는지 모르겠다. 맛이 없는 것은 아니다. 굽는 데 기술이 필요하겠지만 잘 구운 포크 찹은 맛있다. 다만 미군 부대에서 내가 때때로 먹던 포크 찹은 덩어리가 너무 커서 나에게는 징건했다는 것뿐이다.

우리와는 달리 쇠고기보다는 돼지고기에 대한 선호 성향이 높은 중국 사람들은 돼지갈비도 잘 다룰 줄 안다. 중국말로 돼지갈비는 '배골(排骨)'이라고 하는 것 같다. '배골'이라는 글자가 들어 있는 요리는 돼지갈비 요리다.

'당작(糖醋) 배골'이라는 요리가 있다. '탕수육'이라고, 중국 식당에 가면 고기 튀김에 달고 시큼한 양념 국물을 얹은 요리가 있지 않은가. 알기 쉽게 말하면, 당작 배골은 돼지갈비를 탕수육 식으로 요리한 것이다. 먹기 알맞게 잘게 돼지갈비를 썰어 놓았기에 내가 미군 부대 식당에서 포크 찹 접시를 앞에 놓고 쩔쩔매던 것 같은 고역은 치르지 않아도 된다. 먹기 편하다. 탕수육을 좋아하는 사람이면 아마도 예외 없이 당작 배골을 좋아할 수 있을 것이다.

'백외(白煨) 배골'이라는 돼지갈비 요리도 있다. 이것은 돼지갈비의 흰색을 살리는 것을 특징으로 하는 요리인 것 같다. 따라서 굽거나 지지거나 튀기거나 하지를 않고 찜통으로 쪄서 기름기를 뺀 다음에 삶는 것 같다. 보기에 희고, 돼지갈비라지만 별로 기름기가 느껴지지 않는다. 오히려 담백한 요리다. 계절적으로는 여름에 맞는 요리라고 들었다.

일본 사람들은 돼지갈비를 잘 안 먹지만 돼지갈비 요리가 전연 없는 것은 아니다. 일본에서도 남쪽 섬인 규슈(九州)에서도 가장 남쪽 끝에 가고시마(鹿兒島)라는 곳이 있는데 가고시마 요리인 '돈꼬쓰'라는 것이 돼지갈비 요리라고 한다. 돈꼬쓰라는 말은 '돈골(豚骨)'의 일본식 발음일 것이다.

돈꼬쓰라는 것은 국이다. 찌개라고 보는 것이 더 나을는지 모른다. 또는 왜된장을 푼 오뎅이라고나 할까. 돼지갈비를 썰어 기름에 지졌다가 삶은 것이다. 오래도록 삶았기에 고기는 흐물흐물하게 연하고, 왜된장을 진하게 풀었는데도 짜지 않은 까닭은 소주와 흑설탕을 탔기 때문이라고 한다. 여기에 오뎅처럼 두부, 곤냐꾸, 토란, 우엉, 죽순, 표고버섯, 삶은 달걀 등등을 넣어 먹는 것이다.

동경에서 가고시마 요리를 한다는 식당에 갔더니 이 돈꼬쓰가 있었기에 시켜 보았다. 그냥 돼지고기가 들어 있을 뿐이었고 돼지갈비가 아니었다. 돼지갈비는 구하기가 어렵다는 변명이었다.

동파육(東坡肉)과 레촌

동파육의 동파는 '적벽지부(赤壁之賦)'로 유명한 시인 소동파(蘇東坡)의 동파다. 소동파가 발명했다느니, 또는 소동파가 매우 즐겼다느니, 하는 데서 동파 이름을 붙인 돼지고기 요리다.

동파육을 만드는 방법도 주방장에서 따라 반드시 같지는 않은 것 같다. 그런대로 예를 하나 들면, 기름이 적은 돼지고기를 덩어리 채로 우선 튀기고 삶는다. 몇 시간을 약한 불에 삶는다. 그리고 썰어서 그릇에 담고 표고버섯이나 죽순이나 그 밖의 자기 구미에 맞는 야채를 데치고는 엎어 찜통에 넣어 찐다. 반나절을 찌는 마음의 태도를 가져야 한다. 다른 요리 때문에 불이 필요하면 동파육 찜통은 내려 놓는다. 그리고 불이 비면 또 찜통을 올려놓으면 되는 것이다. 기름이 너무 떠오르면 그것은 건져낸다. (건져낸 이 기름을 식혀서 중국 가정에서는 라드(Lard)로 달리 이용한다).

이렇게 만든 동파육은 이것이 돼지고기냐고 의심이 날 정도로 부드럽고 맛있다. 중국 대중 가운데는 소동파가 누구이며 그의 대표적인 시가 무엇이냐 하면 고개를 흔드는 사람이 대부분이겠지만 '동파육' 하면 두 눈을 빛내면서 침을 꿀꺽 삼키는 사람 또한 대부분일게다.

레촌(Lechon)은 필리핀의 대표적인 돼지고기 요리다. 원래 석실(石室)을 만들어 그것을 데워 그 속에서 돼지고기를 쪘다. 지금은 우리나라 통닭구이집처럼 금속으로 된 전기 오븐 속에서 찐다고 할까, 굽는다고 할까―로스트 하는 것이 보통이다. 별로 돼지고기 같은 기름기가 느껴지지 않는 맛있는 요리.

나는 필리핀의 어느 신문사 사장 집에서 이것을 처음 보았고 먹었다. 보았다고 강조하는 것은 그 집에서는 마당에 일부러 석실을 만들어 놓고 있었으며, 그 속에서 돼지고기 덩어리를 천천히 굴리고 있었다. 레촌뿐이 아니라 그 집의 호사(豪奢)에 관해 회상하면 나는 지금도 머리가 어지럽다.

다만 레촌을 찍어 먹는 젤리 같은 것은 야자, 열매즙을 이용한 것이 아닌가 하고 자신 없게 상상하는데 나에게는 너무 달착지근하다. 마닐라 거리에서 곧잘 레촌을 샀지만 내 방에 들고 가서 찍어 먹는 것은 으레 초간장이었다.

족편,
본래는 쇠다리와 꿩고기로 만든다

　　　　　돼지 다리는 밤 냄새가 난다고 쓴 이가 누구였던가 생각
해 본다. 알퐁스 도데(Alphones Daudet)가 아니었을까. 프랑스에서도
도데의 고향인 프로방스의 돼지 다리가 특별한 것인지, 또는 밤이
특별한 것인지 나는 알지 못한다. 다만 돼지 다리에서 밤 냄새를 맡
은 문학자의 후각은 역시 누구나 함부로 지니는 감각이 아니구나 하
고 느낄 뿐이다.

　왜냐하면 나는 돼지 다리에서 밤 냄새는커녕 대추 냄새도 맡지 못
한다. 돼지 다리에서 밤 냄새를 맡고, 쇠다리에서는 대추 냄새를 맡
고, 닭 다리에서는 호두 냄새를 맡는 그런 후각을 지닌 사람이 있다고
하면, 나는 경의는 표하되 별로 부러워하지는 않을 것 같다. 감각이
너무 남달리 특별하다는 것도 반드시 좋기만 한 것은 아닐 것이다.

　족편 이야기를 쓰려다가 돼지 다리 냄새로 시작을 하게 된 까닭
은, 요즘에는 어디서 족편을 먹거나 재료는 으레 족발이기 때문이
다. 이제는 우족(牛足)이 엄청나게 비싸서인지 쇠다리로 족편을 만
드는 집이 거의 없는 것 같다. 족발(돼지 발)도 결코 값이 싼 것도 아
닌 탓인지, 잔칫상에서 족편을 보는 일 자체가 드물어졌다. 그런 재
래식 음식 대신에 햄이니 소시지니 샐러드에 무슨 프라이 같은 것이
판을 치게 되었다. 그렇다! 이것은 파티다. 이미 잔치가 아니라 모
임의 이름부터 달라지고 있는 것이다.

　그래서 그런지 주안상에 족편이 놓여 있는 것을 볼 때는 반갑다.
오랫동안 못 만났던 옛 친구를 다시 만난 기분이라고 하면 좀 과장
일까. 다만 재료는 족발이다. 족발에서 밤 냄새도 대추 냄새도 맡을

줄 모르지만 그 정도는 알 수가 있다. 족발로 만들었다고 해서 맛이 떨어지는 것은 아니다. 우족으로 만든 것과 족발로 만든 것이 각각 맛이 다를 뿐이며 우열을 가릴 수는 없겠다. 족발로 만든 족편이 맛이 진해서 더 낫다는 사람들도 있다.

오래된 일이지만 내가 집에 손님을 초대했을 적에 손님들은 달리 먹을 만한 변변한 음식이 없었던 탓인지는 몰라도, 다른 것들은 거들떠보지도 않고 족발로 만든 족편에만 인기가 집중해서 나는 몹시 당황했다. 그럴 줄 몰랐기에 족편을 넉넉하게 준비하지를 않았기 때문이었다.

본래 족편은 우족을 고아서 만드는 것이지만 양념을 제외한 기본적인 재료가 우족에 국한되는 것은 아니다. 족편이 굳는 데 필요한 젤라틴을 얻으려면 우족을 삶아야 하기에 그것은 빠질 수가 없는 기본적인 재료다. 그러니 그것 말고도 다른 재료를 곧잘 섞는다. 전에는 꿩고기를 우족과 함께 삶은 족편이 전형적이었지만, 꿩을 구하기가 어렵게 된 것도 우족 값이 엄청나게 비싸진 것과 아울러 사람들이 족편을 잘 안 만드는 이유인 것 같다.

족편이라는 이름은 '족병(足餠)'이라는 한자어에서 나왔다. 반듯반듯하게 썰어 내온 것에서 사람들은 떡을 연상했던 모양이다. 우리는 송병(松餠)도 '송편'이라고 부르지 않는가. '편'이라는 것은 떡을 뜻하는 '병'을 점잖게 부르는 말이다. 왜 '병'이라는 발음을 꺼리고 피하느냐 하는 것은 굳이 설명할 필요가 없을 것이다.

젤라틴이 굳으려면 온도가 내려야 하기 때문에 족편은 겨울에 만들기가 쉬운 음식이다. 그러나 나는 족편에서 받는 촉감을 여름에 즐기고 싶다. 차갑게 식혀 놓은 족편의 젤라틴 성분의 촉감은 여름에 시원스러울 것 같다. 전기냉장고가 보급되어 있는 요즘에는 젤라틴을 굳히는 것은 조금도 문제가 없다. 문제가 있다면 우족이 너무 비싸다는 것과 꿩을 구하기가 어렵다는 것이다.

우족으로 만든 족편은 족발로 만든 것보다는 맛이 담백한 것이 특징이다. 좀 단조롭다면 단조로운 맛을 꿩고기가 보충해 주어야 제격인데, 다시는 그런 것도 맛볼 수가 없게 되었나 하고 생각하면 서운하다. 그런 족편은 음식으로서 일단 완제품이지만, 그것을 잘게 썰어 다시 다른 재료들과 함께 무친 나물 같은 요리도 있었다. 그것도 요즘에는 볼 수가 없다.

꿩고기도 넣어서 본격적으로 만든 족편은 우리나라가 자랑할 수 있는 전통 요리의 하나라고 나는 믿는다.

세계의 젤라틴 요리들

여기서, 외국의 족편 요리 두 가지에 관해 알아보기로 하자. 하나는 프랑스의 '잠봉 페르시에'이다. 부르고뉴 지방의 부활절 요리인데 족발과 햄을 함께 삶는다. 햄은 익으면 꺼내 둔다. 향료를 넣어 삶는 족발에서 젤라틴이 거의 다 녹아 나왔다고 판단될 무렵에 국물을 걸러서 그릇에 담고, 여기에 햄을 잘게 썰어 넣고 파슬리도 다량으로 다져 넣어서 식혀 굳히는 것이다. 굳으면 그릇을 거꾸로 해서 족편을 꺼내고는 썰어 먹는다. 프랑스 요리답게 갖가지 향료를 많이 쓰기에 밤 냄새는 어림도 없다.

또 하나는 중국의 '탕포자(湯包子)'. 우리나라 만두를 생각하면 알기가 쉬운데 족발로 만든 족편을 소로 써서 만두피로 싼다. 이때 한 군데도 새는 일이 없도록 꼭꼭 싸는 것이 요령이다. 이것을 솔잎을 깔아 놓은 위에 나란히 놓고 찜통으로 찌는 것이다. 만두 속에서 족편이 녹아 수프가 된다. 만두를 씹으면 입 안에 뜨거운 수프가 흐른다. 말하자면 수프 만두다. 이것도 솔잎 냄새가 향긋하지만 결코 밤 냄새가 나지는 않는다.

어디 이것뿐이겠는가. 소나 돼지를 오래도록 다루어 온 육식 민족 사이에는 족편과 비슷한 요리가 얼마든지 있는 것이다. 우족이나 족발뿐만 아니라 꼬리나 가죽도 푹 삶은 후에 굳혀서 먹는다. 그러나 워낙 세상이 바빠지고 보니, 시간이 많이 걸리는 요리는 사람들이 엄두를 내지 못하게 된다. 그래서인지 소나 돼지를 삶아서 젤라틴을 구하는 과정을 생략하고, 아예 처음부터 젤리를 이용해서 여러 재료들을 싸 먹는 것이 더 인기가 있는 것 같다.

젤리를 이용한 요리는 보기에도 아름다워 처음에는 나도 도리어 구미가 당기지 않았다. 어린이들이나 좋아할 장난감 같은 요리인 줄로 오해를 했던 것이다. 그러나 알고 보니 젤리는 요리에서 폭넓게 이용되어 있다. 젤리를 이용한 고급 요리도 많다.

족편 이야기를 하다가 왜 갑자기 젤리 이야기냐고 하면, 족편과 젤리는 원리에 있어서는 같기 때문이다. 다 같이 젤라틴을 이용하는 점에서 조금도 다르지 않다. 젤리는 말하자면 식용 젤라틴이다.

젤리의 원료도 동물성과 식물성이 있고, 식물성의 경우는 과일로 잼을 만들 때처럼 과일 안의 펙틴을 이용하는 것이지만, 역시 응고력이 강한 것은 식물성보다 동물성이기에 동물성이 주성분(主成分)을 이룬다. 동물성이라는 것은 구체적으로 동물의 다리나 연골이나 심줄이나 가죽 등을 말하며, 그것들을 삶아서 얻은 젤라틴을 정제하는 것이다. 송아지의 족에서 나오는 젤라틴이 으뜸이라고 치는데, 송아지의 다리를 삶아 만든 족편은 우리나라 족편과는 달리 뼈를 추려내지는 않았어도 그 자체가 하나의 고급 요리다.

동물성 젤라틴에 관해 덧붙일 것은 생선에 따라서는 제법 젤라틴이 풍부한 것들이 있다는 것이다. 겨울 저녁에 먹다 남긴 생선찌개 냄비를 다음 날 아침에 뚜껑을 열어 보니 국물이 굳어 있는 것을 본 경험을 가지고 있다. 이는 생선의 살이 지니고 있는 젤라틴 때문이다. 외국에는 처음부터 생선의 젤라틴을 굳힐 것을 목표로 해서 생선을 삶는 요리가 있다. 좋은 백포도주를 넣어 생선을 삶는데, 경우에 따라서는 상당량의 젤리도 이용한다.

일본은 육식의 역사가 오래지 않아 우족이나 족발로 족편을 만드는 따위의 요리는 발달하지 않았으나, 생선 요리에 있어서는 세계에서 일류에 속할 만한 나라인 까닭에 생선의 젤라틴을 굳히는 요리가 있다. 그런 요리를 일본어로는 '니코고리'라고 한다. 삶아서 얼렸다는 것이 어원인데, 사실은 얼었다기보다도 젤라틴이 굳은 것이다. 상어, 광어, 가자미, 아귀 등이 많이 이용된다. 일본식 '니코고리'에서 내가 좋아하는 것은 복이다. 복을 삶을 때 일본에서는 '미린(味琳)'이라는 조미료를 넣는다지만 우리나라에서 할 때는 일본식 청주를 부어 넣으니까 괜찮은 것 같았다.

그런데 백포도주를 넣어 삶아 만든 생선의 젤리풍 요리에는 백포도주가 어울리고, 일본식 청주를 넣어서 만든 니코고리에는 일본식 청주가 어울리니 묘한 일이다. 어떤 술이 재료로 낀 음식에는 바로 그 술이 맞는 모양이다.

쇠 혀와
꼬리곰탕

쇠 혀(우설, 牛舌)를 즐겨 온
아시아 최초의 민족

아시아에서 쇠 혀를 가장 즐겨 온 민족은 아마도 우리 겨레가 아니었겠는가 하는 생각이 든다.

네 발이 달린 것이라면 안 먹는 것이 없다는 중국 사람이 이제는 10억 명이나 된다. 그리고 중국은 세계에서 손꼽히는 넓은 나라다. 따라서 중국 요리에 쇠 혀 요리가 없다고 단언한다는 것은 모험이라기보다는 망발이라고 여긴다. 다만 나 자신은 중국 요리로서 쇠 혀를 먹어 본 적도 없고 들어 본 적도 없다. 소보다는 돼지를 훨씬 더 좋아하는 중국 사람이고 보면, 돼지 혀를 재료로 쓰는 요리도 반드시 있으리라고 믿어지기는 하나, 그것도 나는 먹어 본 적이 없다. 하여간 중국 사람보다 우리 겨레가 더 쇠 혀를 즐겨 먹고 있는 것만은 틀림이 없다.

아시아에서 중국 다음으로 인구가 많은 나라는 인도이고, 이제 7억 명을 넘는 것으로 알려져 있지만, 인도 사람의 대부분은 힌두교도이기 때문에 우유는 식용으로 이용하나 쇠고기는 아예 먹지를 않는다. 내 한 친구는 힌두교도이면서도 쇠고기를 곧잘 먹는데 어디까지나 예외는 예외인 까닭에 인도 사람은 쇠고기를 먹지 않는다고 얘기하는 것은 조금도 망발이 아니다. 하물며 쇠 혀야 인도 사람과는 거리가 먼 것이다.

파키스탄이나 방글라데시나 말레이시아나 인도네시아 같은 나라들은 인구의 대부분이 이슬람교도들인데 소보다는 양(羊)고기를 즐겨 먹고, 따라서 양 혀는 몰라도 쇠 혀를 즐긴다는 이야기는 듣지 못했다. 일본도 최근에는 많이 서구화되어 사정이 달라졌지만, 사람들이 쇠고기를 먹게 된 역사는 겨우 1백 년 정도밖에 되지 않는다. 그전의 일본 사람은 생선은 즐겨 먹어 생선에는 밝았으나 네발 달린 짐승은 입에 대지 않는 것이 식생활의 계율이었다.

이렇게 살펴보니, 아시아에서는 아무래도 우리 겨레가 가장 쇠 혀를 즐겨 온 민족으로 꼽힐 것 같다. 쇠 혀 뿐만 아니라 소에 관해서는 아시아에서 먹을 줄을 가장 잘 알고 있던 민족인 것 같다.

쇠 혀 밑에 붙어 있는 고기를 '섯밑'이라고 부르며, 이것도 삶아서 편육을 만들면 맛있다는 것을 우리 겨레는 발견하여 애용했다. 섯밑이라는 말이 어느새 알기 쉽게 '혓밑'이라고 변했는데, 말이 변하게 되니까 어느새 말의 내용 또한 변하고 있는 것 같다. 변했다기보다는 혼선이 일어나고 있는 것 같다고 적는 것이 정확할까.

'혓밑'이 메뉴에 보이는 식당에서 그것을 시켜 보면 대개의 경우가 쇠 혀를 가져다준다. 그래서 '혓밑'을 쇠 혀로 잘못 알게 된 어떤 친구는, 왜 '혓밑'을 시켰는데 얼토당토않게 편육을 가져왔느냐고 정말 얼토당토않은 항의를 했던 일이 있었다.

아시아에서는 우리 겨레가 쇠 혀를 가장 즐겨 온 민족이기는 하겠

미식가의 수첩

지만, 우리가 삶아 썰어 먹는 쇠 혀는 담백하고 연한 것이 특징이기는 해도 뭔가 좀 미흡한 듯한 아쉬움도 느끼게 하는 음식이 아닐까. 노인들에게는 좋겠지만 말이다. 그런 것이 쇠 혀의 쇠 혀다운 맛이 아니냐 하면 그만일는지 모르겠지만.

쇠 혀 소시지와
돼지 혀 소시지

유럽 사람들은 역시 육식 민족답게 쇠 혀를 다루고 있다. 소시지에 쇠 혀를 넣는다. 쇠 혀와 조미료만으로 만든 소시지도 있는지도 모르겠으나, 내가 먹어 본 쇠 혀 소시지는 모두 다른 고기들이 보조 재료로 섞여 있었다. 쇠 혀에 햄과 닭고기를 섞어 넣은 소시지도 있었고, 돼지고기를 섞어 넣은 '텅 소시지(Tongue Sausage)'라는 것도 있었다. 텅 소시지라는 것의 텅은 소금에 절인 쇠 혀 2에, 역시 소금에 절인 돼지 혀 8의 비율이라고 듣고 보면 이미 쇠 혀 소시지가 아니라 돼지 혀 소시지라고 하는 것이 공정하겠다.

하여간 쇠 혀거나 돼지 혀거나 혀만으로는 너무 싱거워서 다른 고기들을 섞어 소시지를 만드는 것으로 짐작되었다. 그리고 이렇게 혀를 재료로 한 소시지 중에는 내가 먹어 본 것은 모두 삶기만 했으며 스모크(燻製)한 것이 아니었다. 스모크하면 혀의 풍미가 손상되는 것일까. 혀를 사용하면서 스모크한 소시지도 있을지 모르니까 자신 있는 판단은 내리지 못하겠다.

소시지도 소시지지만 뭐니 뭐니 해도 유럽 사람이 쇠 혀를 즐기는 가장, 흔한 요리는 텅스튜다. 흔하다고 쓴 것은 이것이 대중적인 가정 요리라는 뜻인데, 유럽에서나 대중적이지 식생활의 구조가 유럽과는 다른 우리나라에서는 이것이 대중적인 가정 요리가 되기는 어렵겠다.

텅스튜를 맛있게 만들려면 붉은 포도주를 써야 한다고 한다. 유럽 사람들에게는 얼마든지 대중적인 포도주가 있겠지만 우리는 좀 사정이 다르다. 포도주가 있다면 감지덕지 마시는 것이지, 아까워서 어떻게 포도주를 요리에 쓸 수 있을까.

또한 텅스튜에 사용하는 향초, 향료 따위도 그들에게는 손쉽게 입수할 수 있는 흔해 빠진 것일지라도 이곳에서는 구하기가 어렵고, 설사 파는 것이 있다고 하더라도 수입품 또는 암거래품인 비싼 고급 향미료인 것이다.

또 프랑스 말로 '루우(Roux)'라고 부르는, 밀가루 볶은 것을 준비해야 한다. 루우는 밀가루를 버터로 볶은 것인데 서양 요리에서는 마치 기본 재료인 듯이 되어 있다고 해도 과언이 아니다. 웬만한 요리에는 흔히 루우가 사용된다. 약한 불로 천천히 시간을 들여 볶아서 짙은 다색으로 바삭바삭해지게 만드는 것인데, 해 버릇한 사람에게는 쉬워도 익숙하지 못한 사람은 밀가루를 태우게 마련이다.

유럽의 가정주부에게는 만들기가 쉽고 많이 만들어서 저장해서 쓰기도 하지만, 우리나라 가정주부에게는 식생활의 전통적인 구조의 차이 때문에 만들기가 갑갑하고 짜증스러운 것일지도 모르겠다.

텅스튜가 우리나라에서 대중적인 가정 요리가 될 수 없는 이유는 한두 가지가 아닌 것이다.

무교동의
'하프 앤드 하프 스튜'

지금 나는 그 식당의 이름을 기억하지 못하고 있다. 이미 없어진 지 오래이기에 식당 이름을 밝힌다고 해도 괜찮을 것 같은데 생각해낼 수가 없다.

하기야 10여 년 전인 오래된 일이기는 하다. 그 식당은 월급쟁이가 날마다 갈 수 있을 정도의 싸구려 식당은 아니었지만, 그렇다고 결코 비싼 고급 레스토랑은 아니었다. 무교동 골목에 있던 그 식당은 한마디로 말하면 경양식점이고 한편에서는 통닭구이도 하고 있었지만, 메뉴는 다양했고 요리도 좋았으며, 값도 비싼 편이 아닌 데다가 손님들도 점잖았다. 음악도 없는 조용한 분위기는 단골들에게는 가정적이라고 할 만큼 다정스러운 점이 있었고, 내부 시설은 조금도 호화스럽지 않으면서도 만사가 깔끔하고 단정해서 은근한 품위가 있는 식당이었다.

그 집은 스튜가 좋았다. 그 집에는 러시안 수프도 있었는데, 지금 서울에 경양식점은 많아도 스튜나 러시안 수프를 하는 경양식점이 없는 것이 불만스러울 때마다 나는 그 무교동 식당이 그리워진다.

비프스튜도 텅스튜도 모두 좋았다. 설마 포도주를 쓰지는 않았을 것이며 사용하는 향미료도 제한되어 있었겠지만, 루우는 제대로 만들어서 요리한 스튜였다. 그 식당의 스튜에서 성의를 느낄 수가 있었던 것은 루우도 제대로였을 뿐만 아니라 충분한 시간을 들인 스튜라는 것을 입 안에서 확인할 수 있기 때문이었다. 어떤 의미에서는 스튜는 시간의 요리인 것이다.

비프스튜에는 물론 나름대로의 맛이 있지만 텅스튜에는 쇠 혀가 지닌 균질(均質)의 맛이 있어서 어느 쪽을 시킬 것인가가 처음에는 나의 즐거운 고민이었다. 날마다가 아니라 어쩌다가 동료와 어울려 가는 식당인데, 양자택일을 해야 한다는 것은 아닌 게 아니라 상당한 고민이었다. 그러나 이 고민은 얼마 가지 않아 해결되었다.

그 식당에서 비프스튜를 반, 텅스튜를 반으로 한 접시를 만들어 주는 것을 쾌히 승낙했기 때문이었다. 나와 동료는 그것을 '하프 앤 드 하프 스튜'라고 이름 지어 이것을 안주로 하여 청주(정종) 잔을 기울이는 저녁이 늘게 되었다. 어쩌다가 위스키라도 생기면 식당에 맡겨 놓고 다시 가서 병을 비웠다.

그런데 그 식당 이름이 나도 동료도 아물아물하면서 분명하지가 않다. 한·일 국교가 정상화된 직후에는 일본 대사관의 마에다(前田) 참사관이 직원들을 데리고 자주 점심을 먹으러 온 식당이었다. 혹시 마에다 씨는 기억하고 있을지도 모르겠지만, 이제 한 나라의 대사가 된 분에게 부질없이 식당 이름을 물어볼 수도 없다.

텅스튜(Langue de Boeuf Braisée)
프랑스식 우설(牛舌)찜

쇠 혀(200g)의 성분을 조사해 보면 칼로리가 221, 수분이 63.8g, 단백질 19.1g, 지방질이 16.1g, 무기질 중의 회분이 1.0g, 비타민 A가 10 Iu, B1 0.03g, B2 0.03g, 나이신이 5g 등으로 되어 있다. 따지고 보면 칼로리에서 살코기보다 월등하게 앞서는 부위의 고기이기도 하다.

소의 혀로는 우리나라에선 편육이나 찜, 그리고 쇠 혀 쌈 등을 해 먹어 왔다. 그런 양념이나 고명을 한 음식으로 만들기 전, 삶은 쇠 혀를 그냥 소금에 찍어 먹기도 했다. 후자의 경우는 서민의 술 안주로도 아주 적합했을 터이다. 서양에서는 보일드 비프 텅(Boiled Beef Tongue), 브레이스드 텅 위드 비지터블 소스(Braised Tongue with Vegetable Sauce), 또는 텅스튜 등을 해 먹고 있다.

동·서 공통이랄 수 있는 것은 다 같이 요리 시간이 무척 길다는 것이다. 보통 이런 음식은 30~60분의 쩌내는 시간이 필요하다. 은근한 불에 서서히 쩌내는 것이 맛의 비결이기 때문.

텅스튜의 요리법을 소개해 보면,

재료(6인분) – 쇠 혀 1개, 양파 1개, 당근 1개, 샐러드 1줄기, 부케 가르니(Bouquet Garni) 1묶음, 부용 800cc, 토마토퓌레(puree) 150cc, 잘게 썬 파슬리 조금, 버터 50g, 옥수수 전분(또는 부르마니에), 소금, 후추 조금.

요리법 – ① 끓기 직전의 물에 쇠 혀를 넣고 빛깔이 허옇게 변하도록 삶는다. ② 쇠 혀의 까칠까칠한 외피를 벗긴다. ③ 양파, 당근, 샐러리를 깍둑깍둑 썬다. ④ 냄비에 버터를 녹이고 ③의 것을 노릇노릇 볶은 다음, 그 위에 혀를 통째로 얹고 부용, 토마토퓌레, 부케 가르니를 얹고 뚜껑을 덮는다. ⑤ 냄비째 중(中)불의 오븐에 넣고 가끔 국물을 끼얹으며 찐다. 혀끝의 딱딱한 부분이 연하게 되면 꺼내어 식지 않도록 해둔다. ⑥ 남은 국물을 체에 밭인다. 걸쭉한 맛이 부족할 때는 옥수수 전분을 물에 풀어 약간 넣든가, 부르마니에를 넣고 소금, 후추로 간을 맞춘다. ⑦ 두껍게 썰어 그릇에 담고 ⑥의 국물을 얹고 파슬리를 뿌린다.

위치는 꼴찌,
맛은 첫째, 쇠꼬리곰탕

어두육미의 '육미'에 관해 쓰기로 작정하고서도 펜이 딴 데를 헤맸을까. 어차피 '육미'라면 쇠꼬리 이야기다. 꼬리곰탕이라고 하면 으레 쇠꼬리 곰탕이다. 그리고 꼬리곰탕 이야기라면 길 것도 없으니 먼저 '어두육미'라는 말부터 생각해 보기로 한다.

나는 '어두육미'의 어원(語源)을 모르지만, 이것은 우리나라에서 생긴 말이 아니겠는가 하고 짐작하고 있다. 나에게 계어(季魚, 연어) 꼬리 튀김을 말해 준 중국 사람도 '어두육미'라는 말은 자기도 모르고 아마 중국에는 없는 말일 것이리라는 의견이었다. 그도 그럴 것이 중국에서 그저 '육(고기)'이라고만 하면 그것은 돼지고기를 으뜸으로 친다. 돼지고기 다음이 양고기고 그다음이 닭고기고 또 그다음쯤이 쇠고기의 차례라고 볼 수가 있다. 돼지고기의 부위(部位)에서 꼬리가 가장 맛있다는 생각이 없고서는 '어두육미'라는 말이 나올 수 없다. 누가 억지로 그런 말을 만들어냈다고 해도 그것은 전연 보급되지 않았을 것이다.

중국 사람들은 돼지를 잘 다룰 줄 알고, 우리가 소를 잘 다루어 철저하게 식용으로 이용하고 있는 것처럼, 그들은 돼지를 거의 남김없이 철저하게 식용으로 이용하고 있지만, 돼지 꼬리를 맛있는 부위라고 높은 점수를 주고 있는 것 같지는 않다. 양고기에 관해서는 몽골(蒙古) 사람들이 잘 다루며 역시 철저하게 식용으로 이용하고 있어서 중국에도 깊은 영향을 주었지만, 그들도 양 꼬리를 특히 맛있는 부위라고 치고 있는 것 같지는 않다. 돼지 꼬리나 양 꼬리를 버리지는 않고 먹기야 먹겠지만, 그것에서 '어두육미'라는 말이 생겼다고는

미식가의 수첩

생각되지 않는다.

'어두'도 중국 사람이나 몽골 사람의 사상은 아닌 것 같다. 유목민족이라서 물고기를 별로 좋아하지 않는 몽골 사람의 경우는 두말할 것도 없고, 중국 사람이 물고기에서 특히 머리를 맛있는 것으로 친다는 것을 나는 일찍이 듣지 못했다.

'어두육미'는 한자로 된 말이지만 아무래도 우리나라에서 생긴 말인 것으로 짐작된다. 그것도 미식가인 어떤 선비가 반은 진리를 지적하려는 뜻에서, 그리고 반은 사람들의 의표(意表)를 찌르려는 뜻에서, 역설(逆說) 비슷하게 만들어 낸 말이 아니겠는가 하는 것이 나의 짐작이다. 그런 말에 일면의 진리가 없는 것도 아닌 까닭에, 그말이 지금까지 이어져 내려온 것이라고 보는 것이다. 그런 말에 일면의 진리가 없지도 않다고 사람들에게 어느 정도의 지지를 받을 수 있었던 이유는 '육미'가 쇠꼬리를 뜻한다는 데 있고, 또한 생선 머리나 쇠꼬리가 본체(本體)가 아닌 부속물이면서도 매우 맛있다는 사실에 있었으리라고 생각되는 것이다.

꼬리는 오랫동안 고아야 진미

네발짐승이나 가축에서 사람들이 꼬리를 치는 것은 소뿐이다. 예외가 있다면 캥거루 꼬리 정도일까? 오스트레일리아에서 캥거루 꼬리 수프를 맛보았다는 사람이 있다. 오스트레일리아의 사막을 연상하게 하는 쓸쓸한 맛이었다는 것은 암만해도 기분에 치우쳤던 소감인 것 같다. 캥거루는 사막이라기보다는 풀이 있는 초원지대에서 산다.

소를 잘 아는 민족들은 쇠꼬리를 알아준다. 언젠가 내가 이름 지은 '하프 앤드 하프 스튜'는 텅스튜와 쇠꼬리(옥스 테일)스튜가 반반이었다는 것을 적었지만, 서양에서는 곧잘 스튜로 해서 먹는다. 물론 쇠꼬리수프도 있다. 우리나라식으로 말하면 꼬리곰국이다.

친구들과 등산을 하는데 내가 꼬리곰탕을 준비하겠다고 말한 적이 있었다. 산속에서 꼬리곰탕을 어떻게 만들 셈이냐고 모두가 의아했지만, 나는 산속에서 거뜬히 꼬리곰탕을 해냈다. 비결은 간단한 것이었다. 쇠꼬리 수프의 통조림(수입품)을 타서 물을 붓고 끓이기만 하면 되는 것이다. 밥을 말고 제각기 식성대로 소금과 파와 후추를 타면 꼬리곰탕이지 뭐겠는가? 모두 세 사람이었는데 5인분이라는 것은 수프의 경우를 말함인지, 곰탕으로 해서 먹으니까 세 사람에게 꼭 알맞았고, 밥보다 먼저 끓은 곰국은 맛도 괜찮다고 평이 좋았다. 꼬리는 큰 것과 작은 것을 합쳐 모두 네 개가 들어 있었다. 한 통을 3천 원에 샀다는 것을 생각하면 비싼 편은 아니라고 생각되어 다시 사려니까 요즘에는 나오지 않는다고 한다. 식당에서는 꼬리곰탕 1인분이 2천5백 원인 경우가 보통이니 말이다.

물가가 비싸고 쇠고기 값이나 쇠꼬리 값도 예외가 아니니 2천5백 원을 지불하는 것은 할 수 없다고 치고, 식당에서 꼬리곰탕을 좀 더 맛있게 만들도록 성의를 보일 수 없느냐 하는 불평을 많이 듣는다. 월급쟁이에게 2천5백 원짜리 점심이라면 고급 점심인데 모처럼 큰 마음 먹고 꼬리곰탕을 먹고서는 으레 실망하기 일쑤라는 것이다.

꼬리를 오래 끓이지 않는 데 꼬리 맛이 제대로 우러나오지 않는 이유가 있는 것은 아닐까? 적어도 8시간에서 12시간쯤은 끓여야 제맛이 나는 것이다. 그것도 본격적으로 하려면 미리 사골을 오랫동안 삶은 국물에 그렇게 꼬리를 고아야 한다. 요즘 한창 보급되어 있는 솥으로 한 시간 정도로 삶아내는 것은 편리하다면 편리하지만 맛있는 꼬리곰탕이 될 수는 없다. 그러나저러나 통조림 꼬리곰탕에 압력솥 꼬리곰탕이라면 마침내 꼬리곰탕에도 인스턴트 시대가 오기는 온 모양이다.

추탕, 산초, 게

경마장 옆의 '형제'
추탕(鰍湯)

'문(門) 안'이니 '문 밖'이니 하는 말이, 내가 어렸을 때만 해도 실감이 있었다. 자하문(紫霞門) 밖은 도회가 아니라 능금과 자두(紫桃)로 이름난 농원 지대였다. 사과의 고장인 대구에서는 사과를 능금이라고 부른다. 여기서 말하는 능금은 사과와는 다르다. 사과의 재래종이라고 볼 수 있겠지만 사과보다 훨씬 작고 좀 떫은맛이 난다. 개성(開城)에도 능금이 많았다. 퍽 맛있는 과일이었다고는 할 수 없지만, 그것이 자취를 감춘 이제 와서는 향수(鄕愁) 같은 그리움이 있는 미각이다.

동소문 밖도 고개를 넘어 삼선교로 내려가면 벌판이 보였고 숲이 보였다. 서대문 밖도 무악재를 넘으면 도회는 사라졌고 신촌 일대는 여전히 농촌이었으며, 마포는 철이면 몰려오는 조깃배로 붐볐지만 평소에도 새우젓 독이 즐비한 어촌이었다. 남대문 밖만은 서울역이 있었고 주택지가 발달되어 있었으나 김치·깍두기 냄새가 없는 이방

지대(異邦地帶)였다.

동대문 밖도 동묘를 지날 무렵에는 벌써 논이 보이기 시작했다. 그리고 현재의 신설동 네거리 남쪽에 경마장이 있었다. 멀리서 목가(牧歌)가 들려 올 듯한 넓은 풀밭인 경마장에 바싹 붙어서 형제주점(兄弟酒店)이 있었다. '형제주점' 하면 추탕, '추탕' 하면 형제주점이라고 하는 것이 상식으로 통할 정도로 추탕에 있어서는 왕위(王位)에 올라앉아 경향(京鄕)에 군림하는 유명한 집이었다.

유명한 것에 비해 집 자체는 대단치가 않았다. 한길에서 아래로 내려가 들어가야 하는 것이 움집 같은 기분이었는데 옛날에는 그런 스타일의 주막집이 많았다.

형제주점의 추탕을 줄여서 사람들은 '형제 추탕'이라고 불렀다. 그 말은 그 집의 상호로서 대용되기도 했다. "형제 추탕 앞길에서 패싸움이 일어났다."고 하면 사람들은 그 말을 완전히 이해할 수 있었다.

어린 혀에 형제 추탕은 이만저만 매운 것이 아니었다. 혀에서 불이 나서 화상(火傷)을 입는 듯한 감각이었다. 이마에서, 등에서, 가슴에서 땀이 솟아 흐르는 것은 물론이었지만 두 눈에서도 눈물이 나와 앞을 가릴 지경이었다. 다른 것도 많은데 다시는 추탕은 안 먹겠다고 다짐하기가 일쑤였는데도, 열흘이 지나 보름이 지나 "형제 추탕 사 놓았다."는 어머니의 말씀을 들으면 어린 혀가 공포와 기대로 야릇하게 간질간질하는 것을 느끼곤 했다.

그것은 미꾸라지가 통째로 들어 있는 시뻘겋고 매운 추탕이었다. 형제주점 아니고도 그런 추탕을 끓이는 집이 전에는 장안에 여기저기 있었다. 나는 술을 배운 후에 그런 추탕을 안주 삼아 술 마시는 일이 많았다. 쇠고기, 버섯, 두부, 무, 당면…. 들어가 있는 것도 많았고 값도 싼 데다가 국물은 얼큰하고 걸쭉했다('미꾸라짓국 먹고 용트림 한다.'는 속담이 생각나서 웃는다).

미꾸라지국 먹고 용트림한다

'鰍'라고 물고기 어(魚)에 가을 추(秋)를 붙인 것은 가을에 맛있는 물고기라는 뜻일까. 미꾸라지 맛 자체는 그렇게 계절을 따질 정도로 대단한 것은 아닐 것이다. 굳이 문제 삼는다면 동면에서 깨어나 활발하게 먹이를 찾아 먹고는 산란기를 앞둔 초여름이 나쁘지 않은 것 같다. 산란기를 마치고 동면에 대비해서 열심히 먹이를 찾아 살찐 늦가을도 하기야 나쁠 것이 없겠지만, 미꾸라지 맛의 철을 따지는 것은 좀 쑥스럽다.

그런 것을 철을 가려서 굳이 가을 물고기라도 이름 지어 놓은 중국 사람들이 미꾸라지 요리라고 내세우는 것을 본 일도 들은 일도 없으니 이것은 어찌 된 셈일까. 웬만한 것은 안 먹는 것이 없는 중국 사람들이 미꾸라지는 안 먹는다고는 생각할 수가 없다. 먹기는 먹겠지만 연석(宴席)에 내놓을 만한 요리는 못 되는 것이라고 보아야 하지 않을까. 역시 가을 물고기라고 굳이 계절을 강조할 것은 없지 않았던가 하는 생각이 든다(한자로 미꾸라지를 '鰍(추)'라고도 쓰기는 한다).

중국뿐만 아니라 서양에서도 미꾸라지 요리가 있는 것 같지는 않다. 않다고 썼지만, 몇 달 전에 세상을 떠난 일본인 작가의 보고가 마음에 걸리기는 한다. 스페인의 바르셀로나에서 그는 뱀장어 새끼 요리를 먹었다. 가스 불 위에 뚝배기를 올려놓고 올리브기름을 바른다. 그 속에 마늘과 고추를 한 개씩 던져 넣는다. 뚝배기가 뜨거워졌을 때 뱀장어 새끼들을 한꺼번에 쏟아 넣는다. 뱀장어 새끼들이 뛰니까 얼른 뚜껑을 덮고 그것들이 조용해지기를 기다려 버터, 포도주, 소금, 후추로 적당히 간을 해서 나무 포크와 나무 숟가락으로 떠먹는데 토주인 포도주와 잘 맞는 괜찮은 것이었다고 한다. 일본에 돌아와 똑같은 방법으로 아무리 해보아도 그 맛이 안 나기에 맥이 풀렸었는데, 하루는 미꾸라지 새끼들을 써 보았더니 바로 틀림없는 바르셀로나의 그 맛이 살아났다고 한다. 뱀장어 새끼라고 들었지만 아마 미꾸라지 새끼가 아니었을까 하고 생각한다고 그는 적어 놓았다.

일본 사람들은 미꾸라지를 좋아한다. 도쿄에는 도쿄의 형제주점이라고 볼 만한 미꾸라지 요릿집이 몇 군데 있다. '고마가다(駒形)', '이이다야(飯田居)', '이세끼(伊世喜)' 등등. '고마가다'는 1801년에 창업했다니까 이제 175년의 전통을 지닌 셈이다. 나무로 된 신발 표를 주는데 우리가 집에 다는 문표보다도 컸다.

양념 발라 구워도 주고 된장국으로 해주기도 하지만 제일 인기가 있는 것은 역시 미꾸라지 냄비와 '야나기가와(柳川)' 냄비였다.

미꾸라지 냄비는 통째인 미꾸라지를 냄비에 깔고 파를 썰어 담뿍 얹어 숯불 위에 놓고는 장국을 약간 붓는다. 미꾸라지는 미리 뼈까지 부드럽게 삶아져 있고 간이 배여 있다. 장국도 만드는 과정이 대강 짐작이 가지만 성의가 신경이 느껴지게, 잘 준비된 장국이다. 곧 냄비가 부글부글 끓게 되는데 그러면 술의 템포도 빨라질 수밖에는 없었다.

'야나기가와' 냄비는 머리와 뼈를 추려낸 미꾸라지 살만을 쓴다. 잘게 썬 우엉과 함께 그것을 끓였다가 달걀을 풀었기에 여성들에게 인기가 높다. 그것으로도 술안주가 충분히 되기야 될 수가 있지만, 장국 간이 달착지근했던 것은 애용자의 다수가 여성들이기 때문이었을까. 또는, 그렇게 손님들이 붐비는 집에서 비슷한 장국을 따로 두 가지나 준비하기도 어려운 것이고 보면, 일본식 음식이 지니는 달착지근한 요소에 술꾼의 혀가 슬슬 저항을 느끼기 시작했던 탓일까.

경상도식 추어탕에 밀려난
서울식 추탕

서울에서 경상도식 '추어탕'이 주도권을 확립한 지 이미 오래다. 이것은 '야나기가와' 냄비처럼 미꾸라지의 머리와, 뼈를 추려내는 데 그치지 않고, 아예 미꾸라지의 흔적도 시각적(視覺的)으로 남겨놓지 않는 철저한 것이다. 맵지도 않고 구수하고 산초 가루를 뿌리면 향긋한 맛이 군침을 부른다. '경상도식'이라는 말이 나왔지만 전라도를 포함해서 남쪽에서는 미꾸라지를 그렇게 조리(調理)하는 방법이 발달되어 있었던 것 같고, 미꾸라지를 통째로 맵고 시뻘겋게 조리하는 것은 서울 주변에 국한된 현상이 아니었을까. 그렇고 보면 평안도나 함경도나 강원도나 황해도에서 미꾸라지를 어떻게 먹는지를 별로 들어 본 일이 없다. 북쪽에는 논이 적어서 미꾸라지가 많지 않은 탓이라고 설명하는 사람도 있지만, 황해도의 경우는 논이 넓은 고장이니 좀 더 알아봐야 하는 것이 아닐까 하는 생각이 든다.

하여간 이젠 '추탕'이라고 하지 않고 '추어탕'이다. 그리고 '추어탕'이라는 것은 으레 '경상도식'이다. 맛이 있고 값은 비싸지 않아 인기는 높다. 통째로 먹는 것은 징그럽고 너무 맵게 먹는 것도 현대인의 식성에는 맞지 않는 모양이다.

농약 때문에 미꾸라지가 줄어 미꾸라지도 비싸졌다고 한다. 그러나 양식도 하고 있고 일본에 수출도 한다. 아직은 엄살을 부릴 정도로 비싼 고급 식품은 아니며 여전히 서민적인 값이다.

시내에 미꾸라지 전유어를 하는 집이 있어서 가 보았지만 맛은 별 것이 아니었다. 무리가 아니다. 미꾸라지 맛이란, 값이 서민적일 뿐이지, 그저 그런 것이다. 머리와 뼈를 추려낸 미꾸라지 살을 고추장을 중심으로 양념해서 '추어구이'라고 하던 집도 있었지만 이제는 주인이 바뀌어 그것을 하지 않는다. 일본으로 수출하는 업체에서 흘러나오는 것을 재료로 삼았던 모양이지만, 미꾸라지의 형체가 조금이라도 남아 있는 것은 우리나라에서는 이제 인기를 얻을 수 없게 된 것 같다.

그러나저러나 경상도식 '추어탕'은 우리 민족의 발명이고 걸작에 속한다. 영양가를 따지더라도 높을 것이고 맛은 구수하고, 불꽃 같은 '서울식'을 밀어내서 승리를 거둔 데는 그만한 이유가 있다고 할 수밖에는 없다. 나는 경상도식 '추어탕'을 즐긴다. 그러나 때로 서울식 '추탕' 생각이 안 나는 것은 아니다. 내 어린 혀에 그토록 곤욕과 공포를 주었던 형제 추탕!

벌써 옛날에 형제주점은 없어졌다(일가가 되는 분이 오래전에 무교동 골목에 상호를 부활시켜 가게 문을 열었으나 그것도 어느새 없어지고 말았다). 용금옥(湧金屋)이 사라진 지도 오래다(다동 골목에서 숨을 죽인 듯이 간판은 명맥을 유지하고 있지만 왕년의 용금옥과는 어림도 없다. 쓸쓸레한 마음을 겨우 달래볼 수 있는 것은 할머니는 아직 살아 계시다는 사실). '희망의 집'은 주인도 간판도 갈리고 딴 판이 됐다. 곰보 할아버지는 옛날 옛적에 세상을 떠났지만, 이제 서울식 추탕의 잔영(殘影)을 볼 수 있는 집은 '곰보 추탕' 밖에는 남지 않은 것 같다.

제대로 시뻘겋기에 잔영이라고 했지만 맛은 이미 옛날 서울식 추탕이 아니다. 달착지근하다. 요새 사람들의 식성에 맞춘 맛이다. 홍수처럼 휩쓸고 쳐들어오는 경상도식 추어탕에서 그나마 서울식 추탕의 고루(孤壘)를 지키려면 그 정도의 타협은 불가피한 것인지도 모르겠다.

"고추 탓이죠. 옛날 고추를 구할 수가 있나요? 옛날 고추만 구해 주신다면 옛날 맛을 내 드리죠."라고 말하는 아주머니 한 분의 목소리에는 한숨이 섞여 있었다.

코끝에 스치고 혀끝에 스치는 향긋한 유혹,
산초(山椒)

서울에서 산초(山椒)장아찌를 먹을 수 있는 음식점을 나는 그 집밖에 모른다. 지방에 가면 혹시 산초장아찌를 내놓는 식당이 더러 있을지도 모르겠다. 그러나 서울에서는 아마도 그 집뿐이 아니겠는가 하고 짐작한다.

산초장아찌라는 것은 별것이 아니다. 산초의 잎과 열매를 그저 간장으로 조린 것이다. 맛있다고 목에 힘을 주고 주장할 만한 것은 아니다. 장아찌인데 미쳤다고 한꺼번에 많이 먹는 것도 아니다. 산초의 독특한 향긋한 맛이 특징인 장아찌일 뿐이다.

그러나 이 독특한 향긋한 맛을 우습게 여길 것은 아니다. 입맛이 없을 때 어쩌다가 나로 하여금 생각나게 하는 것이 이 독특한 향긋한 맛이다. 뜨거운 밥 위에 이것을 얹으면 나는 잃었던 입맛을 도로 찾기가 쉽다.

그날 나는 몹시 피곤했다. 아침부터 바빴던 개인적인 사정을 여

미식가의 수첩

기에 적을 것은 없지만, 피곤한 몸이 오래간만에 산뜻하고 향긋한 산초장아찌를 졸라대고 있는 것 같았기에 그 집에 들어섰을 때가 벌써 오후 3시를 넘고 있었다. 손님은 아무도 없었다.

주문할 것을 주문하고 아울러 산초장아찌도 부탁하고 나서 나는 할머니의 안부를 물었다. 할머니의 모습이 보이지 않는 것이 궁금했기 때문이었다. 몸이 뚱뚱한 할머니는 해가 갈수록 거동이 불편해지는 것 같았다. 혈압이 꽤 높지나 않을까 하고, 볼 때마다 나에게는 걱정스러웠다.

아주머니 한 분이 잠깐 멈칫하더니, 할머니가 세상을 떠나셨다고 알려 주었다. 아직도 건재하실까 하는 것이 의문이었던 것은 사실이지만, 막상 돌아가셨다는 대답을 듣고서는 역시 놀라지 않을 수 없었다.

"할아버지 모시려고 할아버지 곁으로 가셨군요."
"네? 네. 네, 참 그래요."

지난 양력 1월이었다고 한다. 조금도 고통의 기색이 없는 안면(安眠)이었다고 한다. 그것을 전연 모르면서 지금 산초장아찌나 청해 놓고 안부를 물었으니 이것이 얼마나 싱겁고 얼빠진 짓이었던가.

이곳으로 옮겨 오기 전에는 무교동에서는 이름난 집이었다. 자랑인 추탕은 두말할 것도 없고 다른 음식들의 맛도 단연 뛰어났었다. 할머니의 솜씨 때문이었다.

할아버지가 돌아가신 후에 자리를 옮기고 나서부터는 좀 사정이 달라지기 시작했다. 할머니의 기력과 체력이 떨어져 가는 것이 음식 맛에 바로 반영되는 것 같았다. 다른 식당들과 견주면 그래도 결코 뒤떨어지는 것은 아니었지만, 과거의 할머니 솜씨를 맛보았었던 사람들에게는 아쉬움이 대단했던 것이 사실이다.

"할머니의 추탕이 어떻게 이렇게 되었습니까?" 하고 내가 투정을 하면, 아무런 변명도 없이 씁쓸하게 웃기만 했는데 마음속에서는 무엇을 생각하고 계셨는지 모르겠다. 자연히 발걸음이 뜸해졌었지만, 그것도 지금 와서는 꼭 무슨 죄에 해당되는 듯한 기분이다. 할머니를 안 지가 거의 30년이 되니 말이다.

"할머니가 가셨으니 이 집 음식 맛이 큰일이겠네."

"며느리가 있는데 뭘요." 하고 아주머니는 조금도 걱정 없다는 말투였다.

장사를 치르는 날에 눈이 오고 비가 오고 추웠었다고 한다. 무교동에서 한평생을 살았던 할머니의 향년은 73세. 삼가 뒤늦게나마 명복을 빈다.

산초를 식용하는 韓·中·日 3국

추탕 이야기가 나왔는데 할머니의 추탕은 서울식이다. 미꾸라지를 삶아 갈아서 요리하는 남도(南道)식 추어탕과는 다르다. 이 남도식 추어탕에 으레 따르게 마련인 것이 산초 가루다. 서울식 추어탕에는 후춧가루를 치지, 산초 가루를 치지는 않는다. 우리나라에서 산초를 식용으로 쓰는 경우는 산초기름을 제외하면, 산초장아찌와 산초 가루의 경우밖에 나는 모른다.

한방에서는 산초를 쓴다. 한방에서 화초(花椒)라고 하는 것이 산초 열매이고 천초(川椒)라고 하는 것이 산초 열매껍질인데 위장을 튼튼하게 하는 약효가 있다고 한다.

한방과 직접적인 관계가 있는지 어떤지는 모르겠지만 중국 요리에서는 제법 산초를 쓴다. 산초장아찌처럼 산초의 열매나 잎을 먹는 것이 아니라 조미료로 쓰는 것이다. 열매를 그대로 쓰는 경우도 있고 부수어서 쓰기도 한다. 화초염(花椒塩)이라는 것은 열매를 살짝 볶았다가 부수어 가루를 만든 것과 볶은 소금을 반반 정도로 섞은 것이다. 이것이 식탁 위에 있으면 각자가 식성에 따라 요리에 뿌려 맛을 돋운다. 튀김 요리에 치면 맛이 한결 사는 것 같다.

우리나라에서도 중국집에 가면 '오향장육(醬肉)'이라는 메뉴를 볼 때가 더러 있지 않은가. 돼지고기를 구운 요리다. 홍콩에 가면 흔히 '오향마작(麻雀)'이니 '오향이어(鯉魚)'니 하는 메뉴를 보게 된다. '마작'이라는 말은 중국에서 시작된 4인조 놀음인 '마작'을 뜻하기도 하지만, 여기서는 그저 참새를 가리킨다. 참새를 튀긴 요리가 '오향마작'이고 잉어를 튀긴 요리가 '오향이어'다. 그리고 '오향'은 이런 요리에서 쓰는 조미료 가루인데 여기에 으레 산초가 들어가게 마련이다.

'산초마유(山椒麻油)'는 중국식 산초기름이다. '마유'는 참기름을 말한다. 참기름을 연기가 나오기 시작하도록 끓였다가 불에서 내려놓는다. 그것에 적당한 양의 산초 열매를 넣어 내버려 둔다. 그것이 식었을 때 거른 것이 산초마유다. 요리의 마지막 단계에서 향기를 돋우기 위해 찔끔 뿌리는 기름이다. 중국의 산초 열매는 그렇게 향기가 높다고 한다.

일본 요리에서도 산초를 쓴다. 일본 사람들은 향신료(香辛料)에 약한 것인지 또는 예민한 것인지, 산초를 매우 맵다고 여기고 있다. '산초는 작지만도 화근하게 맵다.'고, 마치 우리가 '작은 고추가 맵다.'고 말하듯이 비슷한 뜻으로 말한다. 열매를 소금에 절이거나 간장으로 조려서 먹기도 하지만, 잎이 지니고 있는 향기를 곧잘 활용하고 있다. 잎을 그대로 요리 위에 뿌리기도 하고, 잎을 갈거나 짓이겨 왜된장에 섞어서 요리에 쓰기도 한다.

생선회(사시미) 접시 구석에 작은 꽃들이 달린 산초의 잔가지를 얹어 오는 것은 봄에서 초여름에 걸쳐 곧잘 하는 짓이다. 물론 먹는 것이 아니라 향기와 계절을 즐겨 달라는 액세서리다.

베일 속의 도봉산 산초기름

작년 늦가을에 망월사(望月寺) 쪽으로 가려고 산을 오르기 시작하다가 나는 산초 냄새가 강하게 풍겨 오는 것을 느꼈다. 곧 어느 식당의 앞마당에서 멍석을 깔아 놓고 그 위에 가득히 산초 열매를 말리고 있는 것을 보았다. 도봉산 기슭에 산초나무가 꽤 많다는 것을 나는 처음으로 알았다.

그날 내려오는 길에 나는 그곳에서 산초 열매를 1천 원어치만 달라고 청했다. 내가 예상했던 것보다는 훨씬 많은 분량을 받았다. 산초 열매를 말려서 어떻게 이용하는지를 물어보았다. 그 질문에 대한 대답이 또 나에게는 새로운 지식을 주었다.

그것으로 기름을 짠다는 것이다. 중국 요리에서 쓰는 '산초마유'가 아니라 산초 열매가 지니고 있는 지방분을 짜내는 것이다. 나는 예당(禮唐) 저수지 주변에서 그런 산초기름을 식용하고 있다는 것을 들은 적이 있었지만, 바로 서울 근교에서 산초기름이 난다는 것은 그날 처음으로 알았다.

산초기름도 좀 살 수 없느냐고 물었더니 안 된다는 것이었다. 산초 열매의 수집량(收集量)은 극히 제한되어 있기 때문에, 산초기름은 전량이 서울의 돈 많은 사람들에게 이미 예약이 다 되어 있어 여분이 없다는 것이었다. 그것은 장수(長壽)에 이바지하는 약유(藥油)처럼 다루어지고 있는 것 같았다. 한 되에 값이 얼마나 가느냐고 물었더니, 굉장히 비싸다면서 웃기만 했고 값을 말하려고 들지는 않았다. 내가 심장마비라도 일으킬까 봐 나를 아껴 준 것이었는지도 모를 일이다.

받은 열매가 제법 분량이 많았기에 반은 간장으로 졸이게 했고 나머지 반은 화분에 뿌렸다. 그러나 집에서 만든 산초장아찌는 재료에 어린잎이 전연 들어가 있지 않기 때문에 아무래도 향기가 아쉬웠다. 앞서 적은 할머니의 장아찌와는 너무 거리가 있었다.

화분에 뿌린 열매들에서는 올봄에 여기저기서 싹이 돋아나기 시작했다. 산초의 싹인지 잡초의 싹인지 아직은 분간할 수가 없다. 몇 개라도 좋으니 제발 산초가 되어 달라고 빌면서, 틈만 나면 나는 물을 뿌리고 있다.

국화와 게, 채국동리하(采菊東籬下)
유연견남산(悠然見南山)

오류선생(五柳先生) 도연명의 연작(聯作) '음주 이십수(飮酒 二十首)'의 다섯 번째 시에 나오는 유명한 구절이다. 동쪽 울타리에서 국화를 따고, 유연히 남쪽 산을 본다는 뜻.

그런데 '유연견남산'에는 옛날부터 시비가 많다. 일찍이 소동파는 '유연망(望)남산'으로 적혀 있는 책들도 있는데 그것은 시를 망치는 것이기에 '유연견(見)남산'이어야 한다고 주장했다.

그것은 그렇다고 치고 '유연견남산'에도, ① 시인이 유연히 남쪽 산을 본다는 보통 해석, ② 시인의 마음속에 먼 남쪽 산이 똑똑히 보인다는 뜻이라는 설, ③ 시인이 유연히 보는 것이 아니라 남쪽 산이 유연하게 보이더라는 뜻이라는 설, ④ 시인도 유연하고 산도 유연하고 만사가 유연하며 굳이 주객(主客)을 가릴 것이 없는 중국어적(中國語的) 표현이라는 설이 있다.

그러나 여기서 그런 이설들을 설명하고 검토할 겨를은 없다. 내가 문제로서 제기하는 것은, 왜 '유연견남산'만이 시비가 되고 '채국동리하'는 그대로 넘어가느냐하는 것이다. 오류선생—그의 시골집 옆에 버들이 다섯 그루 자라고 있었기에 그렇게 호(號)를 삼았다—은 무엇에 쓰려고 국화를 땄느냐 하는 것이다.

어쩌다 무심코 국화를 따게 된 것이라는 설명에는 만족할 수 없다. 국화를 따서 꽃병에 꽂았다는 설명도 있지만, 오류선생이 시골에서 꽃꽂이를 하고 있었는지는 매우 의심스럽다.

결론부터 말하면, 오류선생은 국화를 술잔에 띄워 국화주(菊花酒)를 즐기기 위해 국화를 땄던 것이다. 오류선생의 다른 시(詩)들을 조심스럽게 읽으면, 그가 얼마나 국화주를 사랑했는지 쉽게 알 수가 있다. 국화를 따서 먹기도 했다. 술은 걱정을 덜어 주고, 국화는 늙는 것을 막아 준다고도 읊고 있다. 정녕 국화주를 들어야 할 명절인 중양절(重陽節)에 막걸리를 구할 길이 없어서 부질없이 국화만 먹었다는 시서(詩序)를 붙인, '구일한거(九日閑居)'라는 제목의 시다. 오죽

서운했을까.

가난했던 오류선생. 가을 하늘은 높고 닭은 살쪘어도 그것을 잡을 돈이 없을 때면 국화를 따서 국화주의 안주로 삼는 것이 일쑤였다. 국화전(煎)이라도 부치게 했던 모양이다. 영변(寧邊)의 약산(藥山) 진달래꽃의 아름 따다 님 가시는 길에 뿌리는 것보다는 실속을 차릴 줄 아는 오류선생이었다. 그런 오류선생이고 보면, 때로는 구럭을 들고 게를 잡으러 논두렁을 헤매는 밤도 있었는지 모르겠다고 상상해 본다.

국화가 피면 게가 맛있다

국화가 피면 중국에서 게가 맛있다. 옛날부터 "게를 쥐고, 국화를 대(對)하며, 술을 대하여 노래를 부른다."느니, "황국(黃菊) 꽃 피어 자해(紫蟹)는 살쪘도다."느니 하면서, 국화와 게는 떼려야 뗄 수 없는 관계로 여기고 있다.

여기서 말하는 게는 '청수해(淸水蟹)'—다시 말하면 민물게다. 바닷게가 맛이 나쁘지 않고 값도 비싸지 않은 홍콩에서도 가을이 오면 단연코 인기가 높은 것은 민물게다. 그것도 '양징호(陽澄湖)'의 게라고 하면 사람들의 눈빛이 달라진다. 감칠맛이 바닷게와는 비교도 안 된다는 것이다. 국화가 한창일 때는 암게가 맛있고, 가을이 깊어져서 국화도 시들시들해질 무렵이면 수놈이 맛있다고들 한다.

가게 앞에 놓인 광주리 속에서 게들이 거품을 뿜고 있다. 우리나라 민물게보다는 한결 더 크다. '양징호'의 게라고 써 붙였지만 나에게 그것을 식별할 능력은 없다. 가정주부들이 그것을 몇 마리 짚꾸

러미로 싸 들고 집으로 걸음을 재촉하는 모습이 홍콩 거리의 가을 저녁 풍경이다. 식당에 가서 게를 주문하면 살아 있는 게가 가득 들어 있는 망태를 가져온다. 마음에 드는 것을 골라 보라는 것이다. 내 눈에는 그놈이 그놈이지 일찍이 게를 사 본 경험이 없기에 어느 놈이 이쁘고 고운지를 가릴 것이 없다. 얼떨결에 어떤 것을 손짓하지만 무슨 뚜렷한 이유라도 있어서 그러는 것은 아니다. 게가 요리되어 식탁에 나올 때, 작은 나무망치와 목판이 따라 나온다. 그것으로 게 다리 껍질을 까는 것이다. 찍어 먹는 것은 초간장인데 여기에 생강을 다진 것을 빼놓을 수는 없다. 게를 먹고 나면 생강차를 내주는 것을 보면 게에게 생강이 잘 맞는 모양이다.

이런 중국 사람들이니까 게에 대한 애칭(愛稱), 존칭(?)도 많다. '곽선생(郭先生)'이니 '횡행장군(橫行將軍)'이니 '서호판관(西湖判官)'이니 '무장공자(無腸公子)'니, 헤아릴 수가 없다. '양징호' 게보다도 어디 게가 더 맛있다고 자기 고향 자랑을 하다가 친구들과 격론을 벌이기도 하는 것이 중국 신사다.

한마디로 '게'라고 하지만 종류가 많다. 세계에 약 4천5백 종의 게가 있다고 한다. 우리나라에도 수백 종이 있을 것이다. 중국 사람과 마찬가지로 우리도 원래는 민물게를 쳤다. 거리 관계 때문인지 서울에서는 파주 게를 알아주었다. 〈동국여지승람〉에도 파주의 토산으로 게가 꼽히고 있다.

게장, 게알젓, 게회, 게감정, 겟국, 게찜, 게볶음—이젠 모두가 흘러간 옛 노래들이다. 특히 게장과 게알젓은 중국 어디에 그런 맛이 있단 말인가. 게살을 술에 담근 것은 중국에도 있지만, 옛날의 파주 게장 맛과 비교하면 문제가 안 된다. 다만 민물게는 폐장디스토마의 중간 숙주인 까닭에 지금은 사람들이 먹는 것을 피해 손을 대려고 하지 않는다. 현명한 일이다. 몇 번씩 간장을 끓여 부으면 디스토마 걱정이 없다고 주장하는 이도 있지만 완전히 안심할 수는 없다. 상당 시간을 강한 온도로 가열해야만 디스토마를 죽일 수 있고, 그렇게 해서야 게장 맛을 낼 수는 없다. 우리나라에서 디스토마를 말끔히 추방하는 것이 첫째 일이고, 다시 민물게를 즐기는 것은 다음 일이다. 중국에서는 물론 게도 생식(生食)하지는 않는다.

민물게가 아니라도 바닷게가 있다. 바닷게의 경우는 역시 서해 것보다는 동해 것이고, 그중에서도 영덕게는 우리나라의 자랑으로 꼽을 수가 있는데 워낙 귀해서 값이 비싼 것은 누구를 탓할 수도 없는 일이다. 서해의 꽃게를 게장으로 담근 것을 먹으면서 '디스토마 박멸(撲滅) 운동'이나 구상해 보기로 한다.

제주도에는 닭게라고 부르는 맛있는 것이 있으나, 이것은 학문적으로는 게가 아니라 가재의 집안인 것으로 생각된다.

해물잡탕과
오징어

조개가 주연인 해물 퍼레이드,
해물잡탕

       우리 겨레의 옛날 음식들 가운데 자취를 감추게 되는 것들이 자꾸 늘어 간다는 것을 아쉬워하는 소리를 많이 듣는다. 나 자신도 어렸을 적을 회상하면서 그런 아쉬움을 입에 했거나 글로 썼거나 했던 것이 결코 한두 번은 아니었다. 그러나 세상은 아쉬운 일만 있는 것은 아니다. 옛날에는 없었던 음식을 오늘날 새로이 맛보고 있는 경우들도 적지가 않다. 국제교류 때문에 우리는 옛날 조상들이 듣도 보도 못했던 음식들을 지금 많이 맛보고 즐기고 있다. 음식의 가짓수는 지금이 옛날보다 오히려 훨씬 다양한 것이라고 볼 수밖에는 없다.

    외국풍의 음식들이 들어와서 가짓수가 다양해졌다는 것도 사실이지만, 한편 민중의 지혜는 꾸준히 새로운 음식을 창작해내고도 있다. 그 예를 들려면 얼마든지 있지만, 여기서는 해물잡탕이라는 것을 들어 보려고 한다. 언제부터 그런 것이 등장했는지 나는 자신 있게 말할 수가 없지만, 나의 좁은 경험으로 말한다면 3, 4년 전만 하더라도 나는 해물잡탕이라는 것을 몰랐다. 그때도 어디엔가 그런 것이 있었으리라고는 생각되지만, 서울의 여기저기 식당에서 마치 유행인 듯이 해물잡탕이라는 메뉴가 나타나게 된 것은 암만해도 최근의 현상인 것 같다.

식당에 따라 양식이나 내용이나 값이나 반드시 같지는 않지만, 간단하게 말하면 이것저것 해물을 끓여 주는 것이다. 그것을 어떻게 끓이며 무엇들을 넣으며 얼마를 받느냐 하는 데 있어서 식당마다 다소의 차이가 있을 뿐이다. 다소의 차이가 있을 뿐이라고 적고 보니, 어느 식당이거나 대동소이(大同小異)라고 평한 것도 같은데, 양식이나 내용이 각각 조금이라도 다른데다가 또 성의가 다르고 보면 그 집적(集積) 효과는 꽤 크게 다르게 된다. 집적 효과란 한마디로 말하면 맛이다. 맛이 꽤 크게 다르고 보면 값에 좀 차이가 나는 것은 어쩔 수 없는 경제적 법칙인지도 모르겠다.

해물잡탕을 전문으로 내세우고 있는 어느 식당을 친구들과 함께 찾아갔더니, 정말 헤아리기 어렵도록 여러 가지의 해물들이 들어 있었다. 해물이 아닌 것은 무 몇 조각과 쑥갓 정도였다.

작으나마 새우가 있고 소라가 있고 대합이 있었다. 그 밖에도 꽃게 토막, 미더덕, 피조개, 맛살조개, 굴, 고막, 낙지, 조개눈(貝柱)…. 이렇게 지금 생각나는 대로 적어보고 있지만 겨우 3분의 2 정도를 기억하고 있는 것이 아닐까. 고추장을 약간 풀었는데 그것이 또 순창(淳昌) 고추장이라고 했다. 그러나 고추장은 아무래도 좋다. 어차피 옛날과 같은 순창고추장 맛은 이제 기대할 수 없는 것이다. 다만 순창 고추장을 운운하는 태도에 흐뭇함을 느낄 뿐이다. "한국판 부이야베스인 셈이구나!" 하고 친구의 한 사람인 불문학자는 환성을 올렸다.

부이야베스는 마르세유의 자랑

부이야베스(Bouillabaise)에 관해 이야기해 보자, 프랑스의 프로방스 지방의 해물요리다. 어느 영어책에는 생선수프라고 설명되어 있는 것을 보았지만, 수프라고 굳이 보려면 볼 수도 있으나 단순한 수프는 아니다. 수프를 마시는 데 목적이 있는 것이 아니고 생선만을 쓰는 것도 아닌 까닭에, 생선수프라고 하는 것은 매우 조잡하고 불친절한 설명이라고 생각된다. 생선수프라기보다 프랑스의 해물잡탕이라고 보는 것이 훨씬 더 설득력을 지니는 설명일 것이다.

프로방스는 프랑스에서 가장 남쪽인 지방이고 지중해에 연해 있기 때문에 해물이 풍부하다. 부이야베스가 그래서 발달할 수 있었겠지만, 마르세유는 부이야베스를 자랑 요리로 내세우고 있는 도시다. 나는 마르세유에 가 본 적이 없기 때문에 그곳의 부이야베스는 모르겠다. 파리는 프랑스의 중심지인 까닭에 웬만한 프랑스 지방 요리는 파리에서도 맛볼 수 있다. 물론 부이야베스도 파리에서 먹을 수 있다. 그러나 나는 파리에서도 부이야베스를 먹어 볼 기회가 없었으며, 옆 테이블에서 딴 손님들이 먹고 있는 것을 부이야베스로 짐작했을 뿐이다. 그러나 외국에 나가면 외국식인 예의가 있어서(따지고 보면 우리나라에서도 그런 예의를 지켜야 한다), 나는 옆 테이블에서 먹고 있는 부이야베스를 도저히 눈여겨 관찰할 수는 없었다.

그러나 내가 받은 인상으로는 그것은 보통 수프의 개념과는 전연 다른 요리였다. 큼직한 냄비 하나에 요리가 담겨 있고 사람들은 제각기 퍼먹는 것이었다. 나중에 듣고 보니 사람들은 각각 자기 접시 속에 튀긴 빵 조각을 놓고 그 위에 해물과 수프를 얹어 먹는다는 것이다. 내가 받은 인상으로는 아무래도 1인분은 어렵고 2인분 이상이 아니면 식당에서 주문을 받지 않으리라고 여겨졌는데, 아마도 이것은 돈만 내면 해결될 수 있는 문제에 지나지 않을는지도 모르겠다. 그러나 냄비 복판에는 보기 좋게 빨간 바닷가재도 흘긋 눈에 비쳤기에 값도 만만하지는 않으리라고 짐작되었다. 해물잡탕과 마찬가지로 부이야베스도 레스토랑에 따라 양식이나 내용이나 값이나 다소의—또는 상당한 차이가 있을 것이다. 그저 한 예를 든다면, 해물잡탕과 마찬가지로 조개 무리를 많이 재료로 쓴다. 새우를 쓰는 것도 비슷하나, 부이야베스에서 비싼 바닷가재를 쓰는 경우가 있다면 해물잡탕에서는 그 대신에 그 정도로 비싸지는 않은 꽃게를 쓰는 경우가 있다는 것도 재미있는 비교인 것 같다.

해물잡탕과 부이야베스가 비슷하다면 한국과 프랑스가 비슷할 만큼이나 비슷하고, 한편 두 가지가 서로 다르다면 한국과 프랑스가 서로 다를 만큼이나 다르다. 재료에 있어서 부이야베스는 굴은 쓰지 않고 생선은 쓴다. 생선도 포함해서 해물을 즐기는 요리인 것이다. 그러나 그것은 그렇게 대수로운 차이라고는 볼 수가 없다. 뭐니 뭐니 해도 가장 큰 차이는 재료가 아니라 국물이다. 부이야베스는 국물에 굉장한 신경을 쓴 요리인 것이다. 해물로 국물을 우려내지만 여기에 포도주를 넣고 오만가지 향채(香菜) 따위를 넣고, 사프란이 빠질 수 없다. 여기에 또 올리브기름을 넣어 끓이니까 맛은 해물잡탕과는 딴판의 것이 된다. 재료는 비슷한데 국물이 다르다는 데서 서로의 맛의 특징이 결정된다.

대중과는 거리가 멀지만 우리나라에서도 일부 고급 레스토랑에서는 서양요리가 고급화되어 가고 있다. 그런 고급 레스토랑과는 인연이 별로 없는 까닭에, 나는 아직 부이야베스는 우리나라에 상륙하지 않은 것으로 알고 있는데 사실은 어떤지? 그러나 그것도 멀지 않아 우리나라에 등장하리라는 것은 의심하지 않는다. 기본적인 재료가 우리나라에도 풍부하기 때문이다. 그리고 재료라는 면에 있어서만은 이미 대중은 한국판 부이야베스를 즐기고 있는 셈이라고 말할 수는 없는 것인지.

봄 3월은 조개 무리의 철

해물잡탕 이야기가 나왔으니 말인데 그 주요 재료인 조개 무리는 대부분이 봄 3월(양력)에는 산란기를 앞두고 맛이 더해 간다. 3월이 해물잡탕의 계절이라고 말해도 좋은지 모르겠다. 한반도는 3면이 바다여서 조개 무리가 풍부하다. 특히 서해안이나 남해안은 조개 무리가 사는 데 조건이 좋아, 조개 무리가 많이 생산되기도 하고 양식도 활발하다. 조상들도 손쉽게 그것들을 채취하여 식용으로 이용했기 때문에 그 흔적이 패총(貝塚)으로서 오늘날까지 남아 있다. 다만 조상들도 조개 무리를 해물잡탕 비슷하게 이용했느냐 어땠느냐 하는 것은 지금 알 길이 없다.

옛날 중국에서는 조개껍질이 화폐 구실을 했다. 돈과 관계있는 글자에 '조개 패' 자가 들어 있는 것이 얼마나 많으냐 말이다. 貝, 財, 貨, 貯, 費, 貴, 買, 賣, … 등등 이를 헤아릴 수 없다는 것은 옥편에서 貝(흔히 '자개 패'라고 부름) 부위(部位) 편을 살펴보면 잘 알 수 있을 것이다.

다만 우리나라에서도 조개껍질을 화폐처럼 썼던가 하는 데 대해서는 나는 아는 바가 없다. 해물잡탕에서 여러 무리의 조개들을 먹으면서 그렇게 호주머니의 부담을 느끼지 않는 것을 다행으로 여길 뿐이다. 나는 영양학에는 매우 어두운 사람이지만, 해물잡탕은 술을 마시는 데도 괜찮고 밥을 먹는 데도 괜찮다. 그리고 이것이 최근의 창작 같다는 것이 나를 더욱 흐뭇하게 만든다.

옛 음식이 자취를 감추는 것을 아쉽게 여기는 한편으로 이렇게 새로운 창작이 나온다는 것을 나는 환영하는 데 서슴지 않는다. 부이야베스와는 달리, 값도 훨씬 대중적이다. 해물잡탕은 최근의 양식 기술과 수송 기술을 이용한 대중적인 걸작품이 아니겠는가 하는 생각이 든다.

오징어, 가늘게 썬 회는 '바다 냉면'

막내라서 줄곧 어리게만 여겨 왔던 조카가 어느새 나이가 되어 동해안을 경비하는 부대에서 근무하고 있다. 면회를 가 주어야겠다고 밤차를 타고 아침에 강릉(江陵)역에 내렸다. 추우면 시장기도 한결 더해지는 것이 사람의 생리일까. 터미널에 가서 버스 시간을 확인하고는, '해장국'이라고 써 붙인 식당이 근처에 있기에 덮어놓고 뛰어들었다.

몸을 녹이면서 메뉴를 살펴보니까 '회 백반'이라는 것도 있었다. 해장국 8백 원에 회백반은 1천5백 원이라고 적혀 있었다. 동해안에 와서 식사를 하는데 그리고 어물이 없다면 몰라도 회백반이 된다는 데 해장국을 시킨다는 것은 암만해도 쑥스럽게 생각되었다. 회백반을 주문했더니, 회는 오징어라고 식당 주인이 미리 양해를 구한다. 나는 양해했다.

얼마 있다가 가지고 온 오징어회 접시를 보고 나는 놀랐다. 결코 적지 않은 접시에 오징어회를 수북하게 담아 온 것이다. 서울 같으면 오징어회만을 안주로 삼는다고 치고 두 사람이 그것으로 능히 술을 마실 수 있는 분량이었다. 밥을 먹는 반찬으로서는 지나치구나 하고 나는 느꼈다. 그러나 그렇게 느꼈으면서 결국 나는 그 오징어회 접시를 비웠다. 억지로 애를 써서 먹었기 때문이 아니라, 싱싱한 오징어회는 쫄깃쫄깃한 탄력을 지니고 있었으며 일말(一沫)의 산뜻한 감미(甘味)가 혀 위를 굴러 넘어가는 듯한 맛이었다.

싱싱한 오징어회를 먹어 본 것이 그때가 처음인 것은 아니다. 10여 년 전의 일이었지만, 나는 여름휴가를 이용해서 화진포(花津浦)를 구경하고 대진(大津)에서 하룻밤을 묵었다. 행여 금강산의 훈향(薰香)이 바람에 불려 풍겨 오지나 않을까 하는 정념(情念)에, 파도 소리가 겹치고, 또 모기떼가 겹쳐서, 피곤한 몸이 좀처럼 잠들기가 쉽지 않았다. 그래도 얼마 동안 눈을 붙일 수가 있었는데 나를 깨운 여관의 아침상에 싱싱한 오징어회가 놓여 있어 나를 즐겁게 해주었다. 지금 막 들어 온 배에서 내린 것이라고 했고, 가늘게 그러나 꽤 길게 썰어 놓은 오징어회는 그 차가운 감촉이 냉면을 연상케 해주었다. 아침상에서 먹을 만한 것은 그것뿐이었다고 해도 과언이 아닌데 분량이 적은 것이 아쉬웠으나, 부담을 주게 될까 두려워서 추가로 더 먹을 수 없느냐 하는 말은 하지 못했다.

강릉 버스 터미널 근처의 식당에서 나는 대진의 여관 생각이 났지만, 10여 년 전의 대진에서는 6·25 때 군인의 초청이 생각났었다. 6·25 때 속초(束草)에서 장교로 근무하던 그는, 속초에서 멀지 않은 산속에서 근무하던 나더러 속초에 놀러 오라고 몇 번이고 기별을 주었었다. 아무것도 없지만 'Sea Noodle(바다 국수)' 파티를 열 수는 있다는 것이었다. 바다 국수 파티란, 국수처럼 가늘게 썬 오징어회로 소주를 마시는 술자리의 별명이었다.

오징어순대에 훈제오징어까지

세계에는 오징어와 낙지를 잘 구별하지 못하는 민족들도 있지만, 우리나라에서는 옛날부터 오징어 무리와 낙지 무리를 각기 구별해 왔다. 〈동국여지승람〉에도 오징어는 '烏賊魚', 낙지는 '絡蹄'로 적혀 있다. 이렇게 옛날부터 겨레에게 잘 알려져 온 해물이지만, 오징어 요리로서는 별로 전해 내려오는 것이 없는 것 같다. 오징어포 이야기는 뒤로 미루고, 물오징어의 경우를 보면 회나 볶음이나 탕(湯) 정도일까.

참, 오징어순대라는 것이 있다. 이것을 파는 식당이 서울에 있다. 오징어 다리를 뽑아 내장을 긁어내고 몸 안에 재료를 채운 것을 동여매어 찐 것을 썰어서 먹는 것이다. 재료는 보통 순대의 재료와 크게 다를 바 없으나, 뽑아낸 다리를 잘게 썰어서 재료와 섞는다. 식당에서 파는 것은 못 보았지만, 같은 요령으로 오징어 밥을 만들 수 있다. 찹쌀을 주로 한 재료를 몸 안에 넣어 쪄서 만든 밥이다. 다만 오징어 밥의 경우에는 몸 안에 찹쌀을 꽉 채워서는 안 된다. 찹쌀이 부풀어 오징어가 째지면 뭐란 말인가.

생각하니 또 있다. 가정이나 지방에 따라서는 물오징어를 제법 김장에도 쓰고 젓갈로도 담근다. 함경도식 식해의 경우에도 오징어를 쓰지 말라는 법은 없다. 김치에 쓰거나 젓갈이나 식해로 담글 때는 역시 오징어 껍질을 말끔히 벗기는 것이 좋다. 껍질이 붙어 있으면 먹기 거북하다. 시장에 나왔다가 안 나왔다가 해서 마음대로 살 수는 없지만, 오징어의 훈제(燻製)도 국산품이 있는 것을 나는 먹어 보았다. 이것도 껍질을 깨끗하게 벗긴 것이었으며 맥주나 양주의 안주로 좋겠다고 생각되었다.

맥주나 양주의 안주로 좋겠다고 썼지만, 서양 사람들이 오징어를 먹느냐 하는 문제가 제기되지 않을 수 없다. 일반적으로는 먹지 않는다고 대답하는 것이 무난하겠다. 비늘이 없는 해산물은 먹지 말라는 계율(戒律) 때문에 먹지 않는 유태교도들 같은 경우도 있지만, 습관 때문인지 시각 때문인지 편견 때문인지—또는 그것들이 합친 때문인지, 일반적으로 서양 사람들은 오징어를 먹지 않는다. 어부가 잡지를 않고 따라서 시장에서 팔고 있지 않다.

다만 지중해 연안에서는 먹는 사람들이 있어서 시장에서 살 수 있는 경우가 있다고 한다. 내 친구 가운데는 나폴리의 노점에서 팔고 있는 튀김을 레몬과 소금으로 먹었다는 이가 있다. 기름은 올리브기름임이 분명했고, 오징어가 아니면 낙지였음도 분명했다고 한다. 나의 경우는 주마간산(走馬看山)—아니, 주차간해(走車看海) 격이었기에 나폴리에서 그런 경험도 구경도 못했지만, 서양 사람들이라고 해서 식성이 다 같은 것은 아니다.

씹을수록 더 씹히는 군것질 맛,
오징어포

　　날것의 경우는 오징어보다는 낙지를 치는 것이 일반적이고 따라서 값은 낙지가 더 비싸다. 그런데 음식의 재료 가운데는 해삼, 표고버섯, 숭어알같이 말리면 날것과는 딴판인 독특한 풍미가 나타나는 것들이 있다. 오징어도 여기에 속한다고 볼 수가 있고, 저장할 수 있는 이점도 있기에 우리가 어려서부터 사귀어 온 것은 물오징어라기보다는 오징어포다. '오징어포다'라는 현재형이 아니라 '오징어포였다'고 과거형으로 적는 것이 좀 더 정확할는지 모르지만.

　　요즘 국민학교 어린이나 중·고교생들이 즐겨 사 먹는 것에 쥐포라는 것이 있다. 이것은 쥐치라는 물고기를 껍질 벗겨 말린 것이기에 '쥐치포'라고 불러야 옳지만, 지금 내가 그 명칭을 문제 삼으려는 것이 아니다. 지금 소년소녀들이 쥐치포를 즐겨 사 먹고 있는 정도로, 과거의 소년소녀들은 오징어포를 즐겨 사 먹었다고 말할 수 있지 않을까 하는 것이 내가 지적하고 싶은 바다. 그만큼 오징어포 값이 비싸졌다는 이야기가 된다. 직장 사무실에서 부과장(部課長)급이 자기 호주머니를 털어 섣달그믐날에 간단한 송년 파티를 베푼다면, 으레 냉주에 오징어포가 가장 비용이 안 드는 방법이었다는데, 이것도 요즘에는 냉주에 쥐치포가 됐는지도 모르겠다. 씹으면 씹을수록 맛이 우러나 한번 입에 하면 여간해서는 스톱을 걸기 어려운 위협을 받고 있는 셈일까.

　　중국에도 물오징어 요리는 있을 것이다. 생초우어(生炒魷魚)라는 것은 낙지와 야채를 볶은 것이었는데, 중국에서는 우리만큼 오징어와 낙지를 구별하지 않기 때문인지, '우어'라는 말은 낙지나 물오징어를 가리키기도 하고 오징어포를 뜻하기도 한다. 물론 '오적(烏賊)'이니 '오적어'니 하는 말이 쓰이기도 하고 이 말을 우리 겨레도 채택했지만, 한편 묵어(墨魚)라는 말도 있다. 이런 말들이 모두 오징어에도 쓰이고 낙지에도 쓰이기에 복잡하지만, 워낙 넓은 중국이기 때문에 어디엔가 물오징어 요리도 있으리라고 생각하는 것이 무난하겠다.

그러나 물오징어 요리는 결코 중국에서 일반적인 것은 아니다. 일반적인 것은 오징어포 쪽이고, 오징어포뿐만 아니라 건물(乾物)을 다루는 데 중국 사람은 천재라고 해야겠지만, 오징어포를 다루는 솜씨도 보통이 아니다. 그것을 물에 담가 불려서 쓰는 요리의 가짓수는 이루 헤아릴 수 없을 것이다. 사실은 물에 불리면 맛이 빠지고 씹는 맛밖에는 남지 않는다. 따라서 여기에 뜻대로 맛을 붙여서 이용하는 것이 중국 요리의 특기이고, 요리의 재료로서 오징어포가 환영을 받는 이유가 여기에 있는 것 같다. 우리는 오징어포를 그대로 찢어 먹기도 하고 구워서 먹기도 하고 잘게 찢어서 무쳐서도 먹지만, 이런 식성이 중국 사람에게는 없다. 한편 오징어포를 불려 갖가지 요리에 활용하는 중국식은 우리에게는 아직 생소한 일이다. 한국 문화와 중국 문화가 비슷하다고는 하지만, 따지고 들어가면 이런 점에서도 서로의 독자성이 각각 드러나는 것 같다.

그러나저러나 오징어포에 관해 우리와는 전연 거리가 먼 것이 서양 사람들이다. 내가 아는 한국 유학생이 미국 아파트에서 오징어포를 구워 맥주 안주로 삼아 한참 기분 좋게 텔레비전을 보고 있는데, 경찰에서 전화가 왔다고 한다. "뭔가 괴상한 것을 방금 구웠습니까? 사람인지 뭔지 하여간 괴상한 동물의 시체를 굽는 것 같다는 제보가 당신 아파트의 몇 사람한테서 왔으니까 묻습니다." 하는 데는, 오징어포가 무엇인지 설명하느라고 정말 진땀을 뺐다고 한다.

오징어포는 반건(半乾) 상태인 것도 좋다. 바싹 말린 것을 술(일본 청주, 백포도주)로 불려서 양념을 치고 굽는 것도 좋다. 울릉도 것이 좋다는 데는 물론 나는 반대하지 않는다. 그러나 이제 국산품이면 어디 것이든지 나는 만족할 수밖에는 없는 것 같다. 원양어업에서 잡아 온 오징어포는 몸이 크더라도 싱거운 것들이 많아서 탈이니 말이다.

전골,
오복장국,
오뎅

추위를 끓여 먹는 '겨울 보신탕',
전골(煎骨)

춥다. "전골이나 먹을까." 하고 점심 제안을 하면 사무실 동료들의 대부분이 반색을 하고 고개를 끄덕끄덕하는 계절이다. 누가 점심값을 내는가는 둘째 문제이고, 우선 전골은 추운 계절에 얼어붙어 있는 몸을 훈훈하게 녹여 줄 것으로 기대되는 음식이다.

그러나 과연 '전골'이 무엇이냐 하게 되면 이야기가 간단하지가 않은 것 같다. 한자로는 '전골(煎骨)'이라고 쓰니까 소나 돼지의 뼈를 푹 곤다는 뜻이겠지만, 실제로 우리가 먹는 전골은 그런 것이 아니다. 소나 돼지의 뼈를 푹 곤 국물이 밑바탕이 되어 있는 것인지 어떤지는 모르겠지만, (원래는 그래야만 했을 것이다) 하여간 쇠고기 또는 돼지고기를 잘게 썰어 양념을 쳐서 야채와 함께 끓인 것이 전골이다. 국이라고 하기에는 국물이 적고, 찌개라고 하기에는 익혀 먹는 시간이 빠르다. 국도 아니고 찌개도 아니기에 바로 전골인지도 모르겠다. 그렇다고 해서 어중간한 요리인 것은 아니다. 이것은 이것대로 분명한 독립성이 있는 요리다.

전골을 '스끼야끼'라고 부르면 화를 내는 분이 있다. 전골이라는 어엿한 우리말이 있는데 왜 굳이 스끼야끼라고 일본말을 쓰느냐 하는 것이다. 이런 문제에 대해서는 어떻게 생각해야 좋을지를 나는 모른다.

일본의 스끼야끼에도 크게 구분해 보면 관동식(關東式)과 관서식(關西式)의 두 유형이 있다. 관동식은 그래도 우리나라의 전골과 비슷한 점이 없지 않다고 볼 수 있지만, 관서식은 이제 우리나라 전골과는 거리가 멀고, 지금 일본에서 스끼야끼라는 것은 열이면 열이 관서식이라고 말하여도 과언이 아니다.

일본의 관서식 스끼야끼는 얇게 썬 쇠고기를 '구워' 먹는 방식의 요리이고 '끓여' 먹는다는 자세가 아니다. 그런 스끼야끼를 한국 사람에게 먹이면서 이것이 전골이라고 한다면 한국 사람은 어리둥절해할 것이다. 마찬가지로 우리가 전골을 일본 사람에게 먹이면서 이것이 스끼야끼라고 한다면 일본 사람은 고개를 갸우뚱할지도 모른다.

시원(始源)에 있어서는 어떤 관련이 있거나 없거나 이제는 전골은 전골이고 스끼야끼는 스끼야끼이다. 기어코 둘이 같은 것이라고 우기는 것은 무리가 아닌가 하는 생각이 든다.

식당에 가면 '곱창전골'이라는 것이 있다. 한마디로 말하면 처음부터 육수를 부어 놓고 곱창을 끓여 먹는 것이다. 이것을 굳이 스끼야끼라고 주장할 필요가 있을까. 전골이 스끼야끼라고 한다든지, 또는 스끼야끼가 전골이라고 한다든지 해야만 우리나라 전골이 다소라도 빛나는 것일까. 그럴 까닭이 있겠느냐 하는 것이 내 의문이다.

그건 그렇고 '궁중전골'이라는 것을 친구들과 함께 먹었던 일이 있었다. 그 재료들 속에 햄이 들어 있는 것을 보고 어떤 친구가 깜짝 놀라면서 "이게 뭐야? 그래, 궁중에서 햄을 먹었단 말이야?" 하고 역정을 내는 데는 이번엔 내가 놀랐다.

궁중에서 햄을 먹었느냐 안 먹었느냐 하는 것도 알 수가 없지만, 도대체 궁중에 신선로라면 몰라도 전골이 있었느냐 없었느냐 하는 것부터가 문제가 된다. 궁중전골이라는 것은 어디까지나 식당의 상술이 만들어 낸 허명(虛名)이라고 생각하면 그만이고, 좀 더 어른스럽게 굴자면 하나의 애교로 보아 넘겨야 하는 것이 아닌지 모르겠다.

궁중 요리보다
다양했던 서민 요리

궁중에서 햄을 먹었느냐 안 먹었느냐 하는 것을 알 수 없다고 쓴 것은 물론 구한말을 생각했기 때문이었다. 고종 황제는 햄을 잡수셨을 가능성이 매우 높고, 어쩌면 명성황후(明成皇后, 민비)도 잡수셨는지 모르겠다.

임금과 왕비에게 양식(洋食) 맛을 가르쳐 드렸던 사람은 독일인 여자 손탁(Sontag)이었다. 손탁은 당시 러시아 공사였던 웨베르(韋貝)의 처형이었다고 하며, 웨베르의 주선으로 왕비와 가깝게 지내게 되었고 왕실의 외국 사람 접대를 맡도록 촉탁되었다. 왕비에게 때때로 양식 강습을 했으며 손수 양식을 만들어 바치기도 했다고 한다.

왕비가 일본인들에 의해 시해되고(1895년), 대원군이 재등장하여 정권을 좌우하게 되었을 때 나라는 복잡하기 짝이 없었다. 고종과 세자(純宗)는 창덕궁 안에서 지내고 있었지만 이제 누구를 믿어야 좋을지를 몰랐었고, 무엇보다도 음식에 겁을 내지 않을 수 없었다. 먹지 않아도 굶어 죽겠지만 독약이라도 들어 있는 음식을 먹는다면 어떻게 될 것인가.

이때 나섰던 사람이 웨베르 러시아 공사 부인이었다. 조석으로 수라(洋式)를 손수 만들어서 이중 철함(二重鐵函)에 넣어 자물쇠를 채워 고종 부자에게 배달했다고 한다. 러시아 공사관에서 임금의 수라를 만들어 배달할 지경이었으니까 나라 꼴이 말이 아닌 것은 두말할 것도 없었지만, 다음 해 봄에는 임금이 러시아 공사관에 피난을 했다. 이른바 아관파천(俄館播遷)이다. 일국의 왕(아직은 황제가 아니었다)이 궁중을 믿지 못해 외국 공사관에 피신한다는 기막힌 사태가 1년 동안이나 계속되었다.

러시아 공사관에 파천한 후로는 엄 상궁이 들어와 임금과 침식을 같이하여(이때 영친왕을 잉태했다) 우리나라 요리도 잡수셨다고는 하지만 양식을 접할 기회는 더욱 많았을 것이다. 경운궁(지금의 덕수궁)으로 거처를 옮긴 후에도 생각나면 양식을 시켜 잡수셨으나, 그 당시의 궁중의 사정으로는 양식을 제대로 만들지를 못하여 고종에게 만족을 드리지는 못했던 것 같다. 하여간 이렇게 일찍부터 양식과 사귀었던 고종이고 보면 햄을 잡수실 기회가 충분히 있었을 것으로 짐작된다.

다만 궁중 요리라는 것은 임금 또는 왕실에서 만드는 것은 아니었다. 궁중에서는 곧잘 연회가 열리기 때문에 고관대작이면 심심치 않게 궁중 요리를 대할 수 있었으며, 연회가 끝나면 당상관 집에 음식을 나누어 하사하는 것이 관례였으니 당상관 집에서도 궁중 요리를 맛볼 수 있었다. 그런 궁중 요리에는 햄은 물론이고 전골이 나왔을까 하는 것도 의문이다.

궁중 요리라는 것은 요리의 격식은 높았어도 맛은 별로 없었던 것으로 알려지고 있다. 요리가 맛있느냐 없느냐 하는 것은 어디까지나 개인의 주관적인 미각에 달린 문제이기 때문에 어떻다고 단정하는 것도 쑥스러운 일이지만, 일반적으로는 싱거운 궁중 요리보다는 반상(班常) 요리가 더 맛있었다고 한다. 특히 민간의 대가(大家)에서 정말로 맛있는 음식을 먹을 수 있었다고 한다. 어떤 음식이 맛있다고 이름난 대가가 적지 않았다.

서민들 사이에도 맛있는 음식이 제법 있었다. 술국(해장국)이니 장국밥이니 설렁탕이니 추탕이니 하는 것을 임금은 입에 대 보지도 못한, 서민들의 맛이었다. 임금은 모르지만 서민들은 알고 있는 맛이 얼마나 많았겠는가. 그런 뜻에서는 격식에 묶여 있는 궁중 요리밖에는 몰랐던 임금이 불행했다고 볼 수도 있겠다. 다만 철종의 경우는 본곁(왕비의 친정)의 반빗아치 서방을 통해 유명한 이문(里門) 안 막걸리를 수라상에 올리게 하여 반주로 즐겼다고 한다.

나라님은 즐기지 못한 풍취

어떤 음식이 맛있기로 이름난 대가가 적지 않았다고 썼지만, 개화파의 주장 격인 김옥균의 집(그 자리는 현재의 '정독 도서관' 구내의 일부)에서 스끼야끼를 대접받은 외국 손님들은 그 맛이 천하일품이라고 입을 모아 칭찬했다. 삼일천하로 끝난 갑신정변의 모의도 그 집에서 스끼야끼를 먹으면서 진행되었던 것인가.

〈동국세시기〉에는 "서울 풍속에 숯불을 화로 가운데 피워 놓고 번철(燔鐵)을 올려놓은 다음 쇠고기를 구워 기름, 간장, 달걀, 파, 마늘,

고춧가루로 조미하면서 화롯가에 둘러앉아 먹는 것을 난로회라고 일컫는다."고 적혀 있다. 김옥균의 집에서 열린 잔치는 '스끼야끼 난로회'였던 셈이다.

난로회에서 사용하는 냄비는 반드시 일정한 형태를 갖추어야 하는 것이 아니었겠지만 〈경도잡지〉는 이런 냄비 하나를 소개하고 있다. "냄비 이름에 전립투(氈笠套, 벙거짓골)라는 것이 있다. 벙거지와 비슷한 모양에서 이런 이름이 생긴 것이다. 채소는 그 가운데에 넣어 데치고 고기는 변두리에 놓고 굽는다. 안주를 만들거나 밥을 짓는 데 모두 좋다."는 것이다.

이덕무(李德懋)의 시에 '남국과홍(南國鍋紅)'이란 구절이 나오는데 작자 스스로가 이에 주석을 붙여 "냄비가 벙거지 모양인데 고기를 구워 먹는 것을 난로회라 일컬으며 이 풍속은 일본에서 건너왔다."고 적었다. 한편 이학규(李學逵)가 귀양살이를 하던 김해의 풍물을 읊은 시에서 "승가기(勝佳妓)라는 육갱(肉羹)은 일본에서 건너온 것으로 신선로로써 먹는 것이다."라고 적었다.

이덕무의 주석대로 벙거지 모양의 냄비로 고기를 구워 먹은 난로회는 〈경도잡지〉가 적고 있는 바와 거의 다를 것이 없다. 한편 이학규가 소개한 김해의 승가기는 신선로로써 끓이는 육갱이라는 점에서 좀 다르다. 고기를 굽는 것이 아니라 신선로로써 끓인다는 것은 일종의 전골이 아니었겠느냐 하는 생각이 든다. 그러나 이덕무가 말하는 '남국과홍'이나 이학규가 말하는 '승가기'가 각각 일본에서 건너왔다는 것은 어느 정도의 신빙성이 있는 것인지 알 수가 없다.

〈동국세시기〉는 난로회는 중국에서 건너온 것이라고 적고 있다. "북경 사람은 10월(음력) 초하루에 술을 걸러 놓고, 고기를 화로에 구우면서 둘러앉아 마시며 먹는데 이것을 난로회라고 한다."는 기록을 이용했고, 또한 "10월 초하루에 유사(有司, 벼슬아치)가 난로와 숯을 올리면 민가에서는 모두 술을 가져다 놓고 난로회를 한다."는 다른 기록도 인용하고 있다. 옛날에는 난난회(煖暖會)라고 했던 것이 바로 이것이며, 위에 적은 중국의 난로회가 우리나라 풍속과 같은 것이라고 적고 있다.

이런 문제에 대해 몇몇 분들이 자기의 의견을 내세운 바가 있었지만 아직도 나에게는 숙제다. 일본에서 왔느냐, 중국에서 왔느냐. 하지만, 숯불로 고기를 구워 먹거나 끓여 먹거나 그런 정도라도 우리는 반드시 외국에서 배워야만 했단 말인가. '난로회'라는 이름은 몰라도 고기를 숯불로 굽거나 끓이거나 하는 방법이 모두 외국에서 건너온 것이냐 하는 의문부터 우선 느끼지 않을 수 없다. 하여간 난로회도 임금은 즐기기 어려웠겠다. 누구들하고 숯불에 둘러앉아 한 냄비의 고기를 함께 먹느냐 말이다.

이제는 '쟁반'이래야 통하는 평양의 명물, 어복장국

호암 문일평의 글 중에 '평양과 부여'라는 글이 있는데 다음과 같이 시작된다. 몇 군데만은 알기 쉽게 현대풍으로 풀어서 싣기에 원문과 같지는 않다.

"나는 한때 우스개로 일찍이 평양과 개성의 정반대되는 몇 가지 점을 지적하여 말한 일이 있다. 우선 지명을 보아도 하나는 유경(柳京)이요, 하나는 송경(松京)이니 버들과 솔은 정반대가 아닌가. 민성

미식가의 수첩

(民性)을 보아도 하나는 진취적 경향이 있고, 하나는 보수적 경향이 있으니 진취와 보수는 정반대가 아닌가. 풍속을 보아도 하나는 과부가 많기로 유명하고, 하나는 기생이 많기로 유명하니 과부와 기생은 정반대가 아닌가. 음식을 보아도 하나는 탕반이 발달하고, 하나는 냉면이 발달되었으니 탕반과 냉면은 정반대가 아닌가."

이렇게 호암은 평양과 개성이 대조적이라고 적어 놓고는, 이윽고 평양과 부여는 서로 닮은 점이 많다고 주장을 전개해 나가는데, 그것은 이 글과는 관계가 없다. 호암은 평양에서 발달된 음식의 대표로 냉면을 꼽았는데, 냉면 말고는 또 무엇을 꼽을 수 있을까 하고 나는 생각해 보았었다. 역시 '어복쟁반'이 아니겠는가 하는 생각이 들었었다. 그러다가 어느 날 육당 최남선의 〈조선상식문답〉을 펴보니까, "지방적으로 유명한 음식은 어디 무엇입니까?"라는 물음에 대한 답이 실려 있었다. 매우 간결한 답이기에 전문을 소개해 본다.

"이루 다 말하겠습니까마는, 서울은 그만두고 개성의 엿과 제육, 해주의 승가기(勝佳妓), 평양의 냉면과 어복장국, 의주의 대만두, 전주의 콩나물, 진주의 비빔밥, 대구의 육개장, 회양(淮陽)의 곰의 기름 정과, 강릉의 방풍죽(防風粥), 삼수갑산의 돌배말국, 차호(遮湖)의 홍합죽(紅蛤粥) 등이 사방에 이름난 것입니다."

호암과는 달리 육당은 개성의 음식으로 엿과 돼지고기를 쳤는데, 알 수 있겠다. 해주의 승가기(勝佳妓)는 서울의 도미국수와 같은 방법으로 생선을 요리한 것이었다는데, 아마 조기가 많이 이용되지 않았을까 하고 짐작해 본다. 공주에서는 금강에서 잡힌 잉어를 승가기로 많이 이용했다고 들린다. 의주의 대만두도 알 만하겠다.

전주는 콩나물로 그치고 비빔밥의 금메달이 진주로 돌아간 데 대해서는 전주 사람들은 승복하지 않을 것 같다. 대구의 육개장은 이른바 대구탕반(줄여서 '대구탕')인데 요즘은 국 따로, 밥 따로의 '따로'가 더 유명해졌다.

회양은 강원도에 있는데, 지금은 휴전선 이북에 위치한다. 곰의 기름 정과란 정과(正果) 또는 전과(煎果)로서 과자의 일종인 모양이지만 나는 구경한 일조차 없고, 대관절 곰을 어떻게 했다는 것인지 상상도 못하겠다.

강릉의 방풍죽은 방풍나물의 어린싹을 따서 죽을 쑨 것이겠다. 방풍나물의 뿌리는 말려서 한약재로 쓰인다. 삼수갑산의 돌배말국도 나는 알지를 못한다. 돌배나무의 열매는 흔히 '똘배'라고 부르며 보통 배보다는 작고 단단하고 시고 떫은데, 먹기는 하지만 그것으로 국물을 만든단 말인가. 그리고 삼수갑산에도 돌배나무가 많이 있는 것인지? 차호는 함경도의 항구라서 거기 홍합죽이 어떤 것이지는 상상하기 어렵지 않다.

육당은 평양에서는 냉면과 어복장국을 들었다. 참, 그렇다! '어복쟁반'이 아니라 '어복장국'이다. 쟁반이라면 식기이든 용기이든 하여간 그릇이다. 우리가 그릇을 먹을 수는 없지 않은가. 그러나 그것은 어디까지나 이론상의 문제이고 생활 언어의 현실은 또 다르다. 어복장국을 하는 식당도 많지는 않지만 그래도 큰 면옥이면 대개 어복장국을 한다. 그런데 "어복장국 빨리 부탁하네." 하고 주문해도 "우리 집에선 그런 것은 안 합니다."라는 대답을 듣게 되는지도 모른다.

그 대신 "쟁반 4인분에 소주 하나." 하고 주문한다면 "네, 네." 하고 척척 알아듣는 것이다. 결국 '어복장국'도 생활 언어로서는 사어

(死語)가 돼 버린 것이다. 조상들이 저승에서, 후손들이 지금 '쟁반'을 먹으면서 '쐬주'를 마신다는 말을 듣는다면 무슨 소리인지 잘 이해가 가지 않아 스스로의 귀를 의심하면서 고개를 설레설레 흔들지도 모를 일이다.

요새는 '어복'도 생략하고 그저 '쟁반'으로 통하는 것이 어복장국이다. 어엿한 평양 토박이까지도 "쟁반 어때? 쐬주 한잔하면서 말야."라고 말할 때는 "댕반? 도티, 도아."라고 농을 하면서 나는 웃는다.

정이 익는 구수한 맛, 쟁반

어복장국의 '어복'이라는 어원에 대해 나는 흥미가 있다. 평양 출신의 여러분들이 주장하는 바가 여러 갈래고 엇갈리기 때문에 나는 더욱 흥미를 느끼게 된다. 그러나 '어복'에 대한 문제는 나 자신이 아직 정리를 못하고 있기에 여기서 복잡하게 늘어놓는 것은 삼가려고 한다. 그러나 어복장국이 평양의 상가에서 발생하고 발달한 요리이리라는 점에서는 평양 출신의 여러분들도 대부분이 의견을 같이하고 있다.

지금은 서울에서 어복장국—아니지, 쟁반을 시키면 놋쇠 쟁반에 편육을 담아 와서 불을 켠 고형(固形) 알코올 위에 올려놓고는, 장국—아니지, 육수라고 불러야 통하지, 육수를 붓는다. 달걀부침을 채로 썬 것과 실고추와 파 따위가 약간 얹혀 있다. 복판에 양념간장 그릇이 놓여 있게 마련인데 이 간장 그릇도 문제다. 손님들이 술을 마시게 되어 자리가 길어지면 양념간장이 뜨거워져서 산뜻한 맛을 잃게 되기가 쉽다. 따라서 어느 정도 시간이 지나면 양념간장을 내려

놓는다. 모처럼 정성을 다해서 만든 양념간장일지라도 푸대접을 받게 된다. 술도 마실 만큼 마셨으며 편육도 먹을 만큼 먹었다고 할 만한 무렵이 되면 국수—아니지, 이것도 사리라고 불러야 통하지, 사리를 국물에 넣어 데웠다가 든다. 이것이 지금 남성들이 서울에서 어복장국을 먹는 방법에서 꽤 보편적인 것의 하나라고 볼 수 있겠다.

내가 어복장국을 매우 특이한 음식으로 치는 이유는 특히 한 그릇에서 훌훌 국수를 함께 건져 먹는다는 데 있다. 편육은 좋다. 한 냄비의 찌개나 한 접시의 요리를 함께 떠먹는다는 것은 우리나라에도 외국에도 얼마든지 있다. 그러나 한 그릇에서 국수를 함께 떠먹는다는 음식 방법은 역시 특이한 것이라고 보아야겠다.

평양 출신의 어떤 분은 이런 설명을 했다. 평양의 상인들이 서로 물건을 팔고 사는 흥정을 한다. 1전이라도 더 비싸거나 싸게 팔거나 사는 것이 이해관계에 큰 영향을 끼치니까 서로가 마치 적대관계인 듯한 국면이 벌어지게도 된다. 그럴 때 긴장을 풀어 주고 흥정을 부드럽게 해주는 음식이 어복장국이라는 것이다.

시장하니 점심이나 합시다, 하고 국수집에 가서 어복장국을 시킨다. 한 그릇에 국수와 편육이 담겨 나온다. 좀 더 드십시오, 하고 서로 편육이나 국수를 젓가락으로 상대방에게 밀어준다. 한 그릇이니까 그것이 가능하다. 그렇게 젓가락으로 밀고 밀리고 하고 있으면 상호간의 적대관계나 긴장 상태가 풀린다는 것이다. 한 그릇에서 국수를 서로 훌훌 떠먹고 있으면 친근감마저 느끼게 된다는 것이다.

어복장국을 이렇게 먹고 나면, 서로가 조금씩 양보를 하게 되어 까다로운 듯했던 흥정도 뜻밖에 쉽게 풀리기도 했던 것이 아니었겠느냐 하는 설명이었다. 따라서 어복장국은 평양의 상가에서 발생하고 발달했던 음식이라는 것이었다.

평양 출신이 아닌 나로서는 어디까지가 사실인지는 모르겠다. 그러나 어복장국이 매우 정다운 음식이라는 것은 잘 알고 있다. 굳이 맛있다고 말할 생각은 없다. 그러나 맛도 구수한 것이 사실이다. 평양의 상가에서 발생했고 발달했다고 하지만, 평양에서 가정 음식으로 발달했다고 해도 나는 수긍할 수 있을 것 같다. 이것은 서로 정다운 사이에서만 가능한 음식인 것처럼 나에게는 느껴지고, 정다운 사람들을 한층 더 정답게 해주는 것 같다. 서로 사랑하는 남녀에게 꼭 어울리는 음식인지도 모르겠다. "여보, 당신, 좀 더 드세요." 하고 젓가락으로 서로 국수나 편육을 밀어주고 하면서….

비위가 대범하지 못하고 무척 약한 사람에게는 어복장국은 무리일는지 모르겠다. 어복장국의 참맛은 혼자 먹어서는 나지 않는 것이다. 이것은 여러 사람들이 한 그릇에서 국수를 훌훌 떠먹는 음식의 방법과 분위기가 더 중요하다. '설낏'이라고 부르는 쇠고기의 부분이 있는데 이것이 많이 들어가야만 어복장국은 제맛이 난다고 주장하는 분도 있지만, 나는 어복장국은 뭐니 뭐니 해도 재료보다는 분위기가 생명이라고 생각한다.

말하자면 그것은 여러 사람들이 함께 한 그릇에서 떠먹는 온면인 것이다. 시간을 오래 끌면 양념간장이 푸대접을 받게 된다고 지적했지만, 원래 그것은 시간을 오래 끄는 음식으로 장만된 것은 아니었던 것 같다. 정답고 구수하게 말이다.

우리의 식생활 속에 정착한 오뎅

순록(馴鹿)이 산타클로스가 탄 썰매를 끄는 것이 아니라 거꾸로 산타가 순록을 끌고 있다. 벽에 붙어 있는 그림에서는 이렇게 현대적인 유머 감각이 풍긴다. 대조적으로 음악은 클래식이었다. 스메타나에 이어 헨델이 흐른다.

내가 나가는 학교에서 지난 연말에 열린 조촐한 송년회의 분위기는 그런 것이었다. 어떤 한 학부만의 선생님들끼리 분교의 한 방에서 가진 송년회였지만, 시간강사 선생님들이 모두 초청되었기 때문에 좀 비좁은 듯한 방에서, 석유난로 위의 큰 냄비는 무럭무럭 김을 내고 있었다.

여자대학인 까닭에 모두가 젊고 상냥한 아가씨들인 조교 선생들이 깔끔하게 음식을 차려 놓고서도 또 오뎅까지 끓이고 있는 것이었다. 날씨가 몹시 추웠던 탓도 있겠지만 그날 가장 인기가 높았던 것은 아마도 오뎅이었던 것 같다. 나중에 알았지만 별도로 매운탕도 분교 식당에 준비되어 있었다고 한다. 그러나 오뎅이 잘 팔리는 바람에 끝내 매운탕은 무대에 올라 각광을 받을 기회를 얻지 못했다.

일본이 발상지인 오뎅이 이제는 이렇게 우리나라 식생활 속에 정착하고 있는 것을 확인할 수 있는 것 같았다. 한국식 불고기가 일본 사람들의 식생활 속에 정착하고 있는 것처럼.

어떤 식당 앞을 지나다가 보니까 바깥에 써 붙인 메뉴에 '오뎅 백반'과 나란히 '오뎅밥'이라는 것이 있었다. '오뎅국수'라는 것이 있는가 하면 '오뎅떡'이라는 것도 있었다. 오뎅 백반은 두말할 것도 없이 오뎅 따로 밥 따로의 식사이지만, 오뎅밥이라는 것은 아마도 밥 위에 오뎅을 얹어 먹는 것인가 보다. 오뎅국수는 오뎅 국물로 국수를 말아 먹는 것이겠고, 오뎅떡은 오뎅 국물로 끓인 떡국이겠으며, 국수나 떡국에 각각 오뎅이 약간 들어가 있으리라고 짐작해 본다.

오뎅밥이니 오뎅국수니 오뎅떡이니 하는 것이 과연 어떤 맛일까 하는 것은 시식의 기회를 가지지 못했기에 알 수가 없다. 다만 우리가 일본의 오뎅을 흉내 내는 데 그치고 있는 것이 아니라 오뎅을 여러모로 응용하고 있다고는 말할 수 있을 것 같다. 일본에서 '오뎅정식'이라는 것이 우리나라의 오뎅 백반에 해당하는 것이지만, 오뎅밥이니 오뎅국수니 오뎅떡이니 하는 것은 나는 일본에서 구경한 적이 없다. 일본에는 '없다'고 단언하지는 않는다. 이름난 오뎅집에도 더러 가 보았지만 그것들은 없었다고 내 경험을 말하고 있을 뿐이다.

특기할 것은 오뎅 정식에 나오는 밥이었다. 흰 밥이 아니라 엷게 물든 밥이었다. 일본말로 '자메시(茶飯)'라고 부른다. 오뎅집에서는 밥은 흰 밥을 쓰지 않고 으레 자메시를 내놓는 것이 전통이라고 한다. 원래는 차를 끓인 물로 밥을 지으면서 소금으로 간을 하는 것이라고 들었지만, 오뎅집에서 먹는 자메시는 간장으로 간을 맞춘 것이었다. 그래서인지는 몰라도 오뎅집에서는 자메시를 '오뎅메시'라고도 부른다. 우리말로 옮기면 '오뎅밥'이지만, 이것은 아까 지적했던 우리나라 오뎅밥과는 달리 그저 '간장밥'인 것이다.

굽지 않고 삶는 꼬챙이 요리, 뎅가꾸(田藥)

일본에는 굽지를 않고 삶는 꼬챙이 요리가 있는데 그것이 바로 오뎅이다. 그렇다고 해서 일본에는 굽는 꼬챙이 요리는 없느냐 하면 그렇지는 않다. 굽는 꼬챙이 요리 가운데서도 오뎅과 관계가 없지 않기에 '뎅가꾸(田樂)'라는 것을 소개해 보려고 한다.

뎅가꾸라는 말에는 몇 가지의 다른 뜻들이 있는데 대표적인 것은 농악에서 비롯된 일본 음악이다. 그러나 요리의 형식으로 뎅가꾸라는 것은, 간단하게 설명하면 재료를 꼬챙이에 꿰어 왜된장을 발라 구워낸 요리다. 야채로는 두부나 토란이 많이 이용된다. 생선을 재료로 뎅가꾸를 만들 때는 특별히 '교뎅(魚田)'이라고 부른다.

'오뎅'이라는 말은 '뎅'가꾸니 교'뎅'이니 하는 이 '뎅'에서 나왔다. '오'뎅이라는 '오'자는 일본말이 어떤 대상이나 사물을 높이는 뜻에서 툭하면 붙이는 접두사일 것이다. '삶'는 뎅가꾸라는 말이 어떤 과정을 밟아 '오뎅'이라고 불리어지게 되었느냐 하는 것은 나로서도 상세하게 설명할 자신이 없고 독자들도 별로 흥미가 없을 것 같다.

다만 추기(追記)하고 싶은 것은 일본의 관동 지방에서만 오뎅이라는 말을 쓰고 관서 지방에서는 그런 말을 쓰지 않는다는 점이다. 관서 지방에 오뎅이 없는 것은 아니지만 관서 지방에서는 이것을 '간또오니(關東煮)' 또는 '간또오다끼(關東炊)'라고 부르며 '오뎅'이라고 부르지는 않는다. 나는 일본의 관서 지방에서 소위 간또오니를 먹어 본 적이 없다. 어떤 일본인 친구는 관동 지방의 오뎅과 관서 지방의 간또오니는 비슷한 것이기는 하지만 맛이 약간 다른 점이 있어서, 자기 입에는 밥을 먹는다면 관동 지방의 오뎅이 더 낫고 술을 마신다면 관서 지방의 간또오니가 더 맞는다고 한다. 사람의 식성이나 미각은 매우 개인적인 것이기 때문에 그의 말이 일반적으로 어느 정도로 통하는 것인지를 나는 모르겠다. 하여간 나는 일본 관동 지방의 오뎅으로 밥도 곧잘 먹었지만 술도 곧잘 마셨다. 밥반찬으로보다는 술안주로 훨씬 더 애용했다.

국물을 끓이는 시간이 맛의 열쇠

우리나라에서 한때 오뎅을 '꼬치' 또는 '꼬치안주'라고 부르자는 운동이 있었다. 되도록 일상생활에서 외국어를 쓰지 말고 우리말을 쓰자는 운동이었기에 그 취지는 매우 좋은 것이었다. 그런 운동으로 말미암아 많은 성과가 있었던 것을 다행하게 여기는데, 오뎅의 경우는 꼬치니 꼬치안주니 하는 말이 거의 보급되지 않고 있는 것이 실정인 것 같다.

역시 '꼬치'라는 말은, 특히 숙녀들에게는 어감이 거북하기 때문인 것인지는 모르겠다. 또한 오뎅이 반드시 모든 재료를 꼬챙이로 꿰는 것은 아니라는 사실에도 이유가 있는 것인지도 모르겠다. 오뎅은 삶는 요리이며, 꼬챙이로 꿰거나 않거나 하는 것은 재료를 다루는 데 있어서의 편의에 따라 정하면 그만이다. 길에서 팔고 있는 오뎅은 모두 꼬챙이로 꿰어 놓고 있다고 해서 오뎅을 '꼬치'라고 부르자고 했던 것이라면 아무래도 그것은 무리였던 것 같다.

삶는 요리이고 보면 맛의 생명은 재료와 국물에 달렸다. 재료에 대해서는 굳이 거론할 것이 없지만 국물에 대해서는 시간을 강조하고 싶다. 물론 무엇을 토대로 해서 국물을 만드느냐 하는 것부터가 중요한 문제지만, 재료나 국물을 모두 제대로 갖추었다고 해도 국물을 끓이는 시간이 오뎅 맛을 결정적으로 좌우한다. 재료에 따라서는 오래 삶아서는 안 되는 것이 적지 않지만, 하여간 약한 불로 오랜 시간에 걸쳐 국물을 끓여야만 재료에서 나오는 기름기와 국물이 잘 조화하고 유화(乳化)해서 부드럽고 맛있는 국물이 우러나온다. 가정에서 아무리 제대로 재료를 갖추고 제대로 국물을 준비해서 오뎅을 끓여도 제맛이 안 나는 것은 끓이는 시간이 짧기 때문이라고 볼 수밖에 없다.

　오뎅은 고급 요리가 아니라 정말로 서민적인 요리다. 일본에서도 원래는 포장집에서나 만들어 팔던 요리였다고 한다. 추운 겨울에 테이블이 아니라 오뎅 냄비 앞의 의자(우리는 흔히 카운터라고 부르고 있지만)에 앉아서 두부나 쇠심줄에 듬뿍 겨자를 바른 것을 먹으면서 뜨겁게 덥힌 술잔을 기울이는 데 오뎅의 참맛이 있다.

순대와
소시지

순대, 겉 다르고 속 다른
'코리언 소시지'

　　　　　어떤 서양 여성이 한국인(국적은 미국)과 결혼하고 서울에 왔다. 남편의 누나가 되는 한국 여성이 하루는 그녀를 안내하고 서울 구경을 시켜 주다가 동대문 시장에서 혼이 났다고 한다. 순대를 팔고 있는 것을 보고는 뭐냐고 묻기에 '코리언 소시지'라고 대답해 주었더니 두 눈을 반짝이며 그것을 먹자고, 조르더라는 것이다. "레이디는 이런 데서 안 먹는 것이 한국의 풍습"이라고 달래면서, 호기심에 가득한 그녀를 겨우 끌고 나왔다고 한다.

　　'레이디'란 뭐냐, 하게 되면 문제가 어렵다. 레이디는 그런 데서 순대를 먹어서는 안 되는 것이냐 하게 되면 문제는 복잡해진다. 그러나 하마터면 동대문시장에서 구경거리가 날 뻔했겠구나 하고 나는 크게 웃었다. 그리고는 기회를 보아 내가 코리언 소시지집에 데리고 가마고 약속을 했다.

　　생각하면 순대는 역시 '코리언 소시지'라고나 번역할 수밖에 없을 것 같다. 그러나 더 생각하면 순대는 돼지의 장관(腸管)을 이용한다는 것을 빼고는 서양의 소시지와는 다른 점이 많은 것 같다. 우선 음식의 성격부터가 다르지나 않을까. 영어의 경우만을 문제 삼아 보지만 '소시지'라는 어원(語源)을 따지고 따져 보면 소금에 절여 있다는 뜻인 라틴어(語)에까지 거슬러 올라간다. 소시지라고 해서 모두가 이탈리아의 명물인 살라미(이것도 어원은 소금에 절인다는 뜻인 라틴어) 같은 장기보존용(長期保存用)인 드라이 소시지는 아니지만 소금에 절여 두었다가 먹는 저장식품(貯藏食品)이라는 성격을 소시지는 지니고 있다. 한편 우리나라 순대는 염장식품과는 거리가 멀다. 서양의 소시지는 장기적이거나 단기적이거나 두었다가 먹으려고 말리기도 하고 훈연(燻煙)으로 찌는 스모킹도 하고 하지만, 우리나라 순대는 저장용이라는 목적을 가지고 만드는 것이 아니다.

우리나라 순대는 돼지의 장관만을 쓰지만 서양의 소시지는 케이싱(容器) 재료가 다양하다. 소, 돼지, 양의 장관이 각각 이용되어 여러 가지의 소시지가 있다. 셀로판지(紙) 같은 화공제품(化工製品)까지 이용되어 있고 보면, 서양에서 소시지는 반드시 가축의 장관을 케이싱 재료로 써야만 하는 것도 아니다. 우리나라에서는 순대의 케이싱 재료로 셀로판지를 쓴다는 것은 어디 상상이나 할 수 있는 일이겠는가.

케이싱에 무엇을 집어넣어 소시지를 만드느냐 하는 내용도 문제다. 조미료 따위는 제쳐놓고 주재료(主材料)만을 문제 삼기로 하자. 서양에서 소시지 등의 주재료는 역시 고기다. 소, 돼지, 양, 토끼, 말 등의 고기가 주재료가 된다. 별미 소시지로서 기름기가 많이 들어가는 경우도 있고, 혀나 간이나 피를 주재료로 삼는 것들도 있다. 과장해서 말하면 가축의 모든 부분이 소시지의 내용이 될 수가 있다. 서양의 소시지는 육식 민족인 그들이 육류(혀나 간이나 피까지 포함해서 말이다)를 얼마 동안이라도 두었다가 먹으려고 만들어낸 식품의 종류라고 볼 수가 있다.

그러나 우리나라 순대는 결코 육류를 먹는 방법의 하나인 것은 아니다. 돼지의 장관은 쓰지만 내용의 주재료가 육류인 것은 아니다. 두부나 숙주나 표고버섯 등을 주재료로 본다는 점에서는 만두소와 크게 다를 것이 없는 것이다. 더러는 감자나 찹쌀도 섞어 넣는 순대집이 있는 것 같은데, 하여간 우리나라 순대는 케이싱만 돼지의 장관을 쓸 뿐이고 내용은 동물성이 아니라 원칙적으로는 식물성인 것이 특징이다.

우리나라 순대가 이렇게 서양의 소시지와는 다르다고 내가 자랑하고 있는 것도 아니고 비판하고 있는 것도 아니다. 순대는 순대고 소시지는 소시지다. 생김새는 비슷해도 성격이나 내용은 다르다는 것을 지적해 보았을 뿐인 것이다.

순댓국은 구수하고 걸쭉해서 매우 한국적인 국이다. 날마다 먹는다면 어떨는지 모르시만, 어쩌다 생각이 나는 음식이다. 전에는 순대찜이라는 것이 술 마시는 안주로 좋았는데 요즘에는 순대찜을 해주는 순댓집을 보지 못한다.

하여간 나는 코리언 소시지집에 그 서양 여성을 데리고 가겠다던 약속을 아직도 이행하지 못하고 있다.

이북에서 발달한 순대,
이남에서는 공주(公州)가 유명

　　　　서울에서 이제 순대라면 '알라스카' 세(勢)가 우세한 것 같다. '알라스카'라고 간판을 내세우고 있는 집도 몇 군데 되는 것 같다. 내가 호기심이 많은 그 서양 여성을 데리고 가려던 집도 '알라스카'라는 간판을 내걸고 있다. 내걸고 있다기보다는 '알라스카' 간판은 그동안 이사는 했지만도 그 집이 원조(元祖)인 것으로 알고 있다. 기품도 교양도 있으면서 친절한 아주머니가 경영하는 순대집이기에, 그 서양 여성의 호기심을 만족시켜 줄 설명도 기대하는 것인데 유감스럽게도 그 아주머니의 건강이 좋지 않게 되어 최근에는 가게에 나오지를 못하는 것이다.

　아무리 호기심은 많아도 서양 여성이고 보면 순댓국을 우리처럼 상미(賞味)하지는 못할는지 모른다. 코리언 소시지라고는 하지만, 겉 다르고 속 다른 식물성 식품인 순대 자체에도 실망할는지 모른다. 그러나 으레 순댓집에는 돼지 머릿고기가 있게 마련이다. 새우젓에 찍어 먹는 것까지 즐기려는지는 알 수 없지만, 돼지 머릿고기는 서양 사람들도 환영할 찬 육류(冷肉)가 아닐까 생각되었다. 돼지의 내장도 내놓는데 이것도 서양 사람들 가운데는 좋아하는 이가 적지는 않다.

　식해는 모르겠다. 함경도식 식해가 많은 서양 사람들의 입에 맞을까 하는 것은 나는 알 수가 없다. 서양 사람이라도 식성은 각인각색이기 때문이다.

　다만 내가 '알라스카' 간판을 찾아 들어설 때는 반드시 식해에 대한 기대가 있다. 오늘은 무엇을 쓴 식해이며 식해 맛이 어떨까 하고 식탁에 앉아 생각하는 것은 즐거운 궁금이다.

8·15 해방 전에 내가 순대 또는 순댓국을 먹었다는 기억은 없다. 그때 서울 어디에 어떤 순댓집이 있었느냐 하는 것도 나는 전연 모른다. 서울에 순댓집이 없었다고는 말하지 않겠다. 그러나 순댓집의 존재를 내가 모르고 있었다는 것만은 분명한 사실이다. 이야기가 8·15 해방 후가 되면 알쏭달쏭해지는데 뚜렷한 기억이 없다. 도대체 나는 언제 처음으로 순대 또는 순댓국을 먹은 것일까.

6·25 후라고 하면 이젠 기억도 뚜렷하고 생생하다. 청계천(淸溪川)이 아직 복개되어 있지 않아 궂은 물이 과히 향기롭지 않은 냄새를 뿜고 있을 때였다. 지금의 청계천 5가에서 6가에 이르는 사이에 빽빽이 들어서 있던 작고 좁은 판잣집들이, 모두라면 과장일는지 모르지만 대부분이 순댓집이었다. 서울에 갑자기 순댓집 단지(團地)가 생겼던 것이다.

이 순댓집 단지는 호주머니—(지갑이란 것을 가지고 다녔나, 뭐)—가 빈털털이였던 젊은 나에게는 귀중한 지역이었다. 지금 생각해도 그곳은 가난한 젊은이들의 천국이었다. 나는 그곳에서 순대를 마음껏 먹었으며 순댓국을 마음껏 들이켰다. 자꾸 듣고 있으면 이북 사투리가 얼마나 정다운 말인가도 나는 그때 그곳에서 알았다.

역시 순대는 이북에서 발달한 음식인 것 같다. 함경도에는 돼지의 장관을 쓰지 않고 명태를 가지고 만드는 순대의 변종(變種)도 있다고 들었다. 평안도식도 괜찮다. 신의주(新義州) 출신의 아주머니가 볼품은 없지만 정성을 들여서 가정적인 순대를 만들어 주는 집을 나도 알고 있고, 아예 '철산(鐵山) 집'이라고 옥호를 내세운 순댓집도 알고 있다. 열이면 아홉이 먹을 만하다. 각각 약간의 특색이 있지만 이남에서는 별로 순대로 이름난 고장이 없다.

일본은 원래 가축의 장관을 이용하는 순대나 소시지 따위는 발달하지 못한 나라였다. 네발 동물을 먹게 된 것이 이제 고작 백 년 정도밖에는 되지 않는다.

그런데 중국에서는 북부보다는 남부에서 더 소시지 따위가 발달하고 있는 듯이 보이는 것은 웬일인가. 내가 홍콩은 좀 가 보았어도 북경(北京)은 근처에도 가 본 일이 없기 때문일까. 하여간 겨울에 홍콩에 가면 식료품상에서 심심치 않게 소시지 따위를 본다. 광동(廣東) 요리 계통인 모양이다.

납장(臘腸)과 윤장(腸)이라는 것이 있었다. 동지섣달을 납월(臘月)이라고도 한다. 납장은 납월에 먹는 소시지라는 듯일까. 추울 때가 아니면 만들지 않는 것 같고, 납장은 돼지 소장(小腸)에 양념한 돼지고기를 집어넣은 것인데 지방분이 굳은 것이 꼭 납촉(蠟燭)을 연상케 한다. 납월의 '납'과 납촉의 '납'이 다 같이 머리에 떠오르게 되는 것이 납장이다. 윤장이라는 것은 돼지 장관에 양념한 오리 내장을 집어넣은 중국식 소시지다. 납장이나 윤장은 찌거나 굽거나 지지거나 해서 먹지만 순댓국 같은 것은 없다.

우리나라에서 순대가 이북에서만 발달했다고 나는 쓰지 않았다. 이북에서 발달했다고 썼을 뿐이고 이남에서 순대로 이름난 고장은 별로 없지만 전연 없는 것은 아니다. 예를 들면 공주(公州)가 있다. 공주에 순댓집 여러 집이 모여 있는 동네가 있다고 한다. 순대 맛도 괜찮다고 한다. 공주판(版) 순댓집 단지인 셈일까. 내가 학생 시절에 공주에 놀러 갔을 때는 그런 순댓집 단지는 없었다. 언제부터 생긴 것인지는 몰라도 내가 공주에 가 본 지도 퍽 오래되었구나 하는 감개를 금할 수 없다.

'춘마곡(春麻谷) 추갑사(秋甲寺)'라는 말이 있다. 계룡산(鷄龍山)에서 봄은 마곡사가 좋고 가을에는 갑사의 단풍이 볼 만하다는 뜻이다. 오래간만에 공주에 가서 순대를 먹어 보고 이어서 갑사에 들러 단풍을 즐기고는 산채를 맛보는 것도 풍류일는지 모르겠는데, 올해도 나는 경황없었던 것 같다.

'푸딩'이라고 불리는
프랑스 소시지

내가 파리에 갔던 철이 여름이었던 것을 나는 불행했다고는 여기지 않는다. 며칠 동안밖에는 머무르지 않았던 파리였지만 나는 그 도시를 잊을 수 없다. 다만 사람의 욕심에는 한이 없는 것인지, 겨울에 갔더라면 부댕(Boudin)을 먹어 볼 수 있었겠구나 하는 아쉬움은 느낀다. 부댕은 프랑스 사람들이 성탄절 전야(前夜)에 곧잘 먹는다고 한다. 돼지 피를 넣은 소시지의 일종이다.

미국 사람들은 블라드(血) 소시지라고 부른다. 그런데 영국 사람들은 이것을 블랙(黑) 푸딩이라고 부르고 있으니 재미가 있다. 블라드 푸딩이라고도 부른다. 돼지 피를 썼으니까 '블라드'라는 말을 쓰는 데는 문제가 없다. 빛깔이 검으니까 '블랙'이라는 말을 쓰는 것도 알 수가 있다. 프랑스에서도 부댕 노와르(noir, 黑)라고 검다는 것을 일부러 강조하는 경우가 있다. 문제는 어째서 푸딩이냐 말이다. 푸딩이라면 과자의 일종이 아니겠는가. 그러나 영어에서는 어떤 소시지를 이렇게 푸딩이라고도 부르니 외국어는 어렵다.

부댕은 상하기가 쉬우니까 추운 겨울이 아니면 잘 볼 수가 없다. 프랑스 사람들은 이것을 찌거나 기름에 지지거나 뜨겁게 해서 먹는다. 감자를 삶아 으깬 것이나 캐비지를 소금에 절여 시큼하게 담근 슈크루트(Choucroute, 독일의 자우어크라우트)를 곁들여 먹는다. 선지국도 즐겨 왔으며 서양식 소시지도 지금 만들어내고 있는 우리나라에서 만들려면 얼마든지 만들 수 있을 것이다. 사서 먹는 사람이 얼마나 될지가 문제일까.

활개 치는 생선 따라
세월과 삶을 낚으며

대구와 삼치

'어두육미(魚頭肉尾)'의 대표 선수,
대구(大口)

'대구탕'이라고 하면 이젠 대구탕반(大邱湯飯)이 아니라 생선 대구탕(大口湯)을 이르게 되고 말았다. 그렇다고 해서 대구탕반이 아예 없어져 버린 것이 아니고, 그 전통을 국 따로 밥 따로의 '따로국밥'으로 명맥을 유지하고 있고 보면 괜스레 한탄할 것은 없다.

서울의 당주동(唐珠洞) 골목이 한때 사설학원들이 몰려 있어서 '학원 골목'이라고 불렸었다. 지금은 학원들이 뿔뿔이 흩어져 나갔기에 '학원 골목'이라는 별명은 빛을 잃지나 않았는지 모르겠다. 하여간 그 학원 골목에서 대구탕으로 이름난 집이 있었다. '있었다'고 과거형으로 적었는데 정확하게 말한다면 지금도 '있다'.

며칠 전에 친구들과 가 보았더니 엄연히 건재했고 장사가 여전히 번창한 듯이 보이는 품은 반가웠다. 세종문화회관이 널찍하게 들어서는 바람에 그쪽으로 집의 뒷등이 완전히 한데가 된 것을 이용해서 커다랗게 옥호(屋號)를 써놓았고 그 아래에는 그저 '대구탕'이라고만

써 놓은 것이 눈에 띄었다.

그 집이 처음이라는 친구 한 사람은 "대구매운탕은 어디서나 하는 거 아냐?" 하고 유독 대구탕을 내세우는 것을 의아스럽게 여기는 말투였지만 그도 곧 알게 된 바와 같이 그 집의 대구탕은 매운탕이 아니다. 메뉴가 제법 다양한 집이면서도 대구탕을 내세우는 이유도 여기에 있다. 무를 얇게 썰어 넣고 엷은 된장국으로 대구 토막을 끓인 대구탕이라는 것은, 남해안 지방으로 가면 그것이 일반적인 생선국 스타일이지만, 이제 매운탕이 판을 치고 있는 서울에서는 매우 독특한 풍미로서 행세하고 있는 것이다.

시간이 상당히 늦었는데도 다행히 대구 머리가 두 개 남아 있다기에 그것들은 모두 우리의 차지가 되고 말았다. 어두육미(魚頭肉尾)라는 말이 모든 물고기에 해당되느냐 하게 되면 중구난방이 되겠지만, 대구탕의 경우에 있어서라면 이 말은 가히 천고불후(千古不朽)의 진리라고 쳐 줄 수 있다.

매운탕에는 매운탕의 맛이 있어서 그것은 그것대로 좋지만, 대구는—그것도 머리를 이렇게 해 먹는 것이 나에게는 맛있다.

일본식인 '지리' 요리에서도 대구 머리는 맛있으리라고 믿어지지만 일식집에서 대구 지리에 머리를 내놓지는 않는다. 설사 특별 요청을 해서 대구 머리를 지리로 요리시켰다고 해도 젓가락으로 지리 초장에 찍어 먹는 것은 쉽지가 않겠다. 그 집의 대구탕의 머리는 숟가락으로 마구 파먹을 수 있기에 먹기도 쉽다.

아가미까지 식용하는 대구 민족

대구는 입이 커서 대구(大口)라고 부른 데서 나온 이름으로 생각되는데 우리 겨레가 오래전부터 사귀어 온 물고기다. 조선왕조 세종 6년(1424년)과 이듬해에 걸쳐 편찬된 〈지리지(地理志)〉 가운데 지금 유일하게 고스란히 남아 있는 토산 공물(貢物)로 들고 있는 어류의 이름들에는 대구어가 끼어 있다. 성종 12년(1481년)에 편찬된 〈동국여지승람〉에는 대구어가 잡히는 고장이 무척 많은 것으로 기록되어 있다.

대구는 냉해성(冷海性)의 물고기지만 우리나라에서는 동해에도 남해에도 서해에도 분포되어 있다. 다만 동해 대구와 서해 대구는 품종이 달라 몸 크기가 서해 것은 동해 것의 반밖에 되지 않는다. 서해 대구도 원래는 동해 대구와 같은 무리였겠으나, 서해에서의 서식(棲息) 조건 때문에 왜소화(矮小化)하여 다른 품종으로 분화되었으리라고 짐작되어 있다. 진해만(鎭海灣)의 대구는 동해 계통의 것들이다.

흑산도에 유배된 정약전이 저술한 〈자산어보〉에는 소구어(小口魚)는 보이는데 대구어는 보이지 않는다. 대두어(大頭魚)라는 것은 보인다. 대구가 '대두어'라고 불리는 경우도 없는 것은 아니지만 〈자산어보〉에 보이는 대두어는 대구와는 딴판의 물고기이고 그 습성을 읽으면 망둥이 무리의 일종이 아닐까 하고 짐작되지만 정체가 분명치는 않다. 그러나저러나 우리나라에서 대구가 이야기될 때 서해 대구는 거의 화제의 대상이 되지 않는다.

대구의 머리에 관해 앞서 말했지만 머리뿐만 아니라 송두리째 우리가 먹고 있는 물고기가 대구다. 알은 알젓으로 담그고 이리는 국이나 찌개를 끓이면 고소하고, 간에서는 간유를 뽑는다. 그렇게 머리며 살이며 알이며 내장을 남김없이 식용으로 이용하는 물고기는 대구 말고도 또 있는 것이 사실이지만, 대구의 경우는 아가미까지 젓갈로 담가서 먹고 있으니 철저하다고 하지 않을 수 없다. 물고기의 아가미를 젓갈로 담근다는 것은 아마도 세계에서 우리나라의 대구 아가미젓 밖에는 그 예가 없는 것이 아닌가 한다. 우리 겨레가 오래전부터 대구와 사귀어 대구를 잘 알고 다룰 줄을 익힌 증거라고 본다.

그런 증거를 더 든다면, 대구가 잘 잡히는 진해만 일대에서 만들던 '약(藥)대구'라는 건(乾) 대구가 있다. 이것은 알이 들어 있는 대구를 그대로 통째로 말린 것이다. 약대구라고 '약'자가 붙을 만큼 이것은 보약의 일종인 듯이 귀하게 여기는 것이었다. 대구의 살로 젓갈을 담그는 대구젓도 있었다. 대구의 살은 기름기가 거의 없기에 대구젓은 김장을 담글 때 소중하게 이용되었다(대구의 지방분은 간에 잔뜩 모여 있다).

그러나 약대구도 대구젓도 이젠 과거의 것들인 것 같다. 대구라는 자원을 보호하는 데 소홀했기 때문에 우리나라 연해에서는 대구가 귀해가고만 있다.

서양의 대구 민족은 포르투갈인

대구의 맛을 결코 아기자기하다고는 말할 수 없다. 도리어 담백하다는 것이 대구 맛의 생명이다. 기름기가 거의 없기 때문에 무슨 요리에도 잘 맞아 널리 이용된다. 나는 먹어 본 적이 없지만, 바다에서 갓 잡은 싱싱한 대구라면 어부들은 회를 쳐서 먹는지도 모르겠다.

대구의 살젓과 알젓과 아기미젓에 관해 언급했지만, 아가미젓으로 별미의 깍두기를 담그는 친구 부인이 있어서 우리는 때때로 신세를 진다. 가공품으로는 또 건대구를 빼놓을 수가 없다. 얼간으로 과히 딱딱하지 않게 말린 건대구는 그냥 뜯어서 반찬도 되고 안주도 된다.

기름기가 없는 담백한 살이기에 얼간으로 맛이 한층 더 살아난다. 소금을 치지 않고 딱딱하게 말린 것은 물에 불리어 여러 가지 요리에 쓰인다. 일본 교토(京都)에는 이렇게 불린 대구를 감자의 일종과 함께 국을 끓이는 유명한 요리가 있는데 불린 대구의 껍질이 뜻밖에도 구수하고 맛있었다.

일본뿐만 아니다. 서양에서도 대구를 곧잘 먹는다. 미국 보스턴의 매사추세츠 주청(州廳) 안에는 소나무로 대구 모양을 조각한 것에 금가루를 바른 것이 매달려 있고 사람들은 이를 성(聖)대구(Sacred Cod)라고 부른다. 옛날의 초기이민(初期移民)들이 대구 잡이로 생활의 터전을 닦고 그런 생활 근거 위에 미국을 개척할 수 있었기에 그 일을 기념하는 대구 목조각에 성어(聖魚) 대접을 하고 있는 것이다. 그때 잡았던 대구는 이민들이 먹기도 했겠지만 대량을 유럽으로 수출했다고 한다.

나는 가보지 못했지만 노르웨이에서 으뜸가는 어항인 베르겐에는 한자동맹(同盟) 시대의 낡은 목조건물을 박물관처럼 사용하고 있는 것이 있다고 한다. 중세기 때에 어업을 중심으로 이루어졌던 생활의 모습을 그대로 보존하고 있는 전시관인데 난로 연기로 그을린 검은 천장에 매달려 있는 커다란 건대구는 조각품이 아니라 진짜라

고 한다. 이것도 성대구인 셈인 모양이다. 북해(北海)의 대구 잡이는
역사도 오래고 어업 가운데서 가장 중요한 자리를 차지한다. 잡힌
대구를 소금에 절이거나 말려서 멀리 남미에까지 수출하고 있는 것
도 대구에는 기름기가 거의 없어 수송 도중에 변질되는 염려가 없기
때문이라고 한다.

그러나 뭐니 뭐니 해도 서양에서 대구를 가장 좋아하는 사람은 포
르투갈 사람들. 어선들이 북(北)대서양의 뉴펀들랜드 근처까지 출동
하여 잡아 오는 것도 모자라 북해 연안국이나 캐나다에서 대량의 건
대구를 수입하고 있다.

대구를 재료로 하는 요리법이 365종류가 있다는 것이 그들의 자
랑이다. 전시판에 건대구를 매달아 놓고 있는 노르웨이도 포르투갈
에 건대구를 대주고 있는 나라의 하나지만, 남미에까지 수출한다는
것은 아마도 브라질이 대부분을 사들이는 것으로 생각된다. 브라질
은, 말은 물론이고 포르투갈 문화의 영향을 깊이 받고 있는 나라다.
그것은 그렇고 포르투갈의 대구 요리법 365종류 가운데는 대구탕
도 들어 있는 것인지 어떤지?

비린내가 거의 없는 생선, 삼치

삼치는 겨울에 맛있다. 그러나 이제는 어로 기술이 발달
해서 잡히기는 사철을 통해 잡히고 있다. 따라서 일 년 내내 삼치구
이 백반을 제공하고 있는 식당이 서울에는 얼마든지 있다. 값도 굴비
백반에 비하면 훨씬 싼 편이기 때문에 대중에게 제법 인기가 있다.

다만 여름의 삼치구이는 별로 입맛이 당기지 않는다. 맛이 뻑뻑

미식가의 수첩

하다고 할까. 텁텁하다고 할까. 기름기도 물기도 없어서 과장해서 말하면 종이를 씹는 것 같은 기분이 되어 버리는 경우가 있는 것이다. 잘 굽지를 못하니까 삼치 맛이 엉망이라고 내 친구는 식당 아주머니에게 불평을 하지만, 내 의견으로는 잘 굽고 못 굽고는 둘째 문제인 것 같다. 역시 첫째로 문제 되어야 하는 것은 여름이라는 철이다. 소금을 뿌려 구워 오는 삼치도 작은 것이어서 충분히 성숙한 것이라고는 보기 어렵지만, 여름은 아무래도 삼치 맛이 뚝 떨어질 수밖에 없는 철일 것이다.

우리나라 연해에서 삼치의 산란기는 4월, 5월경이라고 알려져 있다. 산란을 마친 삼치는 말하자면 대사(大事)를 치르고 기진맥진한 삼치다. 기름기도 정기(精氣)도 다 빠져버린 삼치다. 이것을 아무리 잘 굽는다고 해서 맛있을 수가 없는 것이다.

그런데 여름에 그 친구의 단골인 식당에 함께 가게 되면, 먹을 만한 메뉴는 삼치구이밖에 없다고 그는 으레 삼치구이를 시키게 마련이고 삼치구이에 젓가락을 대고는 잘 굽지 못했다고 으레 아주머니에게 불평하게 마련이다. 그러나 그 식당의 요리 솜씨는 결코 나쁘지 않다. 그 식당에서 담근 멸치젓은 단골손님에게만 특별히 서비스하는 것인데 정말 알아주어야 할 맛이다. 나는 삼치구이보다는 멸치젓으로 밥을 먹게 된다. 그런 나를 보고 그 식당에서 그렇게 귀하게 여기는 그 멸치젓을 담아 나에게 선사했을 때는 내가 얼마나 고맙기도 하면서 한편 송구스러웠겠는가.

산란기를 마치고 기름기가 빠진 삼치는 체력을 회복하려고 애쓴다. 부지런히 작은 물고기들을 잡아먹는다. 가을바람이 바다 위에 불어올 무렵이면 다시 살에 기름기가 오르게 된다. 산란기를 앞두고 겨울에서 초봄에 걸쳐 삼치 맛은 최고에 이르게 된다. 시장에는 1m

쯤 되는 큼직큼직한 것들이 나온다.

'어두육미(魚頭肉尾)'라고 물고기는 머리 쪽이 맛있다는 상식이지만 삼치는 도리어 꼬리에 가까운 쪽이 맛있다. 나는 삼치 회를 먹은 뚜렷한 기억이 없다. 그러나 싱싱한 것은 회를 뜨면 맛이 좋다고 한다. 회를 뜨면 배다지도 맛있다고 들었다. 겨울 삼치는 뻑뻑하지 않아서 생선초밥 재료로 알맞는다고도 한다. 다만 나에게는 그것이 삼치인 줄로 알고 회나 생선초밥을 먹었다는 기억은 없다.

삼치매운탕을 먹었다는 뚜렷한 기억도 없다. 삼치라면 나에게는 으레 구이였다. 간장을 기본으로 하는 양념을 발라 굽는 것도 좋고 소금구이도 좋다. 소금을 뿌려 하룻밤쯤 재워 놓아 살이 약간 꼬들꼬들해진 것을 구우면 이것은 겨울의 미각에서 빠뜨리지 못할 생선구이다. 비늘이 매우 작아 먹는데 조금도 거북하지 않고, 연한 껍질은 그대로 먹을 수 있는 데다가 비린내가 거의 없고 맛은 좋은 것이다.

이제 충청도 양반도 기피 않는 삼치

우리 겨레가 옛날부터 삼치를 즐겨 왔다는 것은 옛날 문헌에 삼치가 기록되어 있는 것을 보면 잘 알 수가 있다. 〈세종실록 지리지(地理志)〉나 〈신증동국여지승람〉에도 삼치가 보인다. 다만 옛날에는 삼치를 '망어' 또는 '마어'라고 부르는 지방이 많았던 것 같다. 옛날 문헌에서 삼치는 한자로 '亡魚' '芒魚' 또는 '麻魚'라고 흔히 표기되어 있다.

정약전의 〈자산어보〉에도 '망어'가 나오는데 흑산도(黑山島) 어민들이 '망어'라고 부르는 이름을 정약전은 '鰻魚'라는 어려운 한자로 표기하고 있다. 다만 정약전이 〈자산어보〉에 적은 '망어'가 삼치인지 무엇인지는 분명하지가 않다. 설명을 읽어 보면 납득하기 어려운 점들도 있지만 결국 삼치를 말하고 있는 것이 아닌가 하는 생각이 든다. 문제는 맛인데 정약전은 그 흑산도 망어가 '미산이후단열탁(味酸而厚但劣濁)'이라고 적었다. 맛은 시고 짙지만 '열탁'하다는 것인데, '열탁'의 정확한 뜻은 모르겠으나 언짢게 텁텁하다는 것과 크게 다르지는 않을 것 같다.

〈자산어보〉에 망어의 큰 놈은 8~9자나 된다고 적었다. 삼치는 큰 놈이래야 고작 1m 정도이고 길이가 2m를 넘는 것은 없다. 그러나 고등어 과(科)에 속하는 삼치 아과(亞科) 가운데는 길이가 8~9자까지는 안 되더라도 1.5m 정도에는 이르는 무리들도 있다. 이것들은 삼치에 비해서 체문(体紋)도 선명하지 않고 희미하지만 맛도 떨어진다. 정약전이 흑산도에서 맛본 '망어'의 정체가 무엇이냐 하는 것이 첫째로 문제지만, 그것을 어떤 계절에 어떻게 요리해서 먹었을까 하는 것도 궁금하다.

서유구(徐有榘)가 편찬한 〈임원경제지(林園經濟志)〉 속의 〈전어지(佃魚志)〉는 삼치의 이명(異名)을 다섯 가지나 적고는 어민들도 맛있게 먹으며 양반들도 맛있게 잘 먹는 까닭에 이렇게 여러 가지 이름이 생겼다고 설명하고 있다. 흑산도의 '망어' 맛은 어쨌든 간에 삼치는 옛날에도 신분의 귀천이나 지위는 고하를 막론하고 우리 겨레가 그 맛을 알고 즐겼던 물고기였다.

그러나 아무래도 '亡魚'라는 한자표기는 마음에 걸린다. 상스럽지 못한 이름이기 때문이다. 아무리 맛이 좋다는 말을 듣더라도 물고기 이름이 상스럽지가 못하다고 해서 삼치를 먹는 것을 꺼리는 선비들도 있지 않았을까 하는 생각도 든다.

1905년에 일본 사람이 간행한 〈한국 수산업 조사보고〉에는 "…피아(彼我) 양국민이 어류를 좋아하는 것은 대략 동일한 정도라고 할 수 있으나 그 종류에 있어서는 다소 상이한 점이 있다. 예컨대 삼치는 충청도 일대에서는 우어(憂魚)라고 일컬어 기피하는 경향이 있고…"라는 구절이 보인다.

'우어'라니? 이것은 또 색다른 조사보고다. 삼치의 등 쪽 빛깔이 회청색인 까닭에 우수(憂愁)에 잠겨 근심하는 물고기로 보였던 것일까.

그러나 이제 삼치는 삼치다. '망어'도 아니고 '우어'도 아니다. 삼치가 언제부터 '삼치'라는 이름으로 전국에 통하게 되었는지는 알 수 없지만, '삼치'라는 이름이 좋다. 이로써 신분의 귀천이나 지위의 고하를 막론하는 데 그치지 않고 충청도 양반들도 거리낌 없이 삼치를 즐길 수 있게 되었다.

참조기와 알숭어의 대타,
삼치

삼치 이름에 대해 살펴보았는데 이 물고기의 국제적인 학명은 '스콤베로모루스 니폰니우스(Scomberomorus Niphonius)'라고 한다. '일본의 삼치'라는 뜻의 라틴 말이다. 전에는 '니폰니우스'가 아니라 '자포니카스'라고 했지만 뜻은 마찬가지다. 우리 겨레가 신분이나 지위나 지방의 차이 없이 한결같이 삼치를 맛있게 즐겨 먹고 있는데 하필이면 왜 학명이 '일본의 삼치'냐고 어리둥절하게 되는데,

미식가의 수첩

한편 생각하면 학명이나 그 밖의 이름들에는 알기 쉽다는 편리를 위해 갖다 붙이는 것들이 많다.

삼치를 영어로 '스페니시 맥크렐(Spanish Mackerel)'이라고 한다. '스페인의 고등어'라는 뜻이다. 이것도 왜 하필이면 '스페인의 고등어'냐고 따질 것은 아니다. 지중해 지방의 사람들은 그런 영어 이름을 따지지는 않고 곧잘 삼치를 즐겨 먹고 있다. 얼간으로 절인 것을 썰어서 그대로 올리브기름에 담근 것을 굽지도 않고 삶지도 않고 그냥 먹는다. 일종의 삼치 회라고도 볼 수 있겠다.

남태평양이나 멕시코 만(灣) 같은 따뜻한 바다에서는 삼치의 일가라고 볼 수 있는 무리로서 길이가 2m를 넘는 것들도 있다고 한다. 그것을 어떻게 요리해서 먹는지는 모르겠지만 아마도 맛은 정약전이 말하는바 '열탁'하지나 않겠는지? 삼치는 암만해도 우리나라 연해에서 잡히는 길이 1m 정도의 것을 겨울에 먹는 것이 맛이 최고라고 나는 여기고 있다.

삼치는 살도 맛있지만 알도 괜찮다. 어란(魚卵)은 원래 알숭어의 알로 만드는 것을 으뜸으로 치지만, 삼치알을 가지고서도 어란을 만든다. 가짜라고까지 말할 것은 없고 대용품이라고 보는 것이 온당하겠다. 알숭어가 귀해져서 알숭어의 알로 만든 어란은 이제 금값과 맞먹게 되었다고 해도 큰 과장이 아닌 형편이고 보면, 삼치알을 활용해서 대용품을 만든다는 것은 어떻게 생각하면 자연스러운 추세일는지도 모른다. 그리고 삼치알로 만든 어란도 맛이 과히 나쁘지는 않다.

문제는 삼치 자원인데 우리나라 연해에서 귀해지고 있다는 점에서는 삼치도 결코 예외는 아니다. 남획(濫獲) 때문이다. 옛날의 기록을 보면 우리나라 연해는 문자 그대로 수산자원의 보고였으며, 삼치는 "그 어군이 큰 것은 수십 리에 달하고 발랄(潑剌) 비약하여 마치 해면에 호우(豪雨)가 빗발치는 것 같았다."고 묘사되어 있다고 한다 (박구병, 〈한국어업사〉). 옛날이래야 지금부터 백 년 전도 안 되는 조선 왕조 말기의 일이었는데, 그때는 그래서 당연했던 일이 어느새 신화 (神話) 같은 이야기로 되고 말았다.

그래도 아직 삼치는 제법 잡히고 있는 물고기라고 볼 수 있겠다. 수량으로 따진다면 지금 그만큼 잡히고 있는 어종이 많은 것은 아니 다. 수량으로 보면 참조기보다도 더 잡히는 경향을 최근에는 보이고 있다. 다만 값으로 친다면 같은 무게의 경우 참조기의 반값밖에 안 되는 것이 최근의 경향이다. 이것은 얼마나 참조기의 씨가 말라 가 고 있는가 하는 것을 간접적으로 말해 주는 이야기가 된다.

삼치의 산지로 꼽히는 어장의 하나가 제주도 앞바다의 마라도(馬 羅島)인데 여기서는 전량을 일본으로 수출한다고 들린다. 가격 관계 로 그렇게 되는 것이겠지만 수출 수요 때문에 앞으로 국내의 삼치 값이 오르지나 않겠는지 하는 생각도 해 본다. 자원을 적절하게 보 호하면서 적절하게 이용하는 원대(遠大)한 계획과 지혜가 필요하다 는 것은 삼치의 경우에도 예외가 될 수는 없다.

민어와 조기

민중의 생선, 민어(民魚)

20여 년 전, 아직 휴전 협정이 마무리되지 않아 일선에서는 전투가 계속되고 있을 때, 나는 덕적도로 가다가 섬 가까이에서 고깃배를 만났다. 생선을 좀 사자고 청했더니 2백 환으로 민어 한 마리를 넘겨주었다. 6·25 때문에 생선의 유통 질서가 무너진 채로 아직 회복되지 않아서 생선을 섬에서 인천으로 수송한다는 것은 엄두도 못 낼 때이기는 했다. 섬에서 찬거리로 나누어 먹을 정도로만 고기잡이를 하고 있는 것 같았다. 그러나 아무리 그렇다고 하더라도 무게가 한 관이 넘는 큰 싱싱한 민어 한 마리를 2백 환으로 샀던 것이다.

회쳐서 먹고 구워서 먹고 국 끓여 먹고 찌개로 먹고, 처음에는 제법 맛있게 먹었지만, 섬에 변변한 양념이 없었던 탓도 있고 해서 이튿날 섬을 떠날 무렵에는 완전히 민어에 물려 있었다. 그토록 상당히 큰 민어였다.

2백 환? 인플레이션을 무시한다면 지금 돈으로 20원인 셈이다.

우편엽서 두 장 값이란 말인가? 워낙 20여 년 전의 일인 까닭에 내 기억이 잘못되어 있는 것은 아닐까? 그렇지는 않다. 그 당시도 내가 얼마나 놀랐는지 모른다. 2백 환이라는 말에 내 귀를 의심하지 않을 수 없었고, 2백 환을 내주고도 흥정이 다 끝난 것인지 또 뭐가 있는 것인지 몰라서 불안했고 얼떨떨했다.

그때부터 지금까지 20여 년 동안을, 기회만 있으면 나는 관(貫)짜리 민어 한 마리에 2백 환 이야기를 되풀이해 왔던 것이다. 시장 수요가 전연 없는데 공급이 넉넉하고 저장할 길도 없다면 생선 값은 그럴 수밖에 없는 것이라고 경제학 하는 친구는 말하지만, 나에게는 잊을 수 없는 신기한 경험이었다. 그만한 민어라면 지금 서울에서는 1만 원도 더할 것이다. 공급이 달리고 있는 것이다.

남획 때문이다. 정문기 선생의 〈어류박물지〉를 따르면 해방 전인 1934년이 우리나라 민어잡이의 최고의 해였고, 7만 4천 톤(남북한을 합친 숫자로 생각됨)을 잡았던 것이 1965년에는 2천9백43톤, 1972년에는 겨우 9백97톤—이렇게 점점 줄어들고 있다고 한다. 1934년의 숫자가 남북한을 합친 것이라고 해도 1972년의 숫자는 그 80분의 1이니 한숨을 금할 수 없다.

마구 잡으니까 덜 잡히는 것이다. 덜 잡히니 더욱 기를 써서 발달된 어구(漁具)와 기술로 산란장을 쓸고 새끼까지 잡아 버리니까 더욱 덜 잡힌다. 이렇게 민어의 씨를 말리는 악순환에 외국 어선들까지 합세하고 있기에, 민중의 생선이 귀족의 생선처럼 돼 있는 것이 오늘날의 상황이며, 그나마 무슨 손을 쓰지 않는다면 우리 후손들은 민어 맛을 영영 모르고 지내게 되지나 않을까 걱정이다.

'복날 개 패듯 한다.'는 속담이 말하는 것처럼 복달임으로 손꼽히는 것은 역시 개장(보신탕)이지만, 세상에는 개고기를 안 먹거나 못 먹는 사람도 많다. 그런 사람들의 복달임은 사람에 따라 여러 가지가 있겠으나, 예전 같으면 있는 집에서는 계삼탕(삼계탕)을 곧잘 해 먹었고 일반적으로는 육개장이 잘 팔렸으며, 빈부의 차이 없이 흔히 먹던 것은 민어국 또는 민어찌개였다.

민어의 철은 여름이다. 일본에서는 겨울이 철이라고 하지만 일본 사람은 민어를 별로 맛있는 생선으로 여기지 않는 것 같다. 우리나라 연해에서 많이도 잡아가지만 대개는 생선묵 재료로 쓴다. 그들은 매운탕 맛을 모르고, 한편 그들이 즐기는 생선회로서는 민어 맛이 너무 담백해서 그들에게는 싱거운 모양이다.

나는 민어회를 즐기지만 일본식으로 먹지는 않는다. 민어 살을 보통 생선회보다 훨씬 가늘게 썰고 양파를 한층 더 가늘게 썬 것과 섞어서 참기름으로 무치게 한다. 이것을 초고추장에 찍어 먹거나 버무려 먹거나 하는 것이다. 주의할 것은 양파와 참기름은 어디까지나 조역에 불과한 까닭에, 주역인 민어 맛을 살리고 돋울 정도로만 그쳐야 하며 양이 너무 많아서는 안 된다.

민어포도 술안주로 좋지만, 민어 알젓은 술안주로도 좋고 반찬으로도 좋다. 다만 민어가 격감 상태에 있기 때문에 민어 알젓을 안주로 혼자서 술을 마시고 있으면 민어의 앞날을 생각하게 된다. 조상 대대로 이어 내려온 민족의 귀중한 수산자원이 이렇게 비싸지고 멸종의 위기를 맞고 있다는 것이 한심스럽게 여겨질 때마다 으레 생각나는 덕적도의 2백 환짜리 민어가 이제는 정말 꿈만 같다.

안팎으로 규제가 필요한 것은 물론이지만, 서·남해는 대륙붕 문제뿐만 아니라 수산 자원을 둘러싸고도 외교적인 대책이 필요하다.

돌아와야 할 서민들의 맛,
민어 부레

〈동국여지승람〉을 보면 우리나라 여러 해안 지방의 토산으로 '어표(魚鰾)'라는 것이 적혀 있다. 생선 부레다.

부레라고 하면 생각나는 것이 소년 시절의 부레뜸이다. 부레를 끓여 끈적끈적해진 물을 연(鳶)줄에 발라 말리면 줄이 빳빳하게 세어진다. 그 물에 유리 가루를 넣어 연줄에 발라 말린 연줄은 사람의 살갗을 벨 정도로 예리했다. 다만 그렇게 극성을 부렸어도 내가 연싸움에서 통쾌한 승리를 거둔 기억은 없다. 연싸움에서는 연줄이 전부가 아닌 모양이다.

부레는 또 부레풀을 만들어 목각을 붙이는 데 쓴다. '애교'라고 불렀지만 물론 이것은 '어교(魚膠)'가 잘못 발음된 것이었다. '학교'가 '핵교'로 발음되는 식으로, 이런 서울 사투리가 예전에는 제법 많았다.

부레는 그대로 먹기도 하지만 특히 부레찜은 괜찮은 것이었다. 부레 속에 생선 살과 쇠고기 다진 것과 양념을 넣어서 동여 찌거나 삶은 것을 썰어서 먹는 것이다. 찌거나 삶는 대신에 지지면 부레전이다. 중국은 몰라도, 부레찜처럼 부레를 쓰는 요리가 일본에 없다. 일본의 '오뎅(꼬치 요리)'에서 볼 수 있는 '후꾸로(襲, 자루)'와 아이디어는 비슷하지만 재료가 딴판이니 맛도 딴판이다. 하기야 이제 우리나라에서도 부레찜이나 부레전은 볼 수가 없게 된 먼 옛날 요리다.

"중국은 몰라도…"라고 쓴 까닭은 중국은 부레 요리가 발달되어 있는 나라이기 때문이다. 나는 외국을 많이 다녀 보지는 못했지만, 부레가 독립된 하나의 상품으로 다루어지고 거래되는 것은 중국(대만과 홍콩)에서만 보았다. 종류도 몇 가지 있는 것 같았고, 같은 종류라도 1등품이니 2등품이니 하는 등급이 있는 듯했다. 가게에 나와 있는 부레는 모두 말린 것들이었다. 가죽처럼 딱딱한 것들인데 이것을 불려서 요리에 쓰는 것이다.

부레 요리는 중국에선 고급 요리로 친다. 옛날 중국에서는 어떤 연회를 대표하는 요리가 무엇이냐 하는 것을 가려 그 연회의 등급을 매기는 경향이 있기도 했다고 한다. 그 연회를 대표하는 요리가 제비집 요리이면 으뜸이고, 상어 지느러미 요리라면 버금이고, 해삼 요리라면 3등이고, 전복 요리라면 4등이고, 부레 요리라면 5등인 셈이었고, 부레 요리조차도 안 나온 연회라면 그것은 대수롭지 않은 연회로 쳤다는 것이다.

요리의 질을 따지지 않고 요리의 재료만을 따지는 형식적인 평가다. 우리나라로 말하면 아무개 환갑잔치에 갈비가 나왔느냐, 불고기는 있더냐, 닭을 잡았느냐, 생선회를 차렸더냐—하는 식으로 따져서 잔치의 등급을 운운하는 것과 같다고 할까. 어느 나라에도 따지기를 좋아하는 사람이 있게 마련이지만, 음식의 재료만을 따지는 것은 별로 큰 의미가 없을 것 같다. 그런대로 부레 요리조차 안 나왔다면 대수로운 연회가 아니라는 사고방식은, 우리나라로 말하면 돼지고기한 점도 안 내놓고 손님들을 청했으니 시시한 잔치라고 핀잔하는 격일까.

홍콩의 구룡 뒷골목에 전복죽을 파는 싸구려 식당이 있는데, 그집에서는 술안주로 돼지 내장과 함께 부레도 내놓고 있었다. 부레를 불려서 삶아 놓은 것이다. 요리라고 할 것까지는 없다. 손님이 청하면, 돼지 뼈 같은 것이 부글부글 끓고 있는 가마솥에 부레를 잠깐 헹구었다가 꺼내어 썰어 온다. 손님은 그것을 양념간장에 찍어 먹으면서 한잔하는 것이다. 그런 중국이고 보면 부레찜이나 부레전 요리 같은 것도 반드시 있을 법하다.

부레라면 민어 부레다. 민어를 어표(魚鏢)라고도 하지 않는가.

부레뜸의 부레도 부레쩜의 부레도 부레풀의 부레도 으레 민어 부레인 것으로 믿어 왔지만 〈동국여지승람〉을 보고는 종전의 생각을 약간 수정할 필요를 느꼈다.

〈동국여지승람〉은 지방의 토산을 적는 데 있어서 '민어'와 '어표'를 구별하고 있다. 그리고 토산에 민어가 적혀 있으면 어표도 아울러 적혀 있게 마련이지만, 어떤 지방은 토산에 어표는 적혀 있어도 민어는 적혀 있지 않은 것이다. 민어가 나오면 따라서 부레도 나오는 것이지만, 민어가 나오지 않더라도 부레가 나오는 지방이 있다. 부레를 이용하는 물고기의 대종이 민어였던 것은 틀림없지만, 민어가 아닌 다른 물고기의 부레도 이용했으리라는 것을 짐작할 수가 있다.

중국에서도 부레라면 민어 부레다. 민어를 중국 사람들은 회어(鮰魚)라고 부른다. 복건성과 광동성의 연해에서 잡히는 회어의 부레를 많이 이용한다. 최고급품은 회어가 아니라 백화어(白花魚)라는 물고기의 부레라지만 최근에는 잘 잡히지 않는다고 한다.

서울에 부레국을 끓여 주는 대중식당이 있다. 민어 부레를 매운탕으로 끓여 주는데 맛이 구수하고 나쁘지 않다. 어쩌다 생각이 나서 찾아갈 때 운이 좋은 날이면 이것을 먹을 수 있었다. 언제나 민어 부레가 있는 것이 아니기 때문이다. 민어 부레가 귀해져서 잘 들어오지 않는다고 식당에서는 말한다.

민어 부레가 귀해졌다는 것은 민어가 귀해졌다는 말이다. 민어가 귀해졌다는 것은 수요공급의 법칙에 따라 민어가 비싸졌다는 것을 뜻한다. 민어의 '민'자는 한자로는 '백성 민(民)'자를 쓴다. 그것은 민중의 생선이었다. 민중의 생선을 지금 민중이 마음 놓고 사 먹을 수

　　　　　　　　　　　　　　　미식가의 수첩

가 없다. 너무 비싸기 때문이다.

입맛 돋우던 조기,
지금은 간 곳 없고

우리나라의 봄은 짧다. 한국의 봄은 사흘 동안이라고 농담을 하는 외국인 친구가 있지만, 우리가 생각하기에도 너무나 짧다. 봄이 왔다고 하면 이내 아쉽게도 가버린다. 가게에 수박이 나와 있는 것을 보고는, '벌써 여름이구나.' 하고 깨달으면서, 올해도 봄이 서둘러 사라져 간 것을 서운하게 여기게 된다.

벌써 여름이구나 하면서, 옛날 같으면 마포는 한창 조깃배가 붐빌 시절이겠다고 생각하게 된다. 쉴 새 없이 배들이 들어오고 떠나가고, 마치 전쟁터를 보는 듯한 야단법석이었다. 6·25가 일어나던 해까지만 해도 그랬었다. 이제는 한강 하류가 휴전선으로 막히고 보니 조깃배뿐만 아니라 여느 어선도 얼씬을 못하게 되었다.

'참, 마포가 조깃배로 붐볐을 무렵에는 조기회를 곧잘 먹었었지' 하는 생각이 난다. 조기 살을 회로 떠서 양념으로 무쳐 먹는 음식이었다. 양념에도 여러 방법과 종류가 있었겠지만 지금도 내 혀끝이 기억하고 있는 것은 식초 맛이다. 식초가 주가 된 양념 국물에 조기회가 담겨 있었으며, 식초 기운으로 조기 살은 희끗희끗하게 변해 있었다. 오이를 썰어 넣었던 것 같기도 하고, 그렇지 않았던 것 같기도 하고…. 하여간 전혀 비린내가 없는, 초여름의 산뜻한 음식이었다.

연평도에서 한강을 올라와 곧바로 서울에 직송되는 싱싱한 조기가 없어져서인지, 이제는 조기회 철에 조기회를 구경할 수 없게 되었다. '그렇지, 조기죽이라는 것도 있었지' 하는 생각도 난다. 죽에 조기 살을 넣은 것인데 노인이나 병자에게는 좋은 음식이었다. 이 것은 지금도 가정에서 만들 마음만 먹으면 얼마든지 만들 수 있는 죽이다.

다만 시대가 달라져서 사람들의 미각도 달라지는 것인지, 조기죽도 요즘에는 통 볼 수가 없다. 만들려는 마음만 있으면 쉽게 만들 수 있는 것에 조기국수도 있다. 조기 살을 넣은 국수다. 그러나 군이 조기국수를 만들 것 없이 후닥닥 라면이라도 끓여 먹는 것이 워낙 바쁜 현대인의 구미에 맞는 것인지도 모르겠다. 지금도 조기젓은 흔하지만, 조기젓의 살과 쇠고기를 함께 끓여 버섯이나 알고명이나 실고추를 뿌려서 굳힌 조기젓편도 볼 수 없게 되었다. 술안주로 괜찮을 것 같은데….

그런대로 조기조림이나 조기매운탕이나 조기찌개나 조기전 같은 것은 아직도 서민에게 낯익은 대중적인 음식이다. 잔손이 가는 조기 요리는 시대를 따라갈 수가 없어서 사라져 가고 있지만, 간단한 조기 요리는 도리어 옛날보다 더 판치고 있는 것 같다. 옛날에는 쑥갓을 넣은 조기국이 초여름의 미각이었는데, 어로 기술이 발달한 요즘에는 조기에도 철이 없어졌다. 여름에도 명태를 먹을 수 있고, 겨울에도 조기나 민어를 먹을 수 있다. 편리해졌다면 편리해졌지만, 그렇게 마구 잡다가는 결국 씨를 말리게 되는 것이나 아닌지 겁이 난다.

대중적인 식품, 굴비

조기 이야기를 하면서 굴비 이야기를 빠뜨릴 수는 없다. 동해의 명태와 서해의 조기는 수백 년을 두고 우리 민족에게 귀중한 단백질을 공급해 주어 온 고마운 물고기다. 나는 명태와 조기를, 하나님이 우리 민족에게 내려 주신 두 가지 선물이라고 생각할 때가 있다. 우리 민족이 살아오는 데 이 두 가지 물고기는 정말 정성껏(?) 희생해 준 셈이다. 앞으로 우리 후손이 살아 나가는 데 필요하게 이 수산 자원은 보호되어야 한다. 밖으로는 우리 민족의 자원을 지키고, 안으로는 우리 수산 자원을 잡을 만큼 적당하게 잡고 마구 잡아서는 안 되겠다.

나는 노가리라고 불리는 명태 새끼를 생선 가게나 건어점에서 볼 때는 한숨을 금할 수 없다. 노가리를 잡아도 명태 자원에는 별로 지장이 없다는 주장이 있는 것을 모르는 바는 아니다. 그러나 그런 주장은 어디까지나 주먹구구식 주장이다. 그런 주장을 과학적으로 납득할 수 있도록 입증하게 되기까지는, 노가리를 그렇게 마구 잡는 것은 금지되어야 한다고 나는 믿는다.

굴비에 관해 얼핏 나에게 생각나는 것이 두 가지 있다. 하나는, 이 승만 라인이라는 별명을 가진 해양 보호선을 우리나라가 지키고 있었을 때의 이야기다. 이승만 라인을 침범하는 외국 어선들을 나포했고 어부들을 수용소에 억류했었는데, 걸려드는 어선들은 열이면 열이 일본 어선들이었다고 말하여 과언이 아니었다.

우리나라 경비정에게 배는 나포되고 자신은 수용소에 억류되었다가 결국 일본에 송환된 일본인 어부가 일본에 돌아가서 일본 신문에 한국의 처사에 대한 욕을 썼다. 그런 일본인 어부에게서 한국에 대한 칭찬을 기대하는 것은 무리다. 그가 한국을 욕하는 것은 그의 입장에서는 그럴 수밖에 없으리라고 생각하면서도 그의 글을 읽다가 나는 웃어 버렸다.

그는 수용소에서 받은 대우에 관해 욕을 하는 가운데 이런 말을 했다. "구찌(조기)라는 이름인데, 일본에서는 비료로 쓸까 말까 하는 생선을 말린 것을 반찬이라고 주니 제대로 밥도 못 먹고 몹시 고생을 했습니다."

굴비를 말하는 것이었다. 수용소는 관광호텔이 아니었으니까 극진한 식사 대접을 해줄 수야 없었겠지만, 그래도 반찬으로 굴비가 나왔다면 제법 반찬을 해준 셈인데도 원래 식성이 다르니까 이 일본인 어부는 비인도적인 대우라고 화를 내고 있었던 것이다. 일본에는 굴비가 없고 일본 사람들은 굴비 맛을 모르는 것이다. 그러나 조기를 '일본에서는 비료로 쓸까 말까 하는 생선'이라고 표현한 것은 너무 심했다. 일본 사람들이 조기를 그대로 먹지는 않지만 한편 비료로 쓰기는커녕 '난바야끼(南蠻燒)'라는 생선묵 재료의 일부로 쓰기 위해 한반도 근해에서 저인망으로 조기 떼를 쓸어 가고 있는 것을 나는 안다. 그러나저러나 그 일본인 어부는 그 후에 한국에 관광 여행을 왔더라도 굴비 백반은 사 먹지 않았을 것이 틀림없을 것 같다.

또 하나 생각나는 것은 전주의 고속버스 터미널 옆에 있는 식당이다. 친구들과 전주에서 대전으로 가려는데 버스 출발시간이 좀 여유가 있었기에, 그 식당에서 막걸리를 한 주전자 시켰다. 따로 안주는 필요 없다고 시키지를 않았는데, 식당에서 서비스로 내놓는 안주에 나는 두 눈이 휘둥그레졌다. 아무리 작은 접시들이기는 했지만 돈을 안 받는 처지에 다섯 접시나 내놓았다. 김치니 나물이니 하는 것들이었지만 한 접시에는 두릅나물이 담겨 있었고, 푸성귀 접시들에 끼어 굴비 한 마리가 얹혀 있는 접시가 있었던 것이다. 물론 명태로 친다면 겨우 노가리 급인 작은 수조기 새끼였지만, 분명하게 머리도 꼬리도 달려 있는 통째였다. 시간이 되어 나올 때는, 막걸리 값만을 받는 그 식당에서 미안한 느낌마저 들 정도였다.

서울에서는 상상도 못 할 일이었다. 그 후로, 전주에 살고 있는 친구를 만나면 나는 "자네는 극락에서 살고 있는 거야." 하면서 으레 이 이야기를 들려준다. 벌써 5, 6년 전의 일이다. 처음에는 전주 친구들에게, "전주란 그런 곳이어, 서울과는 달러."라는 반응을 받았지만, 최근에는 "전주도 그동안 좀 달라진 것 같네"라는 반응이 나온다. 제발 그 식당만이라도 5, 6년 전의 그 영업 정신을 지금까지도 지키고 있을 것을 빌고 싶은데 그것은 역시 무리일까.

그렇다. 무리일는지도 모르겠다. 굴비 값이 말이 아닌 것이다. 백화점이기는 하지만 나는 오가재비 굴비가 1만 원이라는 말을 듣고 두 손을 들지 않을 수 없었다. 아무리 최고품인 영광 굴비라도 말이다. 아무리 특대 참조기이고 알배기라도 말이다. 한 마리에 1천 원 꼴이라니 그저 어이가 없는 느낌이었고, 조기 자원 보호에 우리가 적극적으로 노력해야 하겠다고 절실하게 생각하지 않을 수 없었다.

인플레이션도 인플레이션이지만, 언제부터 한 마리가 1천 원꼴이 되도록 굴비가 고급 고기로 최고급 식품이 되었단 말인가. 남획 때문이다! 외국 어선들과 우리나라 어선들이 경쟁적으로 마구 잡아들이고 있으니 그렇게 될 수밖에는 없는 것이다. 안팎으로 어떤 강력한 규제를 하지 않고 이런 식으로 계속 나가다가는 우리 후손들은 멀지 않아 참조기 굴비 맛을 못 보게 될는지도 모른다. 수백 년을 두고 우리 민족에게 단백질을 공급해 온 굴비는 엄연히 대중적인 식품이었으며, 앞으로도 대중적인 식품이어야 하는 것이다.

명태, 청어, 참치

명천군의 '명(明)'자와
태 씨의 '태(太)'자, 명태(明太)

조선왕조 개국 2백50년경이라면 인조 때였던 셈이다. 민모라는 함경도 관찰사가 부임하여 명천군을 초도순시했을 때, 밥상에 오른 생선이 생전 처음 보는 생선인데 맛이 좋았기에 생선 이름을 물어보았다. 명천에서 태 씨라는 어부가 처음으로 잡은 생선인데 아직 이름이 없다는 대답이었다. 민 관찰사는 즉석에서 명천의 '명'과 태 씨의 '태'를 따서 '명태'라고 이름을 지어 주었다. 이윽고, 민 관찰사는 이 생선이 우리나라 3백 년 보물이리라고 예언했다는 것이다.

이상이 명태라는 생선 이름에 관해 전해 내려오는 설화다. 이 설화에서 좀 마음에 걸리는 점은 그때까지 생선 이름이 없었다는 대목. 그때까지 이름이 없었다고 해야만 민 관찰사의 작명이 빛나기는 하겠지만, 이름 없는 생선은 뭇사람도 먹지 않았었는데 하물며 관찰사 나리의 진짓상에 올렸다는 것은 얼핏 납득하기 어렵다. 자칫 잘

미식가의 수첩

못하다가는 크게 경칠 일인 것이다.

이렇게도 부르고 저렇게도 부르고 해서 그때까지 일정한 이름이 없었던 것이라고 한다면 이 설화는 훨씬 설득력을 지닌다. 옛날부터 명태를 잡아먹었을 것으로 생각하지만 16대 인조에 앞선 9대 성종 때 편찬된 〈동국여지승람〉에만 해도 우리나라 토산인 생선에 명태는 없고, 명태로 짐작되는 생선 이름도 찾아볼 수가 없다. 11대 중종 때 추가된 〈동국여지승람〉의 신증란에는 함경도의 경성(鏡城)과 명천의 토산으로 무태어(無泰魚)라는 것이 새로 등장하는데, 이것은 어떤 생선인지 알 수가 없고 아마도 명태이려니 하고 짐작하지만 자신 있게 장담할 수는 없다.

문헌에 '명태'라는 이름이 비로소 나타나는 것은 17대 효종 시대를 기록한 〈승정원일기〉일 것이다. 효종 3년 10월 8일, 사옹원에서 강원도의 진상품에 불량품이 섞여 있는 것을 논하는 가운데 "대구어란에 이르러서는 명태알을 그 속에 첨입했다."고 하는 구절이 보이는 것이다. 효종 때는 명태라는 생선 이름이 사용되었던 것이 이로써 분명하다. 민 관찰사의 이야기가 효종의 부왕인 인조 때의 일이고 보면, 이 설화는 전연 신빙성이 없다고도 말하기 어렵게 된다. 어쩌면 민 관찰사는, 그때까지 이렇게도 부르고 저렇게도 부르던 생신 이름을 명태로 통일하려고 했었을 뿐이었는지도 모른다. 만약 그랬던 것이라면 그의 의도는 성공한 셈이지만, 완전히 이루어진 것이라고는 볼 수가 없다. 동해안에서는 지금도 명태를 여러 가지로 구별해서 부르고 있기 때문이다.

명태의 크기, 잡는 방법, 잡힌 장소, 잡은 시기에 따라 이름이 달라진다. 정문기 선생의 조사로는 생(生)명태의 경우만도 19개의 다른 이름들이 있다고 한다. 다만, 어떤 책에는 '왜태'는 작은 명태 새끼를 일컫는 말이라고 적혀 있으나 실제로는 큰 명태를 왜태라고 부르는 것으로 안다. '노가리'는 물론 명태 새끼다.

동태와 북어 같은 제품 이름도 다양한 편이고 혼선도 있다. 동태라면 얼린 명태인 '동명태'를 줄여 부르는 말이지만, 동해안 일부 지역에서는 봄에 잡힌 춘태(春太)와 구별해서 겨울에 잡힌 것을 동태(冬太)라고 부른다고 한다. 북어라면 말린 명태다. 그러나 강원도 일부 지역에서는 북쪽에서 오는 생선이라고 해서 명태를 북어라고 부른다고 한다.

명태는 언제 어떻게 요리해서 먹어도 맛이 수수한 생선이지만, 기막히게 맛있다고 할 만한 고급 생선은 못 된다. 민 관찰사가 그것을 맛있게 먹었다면 관찰사 나리께서 어지간히 시장했었던 모양이다. 시장기가 최고의 양념이니까.

사라져가는 3백 년 보물, 명태

그러나 이렇게도 상상해 보자. 어쩌면 민 관찰사가 먹은 것은 생명태가 아니라 술안주로 '북어보풀음'과 '명란젓'을 먹었던 것인지도 모르겠다고.

38선으로 나라가 남북으로 갈라지기 전에는 함경도에서 더덕북어가 서울에 들어왔었다. 말린 더덕처럼 살이 부슬부슬하고 살빛이 노란 북어였다. 기후 관계로 이남에서는 더덕북어를 만들지 못한다. 이 더덕북어를 두드려서 잘게 살을 뜯어낸 것이 북어보풀음이고, 술안주로 좋다. 명란젓에 관해서는 굳이 설명할 것도 없다.

명태는 버릴 것이 없어, 대가리며 눈알이며 간이며 알이며 창자며

―이 모든 것이 이용되는데 민 관찰사로 하여금 '우리나라 3백 년 보물'이라고 외치게 했던 것은, 북어라는 우수한 저장식품이 제조되기 때문이었던 것은 아닐까 하고 상상해 보는 것이다.

명태를 말려 북어를 만드는 방법을 누가 생각해냈는지 모르겠지만, 이것은 일종의 공기 냉동 건조법이며 매우 이상적인 가공 방법이라고 하지 않을 수 없다. 명태를 말리는 터를 '덕(欌)'이라고 부른다. 한창 추울 때 명태를 한데인 덕에 걸어 놓으면, 밤에는 찬바람이 명태를 얼려 놓고 낮에는 햇볕이 얼마간 명태를 녹이면서 수분을 증발시킨다. 이렇게 결빙과 기화의 반복을 20일 내지 30일 동안 되풀이해서 북어가 만들어진다. 삼한사온의 기후가 뚜렷한 해라야만 북어 맛이 좋다는 이유를 알 만하겠다. 함경도 신포가 더덕북어의 산지로 유명한 것도 기후 때문이고, 이남에서 더덕북어를 만들기가 어려운 것도 기후 때문이다.

"…집들은 낡고도 나지막한 부두에 명태들이, 언 채로, 날카로운 대꼬치에 멱을 찔린 채 장작처럼 가지런히 널려 있었다."

장영수 시인이 '동해 VII'이란 시 가운데서, 북어를 만드는 명태덕을 이렇게 읊었다. 동해안의 어촌이 눈앞에 선하게 보이는 듯한 사실적인 시다. '장작처럼 가지런히'라는, '장작'이라는 말에도 마음이 흐뭇하다.

시와는 관계가 없는 이야기지만, 나는 동해안 어촌의 명태덕에 장작 같은 명태가 널려 있는 것을 볼 때마다 마음이 흐뭇해진다. 그러나 해가 갈수록 장작이 아니라 붓대 정도로밖에는 볼 수 없는 노가리만 많이 널리고 있다. 이것은 정말 한심스러운 광경이다.

하기야 8·15 전에 일본 사람들이 나쁜 어법(漁法)을 남겨 놓았다. 정어리가 잡히지 않게 되자 정어리를 잡는 데 쓰던, 눈은 작고 용적은 큰 그물로 바다 속을 쓸었다. 8·15 직전에는 한 해에 5억 마리 또는 그 이상을 잡아댔다. 그 당시의 우리나라 인구를 2천 5백만 명으로 보면, 한 사람이 한 해에 명태 스무 마리 또는 그 이상을 먹은 꼴이 된다. 그러나 실제로는 일본이 대부분을 가져가서 군용 또는 배급에 썼다. 말이 생선 배급이라지만 언제나 동태 배급이었기 때문에, 동태라면 지금도 신물이 난다는 일본 노인이 적지가 않다.

수산 관계자의 말을 들으면 우리나라 바다에서 명태 자원이 줄고 있다고 한다. 명태가 줄기에 노가리까지 마구 잡는다. 노가리까지 마구 잡기에 명태 자원이 더욱 준다. 이런 악순환을 끊어야 한다. 예언한 지 3백 년이 되는 시점이 8·15를 전후한 무렵이었다. 그러나 예언대로 3백 년 동안 봉사했다고 해서, 이제는 명태를 우리나라 바다에서 정년퇴직(?)하게 한다는 것은 말도 안 된다.

3백 년이 아니라 우리나라 5백 년, 5천 년 보물로서 우리는 명태 자원을 보호하면서 이용해야 한다. 그러기 위해 무엇보다 노가리를 잡지 말아야 한다!

북어두주(北魚頭酒)에
북어 대가리 무침

북어 대가리를 태우지 말고 잘 굽는다. 싼 불에 가까이 대면 새까맣게 탄다. 따라서 불에서 멀리하여 서두르지 말고 천천히 굽는다. 시간은 걸리지만 누렇게 빛깔이 변하도록 잘 굽는다. 그래도 역시 좀 태웠다고 하더라도 서너 군데 정도면 일단은 성공이다.

이것을 글라스에 넣고 화학조미료를 조금—정말 조금만 뿌리고 뜨겁게 데운 술(정종)을 붓고는 글라스를 접시 같은 것으로 덮어 둔다. 적어도 1분 이상을 기다려야 한다. 글라스를 덮은 것을 제치고 성냥불을 술 위에 갖다 대면 불이 붙는다. 빨갛다기보다는 파란 불은 곧 꺼진다. 그럼 됐다. 술 빛이 누르스름해졌고 명태 대가리 부스러기로 술이 좀 탁해졌어도 그대로 마시면 그만이다. 이것이 '북어 두주'다.

북어 대가리를 이용하는 음식에 또 '북어 대가리 무침'이라는 것이 있다. 북어 대가리를 철저하게 짓찧어 양념을 해서 무친 것이다. 맛있다기보다는 매우 경제적이고 칼슘분이 풍부한 것이 자랑이다.

중학 동창생 몇몇이 모인 술자리에서, 북어 대가리라고 버릴 것이 아니라 북어두주에 북어 대가리 무침을 안주로 삼으면 값싸고도 알뜰한 잔치가 된다고 말했더니, "와—그건 너무했다!"고 모두 약속이나 한 듯이 일제히 깔깔거리는 데는 나도 웃지 않을 수가 없었다. 덩달아 웃었던 것은 아니다. 친구들이 중학교 시절을 생각하며 깔깔거리고 있다는 것을 나도 알고 있기 때문이다.

우리는 8·15 해방 전에 중학교를 다녔기에 교사의 대부분이 일본 사람이었다. 일본인 교사에게 한국인 학생에 대한 애정을 기대하는 것이 무리인 것은 두말할 것도 없고, 한편 우리에게 군사부일체(君師父一體)의 정신을 기대하는 것이 무리였던 것도 두말할 것 없다. 우리는 교사들에게 인정사정없이 무자비하게 별명을 붙였다. 대부분의 별명은 선배들에게 물려받은 것이었지만 신임 교사는 불쌍하게도 우리에게 당했다.

깐작깐작 꼬집는다고 해서 '빈대', 색안경을 즐겨 쓰는 교사는 '암마', 다른 교사는 '갱', 학교 안팎을 돌아다니면서 학생의 규칙 위반을 잘도 잡아낸다고 해서 '순사', 힘이 좋다고 해서 '쌈패', 영어는 잘하나 옷차림이 허름해서 '서양 거지', 도시락 반찬이 언제나 콩자반이라고 '콩자반'.

5학년이 되자 다른 곳으로 전근되어 간 교장은 얼굴 모습 때문에 '불도그(Bulldog)'. 불도그의 후임으로 새로 부임한 교장은 말라빠진 가느다란 몸매에 비해서 머리가 크다고 별명이 '북어 대가리'였다.

마포 나루 통해 종묘에 진상하던 청어

새로 나온 물건을 신위(神位)에게 올리는 일을 '천신(薦新)'이라고 이른다. "청어를 종묘에 천신한다. 경사(卿士) 대부 집에서도 이를 행한다. 생각건대 〈예기(禮記)〉 월령(月令)에, '음력 섣달에 임금은 물고기를 맛보심에 있어 먼저 종묘에 천신한다.'고 적혀 있다. 우리나라의 제도 또한 그와 같은 것이다. 청어의 산지로서 가장 성황을 이루는 곳은 통영과 해주다. 겨울과 봄에 진상하는데 고깃배가 경강(京江)에 와 닿으면, 온 시내의 생선 장수들이 청어 사라고 외치면서 거리를 누비고 다닌다."

이렇게 〈동국세시기〉의 11월(음력) '월내(月內)'항은 시작한다. 경강은 뚝섬에서 양화 나루—제2한강교(지금의 양화대교) 부근에 이르는 한강 일대를 가리키는 말이었지만, 그 가운데서도 고깃배가 가장 많이 모여드는 나루터는 역시 마포 나루였다.

그러나 우리나라의 청어 주산지로서 〈동국세시기〉가 통영과 해주를 들고 있는 데 대해서는 많은 사람들이 의아하게 여길는지도 모

미식가의 수첩

르겠다. 비록 지금은 별로 잡히지 않을망정 우리나라의 청어 주산지는 뭐니 뭐니 해도 동해안이 아니었겠느냐 하는 의문은 많은 사람들이 한 번쯤 가져 볼 만한 의문이라고 할 수 있겠다. 그것도 통영이라면 또 몰라도 해주가 어째서 우리나라의 청어 주산지가 될 수 있었느냐 하는 의문은 당연히 나올 만한 것이라고 하지 않을 수 없다.

그런 의문들은 조금도 부당한 것이 아니다. 지금은 옛날이야기가 되어 버렸지만 우리나라 동해안에서는 청어가 많이 잡혔다. 잡혀도 너무 많이 잡혔으니 반세기 전만 해도 한 해에 5만 톤이나 되는 어획량이었다. 당시에는 영일만 연안에는 청어알이 산더미처럼 쌓여 그 대부분이 비료로 사용되었다고 한다.

오랫동안 이어져 내려왔던 원시적인 어로 기술이 큰 혁신을 맞게 되었던 때이기는 했다. 고깃배며 그물이며 일대 혁신이 일어났고, 놀라울 정도로 물고기가 많이 잡혀 어민들을 즐겁게 해주었다. 그러나 어민들은 잡히는 대로 잡기만 했으며 어족 자원 보호라는 생각은 꿈에도 하지 않았다. 청어알을 인공 부화해서 바다에 방류한다는 생각은 어민들에게는 전연 일어나지 않았다. 따지고 보면 일본 수산업자들의 농간에 말려들어 그들이 동해의 청어 자원을 수탈하는 것에 협력한 셈이었다. 8·15가 되기도 전에 이미 동해에서 청어 어업은 망했다. 씨를 말렸으니 그렇게 될 수밖에는 없었다.

다만 〈동국세시기〉가 우리나라의 청어 주산지로서 동해안을 빼돌리고 있는 이유는, 첫째는 거리(교통) 관계로 동해 청어가 서울에 올라오기가 어려웠다는 데 있었겠고, 둘째는 서해 청어가 제법 잡혔고 맛있었다는 데 있었을 것이다.

비웃과 청어, 비웃드렁 사려!

　　　서해에서도 옛날에는 제법 청어가 잡혔으니 서울에서는 이것을 '비웃'이라고 불렀다. 정문기 선생은 '비웃'은 서해 청어를 이르는 말이라는 설을 취하고 있고, 한편 〈국어대사전〉은 '비웃'은 청어를 식료품으로 일컫는 말이라는 설을 취하고 있다. 하여간 나는 어렸을 때 비웃을 먹었으며, 사람들은 '청어'라는 말을 쓰지 않았다. 그러나 지금 나는 북양(北洋) 어업이 잡아 온 청어를 먹고 있으며, 사람들은 이것을 '비웃'이라고 부르지 않는다.

　　〈동국세시기〉가 우리나라의 청어 주산지로서 통영과 해주를 들고 있는 것은 타당한 일이다. 이제는 호랑이가 담배 피우던 시절의 이야기가 돼버렸지만, 부산항에 배들이 들어오기가 거북할 정도로 청어 떼가 몰려들었다는 기록도 있고 보면, 부산에서 멀지 않은 통영이 청어의 주산지였다는 것은 별로 의심스럽지 않다. 해주도 마찬가지다. 해주에 가까운 용호도(龍湖島) 내만(內灣)은 서해 청어의 산란장의 하나로 손꼽혔던 곳이었다.

　　민어나 조기 같은 서해의 특산어를 제외하고는 우리는 일반적으로 서해의 생선보다는 동해의 생선을 더 쳐준다. 그러나 청어의 경우에 있어서는—물론 옛날이야기지만—사람들은 동해 청어보다는 서해 청어 또는 비웃을 훨씬 더 쳐주었었다. 먹이인 플랑크톤의 질과 양에 관계되는 것이었는지는 몰라도, 비웃은 동해 청어에 비해 더 기름졌고 몸집도 더 컸고 맛도 더 있었다.

　　다산의 백씨인 정약전의 〈자산어보〉는 아예 비웃과 남해(또는 동해) 청어는 무리가 다른 듯이 기술하고 있다. 비웃은 등뼈가 74마디(節)인데 남해 청어는 53마디라는 것이다. 지금은 등뼈가 74마디인

비웃을 발견할 수가 없어 안타깝게 느끼면서 나는 정약전에 관해서 매우 경의에 넘친 관심을 가진다. 동해 청어에 비해 더 맛이 있었다고는 하지만, 내가 어렸을 때 서울에서 비웃을 값진 생선으로 다루지는 않았다. 그때만 하더라도 흔했었기에 그랬던 모양이다.

정문기 선생의 〈어류박물지(魚類博物志)〉를 보면, 〈명물기략(名物紀略)〉(황필수黃泌秀)은 비웃이 값싸고 맛이 있어 서울의 가난한 선비들이 잘 사 먹는 생선이라고 지적하고, 한자명으로 '비유어(肥儒魚)'라고 적고 있다고 한다. 선비들을 살찌게 하는 물고기라는 뜻이다.

내가 어렸을 때의 일이 자꾸 회상되는데, 〈동국세시기〉가 적은 대로 '생선 장수들이 청어 사려 하고 외치면서 거리를 누비고 다닌(魚商沿街叫賣)' 소리가 생각난다. "생선 비웃드렁 사려!"라고 했던가. '생선'을 높게 길게 뽑고, '비웃드렁'에서 '비웃'은 빠르고 낮게 '드렁'(무슨 뜻인지 모르겠다)에 강한 악센트를 주었다가는, '사려'가 마지막으로 평범하고 분명하게 발성되었던 것 같다. 나의 기억에 큰 자신을 가지지는 못하겠지만, 지금 생각하면 그것은 상당한 훈련이 필요했을 것 같다. 어느 정도는 음악적(?)이었으며, 동네에 잘 울리고 들리는 구성진 소리였다.

그러나저러나 북양 청어는 왜 이렇게 맛이 떨어지는 청어일까. 냉동했기 때문에 그렇다는 사람도 있지만 글쎄다. 북양에서는 워낙 청어의 먹이가 시원치 않은 탓이 아니겠는가 하고 나는 생각해 본다. 옛날에 우리는 비웃을 여러모로 요리해서 먹었다. 비웃구이, 비웃조림, 비웃찜, 비웃죽, 비웃지짐이, 비웃백숙, 비웃전, 자반비웃, 관목(貫目)… 등등. 그러나 북양 청어는 어떻게 먹으면 좋은 것일까. 북양 청어로 매운탕을 끓여 주는 식당이 있어서 나는 때때로 이것을 즐기고 있다. 말하자면 옛날에 먹었던 비웃지짐이의 대용품이다.

북양 청어도 매운탕으로 하면 나에게는 괜찮다. 다만 '때때로'라고 쓴 대로 언제나 그 식당에 있는 것은 아니다. 북양 청어도 결코 싸지는 않고, 찾는 손님도 드물다고 한다.

청어 '이리'를 권하는 독일 주부들

　　　　　스칸디나비아 지방을 여행하고 귀국한 친구에게서 청어 통조림을 받은 일이 두어 번인가 있었다. 손바닥에 들어갈 만한 작은 통조림이지만 나는 즐거웠다. 잠시 동안이나마 미국에서 살고 있었을 때의 생각이 났다. 툭하면 내가 식료품점에서 샀던 것이 바로 이것이다. 미국에서는 큰 유리병에 들어 있는 것을 샀기에 통조림이 아니었지만, 맛은 같은 것이다. 미국에서는 그 유리병의 생산지를 유심히 살펴보지는 않았지만, 어쩌면 그것도 스칸디나비아에서 수입한 것이었을지도 모른다.

　말하자면 청어의 피클이다. 소금에 절인 청어를 토막 내어, 식초에 설탕을 조금 넣은 국물에 담근 것이다. 간단하게 말하면 그렇지만 향료도 들어 있기에 향긋한 맛이 있다. 소금에 절였다고는 하지만, 우리가 하는 것처럼 청어 위에 소금을 뿌린 것은 아니다. 소금물에 청어를 담그는 것이다. 그것도 첫 번에는 청어에서 나오는 수분으로 소금물의 염분이 희박해지니까 수분을 빼고는 첫 번째 소금물은 버린다. 다시 진한 소금물에 청어를 담그면 수분도 단백 분해 효소도 빠진 청어는 살이 좀 꼬들꼬들해진다. 이렇게 하면 피클에 담가도 저장하는 동안에 살이 흐물흐물해지지 않게 된다. 청어에서 염분이 피클로 옮겨 가고 서로가 작용하기 때문에 식초 맛도 부드러워져서 먹기가 좋다.

유럽 사람들은 이렇게 청어를 좋아하는데, 북해의 청어와 우리나라 청어와는 무리가 다르다고 한다. 그러나 무리야 같거나 다르거나 유럽 사람들이 청어의 이리를 상미(賞味)한다는 말을 듣고, 나는 그들도 청어를 먹을 줄 아는구나 하고 미소를 금할 수가 없었다.

많은 생선이 그렇지만 청어도 이리가 맛있다. 내가 북양 청어라도 매운탕으로 먹는 것은 아마도 이리 때문인지 모르겠다. 실례가 되는 말 같기는 하지만, 일반적으로 유럽 사람들은 조수(鳥獸)를 먹는 데는 밝아도 물고기에 관해서는 대범한 편이다. 그들이 물고기의 내장을 먹는 것은 아마 청어 이리의 경우 정도가 아닐까 하는 생각이 든다. 특히 독일의 가정주부들이 청어의 이리를 열심히 남편들에게 권한다고 들었다. 이야기가 방향이 좀 달라졌지만….

'노란 다이아몬드'로 통하는 청어알

일본 사람들은 청어알을 좋아한다. 청어알을 유별나게 담가서 '가스노꼬(數の子)'라고 부른다. 설날의 세찬에는 빠질 수가 없는 것이었지만, 이제는 일본에서도 청어가 별로 잡히지 않아서 가스노꼬는 '노란 다이아몬드'라고 불리게 될 지경에 이르렀으니, 이번 설날에 손님에게 가스노꼬를 내놓는 가정이 일본에서 과연 몇 퍼센트나 될까?

청어알은 씹는 맛이 있기는 있지만, 그렇게 맛있다고 수선을 떨 것은 없는 것으로 나는 여긴다. 일본의 가스노꼬는 손이 많이 갔기에 먹을 만하게 만들기는 하지만, 대단한 맛이라고는 말하기가 어렵다. 맛보다는 뚜렷한 알이 많이 몰려 있는 데서 자손의 번영을 비는 뜻이, 그렇게 일본 사람들로 하여금 가스노꼬에 대해 집착하게 하는 것 같다. 알래스카의 바다에서 건져 왔다는 청어알을 얹어 만든 초밥을 일본에서 먹은 적도 있지만 전연 감명을 받지 못했다.

유럽 사람들은, 예외가 있기는 있지만 일반적으로 생선알을 안 먹기에 청어알도 먹지 않는다. 전에는 북해에서 잡은 청어에서 빼낸 알은 대량으로 싸게 프랑스에 팔았으며, 프랑스에서는 이것을 포도밭의 비료로 썼다고 한다. 가스노꼬에 환장을 하는 일본 사람들이 이를 가만히 보고 있을 리가 없다. 질이 어떻고 숙도(熟度)가 어떻든 간에 가스노꼬의 4촌쯤 되는 것이라도 만들어 먹으려고, 유럽에 체류하는 일본 사람들이 청어의 집산지인 네덜란드의 어떤 어항에 연말이면 떼 지어 몰려든다고 한다. 공짜와 다름없던 청어알이 최근에는 비싸질 대로 비싸졌다. 그런데 그 판매권을 쥐고 있는 사람은 어떤 한국인이라고 한다.

기름기 많아도 맛이 좋은 물고기,
참치

참치집이라는 것이 늘고 있다. 생선 참치를 요리해 주는 식당이다. 서울에서 그렇다는 것인데 지방 도시에서도 멀지 않아 참치집이 등장하지 않겠나 하는 생각이 든다. 부산이나 대구 같은 대도시에서는 벌써 한두 군데쯤 있는 것이 아닐까 하고 짐작된다.

일찍이 겨레의 조상들이 먹어 보지 못했던 물고기를 오늘날 우리가 먹고 있는 것들이 있다. 물론 옛날에 조상들이 먹었던 물고기 가운데서 지금 우리는 구경도 할 수 없는 것들도 적지 않다.

우리 조상들이 먹어 보지 못했던 물고기인데도 지금 우리가 먹고 있는 물고기의 좋은 보기가 참치다. 북양 명태도 예로 들 수 없는 것은 아닌지도 모르겠다. 1980년도의 자료이지만 우리 남한 겨레는 한 해에 30만t의 명태를 먹었는데 그중의 20만t 이상이 북양 명태였다. 우리 조상들은 북양 명태를 먹어 볼 수가 없었다. 하기야 맛이 떨어지는 북양 명태를 먹을 기회가 없었던 조상들에게 우리가 미안하게 여겨야 할 까닭은 조금도 없다.

북양 어업에서는 명태도 잡아 오고 청어나 대구도 잡아 온다. 먹이의 탓이라고 생각되지만 북양 어업에서 잡아 오는 물고기는 명태도 청어도 대구도 맛이 연해산(沿海産)보다는 뚝 떨어진다. 그런 것들을 먹어 보지 못했다고 해서 조상들이 억울하게 여겨야 할 까닭은 조금도 없다.

다만 참치의 경우는 이야기가 좀 다르다. 이것은 어로(漁撈) 기술이 발달한 오늘날에도 우리나라 연해에서는 어획량이 문제가 될 수 없는 것이니까. 하물며 옛날에는 정말 어쩌다가 한두 마리가 잡히는 것이었을 것 같다. 〈신증동국여지승람〉에도 〈자산어보〉에도 참치로 짐작되는 물고기 이름은 적혀 있지 않다.

조상들이 먹어 보지 못했던 참치를 우리가 흔히 먹을 수 있게 된 것은 원양 어업의 덕분이다. 이른바 참치집에 가지 않더라도 시장이나 백화점이나 슈퍼마켓에서 곧잘 참치를 볼 수가 있다. 깨끗하게 포장해서 팔고 있는 것은 소비자에게는 간편해서 좋다.

맛이 괜찮은 물고기다. 생선의 담백한 맛을 좋아하는 이들에게는 과히 환영을 받지 못할는지도 모르겠다. 특히 회로 먹는 경우에는 그럴 것 같다. 참치는 기름기가 있어서 쳐 주는 물고기 맛인 것이다. 그런 참치 맛을 좋아하는 사람은 그 물고기 가운데서도 기름기가 가장 짙은 배 쪽 살을 으뜸으로 친다. 원양어업에서 잡아 온 것이기에 냉동한 것인데도 맛이 구수하고 괜찮다.

어쩌다가 연해에서 잡혔는지 냉동물이 아닌 날생선이 어시장에 나오는 일도 있다고는 하지만, 그것은 일반 대중의 입에 들어가지는 않는다. 날생선인 참치가 어시장에 나왔다면 고급 일식 식당에서 잽싸게 사 간다. 때로는 다른 식당과 맹렬한 경쟁을 벌인 끝에 말이다.

횟감으로 남양 참치보다
북양 참치가 더 맛있어

'참치'라는 우리말이 있고 보면 이것이 우리나라에서 잡히기는 했던 것은 분명하다. 어쩌다가 한두 마리가 잡혔다고 해도 잡히기는 잡혔던 것이다. 다만 지금 우리가 '참치'라는 말로 부르고 있는 물고기는 한 무리가 아니다. 우리는 지금 '참치'라는 이름으로 여러 가지 무리의 물고기를 함께 부르고 있다. 여러 가지 무리의 물고기가 각각 어쩌다가 소량이 잡히는 물고기인 데다가, 어딘가 서로 비슷한 점이 있기에 그저 '참치'라는 이름으로 그것들을 함께 묶어 놓고 있는 것 같다.

그래서 우리가 참치집에서 먹는 참치와, 시장에서 사는 참치가 같은 무리의 물고기가 아닐 수도 있다. 서로가 4촌인 경우도 있겠지만 6촌이나 8촌이나 심지어는 10촌 격이 되는 경우도 있겠다.

하지만 우리가 '참치'라는 이름으로 부르고 있는 여러 가지 무리

미식가의 수첩

들의 물고기는 난해성(暖海性)의 물고기다. 따뜻한 바닷물에서 사는 물고기들이다. 그런데 회로 먹는 경우에 국한해서 말한다면, 난해성의 물고기인 참치 가운데서도 덜 따뜻한 바닷물에서 사는 것이 더 맛있다고 일반적으로 평가되어 있다. 남양 참치보다는 훨씬 북쪽에서 사는 놈이 훨씬 더 회 맛이 좋다는 것이다. 그것도 연해성(沿海性)의 참치가 더 맛있다고 손꼽히고 있다. 먹이의 탓일 것이다. 육지에서 흘러나오는 영양분이 형성한 풍부한 플랑크톤을 먹고 자란 잔 생선들을 먹이로 이용하고 있는 까닭에 연해성의 참치가 횟감으로 좋은 것이 아닌가 하고 짐작된다.

조상이 맛보지 못한 생선,
참치

지리적으로 보면 일본이 안성맞춤이다. 횟감으로 맛있는 연해성의 참치가 삼히고 있는 것이다. 우리나라는 좀 더 북쪽에 자리 잡고 있기 때문에 그런 참치는 어쩌다가 잡힐 뿐이다. 그런 참치를 일본에서는 '혼마구로'라고도 하고 '구로마구로'라고도 한다. '시비'라고 부르는 지방도 있고, 특히 큰 놈을 '시비'라고 부르는 경우도 있다. 작은 놈을 '메지'라고 부른다. 큰 놈은 300kg에 이르기도 한다지만 크다고 맛이 좋은 것이 아니라 횟감으로서는 5kg 안팎의 '메지'를 으뜸으로 친다.

그러나 횟감으로 따질 때 그렇다는 것이지, 생선회를 먹지 않는 미국의 경우는 또 이야기가 다르다. 미국 사람들은 일본 사람들이 횟감으로 좋아하는 혼마구로는 그 검붉은 살빛부터 징그럽게 여긴다. 한편 미국 사람들은 일본 사람들이 별로 치지 않는 남양산(南洋產) 참치를 무척 좋아한다. 이것은 살빛이 비교적 흰 편인데 삶으면 더욱 희다. 살빛뿐만 아니라 맛도 닭고기와 비슷하다고 해서 이것을 바다 닭고기(Sea Chicken)라고 통조림 회사에서는 선전하고 있다. 샌드위치 가운데서도 이것을 쓴 참치(튜나) 샌드위치는 값비싼 쪽에 속하는 샌드위치인 것을 나는 미국에서 경험한 바가 있다.

우리나라 원양 어업이 남양에서 잡아서 사모아의 통조림 회사에 팔고 있는 참치는 그런 참치 무리다. 그러나 지금 국내에서 시판되어 있는 참치는 여러 가지 무리가 있는 것 같다. 원양 어업으로 잡기는 잡았지만 대미용(對美用)으로 팔거나 대일용(對日用)으로 파는 것이 가격이나 조건이 낫다고 해서 나돌게 되는 있는 것이 아닌가 하고 짐작된다. 경위야 어떻든 간에 조상들이 먹지 못했던 참치를 지금 우리는 먹고 있다.

매운탕, 스테이크에, 조려도 되고 전(煎)까지

참치집에서 '도로'를 내 주면서 아무리 혼마구로라고 우기더라도 나는 그저 가볍게 웃기만 한다. 참치 회의 본고장인 일본에서도 혼마구로 도로는 요정이거나 초밥집이거나 일류급이 아니고서는 취급할 수가 없다. 매우 비싸기 때문이다. 참치가 별로 잡히지 않는 우리나라에서 혼마구로가 아니라도 해도 나에게는 조금도 불평이 없는 것이다.

기름기가 짙은 배 쪽 살을 일본에서는 '도로'라고 부르는데 이 말을 우리나라 일식집에서도 쓰고 있다. 도로에도 진짜 도로가 있고 얼치기인 중간 도로가 있게 마련이지만, 어느 쪽을 보다 더 좋아하느냐 하는 것은 먹는 사람의 식성에 달렸다. 덮어놓고 기름기가 짙은 도로를 좋아하는 사람이 많다. 그러나 중간 정도인 얼치기 도로를 좋아하는 사람도 있다. 나도 그런 편이다.

생각하기 나름이겠지만 나는 시판되어 있는 참치가 결코 값이 비싸다고는 보지 않는다. 물론 싸다는 이야기는 아니지만 냉동물이라서 비싸게 팔지는 못할 기본적 한계가 있다.

회나 스테이크 이야기가 나왔지만 조려도 되고 전(煎)으로 부칠 수도 있고, 매운탕을 끓일 수도 있을 것 같다. 조상들이 먹어 보지 못했던 물고기라고 쓰기는 썼지만 조상들이 먹었던 여러 가지 생선 요리 방법을 그대로 계승해서 우리가 참치를 요리할 수가 있는 것이다.

일본 요리 가운데는 '네기마'라는 것이 있다. 정종에 간장을 섞은 것을 끓이고 참치와 파를 비슷하게 토막 낸 것을 넣어서 먹는다. 참치나 파나 너무 익지 않게 해야 맛이 있다. 식성에 따라 버섯이나 두부를 곁들여도 되고 양념으로는 고춧가루를 뿌려 먹어도 좋다. 전에는 오뎅집에서 참치와 파를 대꼬치로 꿰어 네기마를 만들어 주었는데 최근에는 통 볼 수가 없다.

참치를 회나 초밥으로 먹는다면 문제기 없지만, 열을 가해 익혀서 먹을 때는 너무 익지 않도록 하는 것이 좋다. 너무 익으면 살은 굳어지고 맛은 떨어진다. 참치 스테이크도 속까지 바싹 구운 웰던(well-done)보다는 겉만 살짝 구운 레어(rare)가 더 맛있을 것으로 나는 믿는다.

참치와 다랑어

참치라는 물고기의 우리나라 표준명은 다랑어이다. 그것이 해방 후 해무청(海務廳) 어획 담당관이 당시 다랑어가 우리 동해 연해안의 방언이라는 사실을 모르고 참치라는 말을 어디서 듣고 그대로 옮김으로써 이 명칭이 시작되었다.

다랑어는 대양을 회유하는 열대성 표층어 중에서 가장 큰 육식 어류이다. 이들 물고기는 대형 육식어 중에서도 가장 빨리 자라는 동시에 훌륭한 맛을 가짐으로써 원양어업의 중요한 지위를 차지하고 있다. 일본 어부의 독점 어업이었던 다랑어 어업이 2차 대전 이후부터 세계 원양어업의 중요한 대상물이 되었다.

쿠바인들은 다랑어의 살색이 흰색에 가까운 담홍색인 데다가 그 맛이 닭고기 맛과 비슷하다고 해서 다랑어를 바다 닭고기(Sea Chicken)라고 부른다.

일본 사람들은 생선 횟감으로 애용하며, 가쓰오부시라는 훈제품을 만들어 저장식품으로 이용해 왔다. 가쓰오부시는 단단한 나무 방망이 모양으로 보관해 두었다가 필요할 때에 꺼내어 칼로 얇게 작게 저며서 된장국 등의 국 요리에 넣어 맛을 내는 조미료 식품이다.

도미, 병어, 덕대

'도옴'이 '도미'로 변한 것 같아

　　　'돔'이냐 '도미'냐. 먼저 생선 이름부터 어느 하나로 정해 놓고 이 글을 시작해야겠다. 그런데 이것이 쉬운 일이 아니다.

　옛날 문헌들을 살펴보기로 하자. 조선왕조 세종 6~7년(1424~5년)에 하연(河演)이 엮은 〈경상도지리지〉에는 도음어(導音魚)라는 물고기 이름이 보인다. 지금 남아 있는 문헌으로서는 이것이 이 고기에 관한 가장 오랜 기록인 듯한데, 그때는 아마 '도옴'이라고 장음으로 발음하지 않았을까 하는 가능성을 짐작하게 한다.

　그러나 그 후의 문헌들에는 '도미'라는 것이 오히려 더 일반적이다. '到美魚니 道味魚니 道尾魚'니 하고 표기된다. 정약전이 엮은 〈자산어보〉(1814년)에는 '강항어(强項魚)'라고 표기되고, 서유구(徐有榘)의 〈임원경제지(林園經濟志)〉(1834~1845) 중의 〈전어지(佃魚志)〉에서는 '독미어(禿尾魚)'라고 표기된다. 1844년에 나왔다는 '한양가(漢陽歌)'에서는 서울의 어물전을 읊는 데서 "…도미(道尾), 준치, 고도어(高刀魚=고등어)며…"라는 구절이 보인다. 원어는 역시 생산지에서 발생했으리라고 생각되는데, 하연의 '경상도지리지' 시대와 다름없이 지금도 경상도에서는 많은 사람들이 이 물고기를 '돔'이라고 부르고 있다.

한편 소비지에서는 퍽 옛날부터 이 물고기를 '도미'라고 불러왔었다는 것을 문헌들을 살피면 알 수가 있다. 서울에서 나는 '도미'라고 들어 왔고 그렇게 불러왔으며, '돔'이라는 말을 전연 쓰지 않았다. 표준말의 기준이라는 서울 중류층에서 쓰는 말은 '돔'이 아니라 '도미'다. 전국적으로 볼 때도 '돔'보다는 '도미'가 더 널리 사용되어 있지나 않을까 하는 생각이 든다.

우리나라 수산학계에서는 '도미'가 아니라 '돔'을 채택하고 있다. 그러나 '도미'라는 말을 전연 버리지는 않았기에 경골어강(硬骨魚綱)의 농어목(目) '도미'과(科)가 있으며 여기에 청돔, 새눈치, 감성돔, 황돔, 참돔, 붉돔, 녹줄돔, 실붉돔 등이 속하는 것으로 무리의 이름들을 정리해 놓고 있다. 그러나 〈국어대사전〉(이희승 편)〉에서 '돔'을 찾아보면 '도미'를 보라고 지시되어 있으며, '도미'를 찾아야만 비로소 설명을 볼 수가 있다. 도미에 관한 설명뿐만 아니라 '도미구이' '도미국수' '도미면'(도미국수와 같다), '도미백숙' '도미어채' '도미저냐' '도미젓' 등의 도미 요리 이름들도 수록하여 설명을 벌이고 있다.

아무래도 나는 '도미'라는 말을 써야 하겠다. 도미에는 많은 무리들이 있지만 우리가 그저 도미라고 말할 때는 수산학에서 말하는 참돔을 뜻하는 것이 보통이다. 다른 도미 무리와 구별해서 특별히 이 무리를 강조하는 경우에 서울에서는 '참도미'라고 부른다. 이것은 '조기'와 '참조기'의 경우와 같다.

유채꽃 피는 철의
완도 도미회

        완도(莞島) 하면 생각나는 것이 나에게 세 가지 있다. 벌써 20년이 더 됐지만 지금도 잊을 수 없는 인상적인 일들이다.

첫째는 해남(海南)에서 완도를 잇는 다리를 놓겠다는 작업 풍경이다. 배에 돌을 싣고 바다에 나가서 던지고 있었다. 배의 수도 서너 척밖에 안 되는 데다가, 그렇게 작은 배에 돌을 실었다면 얼마나 실을 수 있었겠는가. 돌을 던진 후의 바다에는 아무런 변화의 흔적도 없었다. 나는 답답하고 갑갑하고 안타깝기도 하면서 마침내 화까지 났다. 주민들의 이 같은 애처로운 숙원(宿願)을 속 시원하게 풀어주도록 현대적인 중장비를 투입할 수는 없느냐 하고 마음이 아파진 것이다. 그 후의 경위를 나는 소상하게 모르지만 하여간 해남과 완도를 잇는 다리가 준공되었다는 소식을 들은 지 오래인데, 아직도 나는 달려가서 그것을 건너볼 기회를 가지지 못하고 있다.

둘째는 주도(珠島)다. 완도읍 바로 앞에 있는 작은 섬인데 오만가지 상록수가 빽빽이 자라고 있어서 섬 전체가 천연기념물로 지정되어 있는 것이다. 작은 섬에 그렇게 많은 수종(樹種)들이 밀집하다시피 공존하고 있는 것은 정말 가관이었고 하나의 경이(驚異)였다.

셋째는 도미회. 완도는 김으로 이름났지만 그때는 밭에 평지(油菜) 꽃이 노오랗게 한창이던 봄이어서 김에 관해서는 이렇다 할 인상을 받지는 못했다. 과거에 일본인들이 많이 살았는지 일본식으로 지은 식당집 2층에서 바다 풍경을 감상하고 있었을 때 차려 내놓은 도미회는 정말 나를 깜짝 놀라게 싱싱하고 맛있는 것이었다.

도미는 비교적 계절과 관계없이 담백하고도 깊은 감칠맛이 있는 물고기이기는 하지만, 그래도 역시 봄에 더욱 맛이 나는구나 하고 감탄하지 않을 수 없었다. 겨울에는 추워서 바다 깊숙이 들어가 있기 때문에 동면은 아니지만 먹이가 신통치 않아서 맛이 제대로 나지 않는다. 봄이 되어 육지에 가까운 얕은 바다로 올라오면서 먹이를 풍부하게 섭취하고 산란기에 대비하는 봄에서 초여름까지가 도미 맛이 한층 빛나는 철이라고는 말할 수 있다.

그리고 완도에서 먹었던 그 도미는 살을 도려내서 머리와 뼈와 꼬리가 그대로 남은 것에 회를 얹어 왔기에 알 수가 있었는데 길이가 한 자(약 30cm)를 넘을까 말까 할 정도였다. 도미의 늙은 것은 1m도 넘는 것이 있다고 한다. 그러나 역시 도미 맛이 훌륭한 것은 길이가 한 자 안팎인 놈이 아닐까 한다.

정약전은 〈자산어보〉에서 흑산도의 도미가 "살코기는 탄력이 있고 맛이 달고 또한 짙다."고 적고 있다. 흑산도의 도미는 틀림없이 맛있으리라는 생각이 나에게 든다. 다만 철이나 크기를 따져야겠는데 〈자산어보〉에는 그것에 대한 언급은 없다. 싱싱해야 하는데 흑산도에서 그 점은 문제가 없었을 것이다. 어떻게 요리했지는 알 수가 없다.

설악산에서 즐긴 동해안 도미

설악산에서도 나는 도미회를 맛있게 즐겼다. 이렇게 쓰면 마치 내가 대청봉(大靑峰) 같은 곳에서 도미회를 먹었는가 하고 오해하실 분이 계실는지 모르겠지만 그런 오해는 곤란하다. 설악산은 설악산이지만 그곳은 신흥사(神興寺)의 어귀에 있었던 여관이었다. 지금은 헐려서 아래쪽으로 옮겨 갔지만 그때는 여관과 식당들이 무질서하게 밀집하고 있었던 곳의 한 여관이었다. 속초(束草)에서 갓 잡았다는 도미 한 마리를 친구가 지프차로 싣고 달려 왔던 것이다. 그날 나는 계조암(繼祖庵)을 찾았으며 흔들바위를 흔들고 여관에 돌아와 있었다. 그 도미회가 어찌나 맛있었는지 이것도 즐거운 추억이다. 설악산 속에서 먹는 도미회라는 기분도 물론 있기는 있었다. 그러나 결코 기분만으로 해서 도미회가 맛있었던 것은 아니다.

황지본선(黃地本線)이 개통되어 서울에서 강릉(江陵)까지 기차로 갈 수 있게 된 첫 편을 이용한 동해안 여행이었다. 그러니 이것도 20년 전쯤이 되는 일인데 눈부신 신록의 계절이었다. 말이 설악산이지, 신흥사 어귀까지 속초에서 지프차로 달리면 20분 정도면 된다. 속초에서 싱싱한 도미를 구해 날라 오면 신흥사 어귀에서도 아직 선도(鮮度)는 높은 것이다. 약 40cm쯤 되는 길이의 도미였고 윤을 잃지 않은 새까만 눈알이었다.

옥의 티라고 할까. 부엌의 솜씨가 좀 뭣했으며, 우리가 원하는 향신료(香辛料)가 있지는 않았지만, 우리 일행은 싱싱한 도미회를 설악산 속에서 초고추장으로 먹으면서 그래도 굉장히 기분이 좋았다. 동해안의 도미에 대해 잘 모르는 사람들이 많은데 천만의 말씀이다. 동해안의 도미도 신록의 계절에 적당한 크기의 놈은 남해의 것과 비교하여 조금도 손색이 없다.

하여간 도미는 싱싱해야만 한다. 어떤 식도락가인 친구의 말을 따르면, 물고기는 싱싱하기만 하면 회로 먹으라는 것이다. 선도가 좀 떨어진 것이라면 구워서 먹으라고 한다. 물이 좋지 않은 것은 삶아 먹으라는 것이다. 이것은 도미의 경우에 꼭 해당되는 말이다. 싱싱한 도미라면 회로 뜨는 것이 으뜸이다. 선도가 좀 낮아도 구이로 먹으면 좋고, 선도가 거북한 것도 국을 끓이면 제맛을 놓치지는 않는다. 아주 상해 버린 것이라면 몰라도 도미는 여러모로 이용 가치가 있는 물고기다.

일본인들보다는 우리 겨레는 도미라는 물고기를 덜 치는 편이라고는 볼 수 있겠다. 그러나 옛날부터 도미를 알고는 왔다. 특히 봄철의 한 자 정도의 도미라면 누가 그 맛을 모르겠는가.

해산물 가운데 으뜸가는 맛을 지닌
도미

'썩어도 도미'라는 말이 증명해 주듯 예로부터 도미는 맛의 대명사로 군림해 왔다. 일본에서도 맛에 있어서는 도미를 모든 해산물 가운데 으뜸으로 친다.

우리나라의 경우 도미는 전 해안에 두로 서식하고 있으며 그중에서 남해안의 다도해와 충청도 연안에서 잡히는 도미는 맛 좋은 것으로 소문이 나 있다.

도미는 구워서도 먹고, 찜을 해서도 먹고, 회로 만들어서도 먹는다. 회로 뜬 도미를 맛보려는 경우 가까운 일식집이나 회전문집에 가면 된다. 억지를 부리지 않는다면 도미회 단일로는 구경할 수 없고 모둠회를 주문하게 되면 접시의 한복판에 내로라하는 도미가 속살을 보이고 있게 마련이다.

대개의 경우 그 도미는 그날의 이른 아침 남대문 시장에 있었던 것으로 보면 틀림이 없으며 가장 즐겨 찾는 사람들은 술손님들이다.

대중에게는 여름이 철인
병어(兵魚)

　　어떤 책을 보니까 병어의 철은 12월에서 4월까지라고 적혀 있었다. 이런 주장에 나는 별로 흥미를 느끼지 않는다. 왜냐하면 나는 여름에 곧잘 병어를 먹으며, 여름의 병어가 철이 아니라고 맛이 뚝 떨어지는 것도 아니기 때문이다. 다른 많은 물고기들도 그렇지만 병어는 계절에 따라 맛이 크게 달라지는 물고기는 아니다. 물고기의 철이라는 것에 대해 우리가 너무 신경질적으로 따지는 것도 생각하면 쑥스러운 일이다.

　　대중의 입장에서는 어떤 물고기가 많이 잡혀서 값싸게 시장에 나돌 때가 바로 그 물고기의 철이라고 볼 수가 있다. 그렇다면 병어의 철은 오히려 초여름에서 초가을까지라고 말할 수도 있는 것이다. 6월에서 7월에 걸친 기간이 병어의 산란기다. 이때 병어 떼는 산란을 위해 외양(外洋)에서 내해(內海)로 이동하고 초가을이 되면 다시 외양으로 떠난다. 병어가 내해에서 생활하는 기간이 병어가 많이 잡히는 기간이라는 것은 두말할 것도 없다.

　　병어가 많이 잡히는 이 기간은 시장에서는 이렇다 할 어물이 귀한 기간이기도 하다. 물론 민어 맛을 치는 기간이기는 하지만, 이제 민어는 자원이 거의 말랐는지 값이 터무니없이 비싸다. 일전에 노량진의 수산시장에서 민어 값을 물어봤더니 1kg에 1만 3천 원이라고 했다. 이것과 비교하면 병어는 굉장히 싸다. 살은 담백해서 초여름에서 초가을에 걸쳐 대중의 식탁을 즐겁게 해줄 수 있는 물고기다. 병어의 철이 겨울이라는 것은 대중의 감각과는 좀 거리가 있는 주장인 것 같다.

내가 겨울에 병어를 찾는 일은 없다. 물건다운 물건이 병어밖에는 없을 경우에나 그것을 먹거나 살 뿐이다. 내가 병어를 즐기는 것은 여름이다. 회를 떠도 좋고 조려도 좋다. 내 친구인 어떤 대학교수는 매운탕감으로는 병어가 최고이고 그 이상을 가는 생선이 없다고 병어를 격찬하고 있다. 여기에 대해서도 나는 굳이 반대하지는 않는다. '최고'라는 표현이 뭣하기는 하지만 병어는 매운탕을 끓여도 맛있는 물고기다.

물이 좋아야 하는 것은 길게 말할 필요가 없다. 비늘이 떨어지기 쉽기 때문에 병어는 비늘이 없다고 오해하고 있는 사람들도 꽤 있다. 비늘은 쉽게 떨어지지만 점액(粘液)이 분비되어 죽은 후에도 얼마 동안은 몸의 겉이 끈끈하다. 몸의 겉이 끈끈한 병어라면 회를 뜰 수 있는 물 좋은 병어다. 여름철에는 이런 점을 주의하는 것이 좋다.

군인 같지도 않고 병 같지도 않지만
병어(兵魚)라고 표기

보통 우리나라에서는 '兵魚'라고 표기했다. 〈신증동국여지승람〉에도 그렇게 적혀 있다. 중국에서는 병어를 달리 부르고 쓰고 있기에 우리나라에서 만든 이름이라고 짐작되지만 그 유래를 모르겠다. 병어의 모습이나 습성에서 우리가 군인을 연상하는 특징은 없다. 떼를 지어 행동한다는 것은 다른 많은 물고기들에게 공통되는 것이며 유독 병어만의 습성은 아니다.

정약전(丁若銓)은 〈자산어보(玆山魚譜)〉에서 물고기를 비늘 있는 인류(鱗類)와 비늘 없는 무인류(無鱗類)로 구별했는데 병어를 비늘 있

미식가의 수첩

는 인류 속에 분류한 것은 역시 학자답게 정확했다. 다만 병어를 편어(扁魚)라고 표기하고는 속명(俗名)이 '瓶魚'라고 적었다. 옛날 우리 조상들 가운데는 병어의 모습에서 어떤 병을 연상하는 감각이 있었던 것인지도 모르겠다.

하여간 〈자산어보〉는 "큰 것은 두 자쯤 되며 머리는 작고 목덜미는 오그라지고 꼬리는 짧다. 등은 솟아 나오고 배도 튀어나와서 그 모습은 사각형으로(基形四出) 길이와 높이가 거의 똑같다. 입이 매우 작고 빛깔은 청백색이다. 맛이 좋고 뼈는 연하여 회를 떠도 좋고 구워도 좋고 국을 끓여도 좋다. 흑산도에서도 간혹 잡힌다."고 병어를 설명하고 있다.

정약전은 흑산도에서 병어를 회를 쳐서 먹기도 했고 구워서 먹기도 했고 국을 끓여 먹기도 했던 모양이다. 간장으로 조려도 맛있다는 것은 앞서 적었다. 병어가 맛이 담백하면서 괜찮은 이유를 병어의 먹이와 결부시켜 설명하는 것을 들은 일이 있다. 병어는 해파리를 즐겨 먹기 때문에 그렇게 맛이 담백하고 비린내가 덜하다는 것이다. 상대적으로 말해서 비리지 않은 편에 속하는 물고기라는 것은 인정하지만, 과연 병어가 해파리를 즐겨 먹는 물고기인지 어떤지는 확인하지 못하고 있다.

농장을 경영하는 어떤 신배가 병이젓 이야기를 들려주었다. 초여름에 나도는 병어는 값이 싸지만 이것을 궤짝으로 사면 더욱 싸게 살 수가 있다. 이것을 소금으로 절여 여름을 넘기게 한다. 삼복더위에도 견디게 하기 위해서는 소금을 듬뿍 칠 수밖에는 없다. 이렇게 여름을 넘긴 병어는 자반 병어라기보다는 병어젓이라고 부르는 것이 어울릴 정도인데, 이것을 독에서 꺼내 쪄 먹으면 농장에서 일하는 사람들의 좋은 동물성 단백질원(源)이 된다는 것이다. 짜기는 하지만 농장에서는 제법 인기가 높은 반찬으로 손꼽히고 있다고 한다.

병어는 난해성(暖海性)의 물고기여서 동해안에서는 잡히지 않는다고 듣고 있다. 일본에서도 서남부에만 분포하고 있는 탓인지 도쿄 지방이나 북부 일본에서는 병어를 잘 모른다. 그러나 일본의 서남부에서는 병어는 고급 생선으로 다루어지고 병어 요리는 고급 요리에 속한다. 조미료를 섞은 간장을 발라서 구워 먹는 것이 흔한 요리법이라지만 물이 좋으면 물론 회를 뜨기도 한다.

일본의 고오찌(高知) 지방에서는 병어를 토막 내어 흰 왜된장에 이틀이나 사흘쯤 담가 두었다가 꺼내 구워 먹는 것이 명물의 하나로 꼽히고 있다. 이것을 우리가 흉내 내려면, 두어 시간 전에 병어 토막에 소금을 살짝 뿌려 두는 것이 좋다고 들었다. 흰 왜된장에는 술(청주)과 약간의 설탕을 섞어 버무리면 된다고 한다. 실험을 해 보았는데 결과가 나쁘지는 않았다.

한국 특산 병어속(屬), 덕대

생선 가게에서 보통 병어보다 한층 더 큰 놈을 볼 경우가 있을 것이다. 병어와 꼭 같이 생겼다. 굳이 차이를 든다면 병어는 등지느러미의 바깥 변두리가 낫 모양으로 보이는데 이놈은 낫 모양이 아니다. 학문적으로는 같은 병어속(屬)에 속하기 때문에 병어의 4촌쯤 되는 셈이지만 이 무리를 병어와 구별하여 '덕대'라고 부른다. 사람에 따라서는 '덕재'라고도 한다. 알기 쉽게 '대(大)병어'라고 부르는 지방도 있다.

그런데 이 덕대는 우리나라에서만 나는 것인지 아닌지는 몰라도,

적어도 우리나라의 특산이라고 말할 수는 있는 것 같다. 서해안—특히 북한의 진남포에서 많이 잡히는데 다른 나라에서는 별로 잡히지 않는 것 같다. 병어를 영어로 '폼프레트(Pomfret)'라고 하는데 덕대는 영어로 'Korean Pomfret'라고 부른다. 일본어로는 병어를 '마나가쓰오(真魚鰹)'라고 하는데 덕대는 '고오라이(高麗) 마나가쓰오'라고 부른다. 고려 병어라는 것이다. 덕대는 병어보다 크기도 하지만 값도 비싸서 병어와는 달리 대중어(大衆魚)라고 볼 수는 없다. 일전에 수산시장에 가서 덕대 값을 물어봤더니 한 마리에 5천 원이라고 할 정도로 비쌌다.

서해안에는 기껏해야 꽃게나 패류(貝類)가 있을 뿐, 먹을 만한 생선이 없다고 평하는 사람이 있다. 물론 극단론이다. 그러나 자연조건의 변화도 있었겠고 자원 보호의 소홀도 있었겠지만, 서해에서 잡히는 물고기가 과거와 같지는 않게 되어 있다는 것은 부인할 길이 없다. 서해에서 이름났던 비웃은 이미 자취를 감춘 지 오래다. 참조기도 귀해져 가고만 있고 이제 참조기 굴비는 대중의 식생활에서 벗어나고 말았다. 민어도 그렇게 되고 말았다. 이제 덕대도 그렇게 되어 버린 것이다.

"자네마저도. 브루터스!"

그러나 덕대가 우리나라의 특산인 것을 머리에 두면서 덕대를 바라보고 있으면 그 모습이며 빛깔이며 한결 아름답고 스마트하게 보인다. 보통 병어보다는 크고 보니 살도 두툼해서 먹음직하다.

"이건 병어가 아니에요, 사장님. 덕재예요. 덕재." 하고 생선 가게 아저씨 또는 아주머니가 내 시선을 알아차리고 소리칠 때는 갑자기 내 마음은 착잡해진다.

알겠습니다. 보통 병어가 아니라 우리나라의 특산이라고 볼 수

있는 덕대지요. Korean Pomfret지요. 고려 병어지요. 좋지요. 맛있
지요. 그러나 보통 병어도 맛있는 대중적인 물고기입니다. 보통 병
어라고 생선 가게에서 너무 깔보지 마십시오.

장어와 갈치

뼈대 있는 풍천(豊川) 장어(長魚)

　　고창에서 선운사로 버스를 타고 가면 선운사로 들어가는 길목이 선운사 입구이고 버스 정류장이다. 그곳에 몇 개 있는 식당들이 '풍천 장어'라고 간판을 내세우고 있는 것을 나는 보았다.

　　"아, 여기로구나!"라고, 비록 불교 신도는 아닐망정 이제부터 절을 참관하려는 사람치고는 불공정하게도 나는 아마 두 눈을 반짝거렸던 것 같다. 선운사의 목백일홍에 대해 전연 몰랐기에 그것은 나에게 깊은 인상을 남겼지만 풍천 장어에 대해서는 미리 들은 바가 있기 때문이었다. 그러나 '선운사 입구'는 버스 종점은 아니었다. 버스 종점은 선운사 경내의 바로 밖에 있었다. 그곳에는 여관이나 식당이나 상점이 많은 숫자는 못 되지만 제법 몰려 있었다. 관광지에 흔히 있는 그런 마을이었다.

　　선운사를 참관하고 경내에서 밖으로 나와 보니, 그 마을의 식당들이 내세우고 있는 메뉴 간판에서 '복분자(覆盆子)술'이라는 것과 '풍천 장어'가 역시 내 눈에 띄었다. 일부러 선운사 입구까지 내려갈 것

없이 그곳에서 복분자술을 마시며 풍천 장어를 먹을 수 있지 않겠는가 하는 생각이 들었다. 시간을 절약하는 의미에서 나는 그렇게 하기로 했다.

복분자딸기라는 관목이 있다. 장미과에 속하고 양지바른 산기슭에 자란다. 초여름에 꽃이 피고 여름에 분홍색으로 열매가 익는다. 이 열매를 '복분자'라고 부르며 말려서 한약재로 쓴다. 이것으로 술을 담근 것이 복분자 술이다. 나로서는 처음 마시는 술이었는데 빛깔은 아름다운 진홍색이었으며, 붉은 포도주와 비슷했다. 맛은 달았기에 내 입에는 별로 맞지 않았다. 설탕을 넣지 않은 복분자술도 있을 것이라고 생각되고 보면, 그 첫 경험만으로 내가 복분자술의 진미를 왈가왈부하는 것은 삼가려고 한다. 약효에는 나는 전연 관심이 없다.

풍천 장어도 나로서는 물론 첫 경험이었다. 바닷물과 민물이 섞이는 물에서 사는 장어다. 어느 식당 아주머니는, 하루에 열두 시간은 바닷물을 마시고 또 다른 열두 시간은 민물을 마시면서 사는 장어라고 멋있는 설명을 했다.

나는 풍천 장어에 관해서는 들은 바가 있었지만, 혹시 갯장어가 아닐까 하는 의심도 품고는 있었다. 고창에서 멀지 않은 법성포에 나는 가 본 적은 없지만, 법성포에서 왔다는 장어를 서울에서 몇 번 먹어 보았었다. 생선도 먹었으며 말린 것도 먹었다. 모두가 한결같이 갯장어들이었다. 여기서 오해가 없기를 바라고 강조하지만, 결코 갯장어는 맛이 없는 물고기가 아니다. 다시 강조하자면 갯장어는 대단히 맛이 좋은 물고기다.

문제는 갯장어의 잔가시다. 대가리에서 꼬리까지 뼈와 평행해서 수많은 잔가시가 발달되어 있다. 잔가시인 까닭에 크게 해로울 것도

미식가의 수첩

없는 것이기는 하지만 이것을 그대로 먹으려면 귀찮기가 이만저만이 아니다. 씹을 때마다 잔가시가 걸리니 신경질이 나기 일쑤다. 잔가시를 입 안에서 발라냈다고 하더라도 그것을 입 밖으로 집어내는 것이 또 문제다. 집어내는 작업이 어려운 것은 아니다. 집어내는 작업 자체는 쉽다. 다만 남자끼리라도 좀 민망스러운 작업인데 숙녀들 앞이라면 그것이 무슨 꼴이냐 말이다. 문제는 그것에 그치지 않는다. 추태를 무릅쓰고 일일이 잔가시를 집어냈다고 해도 그것을 어떻게 처리한단 말인가. 접시 위에 정렬을 시켜서 전과(戰果)를 자랑하며 전시를 한단 말인가.

그러나저러나 풍천 장어는 갯장어가 아니었다. 뱀장어에도 종류가 많지만 하여간 분명히 뱀장어였다. 이것을 갈라 뼈를 추려내고 썰어서 양념을 발라 구워 온 것이었다. 추려낸 뼈도 토막을 내서 역시 양념을 발라 구워 함께 내놓았다. 마늘 값이 싸다고는 하지만 마늘도 썰어서 푸짐하게 내놓았다. 초고추장을 주체(主體)로 한 듯한 양념이 따로 나와 있었으며, 그것을 찍어 풍천 장어를 먹게 되어 있었다.

관광 철이 아니어서 한적했던 것이 무엇보다도 좋았다. 목백일홍도 좋았다. 그 감명을 가슴에서 되새기며 복분자술의 잔을 기울이고 갯장어 아닌 풍천 장어를 입에 넣고는 다시 마늘을 집는 것도 좋았다. 다만 풍천 장어의 뼈는, 그것을 내 치아로 완전히 씹어서 즐긴다는 것은 무리인 것 같았다.

'일고의 가치고 없다던'
장어가 비싸져

        1905년이라면 소위 을사 5조약이 강요된 해였다. 그해에 일본에서 간행된 〈한국 수산업 조사 보고〉에는 한국과 일본의 두 민족의 수산물에 대한 기호의 차이를 다음과 같이 조사·보고한 부분이 있다고 한다. 박구병(朴九秉)의 〈한국어업사〉에서 인용한다.

"수요자의 기호를 아는 것도 판매상 필요한 것이므로 여기에 일한 양국민의 기호를 비교하고자 한다.

피아(彼我) 양 국민이 어류를 좋아하는 것은 대략 동일한 정도라고 할 수 있으나 그 종류에 있어서는 다소 상이한 점이 있다. 예컨대 삼치는 충청도 연해에서는 우어(憂魚)라고 일컬어 기피하는 경향이 있고, 또 도미는 한국인의 수요가 적은 것은 아니지만 일본인처럼 이를 귀중시하지 않으며, 따라서 가격도 상당히 싸다.

붕장어, 갯장어, 서대 등은 그들에게는 일고(一顧)의 가치도 없다. 그러나 갈치, 명태, 조기 등은 일본인이 하등시하는 것임에도 불구하고 한국에 있어서의 수요는 가장 많고, 기타 민어, 가오리, 볼락, 청어, 대구 등은 그들이 가장 환영하는 것으로서, 다대한 어획이 있을 경우에도 결코 그 가격이 폭락하는 일이 없다."

이 조사 보고는 그 당시의 사실을 사실대로 지적했던 것으로 본다. 다만 그 당시의 사실이 오늘날의 사실인 것은 물론 아니다.

이 조사 보고는, 뱀장어는 내수면(內水面)에 속하는 것으로 다루어 조사 대상에서 제외한 것 같다. 그러나 흔히 우리가 '장어'라고 부

          미식가의 수첩

르는 물고기는 뱀장어와 붕장어와 갯장어의 세 무리로 크게 나눌 수 있다. 그러나 옛날 문헌—예를 들면 〈신증동국여지승람〉이나 그 밖의 문헌에서도 장어는 전연 기록되어 있지 않다. 정말 일고의 가치도 없었던 모양이다.

지금은 어떤가. 첫째로 뱀장어의 경우인데, 앞서 적은 바와 같이 지금 풍천 장어는 아는 사람은 알 만큼 알려져 있다. 선운사를 읊은 김극기나 동백정을 읊은 김종직이 과연 풍천 장어를 먹어 보았겠는 가 하는 것은 의문이다. 그때는 일고의 가치도 없는 하찮은 물고기였을 것만 같다. 적어도 점잖은 양반의 진짓상에 올릴 수는 없었던 것이었을 것이다.

그러나 지금은 딴판이다. 보통 월급쟁이가 날마다 점심에 뱀장어를 먹다가는 월급봉투에 몇 푼이나 남을 것인가. 광나루에 가서 먹는다 해도 비싸고 팔당에 간다고 해도 비싸다. 선운사에 가서 풍천 장어를 먹는다고 해도 결코 값싼 것은 아니었다.

일본에서는 물론 비싸다. 따라서 우리나라에서는 일본에 수출을 하고 있다. 같은 일본이라고 해도 관동 지방과 관서 지방은 뱀장어의 요리 방법이 다르다. 뱀장어를 째고 그대로 구웠다가 한 번 쪄서 다시 양념을 발라 굽는 관동 지방 방법과는 달리, 처음부터 양념을 발라 구워 그대로 먹는 관서 지방 방법이 우리나라 방법에 가까운 것 같다.

둘째로 붕장어의 경우인데, 이것도 '아나고 회'라고 해서 인기가 높은 생선회 재료다. 양념을 발라 구워서도 먹고 튀김으로 해서도 먹고 생선초밥의 재료로도 쓰인다. 장어탕이라고 매운탕 비슷하게 끓여서 먹기도 한다. 뱀장어와 비교하면 값은 비싼 편이 아니기는 하지만 "일고의 가치도 없다"는 것은 이제 잠꼬대와 같은 말이다.

셋째로 갯장어의 경우인데, 이것은 여전히 일고의 가치도 없는 셈일까. 다시 강조하거니와 갯장어도 매우 맛이 좋은 생선이다. 문제는 잔가시인데 이것을 잘 처리할 줄 안다면 일고의 가치뿐만 아니라 오(5)고 십(10)고의 가치가 생길 것이다. 잔가시를 예리한 칼로 미리 잘라 놓고 요리를 하면 된다. 이것은 일본에서 관동 지방은 잘 모르고 있는 요리 기술이지만(관동 지방에서는 갯장어를 별로 먹지 않는다), 관서 지방에서는 '호네기리'라고 하는 이 기술이 발달되어 있다. 이렇게 미리 칼질을 해 놓으면 갯장어는 먹기에 조금도 불편하지가 않다.

겨레가 장어를 즐겨 먹는다는 것도 민족의 식생활에서는 신기원을 이루는 것이라는 생각을 금치 못한다.

신라(新羅) 때부터 대중어(大衆魚), 갈치

바다 생선에 국한해서 하는 말이지만 옛날부터 겨레에 단백질을 공급해 주는 데 가장 공이 컸던 물고기가 명태와 조기와 민어의 세 무리였다고 나는 생각한다. 물론 각각 철이 있는 물고기들이다. 동해에서는 조기와 민어가 매우 희귀하고 보면 이런 말도 동해안 지대에는 해당되지 않겠지만, 대체로 보아 값도 쌌고 자원도 풍부했다는 점에서 나는 이 세 무리를 겨레의 물고기라고 부르고 싶다. '삼대중어(三大衆魚)'라고 하고 싶은 것이다.

그러나 내가 꺼리는 것은 이런 말이 과거의 이야기에 불과한 것이 아니냐 하고 반성되기 때문이다. 세 무리가 모두 남획(濫獲)으로

미식가의 수첩

말미암아 자원이 고갈되어 가고 있고 도저히 값이 싸다고는 말할 수 없게 되었다. 웬만한 크기의 민어라면 지금 1만 원이니 어쩌니 한다. 굴비 한 마리가 2천 원을 넘기도 한다. 노가리라는 명태 새끼까지가 버젓이 상품으로 등장한 지도 이미 오래다.

아직도 값이 비싸지 않으며 옛날부터 겨레에게 널리 단백질을 공급해 온 대중어(大衆魚)가 달리 없는 것일까. '있다'고 나는 생각한다. 갈치를 생각하고 있는 것이다.

옛날의 문헌을 보면 갈치를 보통은 '도어(刀魚)'라고 적고 있다. 더러는 갈어(葛魚), 갈치어(葛致魚, 葛侈魚, 葛峙魚), 군대어(裙帶魚)라고 적혀 있는 경우도 있지만. 갈(葛)이라는 글자를 쓴 것을 보면 길게 뻗은 칡덩굴을 연상했던 것일까. 군대(裙帶)란 치마끈을 말하는데 군대어라는 것은 역시 긴 물고기라는 뜻이겠다.

그러나 보통은 '도어'라고 적혀 있다. 중국에서는 '인도어(鱗刀魚)'라고 하고, 일본에서는 '다찌우오(大刀魚)'라고 한다. 갈치에서 칼을 연상한다는 점에서 세 나라는 공통되어 있다. 물고기가 가늘게 길고 납작하고 온몸이 은백색(銀白色)으로 반짝이는 데서 칼을 연상했던 것이다. 이 은백색의 가루 같은 것은 구아닌이라고 불리는, 핵(核)단백질을 분리해서 생긴 유기염류(有機鹽類)인데, 갈치의 구아닌은 인공진주(人工眞珠)의 광택을 내게 하는 원료로 사용된다.

〈용비어천가(龍飛御天歌)〉를 보아도 알 수 있듯이 옛날에는 칼을 '갈'이라고 발음했다. 한자로는 '刀魚'라고 썼으며 '갈치'라고 불렀고 지금도 그렇게 부르고 있는 것이다. 다만 황해도와 강원도를 경계로 그 이북 지방에서만 '칼치'라고 부른다는데, 이 점에 관해서는 정문기 선생의 신라판도설(新羅版圖說)이 재미있다.

신라 시대에도 '칼'을 '갈'이라고 불렀다고 한다. 옛 신라판도에 들어간 지방에서는 지금도 전부 '갈치'라고 부르고 있으나, 신라판도 이외의 지방에서는 전부 '칼치'라고 부르고 있다는 것이 갈치 호칭(呼稱)에 대한 정 선생의 신라판도 설이다. 고대와 현대를 통하여 갈치 산지로 유명한 곳은 경상남도 기장(機張)인데, 기장은 경주에서 그다지 가까운 곳이 아닌데도 통일신라 시대에 기장산(産) 갈치가 당시의 서울인 경주에 다량으로 반입되어 중요 식품으로 소비되었던 것이라고 정 선생은 짐작하신다.

경상남도의 갈치 성어기(盛魚期)는 초여름에서 가을까지다. 일 년 중에서 생선이 가장 상하기 쉬운 기간이다. 경주에는 지증왕(智證王) 때부터는 석빙고(石氷庫)가 있었지만, 경주까지 생선을 운반하기는 어려웠을 것이다. 자동차도 기차도 고속도로도 없는 시대였다. 여름에는 갈치를 소금에 절여 자반을 만들어 운반했을 것 같다.

정 선생이 쓰신 글에는 또 풀치와 분장어(粉粧魚)와 산갈치에 관한 것이 있다. 풀치는 풋갈치라고도 불리는 갈치 새끼다. 전라남도에서 여름에 많이 나오는데 이것을 햇호박과 같이 지져 먹으면 별미라고 한다. 분장어는 평안남도에서 잡히는, 그 모습과 크기가 풀치와 비슷한 물고기인데 보통 별종이라고 한다. 아마 4촌쯤 되는 것이 아닐까.

산갈치는 갈치보다 수십 배가 크고 대단히 아름다운 심해어(深海魚). 산과 바다에서 보름씩 번갈아 산다고 해서 산갈치이고 나병(癩病)에 특효가 있다고 비싼 값으로 매매되는데 물론 모두 미신이다.

미식가의 수첩

돈주머니 아끼려면 갈치자반을

갈치회를 나는 먹어 본 일이 없다. 갓 잡은 갈치를 배 위에서 회로 하면 그렇게도 맛있다고 하지만, 이것은 어디까지나 어부들만이 누릴 수 있는 특권인 것 같다.

그러나 어렸을 때 가장 많이 먹은 생선은 '삼대중어' 다음에는 갈치였을 것이다. 도시락 반찬에도 흔히 들어 있었다. 흔하면 고마움을 모르게 마련인지 나는 갈치를 맛있는 생선으로 여기지는 않았다. 어린 혀에게는 갈치가 지닌 담백한 맛을 상미(賞味)할 만한 감각이 발달되어 있지 않기도 했다. 담백하기에 갈치 맛을 대수롭지 않게 여겼던 것인데, 담백하기에 갈치 맛을 다시 보게 된 것도 나이 탓인지 모르겠다.

갈치자반은 지금도 농촌으로 많이 들어간다. 값도 싸서 농촌을 위해 귀중한 단백질 공급원(供給源)의 구실을 해 온 것이 갈치자반이다.

우리나라 속담에는 돈주머니를 아끼려면 갈치자반을 사 먹으라는 말도 있다고 한다. 갈치가 성어기에 들어서는 초여름은 농촌에서는 모심기의 계절이기도 해서 모를 심는 일꾼들을 대접하는 밥상이나 막걸리상 위에 흔히 놓이는 것들에도 갈치자반이 한몫 끼인다.

갈치의 내장을 젓갈도 담근 것도 맛있다. 내가 어렸을 때는 갈치속젓은 보도 듣도 못했는데 지금은 서울에서 백화점 식료품 부같은 곳에 가 보면 이것이 있다. 10년 전쯤만 해도 이것을 먹으려면 고향이 서남해 지방인 친구나 동료에서 부탁할 수밖에 없었던 것이다. 하여간 몸에 붙어 있는 구아닌에서 내장에 이르기까지 이용되고 있는 것이 갈치다.

갈치는 어떻게 먹는 것이 가장 맛있느냐고 하게 되면 나는 대답을 모른다. 굳이 대답을 한다면 어떻게 먹든지 맛있지 뭐냐고 말하고 싶다. 어차피 갈치회는 어부들이 아니면 단념할 수밖에는 없다. 소금 뿌려 굽든지, 양념을 발라 굽든지 조리든지 지지든지 갈치 맛은 괜찮다. 무와 함께 국을 끓여도 좋다지만 나는 갈치국은 든 일이 없다. 자반은 역시 물에 담가 소금기를 어느 정도 빼고 요리하는 것이 좋지 않을까 하는 생각이 든다.

어느 철이 가장 맛있느냐고 해도 나는 대답을 모르겠다. 철을 따른 맛의 변화가 별로 없는 생선이 갈치가 아니겠는가 하는 생각이 든다. 굳이 따진다면 여름이 그래도 갈치 맛이 좀 나아지는 편일까. 전라남도에서 나온다는 갈치 새끼인 풀치 맛이 각별하다지만, 서울에서 볼 수 있는 갈치는 크고 작고에 따른 맛의 차이도 별로 없는 것 같다. 그렇기에 같은 값이면 여러 마리가 아니라 한 마리로 큰 놈을 골라 사라고 시장의 생선 장수는 주부들에게 권한다. 큰 놈 한 마리가 육량(肉量)이 낫다는 것이다.

그러나저러나 진짜 대중어인 갈치의 자원은 든든한가. 이것도 나는 잘 알지를 못한다. 우리나라에서 갈치는 어느 바다에서도 나오기는 하지만 그래도 주산지(主産地)는 서남해인데, 특히 서해의 경우는 청(淸)나라 시대부터 중국 어선들이 우리나라 연해(沿海)에 들어와 갈치를 비롯한 생선(준치·달강어·조기·새우 등)을 잡아갔다. 일본과 중국은 19세기부터 우리나라 연해의 수산자원을 긁어 가고 있다. 총체적으로는 일본 어선들이 휩쓸어 가는 것이 훨씬 많지만, 갈치에 관해서만 말한다면 중국어선이 문제다. 중국과 민간어업협정이라도 맺어 진짜 대중어인 갈치 자원을 보호했으면 한다.

잉어와 붕어

산모의 보약이자 동양인의 영양원, 잉어

얼마 전에 중학교 동창생이 에세이집을 냈다. 출판 기념회에 가보았더니 참석자의 절반쯤이 신경정신과의 의사들인 것 같았다. 내 학우는 대학에서 신경정신과를 담당하고 있는 의사인 것이다. 그날 저녁 주인공은 동부인하고 회장에 나와 있었고, 부부가 다같이 가슴에 꽃을 달고 있었다. 나는 학우와 악수를 교환한 다음, 나란히 서 있는 부인에게도 축하 인사를 했다.

내 학우는 나를 자기 부인에게 소개하고는 "…그때 가족끼리 팔당에 함께 갔었잖아?" 하고 보충 설명을 했다. 그 보충 설명으로 부인은 분명하게 나를 알아보고 반색을 했지만, 나는 어떤 일이 생각나서 미소를 느꼈다.

팔당의 잉어회가 생각났던 것이다. 팔당에서 점심때 내 학우는 식당에서 잉어회를 시켰었다. 그러나 나는 민물고기는 날로는 먹지 않는 것을 원칙으로 삼고 있다. 디스토마가 두렵기 때문이다. 그때도 나는 꺼림칙하게 여겨 "괜찮을까." 하고 두려움을 나타냈더니, "괜찮아, 괜찮아, 팔당 것은 의사가 보증하네."라고 그는 장담을 했다. 의사가 보증하는 것이기에 나도 좀 안심을 하고 잉어회를 먹었다. 양식 잉어가 아닌 야생 잉어의 선도(鮮度) 높은 회는 과연 맛있었다.

그러나 먹고 마시고 나서 생각을 해 보니, 그는 분명히 의사는 의사지만 정신과의 의사다. 정신과와 디스토마는 별로 거리가 가깝지 않지 않는가. 때는 이미 늦었다! 그가 말한 의사는 자기가 아니라 다른 사람이었던 모양인데, 나는 그 자신이 의사로서 직접 보증하는 것으로 착각했던 것이다.

이 잉어회는 후일담이 있다. 며칠 후에 나는 돈지갑을 잃었다. 내가 팔당에서 잉어회를 먹었다는 이야기를 들었던 어떤 친구가 내가 돈지갑을 잃은 데 대해 "잉어회를 먹었으니까 그렇지, 뭐"하고 빈정댔다.

"잉어회를 먹어서는 안 되는 건가?"

"그렇다는 거 아닌가."

"왜? 나도 어렸을 때 어렴풋이 비슷한 말을 들었었는데 이유가 뭐야?"

"모르겠네. 어른들이 그러시던 것을 기억하고 있을 뿐일세."

우리 집안에는 어떤 음식에 대한 터부(禁忌)가 있다. 있다기보다는 있었다고 과거형으로 말하는 것이 이제는 현실이지만. 그런데 집안에 국한되지 않은 일반론으로서 잉어회는 먹지 않는 것이라고 나는 어렸을 때 들었었다. 뚜렷한 이유도 제시된 바가 없었으며, 그것은 터부라고 할 정도로 엄격한 것이 아니라 그저 막연한 것이었다.

디스토마 때문에 그러한 것도 아니었다.

되도록이면 잉어회는 삼가는 것이 좋다는 어른들 말에는 잉어이기 때문에 '회'로 먹는 것은 불공(不恭)하다는 뜻이 막연하게나마 서려 있었다. 그러나 그것도 과거에 속하는 이야기다. 그런데 이 친구는 이제 와서 내가 잉어회를 먹었기에 돈지갑을 잃었다고 빈정대면서도, 왜 잉어회를 먹어서는 안 되느냐 하는 것에 대해서는 똑똑한 이유를 대지 못하는 것이었다.

나는 나름대로 세 가지를 짐작해 본다. 어디까지나 가상이지만. 첫째는 용신(龍神)에 대한 숭앙이다. 일찍이 나는 은어를 민물고기의 공주라고 했고, 쏘가리를 민물고기의 기사라고 썼던가. 잉어는 풍채로 보나 거동으로 보나 민물고기의 왕이라고 부를 만하다. 이 잉어가 커서는 용이 된다고 믿어졌었다.

중국 황하 상류에 용문이라는 곳이 있다. 폭이 좁아 물살이 빠르고 세기 때문에 보통 물고기는 거슬러 오르지를 못한다. 그런데 해마다 철이 되면 황하의 잉어들이 용문으로 몰려 올라와서 이곳을 뛰어넘고 더 위로 오르려고 온갖 힘을 다한다는 것이다. 다행히 용문을 뛰어넘고 더 위로 올라간 잉어는 곧 용이 되어 하늘로 오른다고 전해진다. 지금도 어려운 시험에 합격하면 등용문을 통과했다고들 말하는데 그것은 이런 전설에서 연유하는 것이다. 하여간 잉어를 용과 결부시켜 잉어에 대해서는 다른 물고기와는 달리 각별한 숭앙심 같은 것이 있지나 않았을까 하는 생각이 든다.

둘째는, 특히 이 씨 문중이나 조선왕조 시대의 사대부 계급에서는 잉어 이(鯉)자와 이 씨의 이(李)자가 발음이 같다는 데서 잉어 먹는 것을 어려워하고 되도록 삼가려는 경향이 있지 않았을까 하는 것이다. 중국에서는 당나라 때 임금이 역시 이(李) 씨였기에 잉어는 먹는 것은 물론이고 팔거나 사지도 못한다는 금령이 내려졌고, 어쩌다 그물이나 낚시에 걸리면 도로 풀어 주어야만 했다. 그런 고사(故事)를 조선왕조의 사대부들도 알고 있었겠고, 정식으로 금령은 없었더라도 잉어를 먹는 것은 어딘가 마음에 걸리는 일이었는지도 모른다.

셋째는, 앞서 적은 두 가지와 비교하면 별로 중요하지는 않지만, 공자의 큰아들의 이름이 이(鯉)였고 자(字)가 백어(白魚)였다. 공자가 첫아들을 얻었다고 해서 노나라 임금이 축하하는 뜻에서 잉어를 보낸 것을 공자가 매우 기뻐한 나머지 아들의 이름을 그렇게 지었다고 한다. 공자를 성인(聖人)으로 섬기던 조선왕조 선비들은 잉어를 먹는다는 것은 성인의 아들을 먹는 셈이 아니냐고 역시 어려워했을는지도 모른다.

그러나 채식을 위주로 하는 생활을 하던 옛날 사람들은 잉어가 병약자에게 큰 효험이 있다는 것을 경험적으로 알고 있었다.

객관적으로 생각해도 잉어는 채식을 위주로 하던 사람들에게 훌륭한 영양원이었을 것이다. 특히 산모의 젖을 풍족하게 하는 데 있어서는 미역국보다는 잉어—그것을 푹 곤 잉어국이 더 효과가 있다는 것을 옛날 사람들은 잘 알고 있었다. 옛날 사람들은 잉어를 하나의 미각으로 다루었다기보다는 하나의 보약으로 다루었던 것이 아닌가 하는 생각이 든다.

지금 나는 어떤 경향을 짐작해 보고 있을 뿐이며, 결코 어떤 계율을 가상하는 있는 것은 아니다. 옛날 사람들은 잉어회를 절대로 먹지 않았다는 말이 아니다. 잉어회는 물론이고 젓갈로 담가 먹기도 했다. 다만 다른 물고기와는 달리 잉어에 대해서는 경건하게 여기는 의식 경향이 있었던 것 같다고 가상하고 있을 뿐이다. 그들도 보약으로서 잉어를 쓰기는 썼다. 그러나 차마 잉어를 회로 쳐서 먹는 것

미식가의 수첩

은 좀 뭐하다고 삼가는 경향이 있었던 것이 아니냐고 짐작하는 것이다. 우리나라에서 잉어 요리가 발달했다고는 볼 수가 없다.

세계의 잉어 요리

잉어는 따뜻하고 좀 흐린 물을 좋아한다고 한다. 한강이 오염되지 않은 얼마 전만 하더라도 우리는 겨울에 꽁꽁 언 한강의 얼음에 구멍을 뚫고 잉어를 낚으려는 강태공들의 모습을 심심치 않게 보았다. 그러나 그것은 정말로 잉어를 낚는 것이었을까. 차가운 물 속에서 식욕을 잃고 둔하게 움직이는 잉어를 바늘로 채서 끌어올리는 것은 아니었는지 모르겠다.

다시 잉어회 이야기로 돌아가면, 일본에서는 특히 여름에 잉어회를 즐긴다. 일본은 비교적 개울물이 맑아서인지 디스토마 걱정을 조금도 하지 않고 잉어회를 즐기고 있다. 산 잉어를 회로 치기가 무섭게 얼음물에 담그는 요리가 있다. 그러면 살이 꼬들꼬들해진다. 겨자를 푼 간장에 이것을 찍어 먹는데 맛이 시원하다. 이런 요리 방식을 '아라이'라고 부르는데 모든 물고기를 아라이로 요리할 수 있는 것은 아니고, 아라이로 다룰 수 있는 물고기가 잉어를 포함해서 종류가 한정되어 있다.

일본에는 특별한 잉어국도 있다. 잉어 찌개라고 하는 것이 좋을까. '고이고꾸(鯉濃)'라는 요리인데, 잉어를 비늘도 긁지 않고 그대로 쓴다(다만 쓴맛을 내는 쓸개만은 빼내는데, 이 쓸개는 우리나라식으로 잉어를 푹 고는 잉어국의 경우에도 빼내야만 맛이 씁쓸하지 않다). 잉어를 토막 쳐서 머리와 함께 일본 된장을 엷게 푼 물로 삶는다. 물론 고상하게 살려는 사람은 머리나 지느러미는 버려도 그만이지만, 그것은 진짜 고이고꾸가 아니라고 일본의 식도락가들은 주장한다. 하여간 약한 불로 오래 끓이는 것이다. 살은 물론이고 뼈도 흐물흐물해진다. 그때 다시 일본 된장을 보태어 된장의 향기를 살리고는 산초 가루나 뿌려서 먹는 것이다.

서양에서 잉어 요리를 치는 나라는 이스라엘과 체코슬로바키아일까. 이스라엘에서는 육식이 금지되어 있는 금요일에는 잉어 요리를 곧잘 즐긴다고 한다. 잉어 요리가 발달되어 잉어 배 속에 여러 가지 재료를 넣은 요리도 있다.

체코슬로바키아의 크리스마스 요리는 칠면조가 아니라 일반적으로 잉어다. 크리스마스가 다가오면 여기저기의 잉어 양식장에서 야단법석을 떤다. 히틀러에게 점령당했을 때 크리스마스에 잉어를 못 먹게 되었다고 반란이 일어난 고장도 있었다는 나라다. 맥주의 나라라서 잉어를 맥주로 삶은 요리도 있다고 한다.

중구(中歐)나 동구(東歐) 유럽에서도 제법 잉어 요리를 즐긴다. 루마니아도 잉어 요리가 유명한 나라다. 토마스 만이 노벨문학상을 타게 된 대표작 〈부덴부르크 가의 사람들〉에서도 독일 뤼벡에 있었던 그의 집의 잉어 요리 방법이 소개되는 대목이 있다. 이것은 잉어를 씻지도 않고 피까지 그대로 통째로 붉은 포도주로 푹 삶는 요리다.

나는 벼르면서도 곁들일 양념을 구하기가 어려워서 아직 시험해 보지는 못했다. 그러고 보니 오스트리아에 갔었을 때 다뉴브 강에서 나온 잉어의 요리라는 것을 시식하지 않은 것이 지금도 후회된다.

서구(西歐)에서는 별로 잉어 요리를 치지 않는다. 미국은 잉어의 포획량이 많아서 내가 놀랐던 일이 있었는데, 그것이 식용이 아니라 주로 구제용(驅除用)이라는 말을 듣고 나는 다시 한번 놀랐다. 잉어

미식가의 수첩

를 미국에 이식(移植)했더니, 성장력이 강해 호수나 강에 넘칠 정도가 되어 다른 물고기들의 먹이와 생활 터전을 빼앗고 있기 때문이라고 했다.

뭐니 뭐니 해도 잉어 요리가 발달한 나라는 중국이다. 잉어에게 경건한 마음의 경향을 가지고 있었던 우리나라 사람들을 그런 경향에서 해방(?)시켜 주었던 것이 중국식 잉어 요리의 별미가 아니었겠나 하는 생각을 나는 해 본다. 나 자신이 어렸을 때만 해도 중국 요리라면 클라이맥스는 으레 잉어탕이었기 때문이다.

중국식 잉어 요리로서 우리에게 잘 알려져 있는 것이 다음 세 가지인데, 잉어 요리가 또 얼마든지 있으리라고 생각된다.

첫째가 홍소이어(紅燒鯉魚) - 잉어를 기름에 한 번 지졌다가 간장 맛으로 삶은 요리다.

둘째가 당초이어(糖醋鯉魚) - 잉어를 기름에 튀겼다가 탕수육처럼 달고 시큼한 국물을 얹은 요리다.

셋째는 오향이어(五香鯉魚) - 잉어를 토막 내어서 튀긴 요리인데, 이것은 냉채로써 전채로 쓰인다.

붕어, 서호(西湖)의 맛⋯ 이제는 옛말

어렸을 때의 일인데 지금 내 기억이 어느 정도로 정확한 것일까. 수원(水原) 서호(西湖)의 붕어에 관한 기억이다. 서호 붕어를 먹으러 간다는 어른들을 따라 간 일이 두어 번 있었던 것이다.

서울에서 수원까지 붕어회를 먹으러 어른들이 찾아갔던 이유는 그만큼 서호 붕어는 맛이 좋은 데 있었다. 서호 붕어의 회는 비린내도 흙내도 안 난다고 했다. 그러나 어렸던 나도 붕어회를 먹었는지는 잘 기억이 나지 않는다. 호기심에서 한두 점 얻어먹었으리라고 쳐도 그것이 어떤 맛이었는지는 지금 전연 기억에 없다.

호반에서 참외를 먹었던 기억은 난다. 그러고 보면 어린 혀에게는 붕어회보다는 참외 쪽이 더 나았던 모양이다. 계절은 늦은 봄이라기보다는 초여름이었던 것 같다. 낚시꾼들도 많았기에 붕어가 낚여 올라오는 것을 심심치 않게 구경할 수 있었다. 붕어회를 안주로 술을 마시고 나면 어른들은 붕어를 사서 나뭇잎인지 풀잎인지 하여간 무슨 잎으로 덮어 대바구니 속에 넣었다. 이렇게 사가지고 온 서호 붕어는 그날로 친지(親知)들에게 나누는데 여간 환영을 받은 것이 아니었다. '서호 붕어'라는 데서 생색이 났다. 조선왕조 헌종(憲宗) 때의 학자인 이규경(李圭景)은 우리나라에서 맛있는 붕어로 다음 다섯 가지를 들었다고 한다.

① 호서(湖西)로 말하면, 제천군(堤川郡) 의림지(義林池)의 붕어. 비린내가 없어서 우리나라에서 가장 맛이 있는 붕어다.

② 호남으로 말하면, 전주부(全州府) 덕지(德池)의 붕어찜.

③ 관서(關西)로 말하면, 평양부(平壤府) 대동강(大同江)의 붕어찜이 별미다.

④ 관서에서는 또 의주부(義州府) 압록강의 붕어떡이 붕어 요리로서는 전국에서 가장 유명하다.

⑤ 관동으로 말하면, 경흥부(慶興府) 적지(赤池)의 붕어가 우리나라에서 가장 크며 맛이 좋아서 유명하다. 이 붕어는 빨간 눈알을 가지고 있어서 싱싱한 맛을 풍기기에 더욱 유명하다.

붕어는 우리나라 전국에 분포되어 있는 민물고기라고 말해도 과언이 아닌 까닭에, 여러 지방에 그 고장의 자랑 또는 특색으로 내세우는 붕어 요리가 있었던 것으로 짐작되지만, 압록강에서 나오는 붕어로 만들었다는 붕어떡은 어떤 붕어 요리였는지 짐작도 가지 않는다. 중국에는 무를 잘게 썰어 넣어 시루떡을 만들 때 돼지고기포나 새우를 넣는 경우가 있고 사람에 따라서는 피라미를 썰어 넣기도 한다고 들었는데 붕어떡은 피라미떡을 닮은 것이었을까.

하여간 이규경의 〈오주연문(五洲衍文)〉은 우리나라에서 맛있는 붕어로서 서호 붕어를 꼽지는 않았다. 그러나 우리나라 수산학의 태두(泰斗)인 유수(流水) 정문기(鄭文基) 선생은 이규경의 〈오주연문〉을 소개하면서 선생 자신이 조사한 바를 적은 일이 있었다〈어류박물지(魚類博物誌)〉. 정 선생의 조사로는 우리나라 붕어로 가장 큰 것은 함경북도에서도 두만강 어귀 부근에 있는 반포(潘蒲)에서 나오며 크기나 무게가 우리나라 각지의 보통 붕어의 배 이상이고 맛도 훌륭하다고 한다.

그러나 정 선생의 조사를 따르면, 맛은 서호 붕어와 전주 부근의 덕진호(德津湖) 붕어가 일품이었다고 한다. 크기로는 반포, 맛으로는 서호와 덕진호였다. 물고기 맛에는 수질과 먹이가 관계되는데 이제 서호는 물도 줄고 수질은 오염되어 붕어의 명소로서는 황성옛터가 되고 말았다. 그러나 덕진호의 물은 약수로서 이 호수에서 잡히는 물고기는 약어(藥魚)라고 알려져 있고, 붕어뿐이 아니라 다른 물고기도 맛이 각별하다고 한다.

정 선생은 반포 붕어를 서호나 덕진호에 이식하여 번식시키면 대형인 동시에 맛이 있는 일품의 붕어가 생길 것으로 생각된다고 적으셨는데 정말 재미있는 아이디어다.

나는 그런 날이 오면 얼마나 좋을까 하고 생각한다. 그러나 서호 옆을 지나갈 때마다 서호가 이 모양 이 꼴을 계속한다면 아무리 반포 붕어를 이식해서 키우더라도 서호의 붕어회를 먹을 마음이 안 나겠구나 하고 한숨을 쉬게 된다.

국민의 귀중한 단백질원인 민물고기, 붕어

붕어회 이야기를 쓰다 보니 자연히 디스토마 생각을 하지 않을 수 없다. 옛날 서호에는 디스토마가 없었던 모양이지만 현재의 서호에는 디스토마가 아니라 디스토마를 뺨칠 별의별 것들이 적지 않다고 해도 나는 놀라지 않을 것이다.

그 아름답고 깨끗하던 서호도 이렇게 버렸는데 다른 많은 강이나 호수는 오죽하겠는가 하는 생각이 든다. 나는 서울 근교의 낚시터에서 붕어의 배알을 따고 즉석에서 붕어회를 쳐서 초고추장에 찍어 먹으면서 소주잔을 기울이는 사람들을 더러 보는데, 그때마다 그들을 위해 걱정이 된다. 덕진호라면 또 모른다. 서울 같은 대도시 가까운 곳에서 잡힌 붕어를 회를 쳐서 먹는다는 것은 만용(蠻勇)이라고 볼 수밖에 없다.

나는 대학생 때만 해도 반드시 서호 붕어가 아니라도 곧잘 붕어회를 입에 댔다. 그러나 지금은 어떤 물에서 잡아 오는지 모르는 정체불명(?)의 붕어를 회쳐서 먹을 생각은 없다. 산업공해(産業公害)에는 아직 오염되어 있지 않은 물에 가서 붕어를 구했어도 가능하면 회를 쳐서 먹는 것은 삼간다. 지금 디스토마는 거의 전국적으로 번져 있다. 디스토마가 이렇게 번지게 된 원인은 사회적으로는 인구의 유동 (流動)에 있겠지만, 병리적(病理的)으로는 붕어회에도 책임의 일단이 있을 것으로 본다.

붕어의 매운탕을 매우 맛있다고는 말할 수 없지만 안전하기는 하다. 양념을 해서 구워도 되고 조려도 되고 찜을 만들어도 좋다. 간장과 술을 섞은 데다가 붕어를 넣고 약간의 생강과 설탕을 뿌려 약한 불로 물기가 없어질 때까지 오래도록 조리면 맛도 나쁘지 않고 뼈도 먹을 수 있기에 도시락 반찬으로 좋다.

붕어조림을 중국말로는 간소즉어(干燒鯽魚)라고 부르는 것 같다. 중국은 워낙 넓은 땅이니까 붕어조림 요리에도 여러 가지가 있겠고 따라서 명칭도 여러 가지가 있을 수 있겠지만, 간소즉어라는 것은 분명히 붕어조림에 속하는 요리였다. 대만에서 그것을 먹었던 식당은 사천(四川)요리 식당이었기에 어쩌면 이것은 사천요리인지 모르겠고, 또는 어느 한 지방에 국한된 요리는 아니더라도 사천요리 식으로 만들어 내놓은 요리였는지 모른다. 다만 중국 대륙에서는 동정호(洞庭湖)의 붕어를 으뜸으로 친다고 들었다. 동정호는 호남성(湖南省)에 있는 바다 같이 큰 호수다.

중국말로 붕어는 '즉어'다. 간소즉어라는 그 붕어조림은 한 근 가까이 되어 보이는 제법 큰 붕어를 통째로 썼다. 기름에 한 번 튀겼다가 조린 것도 특징이라면 특징이었지만, 내가 좀 놀랬던 것은 죽이나 표고버섯 이외에 돼지고기 기름기가 들어 있는 사실이었다. 붕어를 어떻게 조렸는지 자세한 것은 알 수가 없었지만, 붕어와 돼지고기 기름기를 함께 조린다는 아이디어가 중국요리다웠다. 물론 붕어를 먹는 요리이며 돼지고기는 들러리에 지나지 않는 것이다.

우리나라에서 붕어가 맛있는 철은 늦은 겨울에서 초봄에 걸쳐 붕어가 산란기를 앞두고 먹이를 찾아 먹고 몸이 한창 충실하게 되어 있는 때일 것이다. 그러나 초여름도 나쁘지는 않다. 산란을 마친 붕어가 열심히 먹이를 찾아 먹고 체력을 회복한 때가 되기 때문이다.

붕어는 전국에 분포되어 있는, 매우 잘 알려져 있는 흔한 민물고기이며, 국민의 귀중한 단백질원(蛋白質源)이다. 원래 번식력이 왕성한 민물고기이기는 하지만, 우리가 물을 잘 관리하지 않는다면 맥을 못 추게 되고 자원으로서 이용할 수 없게 되는 것을 서호의 경우가 웅변으로 말해 준다.

물을 잘 관리하지 않으면 붕어도 타격을 받는다. 나는 붕어를 보면 자주 옛날의 서호를 회고한다. 반포 붕어를 이식한다는 것은 먼 훗날의 이야기라고 치더라도 우리가 다시 서호 붕어회를 먹을 수 있게 되는 날은 언제일까.

미식가의 수첩

홍어와 아귀

홍어와 가오리는 형제뻘

　　나는 지금도 한눈으로 홍어와 가오리를 식별하지 못한다. 몸집과 지느러미가 어떻고 색깔이 어쩌고저쩌고하는 식별법을 들어 보기는 했어도, 막상 실물을 내 눈앞에 갖다 놓고 이것이 홍어냐 가오리냐 하게 되면 나는 자신 있는 대답을 하지 못한다.

　하기야 홍어도 어류학적으로는 가오리과에 속한다. 홍어와 가오리는 한 집안의 형제 같은 것이다. 가오리과에 속하는 가오리만 해도 여러 종류가 있고, 홍어는 그중의 하나다. 따지고 관찰하면 홍어에는 홍어의 특징이 있지만, 얼핏 보아서는 홍어와 가오리는 서로 어슷비슷하게 생겼다.

　〈신증동국여지승람〉에 보이는 각지의 토산물 가운데는 '홍어'가 보이지만, 가오리로 유추(類推)되는 물고기 이름은 눈에 띄지 않는다. 그런가 하면, 헌종 10년(1844) 때의 작품으로 서울을 노래한 '한양가'에서는,

"…어물전 살펴보니

각색 어물 벌여 있다.

북어, 관목(貫目, 말린 청어), 골독어(骨獨魚, 꼴뚜기)며

민어, 석어(石魚, 조기), 통대구(속을 빼고 말린 대구)며

광어, 문어, 가오리며

전복, 해삼, 가자미며

곤포, 메욱(미역), 다시마며

파래, 김, 우뭇가지…"

라는 어물전 풍경에 가오리가 보인다(《신증동국여지승람》이나 '한양
가'가 과연 홍어와 가오리를 구별하고 적었겠느냐 하는 것은 의문이다).

그러나 나는 서울에 살면서 어렸을 때 홍어나 가오리를 먹었다는
기억이 별로 나지 않는다. 생선 가게 앞을 지나면서 어린 소년이 유
심 생선들을 관찰했을 무슨 까닭도 없는 것이기는 했지만, 내가 홍
어나 가오리를 언제 어디서 보았다는 기억도 나지 않는다. '한양가'
시대에도 서울까지 올라왔었던 가오리인데 나의 소년 시절에는 올
라오지 않았다고 상상할 수야 없다. 나이 어린 소년에게 홍어나 가
오리에 대한 지식 또는 관심이 없었다는 이야기밖에 안 되는 것 같
다. 역시, 그때는 홍어나 가오리가 서울에서 지금처럼 흔하지는 않
았다는 기억은, 나이 어린 소년의 견문에는 그만큼 한계가 있었음을
반증하는 것인지도 모른다.

그것을 많이 먹어 본 것은 제2차 세계대전 말기였고, 그때 나는
중학교 4학년생인가 5학년생이었다. 모든 물자가 달리게 된 탓으로
중국 식당에서 손님에게 내놓을 수 있는 것은 이미 그것밖에 없었
다. '그것'이라고 막연하게 쓰는 까닭은, 나는 그것이 홍어였는지 가

오리였는지를 모르기 때문이다. 나는 지금도 실물을 눈앞에 두고서도 분간하기 힘들지만, 하물며 그때 그것은 바짝 말린 건어였으며, 그것을 불려서 요리해 주었던 것이 홍어였는지 가오리였는지 이제는 가릴 길이 없다.

인사말로도 맛있다고는 말할 수 없는 맛이었다. 코를 찌르는 그 고약한 냄새는 지금도 잊을 수 없다. 점잖게 표현해서 암모니아 냄새였다. 지금 생각하면, 선도(鮮度)가 떨어진 것을 말린 불량품이 중국 식당에 배급되었었던 것은 아닐까. 어느 중국 식당에 가나 '그것' 밖에 없었고, 어느 중국 식당에서나 '그것'은 예외 없이 고약한 암모니아 냄새를 풍겼다.

중국 식당에서 '그것'이라도 먹을 수밖에는 없게 물자는 달려 있었고, 한편 성장기에 있던 나는 암모니아 냄새를 무릅쓰고라도 단백질과 칼슘의 섭취를 필요로 하고 있었던 것 같다. '그것'은 연골인 뼈도 쉽게 씹어 먹을 수가 있었다.

오래지 않아 중국 식당에서는 '그것'마저도 없어서 내놓을 수가 없게 되어 문들을 닫았으며, 그리고 멀지 않아 일본은 두 손을 들었다. 이렇게 나는 나라가 해방되기 전에는 홍어나 가오리의 참맛을 모르고 지냈었다. 암모니아 냄새 때문이었다.

캐나다 선교사와 인당수(印塘水) 홍어

제임스 S. 게일(캐나다 사람으로 미국 장로교 소속)은 1888년에서 1927년에 이르는 40년간을 우리나라에서 전도 생활을 한 선교사였다. 1889년에 그는 한국의 물정을 알아보기 위해, 외국인

으로서는 처음으로 혼자 황해도를 여행한 일이 있었다. 여행이라고
는 하지만 그는 석 달 동안을 장연읍의 안씨 집에서 묵었다. 식사라
고는 날마다 세 끼가 쌀밥과 들나물뿐이었기에 고기에 굶주린 게일
이 하루는 안씨 아버지에게, 후하게 값을 치를 터이니 조류든지 생
선이든지 고기를 먹여 달라고 졸랐다.

다음날, 안씨 아버지는 홍어(Skate)인지 가오리(Ray)인지 냄새나는
큰 생선을 질질 끌면서 의기양양하게 집으로 돌아와서는, "나그네
먹일 고기를 구해 왔네." 하고 소리 질렀다. 안씨 아버지는 그 징그
럽게 생긴 놈을 샘물로 씻고는 토막을 내서 소금을 뿌렸다.

"며칠을 두고두고 지독한 냄새의 생선을 접시에 수북이 담아 오
는 음식은 내 밥상 위의 쌀밥 맛조차도 망쳐 놓았다."고 게일은 썼
다. 게일의 장연 체류기 중에서 재미있는 대목의 하나다.

홍어나 가오리는 삭아야만 맛있고, 그것을 빨리 삭게 하기 위해서
는 땅 위를 질질 끌고 다니는 것이 좋다고 믿는 우리나라 시골 풍경
에 게일은 놀랐던 모양이지만, 자기가 목격한 광경의 뜻을 이해했을
까 하는 것은 의문이다. 그 지독했다는 냄새도 암모니아 냄새였는지
아니었는지는 모르지만, 홍어나 가오리는 삭으면 독특한 냄새가 나
고 그것이 바로 홍어나 가오리의 참맛이라고 추켜올리는 사람들도
많다는 것을 게일은 몰랐을 것만 같다.

그건 그렇고, 장연에서 먹었다면 틀림없이 인당수(印塘水)의 홍어
또는 가오리였을 것이다. 황해도의 장산 반도와 백령도 사이의 바다
인 인당수는, 효녀 심청이 공양미 3백 석에 몸을 팔고 빠져 죽은 곳
이라고 해서 유명하지만, 홍어를 비롯해 각종 어족이 풍부하기로도
이름난 바다다.

나도 인당수의 홍어를 먹어 보았다. 육지에서 먹었던 게일과는

미식가의 수첩

달리 나는 6·25 사변 때 백령도에서 먹어 보았지만 인당수의 홍어인 점에서는 다를 바 없다. 싱싱한 것을 회쳐서 먹었는데 암모니아 냄새는커녕 비린내조차 전연 안 나는 깨끗하고 쫄깃쫄깃한 맛의 생선이었다. 갓 잡은 싱싱한 홍어는 오히려 냄새가 없는—냄새가 있다면 순수한(?) 생선 냄새밖에 없는—물고기였다. 인당수의 가오리도 회를 쳐서 먹었는데 담백한 맛이 홍어와 별로 차이가 없었다.

백령도에는 홍어도 탁주도 있었지만 '홍탁'은 없었다. 홍어회와 탁주의 머리글자를 딴 것이 '홍탁'인데, '홍탁'이라고 부를 때의 홍어회는 홍어가 삭아서 입에 넣으면 혀를 톡 쏘는 자극성이 있다. 흑산도 홍어회라는 것이 이런 홍어회이고, 흑산도 일대에서 잡히는 홍어라야만 제맛을 낸다는 것이 전남의 함평 또는 목포 사람들의 자랑이지만, 백령도에서는 홍어를 삭혀서 먹는 식습관(食習慣)은 없는 듯했다.

내가 서울에서 흑산도 홍어회를 많이 먹은 것은 20대의 후반에서 30대 초에 걸친 때였다. 고 박운대(朴運大) 형이 단골로 다니던 대폿집의 여주인이 호남 출신이었으며 흑산도 홍어회를 그럴듯하게 만들어 내주었다. 그 집에서 우리가 철모르게 부렸던 갖가지 추태나 또는 엉뚱하게 겪은 봉변도 아직 기억에서 사라지지 않고 있지만, 홍어를 삭히기 위해 부뚜막 위나 구공탄 화로 위에 걸어 놓고 있었던 정경도 눈앞에 선하다. 고기를 삭혀 더욱 고기 맛을 내게 하는 것을 프랑스어로 '프장데(faisandé)'라고 하는데, 부뚜막이나 화로 위의 홍어를 보고 프장데에 스모킹(燻製)까지 겸하는 것이라고 우리는 무턱대고 즐거워했다. 지금 생각하면 스모킹과는 거리가 멀고 홍어를 빨리 삭히려고 그저 미열(微熱)을 이용하려는 것일 뿐이었던 것 같다.

경남 남해의 상주 해수욕장에서 싱싱한 큰 가오리를 샀던 것도 벌써 10여 년 전의 일이 된다. 얼마였는지 정확한 금액은 기억에 없으나 서울에서는 상상할 수 없을 정도로 쌌다. 그리고 갓 잡은 싱싱한 가오리는 또한 서울에서 상상할 수 없을 정도로 맛이 있었다. 다만 일행이 나까지 두 사람이었는데, 여인숙에 부탁해서 아침도 가오리요, 점심도 가오리요 하게 되니까 저녁상에서는 "또 만났군요." 하고 가오리를 보는 것이 별로 반갑지가 않았다. 아침과 점심에 회로 먹고 쪄서 먹고 조려서도 먹고 나니, 이제 가오리는 졸업했다는 기분이었다.

흑산도 홍어회가 우리 겨레의 걸작이라는 것은 부인할 수가 없다. 이렇게까지 '프장데'해서 생선회를 먹는다는 것은 세계에 따로 예가 없을 것이다(하기야 생선회를 먹는 민족이 세계에 많지도 않지만). 다만 흑산도 홍어회는 겨울이 철이라지만, 갓 잡은 싱싱한 것을 그대로 회쳐서 먹는 것은 홍어나 가오리나 여름철이 한결 맛이 괜찮다고 나는 느낀다. 흔히 '함흥냉면'으로 불리게 되어 버린, 홍어회를 얹은 회국수의 경우도 나는 여름에 이를 즐긴다. 겨울에 곧잘 먹는 소위 '평양냉면'과는 철이 반대다.

백령도나 상주 해수욕장에서 홍어나 가오리를 먹었던 철도 모두 여름이었다. 홍어와 가오리를 여름에는 별 볼 일 없는 생선으로 여기는 사람이 있지만 나는 동조할 수가 없다. 사견(私見)이기는 하나, 흑산도 홍어회의 철이 겨울인 이유도 홍어 자체의 맛보다는 홍어를 썩히지는 않으면서 삭히는 데 겨울이 유리한 철이기 때문이 아닐까 하고 생각해 본다.

미식가의 수첩

바다 제일의 추남 '아귀'

　　　　길을 가다가 '마산 명물 아구(아귀의 방언)찜'이라는 간판을 보고 들어갔다. '마산'이라고만 하면 나는 덮어놓고 음식을 신용하게 되어 있다. 마산을 잘 알고 있기 때문인 것은 아니다. 사실을 말하자면 가 본 지도 이제는 오래되었고 최근의 마산이 어떻게 생겼는지 궁금하기만 할 뿐이다.

　다만, 학생 시절에 들었던 마산의 음식은 지금도 잊을 수 없다. 마산만에서 갓 잡았다는 싱싱한 대구로 끓인 국이나 초고추장에 찍어 오도독오도독 씹어 먹는 별미인 미더덕은 서울에서는 돈 주고도 사 먹을 수 없는 것들이었다. 그때 개불을 먹었는지 어쨌는지는 기억이 나지 않지만, 날로 먹은 성게를 회상하면 그 찝찔한 맛이 지금도 내 혀끝을 간질간질하게 하는 것 같다. 술맛도 좋았고 벚꽃도 좋았다.

　그러나 서울 거리에서 마산을 믿고 기대했던 아귀찜에는 실망했다. 접시에 담아 온 것이 온통 뼈뿐이었다. 아귀찜이 아니라 '아귀 뼈 찜'이었다. 고작 기백 원을 내고 마산 명물의 참맛을 맛보려고 한 것이 잘못이었을까. 그러나 분명히 해 두자. 그 아귀 뼈 찜은 내가 간직하고 있는 마산의 이미지와는 동떨어진 것이었다. 본고장 마산에서는 아귀찜이라고 그따위를 손님 앞에 내놓는 일은 없을 것으로 굳게 믿는다.

　물고기에도 미남과 추남이 있다면 아귀는 단연코 추남에 속한다. 머리와 배가 불균형하게 크고 꼬리 쪽은 작다. 물고기인 주제에 헤엄을 치는 데는 처음부터 낙제생인 체격이다. 깊은 바닷물 속에 사는데, 아주 둔한 물고기다. 딴 물고기를 쫓아가서 잡아먹는 재간이 없기에 아귀는 큰 입을 열고 먹이를 기다린다.

그러나 윗턱보다 아랫턱이 더 긴 아귀의 큰 입 속에 무조건 들어가 주는 친절한(?) 물고기가 있을 리 없다. 따라서 아귀는 등지느러미의 앞 가시가 촉수 모양으로 길게 발달되어 있는 것을 머리 위에서 흔들거리면서 딴 물고기를 유혹한다. 유혹에 걸린 어리석은 물고기가 접근해 오면 그 큰 입으로 사정없이 삼켜 버린다. 입이 엄청나게 크기에 몸무게가 자기와 비슷한 것도 삼켜 버린다.

바다 속의 낚시꾼이라고 할까. 영어로 '앵글러(낚시꾼 Angler)', 또는 '피싱 토우드(낚시하는 두꺼비 Fishing Toad)'라고 부르는데, '시 데블(바다의 악마 Sea Devil)'이라는 별명도 있다. 프랑스 말로도 '크라포 드 메르(바다 두꺼비 Crapaud de Mer)'니 '디아블 드 메르(바다의 악마 Diable de la Mer)'니 하는 것을 볼 때는 우리말의 '아귀'도 한자의 '아귀(餓鬼)'에서 나온 말일까 하고 고개를 갸웃해 본다.

물고기 모양이 비파를 닮았다고 중국에서는 '비파어(琵琶魚)'라고 멋지게 불러 주는 것이 좀 구제가 되는 셈인지…. 우리나라에서는 '안강(鮟鱇)'이라고도 한다. 아귀를 잡는, 눈이 굵은 그물은 안강망으로 어부들 사이에 통한다.

못생긴 물고기인데도 맛은 담백하고 좋다. 젓가락을 들면 추남만세다. 다만 사후경직(死後硬直)이 없는 특별한 물고기라서, 몸이 흐물흐물하고 끈적끈적해서 썰기가 힘들다. 갈고랑이로 머리를 걸어 매달아 놓고 입 안으로 물을 부어 넣어 묵직하게 한 후에, 꼬리를 잡고 가죽을 벗기고 차례로 몸을 썰고 내장을 빼내고 한다는데 그런 현장을 한 번도 구경하지 못했다.

아귀는 버릴 것이 없다. 사람에 따라서는 살보다는 내장이나 가죽이 더 맛있다고 주장한다. 내장 가운데서는 뭐니 뭐니 해도 역시 간이다. 아귀 살이 담백하다고 앞에서 적었지만, 간은 정반대다. 뭐

　　　　　　　　　　　　　　미식가의 수첩

라고 표현해야 좋을지 모르겠는데 농밀한 맛이라고 한다면 납득이 갈까. 매우 농밀한 맛이어서 담백한 살과 대조가 되어 간장으로 간을 한 아귀 냄비는 즐겁다. 부글부글 끓는 물에 살이나 내장을 삶은 후 식혀 두었다가 초간장에 찍어 먹는 것도 내가 애용하는 방법의 하나다. 아귀는 겨울이 제철이다.

아귀는 버릴 것이 없지만 뼈는 아무리 연골이라도 역시 뼈다. 홍어 뼈보다는 딱딱하기에 이를 씹어 먹지는 못한다. 되풀이 말하지만 아귀 뼈 찜은 너무 심했다.

아귀를 삼킨 아귀

마산을 믿고 기대했던 아귀찜에 실망했지만, 마산 자체도 너무 발전해서 옛날과는 많이 달라진 것으로 들린다. 대구나 아귀도 이제는 무척 귀해졌다고 한다. 산업 도시가 된 것은 발전이지만, 서울의 한강이 이제는 옛날의 한강이 아닌 것처럼—비유가 과했을까?—마산만도 이제는 옛날의 마산만이 아닌 모양이다. 미더덕도 양식하게 된 것은 발전이지만, 어린이 주먹만 한 양식 미더덕에는 이미 옛날의 마산 미더덕 맛은 없다. 술도 그렇다. 일본 사람이 만든 술이지만 '금강학(金剛鶴)'이니 '한목단(寒牧丹)'이니 하는 청주 같은 것은 정말 좋은 술이었다. 물이 좋기에 술로도 유명했고 간장으로도 유명했던 마산이었다. 그런 마산이 아직도 어디엔가 살아남아 있을까.

어느 일요일에 수산시장을 구경하다가 아귀를 발견했다. 마산에서 올라 온 것이라기에 덮어놓고 사기로 했다. 썰기 힘든 것인데도 아주머니가 식칼을 휘두르며 곧잘 썰어 주었다. 놀라운 것은 그 아귀의 밥통이었다. 큰 밥통을 자르자 그 속에서 다른 아귀 한 마리가 나오는 것이 아닌가. 아귀가 아귀를 삼키고 있었던 것이다.

"어머나, 이것도 천 원짜리는 되겠는데요, 손님!" 하고 아주머니는 신바람이 났다. 두 번째 아귀의 밥통에서는 꼴뚜기와 작은 참돔이 한 마리씩 나왔다. 꼴뚜기와 참돔은 버렸지만, 아귀 한 마리 값을 내고 두 마리의 아귀를 얻는다는 것은 묘한 기분이었다.

아귀의 부부생활에 관해 읽은 적이 있기에 정말 묘한 기분이었다. 아귀 가운데는 3백5십 미터에서 1천 미터 깊이의 바다 속에 사는 종류가 있다. 대서양 아귀의 일종(서양 사람들은 먹지 않음)인데 바다가 너무 깊어 어둡기 때문에 예의 낚싯대(흔들거리는 등지느러미 가시)가 반딧불처럼 빛을 발한다. 이 빛을 보고 찾아오는 물고기들을 먹는 것이다. 이 종류의 아귀는 남편이 지어미의 몸집의 10분의 1도 안 되게 작고 기생충처럼 지어미에 붙어 다니면서 지어미가 먹다 남긴 먹이의 찌꺼기를 주워 먹는다. 쓸개 빠진 아귀라고 손가락질을 해도 과히 잘못이 아닌 것이, 사실 눈도 소화기도 퇴화한 상태에 있는 아귀다.

아귀가 아귀를 삼킨 것을 보고 나는 그 대서양 아귀를 생각해 보았다. 설마 동방예의지국의 바다에 사는 아귀가 지아비를 삼켰을 리가 있을까마는 바다 속에서 물고기들이 벌이는 치열한 생존 경쟁이 나에게는 약간 충격을 주었던 것 같다.

은어와 빙어

황어(黃魚)냐, 은어(銀魚)냐
그것이 문제로다

　　증권(證券) 회사 사장이라는 격무에서 해방된 모(某) 씨는 다음 사업을 준비하면서도 낚시를 즐기는 한가로운 시간을 가질 수 있게 되었다. 올여름에 그는 속초(束草) 북쪽에 새로 개장된 금강 해수욕장에 가족을 데리고 갔지만, 자기는 수영보다도 낚시로 더 많은 시간을 보냈다.

　낚시터는 '송지호'라는 자연호(自然湖). 해수욕장에서 약 4km를 더 북쪽으로 올라간다고 한다. 바닷물과 이어져 있어 물이 짜다고 한다. 그에게는 근래에 없는 황금의 바캉스였다. 아무런 잡념 없이 이틀을 종일토록 낚시에 몰두한다는 것이, 얼마 전까지만 해도 그의 생활에서 상상이나 할 수 있었겠는가. 다만 그의 낚시 실력은 스스로 자부하고 있는 만큼 대단한 것은—유감스럽게도 아니다. 당신이여, 화낼 것은 없다. 냉정하게 따져 보기로 하자. 이틀에 걸친 조과(釣果) 종합이 정체불명 열일곱 마리와 붕어 몇 마리에 지나지 않는 것은 객관적인 사실이 아닌가(그만하면 내 실력보다는 약간 나은 편이라는 것은, 별로 유쾌하지 않지만 굳이 부인하려는 생각은 없다).

문제는 정체불명이다. 등은 검고 배는 희고 몸은 날씬하고 비늘이 없더라고 한다. 비늘이 없다는 것은, 잔 비늘(細鱗)의 물고기라는 뜻이겠다. 어째서 정체불명이냐고 하면 그것이 황어(黃魚)라는 마을 사람들도 있고, 틀림없이 은어(銀魚)라는 마을 사람들도 있어서, 도대체 무엇인지 알 수가 없었다는 것이다. 바닷가에 사는 마을 사람이라고 해서 누구나 물고기를 다루는 것은 아닌 모양인가. 어떤 사람은 엉뚱하게도 숭어(崇魚)라고 주장했다고 한다.

정문기(鄭文基) 선생의 〈어류박물지(魚類博物誌)〉를 꺼냈더니, 그는 은어의 색채 사진을 보고 그것을 닮았다고 말한다. 황어는 색채 사진이 실려 있지 않지만, 흑백 사진을 보고는 그것과 비슷하다고 말한다. 은어를 닮았고 황어와 비슷하다면야 정말 정체불명인 셈인가. 흥미를 느껴 몇 가지 질문을 해 보았다.

미끼는? 갯지렁이와 떡밥에 걸렸는데 갯지렁이에 훨씬 더 물리더라고. 황어의 경우는 모르겠다. 은어가 갯지렁이와 떡밥을 먹을까. 만약 은어라면, 호수라서 돌에 돋은 말이 적기 때문에 먹이를 전환하고 살고 있단 말인가. 크기는? 모두 평균 20cm 정도(황어라면 그저 그렇고, 은어라면 철로 봐서 좀 큰 편이다. 성장에 유리하지 않은 환경에서 은어가 그렇게 자랄 수가 있을까).

맛은? 지금까지 그렇게 맛있는 물고기를 먹어 본 적이 없었다고 한다. 소금구이를 안주 삼아 2홉짜리 소주 세 병을 비웠다고 한다. '소주 세 병' 이야기가 다섯 번은 되풀이되었던 것 같다(그러나 이 질문은 우문이었다. 맛은 주관적인 것이다. 황어의 경우, 〈어류박물지〉는 "맛은 그다지 상품은 아니다."라고 적고 있고, 한편 〈국어대사전〉은 "맛이 좋음"이라고 말한다). 살 속의 잔가시는? 별로—아니, 전연 느끼지 않았다고 한다 (그러면 황어도 아니겠다. 황어는 살 속에 잔가시가 있어서 먹는 데 좀 불편하다).

황어냐, 은어냐, 그것이 문제로다—하게 되면 너무 비철학적(非哲學的)이라고 '햄릿' 팬들은 얼굴을 찌푸릴지도 모르지만, 하여간 그의 말만 가지고서는 정말 정체불명이다. 암만해도 현지에 한 번 가 봐야만 수수께끼가 풀릴 것 같다.

강물에 은어가 놀게 하자

황금찬(黃錦燦) 시인이 일전에 신문에서 죽서루(竹西樓)를 찬양하던 글은, 삼척(三陟) 오십천을 이렇게 소개하면서 끝을 맺었다. "물이 맑기는 수정 같고, 차기는 얼음과도 같은 것이다. 이 물에 은어가 오르는 데 그 살찐 은어회는 주객들의 구미를 한없이 돋우게 된다."

삼척의 은어를 먹은 적이 없으면서도, 딴은 그렇겠다고 황 시인의 글에 내가 공감을 느낀 이유는 어느새 동해안이 은어의 명소처럼 되어 있기 때문이다. 강릉(江陵)에서, 울진(鬱珍)에서, 영덕(盈德)에서, 나는 은어를 먹었다.

강릉시장에서는 말린 은어도 팔고 있었고, 울진에서 먹은 은어는 식당 주인이 유명한 성류굴(聖留窟) 앞 개울에서 낚아온 것이었고, 영덕의 은어는 금빛 무늬가 있는 특별한 아름다운 것이었으며 그곳에는 '은어집'이라고 은어를 말린 것을 전문적으로 파는 상점도 있었다. 동해안의 개울치고 은어가 없는 개울은 없다고 해도 과언이 아니다.

언제부터 동해안이 은어의 명소가 된 것인가. 〈신증동국여지승람〉을 보면, 동해안만이 아니라 전국 도처에서 은구어(銀口魚)—즉, 은어가 나왔었다는 것을 알 수가 있다.

정문기 선생은 우리나라에서 은어가 오르지 않는 하천은 두만강(한류 관계 때문)과 한강(탁류 관계 때문—다만 작년에 광나루에서 은어 떼를 목격했다는 보고 있음)뿐이며, 청천강(淸川江) 은어가 우리나라에서 가장 큰 은어라고 쓰셨다.

원래 동해안은 은어의 명소라고 할 것이 없었다. 전국에서 흔하게 은어가 나오고 보면 영덕의 금빛 무늬 은어는 알아주었어도, 은어의 명소라면 동해안이 아니라 경상도의 하동(河東)이나 전라도의 구례구(求禮口)나 충청도 웅천(熊川) 등을 손꼽았었다.

동해안이 은어의 명소로 되어 가는 것은 최근의 일이다. 첫째는, 물이 맑기 때문이다. 서해안과 남해안의 하천에 비교하면 동해안의 개울은 아직도 오염되어 있지는 않다.

둘째는, 서해안과 남해안의 하천에는 그동안 많은 댐이 만들어졌지만 어도(魚道) 시설을 갖춘 댐은 아마 하나도 없을 것이다. 어도란, 물고기가 산란 또는 성장을 위해 댐 하류에서 상류로 올라갈 수 있게 해주는 시설이다. 댐 때문에 물이 막혀 은어가 줄어드는 서해안과 남해안과는 달리, 동해안에서는 아직 은어가 변(變)을 당하지는 않고 있는 것이다.

동해안이 은어의 명소처럼 되었다는 것은, 바꾸어 말하면 전국적으로 은어가 크게 줄고 있다는 서글픈 현상을 반영하는 것이다. 따라서 옛날에는 그렇게 흔했던 은어가 이젠 고급 중에서도 고급 물고기가 되고 말았다. 일전에 시장에서 모양이 좋은 은어를 보았기에 값을 물었더니, 한 마리에 2백50원 또는 3백 원을 부르는 것이 아닌가!

쏘가리를 강물의 기사(騎士)라고 말한 적이 있지만, 은어는 강물의 공주라고 부르고 싶다. 영국의 앤 공주처럼 올림픽 대회에도 출전하는 활발한 꽃다운 공주다. 섬진강 수계(水系)에 속하는 운암(雲岩) 저수지는 은어를 육봉화(陸封化)하는 데 성공한 드문 실적을 올렸는데, 그런 것을 적극적으로 다른 하천에 방류(放流)하는 한편 하천을 바로 관리하고 치어와 산란기의 은어를 보호해야만 우리나라 하천이 다시 강물의 공주님들로 넘치게 된다.

민물고기에서 나는 은어의 향기를 으뜸으로 꼽는다. 소금구이가 최고. 여뀌잎 또는 들깻잎을 갈아서 식초에 푼 것에 찍어 먹는 것이 내 식성에는 맞는다. 물론 은어회도 좋다. 은어에도 '요꼬가와' 흡충(吸蟲)이라는 기생충이 있기는 있으나 무서운 것은 아니다. 이 기생충에 걸려도 최악의 경우가 고작해야 장(腸)카다르 비슷한 현상이 일어날 정도다.

고급 음식점이면 모르지만, 서울에서 은어를 구워주는 대중식당은 한 집밖에 나는 모르고 있다. 탈은, 아무리 철이라도 언제나 은어가 있는 것은 아니라는 점과 배알을 빼낸 은어만이 들어온다는 것. 좀 쓴맛이 나는 배알이 없는 은어는, 용을 그리고도 눈을 그려 넣지 않은 듯한 아쉬운 느낌을 기지게 한다. 은어 배알을 젓갈로 담그면 이것 또한 주객이면 쌍수를 들고 환영할 술안주다.

의림지(義林池)의 '공어'는 빙어(氷魚)

비가 오고 있었다. 비 내리는 호수가 나에게는 더 아름답게 보였다. 비는 오고 또 그날은 평일이었기에 조용한 것이 더욱 좋았다. 탈이라면 길이었다. 제천 읍에서 북쪽 약 4킬로미터의 의림지까지는 아직 포장이 되어 있지 않아서 비가 오면 길이 엉망이었다. 한 시간에 한 번쯤 왕복하는 시내버스나 또는 택시나 이 길에는 고생깨나 할 것 같았다.

의림지는 신라 시대에 만든 인공 호수다. 지금 우리나라에 있는 저수지치고는 가장 오래된 것이 의림지다. 그러나 의림지의 자랑은 그 오랜 역사에만 있는 것이 아니다. 의림지는 우리나라에서 빙어(氷魚)의 뛰어난 명산지로서 이름 높은 저수지다.

'빙어'라고 써 놓고 서둘러 주석을 달아야겠다. 의림지 일대에서는 '빙어'라고 하지 않고 '공어'라고 부르고 있기 때문이다. 주석이 길어질까 걱정이 되지만, 〈동국여지승람(東國輿地勝覽)〉이 함경도 영흥의 토산으로 적어 놓은 가운데 보이는 과어(瓜魚)가 빙어다. 빙어는 바다에서도 민물에서도 살 수가 있는데, 영흥만에 빙어가 살고 있는 것이다. 그 맛이 외와 비슷하다고 해서 '과어'라고 불렀다고 한다.

빙어라는 이름이 언제부터 생긴 것인지는 모르겠으나 왜 빙어라고 부르게 되었느냐 하는 이유는 〈전어지(佃漁志)〉에 보인다. 동지를 전후하여 얼음을 뚫어 그물을 던져서 잡는 물고기인데, 입춘이 지나면 빛깔이 점점 파래지고 얼음이 점점 녹으면 이를 볼 수 없게 됨에 '빙어'라고 이름 지은 것이라고 〈전어지〉는 설명한다. 맛이 외와 비슷하기에 '과어'라고 부른다는 것보다는 이쪽이 더 합리적이고 설득력이 있는 이름이다.

정문기(鄭文基) 선생의 노작(勞作) 〈한국어도보(韓國魚圖譜)〉를 보면, 함경도에서는 '빙어'라고 부르는데, 함경북도에는 '나루매'라고 부르는 지방이 있고, 충청남도와 전라남도에서는 '동어(凍魚)'라고도

　　　　　　　　　　　　미식가의 수첩

부른다고 적혀 있지만, '공어'라는 이름에 대해서는 언급이 없다. 정 선생님께 직접 확인해 보지는 않았기에 나의 무책임한 짐작이지만, 〈한국어도보〉가 '공어'라는 이름을 무시한 것은 그것이 본래 우리말이 아니고 일본말이기 때문인 것은 아니겠는지….

빙어를 일본말로 '와까사기'라고 하고, 한자로 쓸 때는 여러 가지가 있으나 그 가운데 공어(公魚)라는 것이 있다. 의림지뿐만 아니라 전국의 여러 저수지에 일본인이 빙어를 이식하여 육봉어(陸封魚)로 길렀다. 실패한 곳도 있고 성공한 곳도 있었는데, 의림지의 공어는 성공한 두드러진 경우다. 다만 공어라는 이름은 일본인에게 배운 것이 그대로 내려오고 있는 것이다.

최근에는 북한강에도 빙어가 나타나서 화제다. 일본인이 영흥만 빙어를 철원 수리조합 저수지에 이식하여 성공을 보았었다. 그 저수지는 지금 휴전선 북쪽에 있지만 그곳의 빙어가 하류인 내금강 하천에 흘러 들어갔다가 파로호까지 왔고, 알 또는 치어가 댐 수문이 열릴 때 흘러 내려가서 춘천호, 의암호에서도 빙어가 잡히고 있다는 것이다. 자유가 그리워 월남하는 것인지 어쩐지 그런 것까지는 알 수 없지만, 동물의 세계에는 휴전선이 없다는 것만은 알 수가 있다.

북한강에서도 마찬가지겠지만 의림지에서는 빙어를 회로 먹는다. 작은 물고기니까 산 것을 통째로 초고추장에 찍어 먹는다. 빙어가 튀어 초고추장으로 얼굴이나 옷을 더럽히는 경우가 많다고 한다. 요령은 아가미를 잡아야 하는 것인데, 잘 몰라서 꼬리를 잡으면 봉변을 당하기가 일쑤라는 것이다. 나는 원칙적으로 민물고기의 회는 안 먹기에 프라이를 해서 먹었다. 조금도 외와 비슷한 맛이 아니었고 매우 담백한 맛이었다.

마음에 걸렸던 것은 빙어가 품고 있는 알이었다. 산란기였던 것이다. 얼음이 녹으면 빙어의 산란기다. 그러나 사람들은 얼음이 녹아서 그물을 던지기 쉬울 때 빙어를 잡고, 추위가 풀렸기에 관광객들도 산란기에 모여든다. 역시 빙어는 〈전어지〉의 글처럼, 동지를 전후해서 잡다가 산란기에는 잡는 것을 삼가야 하지 않을까. 산란기에 마구 잡는 것을 계속한다면 빙어의 앞날은 어둡기만 할 것 같다.

농어, 우럭, 복어

냉수에 식혀서 먹는 농어회는 별미

정약전(丁若銓)의 〈자산어보(玆山魚譜)〉는 소위 신유사옥(辛酉邪獄)으로 1801년에 저자가 흑산도로 유배되었을 때 그곳에서 어류를 조사하여 기술한 책인데, 농어는 4, 5월 초에 나타났다가 동지가 지난 후에는 자취를 감춘다고 적고 있다. 여기서 말하는 '4, 5월'은 물론 음력이다. 양력으로는 대체로 5, 6월이 된다. 나는 6월의 생선으로는 농어를 꼽고 싶다.

농어 성질이 담수를 좋아한다. 장마 때나 물이 넘칠 때마다 낚시꾼들은 짠 물과 담수가 섞이는 곳을 찾아 낚시를 던지는데 낚시 바늘에 잘 물린다. 흑산에서 난 것은 야위고 작으며 맛도 또한 육지 연안에서 잡히는 놈보다 못하다고 〈자산어보〉는 말한다. 어린 새끼들은 담수에서 놀다가 가을이 되면 바다에 나가서 자랐다가 초여름에 산란을 위해(실제 산란 활동은 늦가을에 시작) 기수역(汽水域)을 찾아온다.

우리나라 강의 하구부(河口部)에서 농어가 많이 잡히는 이유가 여기에 있고, 임진강(臨津江)에서도 제법 잡힌다지만 나는 아직 임진강 농어를 먹어 본 일은 없다. 임진각에 가면 먹을 수 있다는 것은 알고 있지만.

농어는 매운탕으로도 좋고 전(煎)을 부쳐도 좋고, 농어채라고 해서 녹말을 묻힌 것을 끓는 물에 데쳐서 먹는 것도 좋지만, 싱싱하기만 하면 회로 먹는 것을 나는 으뜸으로 친다. 그것도 살아 있거나 또는 갓 죽은 농어라면 얼음물이나 찬물에 식혀서 살을 꼬들꼬들하게 수축시켜서 먹으면 별미를 맛볼 수 있다. 이는 '아라이'라는 일본 요리 수법인데, 이것은 초고추장이나 와사비 간장보다는 차라리 초간장이나 겨자 간장이 내 입에는 맞는 것 같다. 〈자산어보〉는 농어를 "맛이 좋고 담백하다"고 평했는데, 이렇게 꼬들꼬들해진 농어는 쫄깃쫄깃하고 정말 초여름에 어울리는 시원한 맛이다.

차디찬 물에 식히면 살이 수축되는 현상은 생선의 사후경직을 자극·촉진·강화하는 데서 일어나는 것으로 생각되지만 모든 생선이 그런 현상을 보이지는 않는다. 농어나 잉어 같은 흰 살의 생선에서 비교적 그런 현상이 적지 않게 나타나는데 흰 살의 생선이라고 해서 반드시 그런 현상을 보여 주는 것도 아니고, 그런 현상이 나타난다고 해도 생선에 따라 정도의 차이가 있고 보면, 생선의 육질(肉質)을 구성하는 어떤 요소들이 문제인 것이 아닌가 하고 나는 짐작해 본다.

이 밖에도 농어의 요리 방법이 여러 가지 있겠지만 비늘을 긁어 없애고 아가미와 배알을 따낸 것에 살짝 소금과 후추를 뿌려 놓고 알루미늄 호일로 싸서 오븐 안에 넣어 굽는 것도 괜찮다. 레몬이라도 있어서 레몬즙을 뿌려 먹게 되면 양식의 기분이 난다. 프라이를 해도 괜찮지만 완전히 양식의 기분을 내려면 밀가루를 바르고는 버터로 지지는 '머니에르(meunière)' 방법이 있다.

미식가의 수첩

하여간 농어는 우리나라에 흔하고 값도 아직은 대중적인 수준에서 벗어나지는 않았으니 고맙다면 고마운 물고기다.

청빈한 선비를 돕는 농어 치어 자반

값이 대중적이라고 썼는데 농어의 치어(稚魚)는 더욱 그렇다. 〈자산어보〉는 농어의 치어를 속명으로 포노어(甫鱸魚) 또는 걸덕어(乞德魚)라고도 부른다고 적고 있다. 귀에 들리는 음을 한자로 맞추어 표기한 것으로 짐작되는데, 인천의 연안부두에 있는 수산시장에 가면 '깔따구'라는 생선의 자반을 정말 싼 값으로 살 수가 있다.

내 친구 가운데는 값이 싸기 때문에 이를 애용하고 있으면서 정체가 무엇인지 모르겠다고 고개를 기웃거리고 있는 청빈의 선비가 있다. 나는 깔따구가 〈자산어보〉에 나오는 걸덕어이며 따라서 농어의 치어일 것이라는 내 짐작을 일러 주었다. 잡어(雜魚) 취급을 하는 값이어서 싼 맛에 애용하고는 있지만 너무 짠 것이 탈이라는 그의 불평에 대해서는, 구워 먹기에 앞서 자기의 입맛에 맞도록 적당한 시간 동안 물에 담가 놓고 소금기를 빼라고 일러 주었다.

우리나라 식도락가들 가운데 중국의 송강(淞江) 농어 맛을 보기를 마치 평생의 소원인 듯이 벼르고 있는 이도 있다. 옛날 중국에서 장한(張翰)이라는 이가 고향의 농어회 맛을 잊을 수가 없다고 관도(官途)를 집어치운 고사(故事)가 있는데, 중국의 여러 강 가운데서도 송강의 농어가 으뜸이라는 것은 우리나라에서도 오래전부터 전해 내려왔기 때문이다.

그러나 중국의 송강 농어는 '노어'라는 한자 표기가 우리나라 농어와 같을 뿐 양자는 전연 딴판인 물고기다. 〈자산어보〉는 명(明)나라 이시진(李時珍)이 〈본초강목(本草綱目)〉에서 농어를 설명하여, 송강에서 4, 5월경에 가장 많이 잡히는 물고기로서 길이가 겨우 2, 3치밖에 안 될 뿐 아니라 모양이 아주 적고 쏘가리를 닮아 색이 희고 검은 점이 있다고 했다고 지적하고 있다. 〈자산어보〉도 우리나라 농어와 송강 농어는 서로 전연 다른 물고기라고 적고 있는 것이다.

다만 〈자산어보〉가 농어의 큰 놈은 길이가 열 자 정도라고 적고 있는 것은 이해할 수가 없다. 〈자산어보〉가 말하는 한 '자'가 우리가 알고 있는 바와 같은 약 30cm를 뜻한다면, 길이가 3m나 되는 농어가 있을 수 있단 말인가. 그렇게 큰 농어는 일찍이 보고된 바가 없으며 농어는 기껏해야 1m 정도밖에는 성장하지 않는 것으로 알려져 있다. 내가 본 농어 가운데서 가장 컸던 것은 소래(蘇來)에서 보았던 두 마리였다. 자가 없어서 재지를 못했지만 각각 1m 약간 넘지나 않을까 하고 생각되었다. 콜레라 소동이 있은 직후였기는 했지만 그렇게 큰 농어 두 마리가 합해서 2만 원이라는 싸구려 값에 팔렸다는 이야기를 듣고 나는 다시 한번 눈이 휘둥그레졌다.

6·25 때 서해에서 활약했던 어떤 용사가 나에게 바다에 수류탄을 던져 농어 떼를 잡는 이야기를 들려준 일이 있었다. "이만한 놈들이 었어!"라고 두 팔을 벌린 그의 말은 믿지 않으면서, 나는 전쟁이 자연보호에도 역행하는 것이구나 하고 생각이 새삼스러웠다.

미식가의 수첩

술안주로는 너무 진한
소래 우럭매운탕

수인선을 타고 나는 송도까지 가지 않고 으레 소래(蘇萊)에서 내린다. 수원에서 소래까지 기차 요금은 지금 250원이다. 소래는 원래 작은 어촌이었지만 일종의 관광지처럼 발전하고 있어서 모습도 날로 달라지고 있다. 공휴일에는 인천은 물론이고 서울에서 달려오는 자가용차들도 적지가 않다. 인천에서 소래까지는 시내버스가 통하고 있다.

소래에서 내가 드는 점심은 어느덧 우럭매운탕으로 정해져 버린 것 같다. 민어매운탕도 있고 잡어(雜魚)매운탕도 있지만, 역시 민어는 비싼 편이고 잡어는 어떤 것을 쓰게 될지 몰라서 운수소관이 된다. 우럭은 값도 안심할 수가 있고 맛도 안심할 수가 있다. 생김생김도 미남미녀는 아니어서 우럭이라는 물고기를 깔보는 신사숙녀들이 많은 것을 나도 알고는 있지만, 그것은 어디까지나 싱싱한 우럭을 맛보지 못했기 때문에 생긴 편견이리라.

나는 만리포(萬里浦)에서 우럭 회를 먹은 일이 있다. 일행이 낚은 우럭을 우리끼리 회를 쳐서 술안주로 삼았는데 이것이 맛이 괜찮았다. 싱싱한 갓 잡은 우럭은 회를 쳐도 맛이 괜찮다. 이것을 매운탕으로 끓이면 신사숙녀들이 우럭을 깔보는 것이 얼마나 그릇된 편견인가를 우리는 스스로의 혀로써 확인할 수가 있다.

다만 소래에서의 우럭매운탕은 간이 너무 진하고 맵다. 밥을 먹는 데는 그래도 큰 지장은 없지만, 술을 마시는 데는 아무래도 한숨을 쉬지 않을 수밖에 없을 때가 있다. 육수를 청하면 고추장을 풀지 않은 생선 육수가 또한 너무 진해서 나는 매운탕을 국물까지 시원히 즐길 수 없는 것이 언제나 아쉽다. 그러나 그렇게 진한 생선 육수가 준비되어 있다는 것은 소래이기 때문에 가능한 일일 것이다. 국물은 간단히 조금만 들고 우럭을 집어 먹고 있으면 싱싱한 우럭이 얼마나 맛있는가에 새삼 만족하게 된다.

뭐니 뭐니 해도 값이 비싸지 않아 좋다. 소래에서는 1kg쯤 되어 보이는 우럭이 5백 원이라고 하더라고 일행 가운데의 누구인가가 말했는데 그 말을 확인할 겨를이 나에게는 없었다. 어차피 소래에서 우리가 물고기를 사서 즉석에서 요리할 수는 없다. 도구도 있어야겠고 여러 가지 조미료들도 있어야겠다. 무엇보다도 근본적으로 이제 소래는 엄연한 타운(Town)이며 결코 캠핑장은 아닌 것이다. 우럭이 한 마리에 몇백 원을 하는지는 큰 문제가 아니다. 식당에서 우럭매운탕을 먹게 되면 역시 몇천 원이 될 수밖에는 없는 것이다.

새끼 우럭 자반은 비싸지 않아

정약전의 〈자산어보〉에는 우럭이 박순어(薄脣魚)라고 적혀 있고 속명이 발락어(發落魚)라고 되어 있다. 우리나라에서 지금 우럭을 '볼낙' 또는 그와 비슷하게 부르는 지방이 많다. 정약전의 시대의 흑산도에서도 그와 비슷하게 불렀기 때문에 '발락어'라고 정약전은 표기했던 것 같다.

우럭('우러기' 또는 '우레기'라고도 함)이니 볼낙이니 해서 이름도 크게 달라지는데, 이 물고기의 무리에 대해서는, 우리나라에서 연구가 충분히 되어 있는 것으로는 생각되지 않는다. 정약전의 〈자산어보〉가 제공하는 자료도 결코 푸짐한 것이라고는 볼 수가 없다.

우럭의 염건물(塩乾物)에 대해서 한마디 하고 싶다. 이것은 제법 많이 나돌고 있는데 값은 비싸지 않다. 어린 우럭들이 많이 이용되어 있다. 나는 연포(戀浦)에서 매우 큰 우럭의 자반도 만나 보았지만, 우럭은 소금에 절여 말려서 별미가 나는 물고기라고도 생각된다. 다만 그대로 먹기에는 소금기가 나에게는 너무 강하다. 물에 담가서 소금기를 좀 조절하면 훨씬 먹기가 쉽다.

내 친구 가운데는 나와 함께 소래에 가면 어린 우럭의 자반을 곧잘 사는 선비가 있다. 그러면서도 맛이 너무 짜다는 것이 그의 불평이다. 먹기 전에 물에 담가 소금기를 조절하라고 조언하면, 그러면 그만큼 맛이 물에 빠지는 것이 아니냐 하고 항변한다. 그 말은 그 말대로 옳은 까닭에 나는 더는 할 말이 없어진다.

우럭은 태생어(胎生魚)다. 이 사실을 모르는 사람들이 많다. 우럭은 수컷과 암컷이 교미를 한다. 수컷에는 암컷과 교미를 할 수 있는 생식기관이 달려 있는 것이다. 수컷과 암컷은 나란히 서서 교미를 한다. 그러나 교미를 했을 때에 반드시 암컷의 알들이 수정할 수 있을 만큼 성숙하고 있는 것은 아니다. 따라서 교미를 마친 후의 수컷 정충은 암컷 몸 안에서 알의 성숙을 기다리며 대기하고 있어야 할 경우가 생긴다고 한다. 1개월쯤이나 대기하는 경우가 있다고 하는데 그런대로 대체로 수정하는 계절이 11월이라는 것이다.

수정이 되어 임신한 암컷이 치어를 분만하는 데는 약 1개월이 경과해야 하는 것으로 알려져 있다. 치어는 모래알 같은 크기이니 사람의 육안으로는 잘 식별할 수 없으나, 눈 때문에 정말 모래알처럼 보인다고 한다. 우럭이라는 놈은 눈이 커서 내 친구 가운데는 이것을 눈깔딱부리라고 부르는 이도 있지만 치어 때부터 벌써 눈이 큰 모양이다. 암컷이 포란하는 수량은 약 5만 개에 이른다지만 분만하게 되는 치어의 수는 나이에 따라 다르나, 성장할 대로 성장한 암컷이면 8천 마리쯤을 분만한다고 한다. 그것을 관찰하면 안개나 연기가 암컷에서 나오는 것 같기도 하고 또는 모래알이 쏟아져 나오는 것 같기도 하다고 한다.

그런 이야기로 흥을 돋우면서 이전에도 소래에서 우럭을 즐겼다. 맛이 담백해서 좋은 물고기다. 소금구이도 맛있다. 자반도 차라리 얼간이 괜찮지 않을까 하는 생각이 든다. 담백한 맛을 살려서 즐기려면 매운탕의 맛을 그렇게 진하게 할 것은 아니라고 생각된다. 하여간 비싸지 않고 맛은 괜찮은 이 대중어(大衆魚)가 우리나라 근해에서 아직은 제법 잡히고 있는 것이 내 마음을 흐뭇하게 한다.

복사꽃 떨어지기 전의 복 맛,
복어

요기를 하는 데 복이 어떠냐는 내 제안에 "겨울이 다 지났는데 복이 뭐야?" 하고 친구는 펄쩍 뛰었다.

"복사꽃이 아직 떨어지지 않았는데 괜찮지 뭐야?"
"복사꽃과 복이 무슨 상관이야? 복은 겨울에 먹는 걸세." 하고 그는 내가 마치 '복'사꽃과 '복'을 결부시켜 농담을 하고 있는 듯이 오해하고는 고개를 가로 흔들었다.
"소동파(蘇東坡)의 시에 이런 것이 있네. 유명한 시일세."

대밭 밖으로 복사꽃 두 가지 피고,

봄 강물 따스해짐을 오리발 먼저 아네.

물쑥이 땅에 찼고 갈대마저 움트니,

이제야말로 복이 올라오려는 때.

"정시하돈욕상시(正是河豚欲上時)라고 맺었어. 소동파는 술도 잘
마셨지만 먹는 데도 대단했거든. 그가 봄을 맞아 복을 먹겠다고 침
을 흘리고 있는 시야."

"소동파라고 음식을 아는 줄 알았더니, 복에 대한 계절을 모르는
사람 아냐?"

"천만에! 어디 소동파뿐인가. 매성유(梅聖愈)라는 시인에게도 이
런 것이 있지."

봄 섬에 갈대 움 돋아나고,

강가에는 버들개지 한창 나네.

이제야말로 복의 철을 맞았는데,

그 맛은 천하의 일품이로다.

"결구(結句)는 원문이 귀불수어하(貴不數魚鰕)라고 돼 있는데, 봄철
의 복 맛은 다른 어떤 물고기나 새우 무리를 갖다 댈 수가 없게 기마
히다는 뜻 아니겠어?"

"도대체 중국 사람이 복을 먹는다는 것은 난 처음 듣는 이야기야.
복매운탕 파는 중국 식당이 어디 있던가?"

"중국에서도 보편적인 것은 아니지. 일부 지방에서 먹는 것이야.
장강(長江)—그러니까 양자강(揚子江) 말인데, 장강 일대에서는 옛날
부터 잘 먹는다네. 특히 한구(漢口)나 소주(蘇州)의 복 요리는 유명하

다지. 매운탕은 아냐. 중국식 탕(湯)으로 만드는 것이 보통인가 봐."

"지금도 먹나?"

"먹지. 잡아서 일본으로 수출도 하지. 일본에서는 이것을 가공해서 염건물(鹽乾物)을 만들고 있는 모양이야."

"독은 없는 복인가?"

"없기는 왜 없어. 그래서 중국에서도 복을 먹는 것을 반대하는 소리가 많지만, 즐겨 먹는 사람을 어떻게 할 도리도 없는 것 아냐."

"그러나 봄을 맞아 복이 맛있다는 것은 중국이니까 그럴는지 모르지만 우리나라는 다르지 않아?"

"글쎄, 뭐, 그렇게 크게 다르지도 않은 것 같네. 〈동국세시기〉를 보면 복사꽃이 떨어지기 전(桃花未落)이 복이 가장 맛있다고 적혀 있거든. 요리법도 적혀 있어. 복과 파란 미나리와 기름과 간장을 섞어 국을 끓이면 맛이 매우 진미(珍美)하다는 거야. 노호(露湖)에서 나오는 복이 제일 먼저 시장에 나온다나. 노호가 어디인지는 잘 모르겠지만 현재의 노량진 근처인 것 같네. 하여간 옛날에는 매운탕이 아니었지. 언제부터 매운탕 전성시대가 됐는지 알쏭달쏭하지만 매운탕만을 능사로 삼는 풍조에 나는 저항감을 금할 수 없네."

"〈동국세시기〉에 나오는 복에는 독이 없었을까?"

"적어도 명색이 복인데 왜 독이 없었겠나? 독이 있기에 독이 두려운 사람들은 복의 계절에도 복을 꺼리고 대신 숭어를 끓여 먹었다는데, 복의 계절은 또 숭어의 계절이거든. 숭어국도 참 시절 생선으로서 훌륭한 것이라고 〈동국세시기〉는 적고 있네. 하기야 복사꽃이 떨어지면 갑자기 복 맛은 떨어져도 숭어 맛은 더욱더 나는 철이 되지만…."

"모르겠다. 나는 복은 겨울이 철이고 겨울이 지나면 안 먹는 것으로 알아 왔거든. 더구나 복은 바닷물고기로 알고 있는데 양자강 복이니 한강 노량진 복이니 하니….”

“자네는 귀족적이니까 그래. 자네가 말하는 복은 ‘검복’이나 ‘자지복’같은 고급 무리를 말하고 있는 것 같네. 소동파가 읊었고 〈동국세시기〉가 적고 있는 복은 서민적인 ‘황복’이야. 바다에서만 사는 복이 아니라 강에서 살면서 산란기를 앞두고 하류에서 상류로 올라오는 하돈(河豚)이지. 이 복은 이때가 가장 맛있는 모양이야. 강에서 사는 복이라서 ‘강복’이라고도 하지. 대동강에서는 ‘복아지’라고 부른다나. 그런데 압록강 강복이 별미라는 거야. 내 언론계 선배가 그곳 출신인데 자당께서 강복 요리 솜씨가 일류셨는데도 따님이나 며느님에게 절대로 가르쳐 주시지 않았다지. 다른 먹을 것도 많은데 굳이 위험한 강복 요리를 가정에서 할 것이 없다는 신념의 할머님이셨다는 거야.”

“그러나 그 분께서는 복회도 뜨시고 할 수 있으셨겠네?”

“아니지. 황복으로는 회를 뜨지 않는다네. 회를 뜨는 복은 고급 무리가 아니면 안 되지. 그것은 겨울에 고급 식당에나 가야만 먹을 수 있지. 값도 굉장하겠구….”

이 정도로 복 이야기를 마치고 나는 그를 서민적인 복집에 끌고 가는데 성공했다. 술로 말하자면 양주를 머리에 두고 말하는 친구에게 막걸리 이야기를 늘어놓은 셈일까. 그러나 막걸리에는 막걸리의 맛이 있고 값도 싸다. 복 이야기도 하게 되면 한이 없고 기회가 허락되면 또 할 수도 있겠지만, 내가 꺼림칙한 것은 복 요리다운 복 요리는 일반 대중과는 너무도 거리가 멀다는 데 있다. 나는 고급은 겸연쩍은 것이다.

메기와 쏘가리

애호박 철도 좋고 겨울도 좋고,
메기매운탕

　　메기에는 특별한 철이 없다고 나는 생각하는데, 메기는 역시 애호박이 나도는 초여름에 맛이 제일이라고 주장하는 식도락가가 있다. 여름에 접어들면 메기의 산란기다. 어떤 물고기든지 산란기를 앞두고 가장 살쪄 있게 마련이기에 초여름에 메기가 맛있다는 주장에는 일리가 있는 것처럼 들린다. 그러나 과연 메기도 산란기를 앞두고 가장 맛있는 것인지 나에게는 의문이다. 물고기는 가장 살쪄 있을 때가 가장 맛이 좋은 것이라고 하지만, 이 말은 보통 그렇다는 것이지 반드시 그렇다는 것은 아니다. 너무 자란 성어(成魚)보다 유어(幼魚)의 맛을 더 치지 않을 수 없는 경우도 적지가 않다. 은어도 산란기를 앞둔 가을 은어보다는 여름—그것도 초여름 은어가 향기로와 더 맛있다는 사람들이 많을 줄로 안다.

　　그러나 그 식도락가의 말을 산란기와 관련시키지 말고 애호박과 관련시켜서 생각해 보면 여기에는 전연 이의가 있을 수 없다. 그 식도락가가 메기를 어떻게 요리해서 먹기를 즐기는지도 맞출 수 있다. 두말할 것도 없이 매운탕이다. 애호박이 매운탕에 들어가느냐 않느냐 하는 것은 계절감 이상의 의미를 지닌 맛의 문제다. 그 식도락가의 말은 결국 메기가 아니라 메기매운탕의 맛은 애호박이 나돌 때가 제일이라는 말로 새겨들으면 된다.

메기는 으레 매운탕으로 먹는 것이지 또 다른 무슨 요리가 있느냐 하는 질문이 나올는지 모르겠다. 하기는 그렇다. 메기를 회쳐서 먹는다는 이야기는 일찍이 들어 본 적이 없다. 전에는 가정에서 '지짐이'라는 말을 썼지만, 그것도 바로 매운탕이었다.

'메기지짐이'와 '메기매운탕'은 내용에 있어서는 조금도 다를 바 없다. 메기로 찜을 만들기도 한다지만 결코 흔한 일은 아니다. 옛날에는 메기의 내장을 빼고 속에 양념을 넣어 이것을 유지(油紙) 같은 것으로 싸서 짚이나 끈으로 동이고는 온통 진흙을 바른 것을 짚불 속에 넣어 굽는 복잡한 요리가 있었다고 한다. 진흙이 마르고 굳고 딱딱해지는 것을 기다려 꺼내어 망치로 표면을 깨뜨리면 그 속에서 메기는 잘 익어 있다는 것이다. 노동력이 남아돌고 시간이 많았던 옛날에나 해 볼 수 있었던 요리이고 지금은 엄두도 내지 못한다.

이제 메기는 매운탕감으로 자리가 고정되어 있는 것 같다. 역시 애호박이 나올 무렵이 되면 '천렵국'이라는 메뉴가 등장하는 식당이 있다. 여기에 메기를 넣어 주었다고 해도 사정은 마찬가지다. 이 '천렵국'이라는 것도 일종의 매운탕이기 때문이다.

메기매운탕에 물론 나는 아무런 불만이 없다. 비늘이 없는 껍질 아래에 뭉쳐 있는 새하얀 살은 육질(肉質)이 농밀하면서도 맛은 정말 담백하다. 유별나게 입이 길게 째진 면상을 보면 추어(醜魚) 콘테스트의 상위권 입상감인데 맛은 놀랍다. 생김생김과는 딴판인 것이다. 겉 다르고 속 다르다는 속담이 메기에도 충분히 적용될 수가 있는 것 같다.

그러면 메기는 어느 철에 가장 맛있는 물고기일까. 앞서 적은 대로 나는 메기가 계절에 따라 맛의 차이가 두드러진 물고기라고는 느끼지 않는다. 그래도 군이 철을 따진다면 나는 차라리 겨울을 치고 싶다. 팔당에서, 그리고 팔당 대안(對岸)의 검단산 기슭에서 각각 겨울에 먹는 메기매운탕이 애호박이 없었는데도 지금도 기억에서 사라지지 않는 맛이었다. 검단산 기슭의 마을은 몇 집밖에 안 되는 작은 마을이지만 가가호호가 매운탕 식당이라고 해도 과언이 아니다.

메기매운탕을 해주는 식당은 서울 시내에도 많다. 그러나 아무래도 시내에는 신용이 되는 식당이 그리 많지 않은 것 같다. 하기야 시외에 나가더라도 요즘에는 알쏭달쏭하게 돼 있는 모양이다. 쏘가리니 메기니 하고 메뉴를 내걸어 놓고서는 실은 엉뚱한 것으로 매운탕을 끓이는 경우가 많다고 한다. 처음부터 속이려는 배짱인 것인지, 그날따라 쏘가리나 메기가 달린 탓인지를 가리기도 손님에게는 어렵다. 그만큼 쏘가리나 메기가 비싸졌다는 이야기가 되지만, 장삿속이 날이 갈수록 야박해지고 무서워지는 데 새삼 한숨을 쉴 수밖에 없다. 수조(水槽)가 있는 식당에서 메기를 고르라고 권하는 것은 쉬우나 그런 식당이면 값이 비싸게 마련이니 또 탈이다. 팔당이나 검단산 기슭의 마을에는 콘크리트 수조가 있는 식당들이 대부분이다.

메기도 쏘가리도 동해안에는 없다고 한다. 다만 메기의 경우는 동해안에서 보았다는 사람들이 있다. 그런데 학문적으로는 그것은 메기과(科)에 속하기는 하지만 '미유기'라고 불리는 다른 무리라고 한다. 메기와 비슷하게 생겼지만 몸이 더 가늘고 아래턱이 덜 튀어나왔으며 등지느러미도 훨씬 작다는 것이다. 이것은 우리나라에서 동해안을 포함한 모든 내수(內水)에 분포되어 있다. 미유기는 우리나라에만 있는 메기과의 무리다. 우리나라의 특산어인 것이다.

그리고 보면 내가 친구들과 함께 먹고 있는 메기매운탕도 사실은 메기매운탕인지 미유기매운탕인지, 물고기 학자를 초청해서 감정을 부탁하기 전에는 알 수가 없다. 그러나 매운탕이 무슨 골동품인가. 다만, 우리나라 특산어이기는 하지만 미유기는 메기보다 맛이 좀 떨어진다는 것이 통설이다. 이것은 애국심과는 조금도 상관이 없는 맛의 문제다.

재미교포도 먹는 메기매운탕

메기는 중국에도 있고 일본에도 있지만 한자 표기에 혼선이 있다. 점어(鮎魚)라면 중국에서는 메기를 말하는데, 일본에서는 은어를 말한다. 참고로 〈신증동국여지승람〉을 살펴보니 전국의 토산(土産)에 점어는 보이지 않는다. 은어는 은구어(銀口魚)로서 기록되어 있지만, 메기로 짐작되는 물고기 이름을 나는 〈신증동국여지승람〉에서 찾아볼 수가 없다. 옛날에 메기가 없었을 리가 없고 주민들이 먹지 않았을 리가 없겠지만, 토산으로 인정될 만한 자격이 없었던 것은 아마도 그 면상 때문이었으리라고 짐작된다. 그래서 천하게 여겼을 것만 같다.

중국이나 일본에 메기매운탕은 없다. 메기를 먹기는 먹지만 우리나라처럼 흔히 먹지는 않는 것 같다. 중국 요리에 메기를 재료로 하는 특별한 요리가 있다는 것을 과문(寡聞)의 탓으로 나는 모른다. 그저 다른 물고기와 마찬가지로 다루고 있는 것 같다.

일본에서는 메기를 먹어 보았다. 일본인인 신문 기자가 도쿄 교외로 안내해 주었는데 갖가지 민물고기만을 먹여 주는 식당이었다. 나는 이것저것 시켰지만 메기는 양념간장을 발라 장어구이처럼 구운 것을 먹었다. 물론 장어보다 맛이 훨씬 담백했다. 너무 거창한 것 같기에 시키지는 않았지만, 메뉴에는 '메기 남비'라는 것이 있었다. 메기를 토막 쳐서 끓는 물에 살짝 데친 것을 스끼야끼식으로 지져 먹는 것이라고 듣기만 했다. 끓는 물에 데치는 것은 메기의 흙내를 없애는 데 목적이 있다고 한다. 그 신문 기자는 도쿄 시내에는 메기를 먹을 수 있는 식당이 이젠 없다고 나에게 강조했다. 그 넓은 도쿄에 메기를 먹여 주는 식당이 정말 한 군데도 없는 것인지 좀처럼 믿어지지 않는다.

메기가 갑자기 활발하게 움직이면 그것은 지진의 전조라는 속신(俗信)이 일본에는 있는데, 이 속신에 과학적인 근거가 없지 않다는 생각으로 메기와 지진과의 관계를 여러 각도에서 연구하고 있는 학자 그룹이 있다는 그 신문 기자의 이야기는 재미있었다.

유럽에서도 메기를 먹지만 다뉴브 강 수계(水系)에 국한된 현상이나 아닌지 모르겠다. 그러나 그곳의 메기는 길이가 3미터를 넘고 무게는 1백8십 킬로그램을 넘게 성장한다니까 우리나라 메기와는 무리가 다르다. 보통은 훈제로 해서 먹는 모양이다. 서(西)유럽에는 그런 메기는 없다. 서유럽에서 메기를 먹는다는 것도 나는 듣지 못했다.

미국에서는 메기를 먹는다. 양식(養殖)도 활발해서 해마다 생산량이 늘고 있다. 슈퍼마켓에서 메기를 살 수 있을 정도라는데 이것이 전국적인 현상일까 하는 것은 의문이다. 소비자의 대부분이 흑인이 아니면 동양인이라고 한다. 재미교포들도 미국에서 메기매운탕을 즐길 수가 있는 것이다. 다만 이 메기는 '붕메기'라는 무리로서 미국

미식가의 수첩

이 원산지다. 원래는 우리나라에 없었던 무리인데 미국에서 이식했기에 지금은 우리나라에도 있기는 있다.

세계에서 가장 메기를 즐기는 나라가 한국이라고 주장할 자신이 나에게는 없다. 중국이나 일본이나 유럽이나 미국보다는 우리가 매운탕으로 매우 메기를 즐기고 있는 것은 사실이지만, 동남아가 있지 않느냐 말이다. 해는 뜨겁고 물은 풍부해서 메기가 잘 자라고 많은 탓이겠지만 동남아 사람들이 메기를 잘 먹는다.

나는 사이공(현재의 '호치민')에서도 방콕에서도 메기를 팔고 있는 광경을 심심치 않게 보았다. 내가 이름을 모르는 물고기들도 물론 많았지만 하여간 메기도 많았다. 메기는 살아 있는 것들이었다. 사이공에서는 그런 행운(?)이 없었으나 방콕의 시장에서는 실제로 메기가 팔리는 광경도 보았다. 살아 있는 메기를 물에서 꺼내 놓고 다짜고짜 몽둥이로 후려 때려죽이지를 않는가! 어떻게 요리해서 먹는지는 모르겠다.

출세길 터 준 백마강의 종어(宗魚)

"자네, 참, 전번에 메기 이야기를 썼으면시도 왜 '어메기' 이야기를 빠뜨렸지? 그것이 빠져서야 되나?"

"종어(宗魚) 말이구나. '여메기'니 '요메기'니 하지만 메기가 아닐세. 전연 과(科)가 다른데 어떻게 쓴담? 같은 민물고기라도 메기는 메기과에 속하고 종어는 동자개과에 속한다네."

"하여간 맛은 아주 좋지 않아?"

"맛이 최고라고 해서 '종(宗)' 자를 붙인 물고기지. 옛날에는 임금

에게 진상했고 서울의 고관대작들도 즐겨 먹었다는 거야. 최고이었
나봐."

"어디서 많이 잡히는 물고기지?"

"옛날엔 서해로 흘러 들어가는 강의 하류라면 으레 잡혔던 모양
이야. 그러나 백마강의 종어가 가장 맛있었다고 하네. 따라서 서울
의 풋내기 벼슬아치들이 다투어 부여(扶餘) 현감(縣監)을 하고 싶어
했다는 거야. 백마강의 종어를 서울에 바쳐서 빨리 더 크게 출세하
려는 속셈으로 말일세. 따라서 현지에서는 사람들이 '종어가 현감이
라'고들 말했다는 거야. 하하…."

"어떻게 요리해서 먹었을까?"

"회로 쳐도 좋고 구워도 좋고 국을 끓여도 좋고…. 하여간 어떻게
요리를 하더라도 맛있는 물고기였다는 거야."

"그럼 당연히 〈동국여지승람〉에도 나오겠는걸. 안 그래?"

"글쎄 그걸 모르겠네. 〈동국여지승람〉에는 전혀 안 보여. 〈신증
(新增)〉에도 안 나오거든. 무슨 까닭인지 알 수가 없어."

"우리나라의 특산어(特產魚)인가."

"그렇지는 않다네. 중국에도 널리 분포되어 있다고 하지. 그러나
우리나라 백마강의 종어가 맛은 최고인 모양이야."

"모양이라니 자네는 종어를 먹어 보지 못했나? 최고라는데 말야."

"살이 미끄러워 씹는 맛이 멋지다는 거야. 그러나 나는 먹기는커
녕 구경 한번 못했네. 옛날엔 한강 물이 얼기 직전이나 풀린 직후에
행주(幸州)에서도 잡혔다고 하지만 이제는 모두가 호랑이 담배 피우
던 시절의 이야기야."

"백마강에도 없을까."

"마구잡이 때문에 씨를 말렸을 거야."

"저런! 보호 대책을 세워야지."

"그랬으면 오죽 좋겠는가 말일세."

춘천호반(春川湖畔)의 쏘가리매운탕

서울 마장동(馬場洞)에서 직행버스를 타면 두 시간. 청량리(淸凉里)역에서 기차를 타면 경춘선(京春線)으로 두 시간 이십 분쯤. 서울에서 당일치기로 갔다 올 수 있는 춘천(春川)이 호반 도시로서 각광을 받고 있다.

당일치기로 춘천에 오는 관광객들에게 바둑의 정석(定石) 같은 관광 차례가 있다고 한다. 먼저 소양호(昭陽湖)를 돌아본 다음에 춘천호(春川湖) 댐 아래로 찾아가 매운탕을 먹고 시내로 돌아와 막국수를 먹으면 춘천에서 볼 것을 다 보고 먹을 것을 다 먹은 셈이라고 택시 운전사는 웃지도 않고 말했다. 주말이면 발을 들여놓을 여지도 없게 사람들로 붐비는데 그런 줄 잘 알면서 모두 찾아오는 것이 아니겠느냐 하는 설명이었다.

춘천의 막국수는 이제 전국적으로 유명해졌다. 국수 위에 화학조미료를 듬뿍 얹어 수는 것이 나에게는 질색이지만, 젓기락으로 덜어내도 그만이고 미리 화학조미료의 과잉 서비스는 사양하겠다고 부탁해도 그만이다. 퍽이나 오래 되는 일이지만 홍종인(洪鍾仁) 선생이 데려다주신 국수집의 냉면도 좋았다. 춘천은 메밀국수를 다룰 줄 아는 도시다.

시내에서 춘천호로 가서 댐 위를 지나 아래로 내려가면 물가에 음식점들이 모여 있다. 춘천호에서 뽑은 것으로 짐작되는, 흘러 내려오는 맑은 물을 여기저기에 담아 물고기를 살려 놓고 있다.

잉어, 붕어, 쏘가리, 메기, 가물치, 눈치, 빠가사리, 끄리, 모래무지, 꺽지, 뚝지…. 여름에는 뱀장어도 있다고 한다. 이런 싱싱한 물고기들을 요리해 주는 식당들인데 회를 쳐달라고 하거나 매운탕을 끓여 달라고 하는 것이 손님들의 보통 주문인 것 같다.

가장 인기가 높은 것이 쏘가리. 보기에도 날씬하다. 물고기 가운데 으뜸가는 기사(騎士)라는 느낌이 든다. 중국에서는 바닷고기보다는 민물고기가 맛있다고 더 쳐주는데 민물고기 가운데서도 쏘가리(鱖魚)와 잉어와 은어(銀魚)를 특히 삼명어(三名魚)라고 꼽는다. 여기서 말하는 '은어'는 우리가 알고 있는 은어가 아니라 뱅어(白魚)이며 태호(太湖) 것이 유명하다고 한다.

삼명어 가운데서도 가장 맛이 좋은 것이 쏘가리라고 해서 옛날부터 찬양되어 왔는데 당(唐)나라 장지화(張志和)의 '어부가(漁夫歌)'에도 「도화유수궐어비(桃花流水鱖魚肥)」— (복숭아꽃은 피어, 흐르는 강물에 쏘가리 살쪄 있네)'라고 보인다. 복숭아꽃이 필 무렵이 쏘가리가 가장 살찌고 맛이 좋아서 그렇게 읊은 것인데 우리나라에서는 철쭉꽃이 필 때가 쏘가리의 철이라고들 한다. 계절적으로 무슨 큰 차이가 있는 것은 아니며, 꽃피는 시기와 물고기 맛의 철을 결부시키는 데 서로 일치하고 있는 것이 재미있다.

쏘가리는 우리나라에서도 서반부(西半部)의 강에서만 살고 있고 태백산맥(太白山脈)을 넘으면 볼 수가 없다. 일전에 누군가가 동해안의 개울에서 쏘가리를 발견했다는 이야기가 신문에 나왔었는데 후문이 없는 것이 궁금하다. 중국에서도 양자강(揚子江) 이북의 강에만 분포하고 있는 것으로 알려져 있다. 일본에는 없는 물고기다. 옛날 일본의 문인들은 듣거나 읽기만 하던 쏘가리를 동경한 나머지 말린 쏘가리를 중국에서 가져와 먹는 것도 아니고 마치 무슨 미술품을 보는 듯이 감상하면서 감격해 마지않았다고 한다.

쏘가리는 가열(加熱)을 해야만 제맛이 나는 것으로 느껴진다. 춘천호의 물고기 회—특히 쏘가리회는 디스토마 걱정이 전연 없다고 택시 운전사나 식당 주인이나 역설했지만 물론 나에게는 그렇다고 보장하거나 그렇지는 않다고 부정할 자격이 없다. 다만 디스토마 걱정과는 상관없이 쏘가리는 열을 가해야 단단하면서 담백한 살맛이 제대로 살아나지, 쏘가리회가 쏘가리의 진미(珍味)를 발휘하는 것이라고는 생각하지 않는다.

그런 뜻에서 매운탕은 쏘가리의 맛을 잘 살려 주고 있다. 쏘가리 구이도 좋고 쏘가리전유어도 좋고, 매운탕이 아니라 장물에 쇠고기와 야채와 함께 지져도 좋을 것 같다.

중국 사람들은 어떻게 쏘가리를 요리하는 것인지. 일본식으로 튀김을 해도 맛이 있다고 식당 주인은 말한다. 배알을 따서 젓갈을 담그면 어떻겠느냐는 질문에는, 젓갈을 담가 보지 않은 것은 아니지만 결과가 신통치 않았다는 대답이었다.

팔당(八堂)이나 청평(淸平)에 가도 쏘가리를 먹을 수 있고, 서울 시내에도 쏘가리매운탕을 해주는 식당이 더러 있다. 그러나 서울 복판의 식당에서 매운탕 식단(食單) 가운데 천연기념물인 '황쏘가리'라는 글씨를 보는 것은 어처구니가 없는 일이다.

강물에 배 띄우고 '천렵국' 안주 삼아

여름이 되면, "다음 공일엔 천렵이나 갈까?" 하고 으레

한두 번은 제안하는 친구가 있다. '천렵'이라는 말을 들으면—좀 과
장해서 나는 전기가 오른 듯한 기분이 돼 버린다. 찌는 듯한 더위 속
에 서울이라는 지겨운 도회에서 사는 사람에게 그것은 귀에 솔깃한
말이라기보다는 온몸에 전기가 오르게 하는 말인 것이다.

'천렵'이라고 하면 개울이나 강이나 물이 있는 곳에 가서 물고기
를 잡는 것을 말한다. 그러나 "천렵이나 갈까?" 하고 그 친구가 말할
때의 '천렵'의 뜻은 뉘앙스가 좀 다르다. 물고기를 잡는다는 데에 주
안점이 있는 것이 아니라 요는 물가에서 마시고 먹고 놀자는 것이
다. 낚싯대도 안 들고 가는 경우도 적지 않으니까 정확하게 말하면
천렵이 아니라 그저 물놀이다.

낚싯대를 들고 간다고 해도 별수가 있겠는가. 어차피 몇 사람이
먹을 만한 물고기는 잡히지 않는다. 요새는 어심(魚心)도 인심을 닮
아서 각박한 것이다. 경우에 따라서는 현지에서 물고기를 사기도 하
지만, 역시 안심이 되는 것은 애당초 쇠고기나 닭고기 같은 것을 준
비해 가는 것이다. 닭국을 끓여 놓고 "천렵국이로다!" 하는 것은 남
이 볼 때는 꼴불견이겠지만 당사자들은 대만족이다. 도회의 더위와
먼지를 피해 물가에서 마시고 먹는 것은 자연을 마시고 먹는 듯한
시원한 맛이 있는 것이다.

맹사성(孟思誠)은 고려의 유신(遺臣)이지만 조선왕조로 바뀐 후에
도 벼슬을 했고, 세종 때는 자리가 좌의정에 이르렀다. 맹사성의 시
조에는 내가 매우 좋아하는 것도 있으나, 그가 지은 유명한 '강호사
시가(江湖四時歌)'는 나는 별로 탐탁하게 여기지 않는다.

'강호사시가'는 '강호에 봄이 드니…', '강호에 여름이 드니…', '강
호에 가을이 드니…', '강호에 겨울이 드니…'로 각각 시작되는 4수
로 된 연형시조(連形時調)다. 시조로서 각각 잘 나가다가 봄의 경우

는 '…이 몸이 한가하옴도 역군은(亦君恩)이샷다', 여름의 경우는 '…이 몸이 서늘하옴도 역군은 이샷다', 가을의 경우는 '…이 몸이 소일하옴도 역군은이샷다', 겨울의 경우는 '…이 몸이 춥지 아니하옴도 역군은이샷다'로 끝남으로써 흥을 깨버린다.

고려의 유신이 조선왕조에서 높은 벼슬을 하게 됐으니 성은이 망극하게 여겨지기도 했겠지만, 아무리 그렇기로서니 서늘하거나 춥지 아니한 것까지도 임금의 은혜라는 것은 현대인의 감각에는 잘 맞지를 않는다.

그런대로 '강호사시가'의 봄 시조가 천렵을 읊은 시조다.

강호에 봄이 드니 미친 흥이 절로 난다
탁료계변(濁醪溪邊)에 금린어(錦鱗魚) 안주로다
이 몸이 한가하옴도 역군은이샷다.

'탁료계변'이란, 막걸리를 마시면서 노는 시냇가다. '금린어'는 아름다운 비늘을 가진 물고기라는 것이 본뜻이지만, 쏘가리를 말한다. 미친 듯이 흥이 나서 쏘가리를 안주 삼아 시냇가에서 막걸리를 마신다는 시원스러운 시조가 그만 '역군은이샷다'로 끝남으로써 맥이 탁 풀리는 것도 용두사미라고 평해서 좋은 것인지도 모르지만, 하여간 아깝다.

맹사성도 만났으리라고 생각되지만 세종 때 명나라에서 온 사신인 예겸(倪謙)의 글을 보면, 예겸은 한강을 무척 칭찬하고 있다.

제천정으로 짐작되는 누각에 올라 술 마시고 놀다가 배를 타 보는데, 그 자리에는 성삼문이 있었고, 정인지가 있었고, 신숙주도 있었다. 물론 아직은 오월동주가 아니었고, 아무도 이들의 사이가 앞으로 그렇게 되리라는 것은 꿈에도 모르고 있을 때였다.

하루는 예겸이 정인지와 김하(金何)와 함께 양화 나루에서 배를 탔다. 그때 정인지는 공조판서였고, 중국어가 능통한 김하는 한성부 윤이었다. 그물로 물고기를 잡고 있는 어부가 있어서 금린(錦鱗)을 잡아 와 바쳤는데 꼬리가 펄떡펄떡 쟁반 속에서 움직이는 놈을 빨리 삶게 했다고 예겸의 글에 보인다. 여기서 말하는 '금린'은 쏘가리가 아니라 비늘이 반짝이는 아름다운 물고기라는 정도로 새기는 것이 좋을 것 같다. 제2한강교(현재 양화대교) 부근인데, 아무리 그 당시의 한강이 물이 맑았다고 해도 쏘가리가 흔한 곳은 아니다. 쏘가리는 물 밑에 바위나 큰 돌이 많은 곳에서 산다.

예겸도 한강에서 천렵국을 먹은 셈인데, 어떻게 요리했는지는 모르겠다. 분명한 것은 고춧가루나 고추장은 쓰지 않았다는 것이다. 쓰지 않았다기보다는 쓰지 못했고, 아마 정인지도, 김하도 고추가 무엇인지 잘 몰랐을 것이다. 우리나라에 고추가 아직 들어오지 않고 있을 때의 뱃놀이였던 것이다.

여름이 되면 '천렵국'이라는 것을 메뉴에 내세우는 식당이 서울에 몇 군데 있다. 천렵국이라고 반드시 물고기가 들어 있는 것은 아니다. 쇠고기만 쓰고서도 천렵국이다. 반드시 들어가 있는 것은 호박이고, 국이 좀 끈적한 것은 떡을 넣었기 때문인 것 같고, 반드시 고춧가루 또는 고추장을 풀었다. 개성식으로 음식을 하는 식당에서 이런 천렵국을 내놓고 있고, 맛이 괜찮다. 개성에서는 천렵과 직접 관계없이 '천렵국'이라는 이름으로 이런 형식이 고정되어 있는 것으로 짐작이 가나, 자세한 것은 모르겠다.

하여간 그런 천렵국을 먹을 때 어쩌다가 맹사성의 천렵 시조가 생각난다. '탁료계변에 금린어 안주로다'라고 읊었는데 쏘가리를 어떻게 해서 먹었을까. 때로는 예겸이 먹은 천렵국 생각을 해 본다. 쏘가리가 아니라면 무슨 물고기였을까 하고 궁금해하면서 물이 깨끗하게 맑았던 옛날의 한강을 상상해 본다.

'동국세시기'의 여름 시식(時食)

낚싯대도 들지 않고 물을 찾아가 노는 것은 '천렵'이라고 부를 것이 아니라 '탁족(濯足)'이라고 하는 것이 보다 더 적절하겠다. 지금도 여름이 되면 계곡을 찾아 발도 씻고 마시고 먹으면서 노는 것을 '탁족회'라고 한다.

중국에 창랑(滄浪)이라는 물이 있다. 양자강—중국 사람들은 장강(長江)이라고 보통 부른다—의 지류인 한수(漢水)의 일부분이다. "창랑의 물이 맑거든 내 갓끈을 씻고, 창랑의 물이 흐리면 내 발을 씻으리라." 하는 옛날의 유명한 동요에서 탁족이라는 말은 유래한다.

헌종 때 엮여진 홍석모(洪錫謨)의 〈동국세시기〉를 보면, 서울 풍속인데, 남북계간(南北溪澗)에서 탁족의 놀이를 한다고 적혀 있다. 물론 삼복더위 때의 풍속이다. '남북계간'이라는 것은 남산과 북악산의 골짜기를 말한다.

또 〈동국세시기〉는 여름엔 천연정의 연꽃, 삼청동과 탕춘대와 정릉의 수석(水石)에 풍류객이 많이 모여 술 마시며 놀았다고도 적혀 있다. 천연정은 서대문구 천연동 31번지 자리에 있었던 정자인데 임오군란 때 불타 버렸다. 탕춘대는 세검정 바로 위인 서대문구 신영동 136번지 자리였는데 연산군이 여기서 놀기를 즐겼다는 것으로 유명했다. 삼복더위에 사람들은 탁족을 하면서 무엇을 먹었을까.

〈동국세시기〉가 여름철의 시식으로 정말 조촐한 별식이라고 들고 있는 것이 있는데, 탁족과는 직접 관계가 없을는지 모르지만 참고로 여기에 몇 가지 소개해 본다.

밀가루로 국수를 만들어 청채(靑菜)와 닭고기를 섞어 어저귀국(白麻子湯)에 말아 먹는다. 또 미역국에 닭고기를 섞고 국수를 넣어 물을 조금 쳐서 익혀 먹는다. 또 호박과 돼지고기를 섞은 데다가 흰 떡을 썰어 넣고 푹 볶아 먹는다. 또 밀가루에다 호박을 썰어 넣고 반죽하여 기름에 부친다고 보이고, 참외와 수박이 더위를 씻어주는 과일이라고 적고 있다.

삼복과 직접 관계가 있는 음식으로서는 '붉은 팥으로 죽을 끓여 복날마다 이를 먹는다.'고 적고 있고, 물론 개장(보신탕)에 관해서도 설명이 자세히 나와 있다. 그러나 나는 개장에 관해 여기서 길게 설명을 하고 싶지는 않다. 사람마다 식성이 있는 것이고 보면, 개장을 좋아하는 사람을 나무랄 권리는 나에게 추호도 없는 것이 분명하다.

성게와 어란,
전복과 해삼

혀끝에 오르는 물씬한 바다 맛,
날성게

      손님들이 주문한 음식과는 별도로 식당 측에서 마음을 써서 이것저것 서비스하는 일은 일식집에서 잘한다. 한식집에서도 이것저것을 밑반찬으로 내놓는다.

      중국집에서는 양파와 중국 된장을 별도로 내놓는 것이 보통이고, 양식집에서는 별도의 접시로 내놓는 서비스라고는 고급 레스토랑 일수록 없다고 보아야 좋을 것 같다.

      이것은 어느 쪽이 나쁜가를 가리려고 덤빌 문제는 아니다. 어디까지나 관습—좀 거창하게 말한다면 전통의 문제다. 일식집에는 그런 별도 서비스를 잘하는 전통이 있어서 그것을 일본 말로 '쓰기다시'라고 이른다. '서비스'도 '쓰기다시'도 외국말이어서 어떤 좋은 우리말이 없겠느냐고 친구들에게 의견을 물었더니, 대답이라는 것이 '공짜'니 '덤'이니 '개평'이라느니 하는 것들뿐이어서 나는 실망을 금치 못하고 있다.

하여간 장사를 제대로 하겠다는 일식집에서는 쓰기다시에도 무척 신경을 쓴다. 처음 가 본 식당이라도 '쓰기다시'를 먹어 보면 그 집의 정도를 대강 짐작할 수 있을 것 같다.

개인적인 편견일는지는 모르겠지만, 처음 가 본 일식집에서 쓰기다시로 성게의 날것을 내놓으면, 나는 이 집도 수준급은 되겠지 하고 일단 기대를 건다. 병 속에 넣어 널리 시판되는 성게젓과는 달리, 성게의 날것을 서울에서 손님들을 위한 쓰기다시로 준비한다는 것은 성의라고 보아야 한다고 믿기 때문이다.

"성의는 무슨 우라질 놈의 성의냐? 그런 집은 으레 술값도 요리값도 비싸게 마련이야."라고 빈정대는 친구의 놀림이 틀린 것은 아니지만, 돈 많은 체 하지 말고 술값이나 요리값은 미리 메뉴를 보고 확인하거나 또는 물어볼 수가 있는 것이다. 미리 값을 확인해 보지 않는 것은 재벌만이 할 수 있고, 이제 신사는 하기가 어려운 세상인 것이다.

"허, 날성게로군." 하고, 나는 쓰기다시에서 성게의 날것을 보면 가벼운 탄성으로 사의(謝意)를 대신한다. 보통은 직사각형의 작은 나무접시에 담겨 나오니까 양은 적다. 또한 성게는 날것이거나 젓이거나 많이 먹을 것은 못 된다.

그러나 이렇게 서울에서 날성게를 먹을 때마다 나는 그것을 실컷 먹었었던 낙산사 의상대 아래 해변 생각이 난다. 황지본선(黃地本線)이 개통된 것이 1963년 5월 20일이었던가. 첫날은 높은 사람들만이 시승(試乘)을 했고, 일반 승객들이 처음으로 탈 수 있던 다음날에 나는 기차로 서울에서 강릉에 갔고, 이어 설악산으로 가는 길에 그곳에 들러서 날성게를 실컷 먹었다.

지금과는 달리 서울에서는 날성게를 구경할 수 없을 때였다. 그러고 보면 그동안 교통도 발달했지만 냉장 수송 기술도 크게 발달했다. 그때는 날성게는 해변에서만 맛볼 수 있는 진미였던 것이다.

지금은 서울에서 이것을 먹을 수 있다. 이것을 일식집의 쓰기다시에서 볼 때, "허, 날성게로군." 하고 내가 가벼운 탄성을 내게도 되었다. 옛날 생각나는 것들이 많은 것이다.

교과서엔 성게, 사전엔 섬게

지금까지 '성게'라고 써 왔지만, 실은 이 낱말에는 문제가 있다. 내가 본 우리말 사전에는 모두가 '섬게'로 되어 있고, 내가 본 우리나라 교과서에는 모두가 '성게'로 되어 있다. 기가 막힐 일이라고 하지 않을 수 없다. 우리나라 국어학자들은 '섬게'라고 여기는데 우리나라 동물학자들은 '성게'라고 여긴다면, 과연 어느 쪽이 옳단 말인가.

어느 쪽이 옳고 그르다고 말할 수 있는 기준은 또 어디에 있는 것일까. 내가 생각하기에는 명확한 기준도 없을 것 같다. '성게'라고 부르는 지방도 있겠고, '섬게'라고 부르는 지방도 있겠으며, 그 밖의 명칭을 쓰는 지방도 있겠거니 하는 생각이 들기 때문이다.

우리나라 표준말은 서울의 중류층이 사용하는 말을 기준으로 삼는다지만, 원래 서울의 중류층은 성게인지 섬게인지 하는 극피동물과는 인연이 없었다. 극히 유식했던 사람들이나 아마 '해담(海膽)'이라고 중국식으로 부르지 않았을까 한다.

이렇게 명칭에 혼선이 나올 정도로 성게는 과거에는 우리 겨레의 식생활에서 중요한 자리를 차지하는 것이 못 되었다. 우리 겨레가 언제부터 성게를 먹게 되었느냐 하는 것도 알 수가 없다. 다만 일찍이 평안남도 용반리의 패총을 조사한 바에서나 그 밖의 패총에서도 성게의 가시가 나왔다고 보고되고 있다. 그러나 우리 겨레가 성게를 즐겼다고 믿을 만한 기록은 없다.

예를 들면, 〈동국여지승람〉의 각 지방 토산 항에도 성게는 전혀 보이지 않는다. 다만, 흑산도에 유배된 정약전이 적은 〈자산어보〉에는 '율구합(栗毬蛤)'—즉 밤송이 조개가 이렇게 소개되어 있다.

"큰 놈은 지름이 서너 치 정도로 고슴도치처럼 생긴 털 가운데에 밤(栗)알 같은 껍질이 있다. 다섯 판(瓣)으로 원을 이루고, 움직일 때는 온몸의 털이 모두 꿈틀거린다. 조개 꼭대기에는 입이 있는데 사람 손가락이 들어갈 만한 정도이며, 몸속에는 알이 있는데 채 응결되지 않은 쇠기름(牛脂) 같고 노랗다… 껍질은 검으며 무르고 연하여 부서지기 쉽다. 맛은 좋다. 날로 먹기도 하고 혹은 국을 끓여 먹기도 한다."

이것에 이어 자산어보는 또 '승율구(僧栗毬)'라는 조개에 대해서도 설명하고 있는데, 기술 내용에 다소의 문제점은 있더라도 이것들이 모두 틀림없이 성게일 것으로 나에게는 생각된다.

하여간 '성게'냐, '섬게'냐? 서울 사람들에게는 인연이 없었기에 서울 중류층의 말이 없다고는 해도 이제는 후세를 위해 통일어(統一語)가 필요하겠다.

미식가의 수첩

지중해 연안에서도 즐기는
날성게

성게는 어떻게 먹는 것이 맛있을까. 날것이라면 나는 그냥 먹는 것이 가장 좋다. 초간장으로 먹거나 와사비 간장으로 먹는 것을 좋아하는 사람도 있어서 사람에 따른 식성 나름이기는 하겠지만, 성게가 지니고 있는, 어딘지 찝찔한 바다 내음이 물씬한 것이 바로 성게에 어울리는 양념이 아닐까, 하고 나는 생각한다. 날성게를 김으로 말아 밥 위에 얹은 초밥도 있지만 나에게는 괜스런 장난같이 느껴진다.

서양 사람들이 성게의 입을 '아리스토텔레스의 초롱'이라고 부르는 것이 무슨 까닭인지를 나는 모르나, 서양 사람들 가운데서도 지중해 연안 사람들은 곧잘 성게를 날로 먹는다. 나는 프랑스에서나 이탈리아에서나 레스토랑의 다른 손님들이 날성게를 먹는 것을 보았다. 껍질을 반쯤 따서 내놓은 것을 레몬을 짜서 뿌려 먹고 있었다. 일식집의 쓰기다시처럼 어디까지나 본 요리에 앞선 전채(前菜) 같은 기분이었다. 일본에서도 날성게를 잘 먹는다. 다만 중국에서 성게를 즐긴다는 이야기는 아직 듣지 못하고 있다.

뭐니 뭐니 해도 성게는 날것보다는 젓으로 널리 이용되고 있는 것 같다. 또 일식집의 쓰기다시 이야기가 되지만, 성게젓을 달걀 노른 자위로 개서 낙지를 아주 잘게 썬 것과 버무리고 깨를 뿌려 내놓는 집이 있다. 나는 이것을 좋아해서, 거리 관계로 자주 가는 집도 아니면서 어쩌다 들렀을 때 이것이 없게 되면 마치 단골인 듯이 이것을 청하는 염치없는 짓을 할 정도다. 어쩌다가 그 집을 찾는 목적의 대부분이 이것 때문이라고 하면 그 집에 대한 큰 실례일까. 그러나 이것을 청하면 싫은 얼굴을 조금도 하지 않고 선뜻 만들어 주니 정말 고맙고 찾아간 보람을 느낀다.

일본 사람들은 성게젓을 그냥 즐기기도 하지만 이런 식으로도 잘 이용하고 있는 것 같았다. 성게젓을 달걀 노른자위로 개어서 낙지 같은 것에 발라 구워내기도 한다. 맛이 괜찮다.

성게젓은 원래 성게 암놈의 알만을 가지고 담가 만드는 것이라지만, 이제는 그런 말을 하는 것이 쑥스러운 사람밖에는 안 되는 것 같다. 일식집에서 쓰기다시로 날성게를 먹는 것도 성게의 생식선(生殖腺)을 먹는 것이지, 반드시 암놈의 알을 먹는 것이라고 착각해서는 안 된다. 남녀동등(?)의 세상인 것이다.

다만 참고로 적는다면 역시 암놈의 알은 짙은 적황색이고, 수놈의 생식선은 아무래도 빛깔이 희미하다. 그래서 어떠랴. 아무튼 날성게는 좋다. 나는 흑산도에 가 보는 것이 소원이지만 자산어보가 말하는 성게국을 먹어 볼 생각은 없다

평준화되지 않은 어란(魚卵)의 세계

'어란(魚卵)' 하면 글자만으로는 물고기 알이라고 풀이되지만, 이 말이 뜻하는 것은 단순히 물고기 알인 것은 아니다. 〈국어대사전〉을 펴 보니 '어란'은 '소금을 쳐서 말린 생선의 알'이라고 설명되어 있다. 본뜻이 그렇기는 하겠지만, 뭔가 설명이 미흡한 듯한 갑갑한 느낌을 금할 수 없다.

전에는 소금을 쳐서 말린 생선의 알이면 덮어놓고 모두 어란이었던 것은 아니었던 것 같다. 그 생선이 대구면 '대구 어란'이었고, 민

어면 '민어 어란'이었다. 그냥 '어란'이라고 할 때는 어디까지나 숭어 알을 말린 것이었다. 그냥 '대원군' 하면, 대원군의 본뜻이 어떻거나 말거나 으레 고종의 아버지인 홍선대원군을 말하는 것처럼.

우리나라 연해는 어디서나 숭어가 잡히지만, 숭어알을 말린 것이라면 어디서 잡힌 숭어이든 모두 '어란'이었느냐 하면 자신이 없다. 나에게는 영암 출신 친구가 있는데 그의 강력한 주장에 의하면, 몽탄 숭어알을 말린 것만이 그냥 '어란'이었고, 예를 들어 아산만에서 잡힌 숭어알을 말린 것은 어디까지나 '아산 어란'이라고 불러야만 표현이 정확했다는 것이다. 과연 그랬는지, 친구의 향토애가 지나친 것인지, 또는 보편적인 것은 아니었지만 일부에서는 '어란'이라면 그것은 반드시 몽탄 숭어알을 말린 것을 뜻했던 것인지, 어느 쪽인지 나는 뭐라고 판정을 내릴 수 없다.

'어란'이라는 간단한 말 한마디가 이렇게 복잡하고 애매하다. 애매하지 않은 것은 그 맛이다. 특히 영산강 하류가 영암 쪽으로 갈라진 몽탄강이 바다로 흘러 들어가는 곳에서 잡히는, 이른바 몽탄 숭어알을 말린 어란을 우리나라에서는 최고품으로 친다. 기름기가 많아 끈적한 것이 대구나 민어나 삼치의 알을 말린 것과는 딴판이다.

몽탄 숭이 가운데서도 한층 난소가 발달되어 있기에 특별히 '알숭어'라고 불리는 무리의 알을 말린 것인데, 몽탄강 하구는 물밑에 감탕이 기름지고 그 감탕에서 번식하는 미생물은 종류도 양도 매우 풍부하다고 한다. 그것을 흠뻑 먹고 자란 알숭어의 알을 말린 어란은, 옛날에는 몽탄 숭어와 더불어 왕실에 바치는 진상품이었다. "그 어란은 먹으면 이 사이에 붙어 서서히 녹아떨어지는 특징이 있다."고 정문기 선생은 적으셨다.

일본에서는 '가라스미(唐墨)'라고 부르는데, 나가사끼(長崎)에서 나오는 것을 으뜸으로 친다. 일본말로 가라스미는 '당나라 먹'이라는 뜻이다. 소금을 쳐서 바싹 눌렀기에 납작해진 모양이 당나라에서 온 먹을 연상케 한 데서 생긴 이름이다. 그렇다면 당나라에서 먹이 들어오기 전에는 뭐라고 불렀을까. 당나라에서 먹이 들어왔던 것처럼, 숭어알로 어란을 만드는 기술도 중국에서 들어온 것은 아니었을까. 나가사끼라는 곳은 난소가 발달한 숭어가 근해에서 잡히는 곳이기도 하지만, 옛날부터 중국을 비롯한 외국과의 접촉이 활발했던 항구다.

중국에서는 어란을 '오어자(烏魚子)'라고 부른다. 대만의 대북에는 오어자를 전문으로 팔고 있는 가게가 있다. 겨울이 되면 북풍에 쫓기듯이 숭어 떼가 산란을 위해 대만 해협으로 내려오는 것이다. 대북의 송산 공항에서도 팔고 있다. 일본인 관광객이 곧잘 사 간다고 한다. 우리나라 '어란'도 일본 '가라스미'도 대만 '오어자'도 눌러서 납작하게 만든 것은 마찬가지인데, 마카오의 오어자는 그렇지 않다. 누르지를 않고 소금을 뿌려 그대로 말린 것이다. 보기에 흉하지만 중국에서는 마카오 오어자를 으뜸으로 치고, 값도 대만 것의 곱은 된다고 한다.

파리의 식료품점에서 밀랍으로 봉해 놓은 물건이 있었기에 궁금해서 알아보았더니 어란이었다. 이집트에서 나온 것이라니까 지중해 숭어알을 말린 것이다. 눌러서 만든 것인지 그렇지 않은지는 밀랍으로 봉해져 있었기에 볼 수 없었고, 그저 신기하게 느끼기만 했다.

마카오 어란이나 이집트 어란은 어떤 맛인지 모르겠다. 일본에서는 얇게 썬 것을 작은 접시에 서너 점만 내놓기에 뭐라고 평할 수가 없다. 맛을 보려고 하고 있으면 벌써 접시는 비어 있는 것이다. 대만 어란은 괜찮지만, 역시 내 입에는 영암 어란보다 못한 것 같았다. 그런 말을 했더니, 중국인 친구가 이의를 제기했다. 먹는 방법을 모르니까 그런 말을 한다는 것이었다.

숯불을 활짝 피워 놓는다. 불이 싸야만 한다. 석쇠를 올린다. 어란의 껍질을 말끔히 벗겨 석쇠 위에 놓는다. 어란은 진한 기름기 때문에 소리 내어 탄다. 양쪽을 굽는다. 겉은 깨끗이 타서 냄새가 향기로우면서 속은 그저 뜨거울 정도로 되어 있으면 그만이다. 이것을 얇게 썰고, 역시 얇게 썰어 놓는 날마늘을 곁들여 먹는다. 이렇게 먹는 것이 어란을 가장 맛있게 먹는 방법이며, 술안주로 '하오하오(好好)'라고.

글쎄다. 대만 어란이 우리나라 것보다는 못한 것 같더라는 말을 고집하지 않으면 그만인 것이지, 그런 야단법석을 하는 데는 나는 흥미가 없다. 그런 수선을 떨지 않더라도 대만 어란은 괜찮다. 도대체 그런 야단법석을 떨려 해도 지금 대만 어란을 어디서 구할 수가 있겠으며, 영암 어란은 값이 얼마인지 알고나 있는지?

지금 영암 어란은 웬만한 것이면 한 짝에 5천 원 이하짜리는 없을 것이다. 그렇게 되고 보면 영암 어란은 대중과는 거리가 멀고, 대중에게는 대구니 민어나 삼치나—하여간 생선알에 소금을 쳐서 말린 것이 어란이다. 평준화가 유행인 사회에서 어란의 세계에서만은 평준화가 되지 않아 이제 '어란'이라는 말은 본뜻을 되찾게 된 셈이라고 볼 수도 있는 것일까.

전복 먹는 방법은 한국이 가장 다양

전복이 맛있는 철이 되었다. 가을에서 초겨울에 걸쳐 산
란하는 전복은 그때가 가장 살도 빠지고 무게도 가볍고 맛도 없으
며, 바위에 붙어 있는 힘도 약해서 바위에서 떼기가 수월하다고 한
다. 산란기를 앞두고 봄에서 여름에 걸쳐 전복은 가장 식욕이 왕성
하고 살쪄 있다. 식욕이 왕성하다고 썼지만 동물성은 먹지 않고 꼭
식물성인 해초만을 먹는다. 전복의 그 우아(優雅)한 맛은 전복의 식
성에서 나오는 것이라고 볼 수 있겠다.

이제 제주(濟州)시의 부둣가는 관광객이 한번은 들러 봐야 할 명
소처럼 되었다. 전복만이 아니라 소라도 있고 성게도 있고 생선도
있지만, 역시 가장 인기가 높은 것이 전복 회인 것 같다. 그리고 제
주도의 전복은 육지—제주도에서는 바다 넘어 있는 한반도를 '육지'
라고 부른다.—어느 바닷가의 전복보다도 크게 자란다.

즐비하게 늘어선 가게들 가운데서 어느 집을 골라야 하는 것인지,
가볍고도 즐거운 고민이다. 이렇다 할 중대한 이유도 없이 어떤 집
을 골라서 푸른 바다를 앞에 두고 전복회를 안주로 소주잔을 기울이
고 있으면, '제력하유어아재(帝力何有於我哉)'라고 요(堯)나라 백성들
이 노래했다는 싯귀(詩句)가 생각난다. '임금의 권력이 나에게 무슨
상관이 있느냐'라는 뜻이다.

우리나라와 중국과 일본—이렇게 세 나라가 세계에서 가장 전복
을 즐기고 많이 먹는 나라다. 그러나 세 민족이 전복을 먹는 방법은
같지가 않다. 한국과 일본에서는 전복을 회로 먹지만 중국에서는 전
복을 날로 먹지는 않는다. 중국에서는 전복을 꼭 말린 것을 불려서
요리하고 한국에서도 그렇게 하는 경우가 적지 않지만, 일본에서는

전복을 말렸다가 쓰는 요리법이 없다. 한국과 일본에서는 전복으로 젓갈을 담그기도 하는데, 말린 전복만을 식용으로 삼는 중국에는 전복젓은 없다.

그렇고 보면 한국이 제일인가. 회로 먹기도 하고 말렸다가 불려서 먹기도 하고 젓갈을 담가서 먹기도 하고, 전복과 무슨 원수를 진 것은 아니겠지만 이렇게 해서도 먹고 저렇게 해서도 먹고 전복을 먹는 방법이 세계에서 가장 다양한 나라인 셈이다.

심지어는 전복을 가루로 만들어 먹는 요리도 한국에는 있다. 물론 건복(乾鰒)으로 불리는 말린 전복으로 가루를 만드는 것이며, 생복(生鰒)인 날것으로는 가루를 만들 재간이 없다. 가루를 헝겊으로 싸서 축축하게 하고는 다식판에 박아 만든 마른반찬으로 전복다식(全鰒茶食)이라는 것이 있는 것이다. 다만 나는 먹어 본 일도 없을 뿐만 아니라 구경조차 하지 못했다. 아마도 궁중 요리에서 나온 반찬이 아닐까 하는 생각이 든다.

음식의 재료 가운데는 말리면 맛이 별미로 변하는 것들이 꽤 있다. 표고버섯이 그렇고 해산물에서는 오징어나 해삼이나 전복이 그렇다. 이것을 잘 알고 잘 다루는 것이 중국 사람이다. 한국이나 일본에서 선복을 회로 먹는 것을 중국 사람은 매우 아깝게 여길는지도 모른다. 서둘러 먹지 말고 좀 참고는 말리면 그야말로 별미가 될 터인데—하고 말이다.

그런 중국 사람은 한국에서는 전복 내장도 즐겨 먹는다는 이야기를 듣고는 두 눈을 휘둥그레한다. 여성 가운데는 전복회는 먹어도 내장은 징그러워 못 먹겠다는 분이 많지만, 남성 가운데는 전복 살보다는 내장이 더 좋다는 이가 상당히 많다. 맛이 좋다는 것인지, 정력제로 좋다는 것인지는 알쏭달쏭하지만.

일본에서는 전복 내장을 안 먹는 것은 아니지만 한국 남성처럼 그렇게 즐기는 것은 아닌 것 같다. 그 대신, 전복 내장을 젓갈로 담근 것을 술꾼들은 안주로 환영한다. 전복 내장에 소금만 뿌리고 그릇에 담아 두면 되는 젓갈이다. 전복 내장을 구하기가 힘들면 생선 가게 아저씨에게 그릇을 맡기고는 부탁하면 된다. 값은 그릇의 크기에 달렸지만 과히 비싸게는 요구하지 않을 것이다.

미국 서해안의 몬트레이(Monterey)라는 곳에 갔을 때 나는 생선 가게에서 엄청나게 큰 전복을 보았다. 납작하기는 하지만 럭비공만 한 크기였다. 그렇게 크고 보면 식욕도 나지 않지만, 사실 전복은 덮어 놓고 크다고 해서 맛있는 것은 아니다. 이렇게 큰 전복을 미국 사람들은 어떻게 먹는 것인지 궁금했는데 생선 요리 전문인 식당에 가보니까 메뉴에 '애벌로우니 스테이크(Avalone Steak)'라는 것이 보였다. 소금과 후추를 뿌려 버터로 지져 먹는 것으로 짐작되었다. 작은 전복을 그렇게 요리한 것을 맛있게 먹었던 일은 있었지만, 생선 가게에서 보았던 큰 전복의 생각이 나서 '애벌로우니 스테이크'를 시키지 않았는데 지금은 좀 후회가 난다.

일본 요리에는 전복을 간장으로 조린 것이 있고, 소금과 술을 뿌려 찐 것도 있다. 그러나 전복 요리의 가짓수가 그렇게 많지는 않은 것 같다. 우리나라도 원래는 전복 요리의 가짓수가 많았지만 지금은 그렇지도 않은 것 같다. 워낙 세상이 바쁘고 보니 잔손이 많이 가는 요리 방법은 현대인이 외면하게 마련인 모양이다. 말린 전복을 불려서 쓰는 중국에서는 아직도 전복 요리는 헤아릴 수 없이 가짓수가 많다.

전복 요리라고 '요리' 자를 붙일 것까지는 없는 것이지만 전복죽이 꽤 인기가 높다. 제주도의 전복죽도 유명하고 여수(麗水), 오동도

(梧桐島)의 전복죽도 유명하지만, 이제는 서울에서도 여기저기서 전복죽을 먹을 수 있다.

홍콩에서 맛본 중국식 전복죽

죽—하면 역시 중국이다. 한국이나 일본이나 다 같이 죽을 안 먹는 것은 아니지만 중국처럼 죽이 일상생활에서 무거운 비중을 차지하지는 않는다. 특히 일본에서는 죽은 병자나 먹는 것이다.

일본에는 전복죽도 없다. 일본에서는 죽이라면 우리가 말하는 흰죽뿐이다. 일부 지방에서는 다만 '다(茶)죽'이라고 해서 일본 차를 넣어 끓이는, 우리나라에도 중국에도 없는 독특한 죽이 있으며 그것을 아침에 상식하는 습관이 있다는 예외가 있기는 하지만.

중국에는 죽의 가짓수도 많다. 죽을 전문으로 하는 식당이 있을 정도다. 아침에는 밥이 아니라 죽을 먹는 것이 보통이라고 말하면 과언일까. 대중식당에 들어가면 메뉴에서 몇 가지의 죽을 볼 수 있는 경우가 있다. 으레 전복죽이 끼어 있는 것을 보면 중국 사람들에게도 전복죽은 인기가 높은 것으로 생각된다.

홍콩의 구룡(九龍)쪽에 미라마 호텔이라는 고급 호텔이 있다. 이 호텔에는 아케이드가 딸려 있는데 그곳에 지금 이름은 잊었지만 깨끗한 식당이 있고 전복죽도 판다. 몇 시에 문을 여는 것인지, 새벽한 시나 두 시에 가도 문이 열려 있다. 나이트클럽에서 일하는 연예인들이나 나이트클럽 손님들 때문에 그런 시간에도 제법 붐비는 식당이다. 굳이 흠을 잡는다면 전복죽을 먹기에는 지나치게 서양적이고 현대적이라고 할까. 전복죽을 먹기 위해서 내가 애용하던 집은 바로 미라마 호텔 앞 골목이기는 하지만 훨씬 서민적이고 중국적인 싸구려 식당이었다.

왜 미라마 호텔 아케이드의 식당 이야기를 끄집어냈느냐 하면 나는 그 집에서 죽의 중국어 발음도 '죽'이라는 것을 처음으로 알게 되었기 때문이다. 어떤 어른을 모시고 여행하고 있었을 때인데 어른을 호텔 침실로 모시고 나서 그날의 일과(?)가 끝난 것이 밤 11시쯤이 었을까. 어떤 클럽에 한국인 쇼가 와 있다고 해서 나와 U형은 애국심(?)을 발휘하여 클럽에 갔다. 한국인 가수가 부르는 노래를 들으면서 술을 마시다가 클럽에서 나온 것이 새벽 1시는 되지 않았을까. 좀 시장하니 전복죽을 먹자고 해서 U형이 나를 안내한 곳이 미라마 호텔 아케이드의 식당이었다.

'애벌로우니 죽' 하고 U형이 주문하고 웨이터가 고개는 끄떡거리는데 나는 놀랐다. 하기야 죽의 한자인 '粥'을 우리는 '죽'이라고 발음하지만 광동어(廣東語)도 '죽'이라고 발음하는지는 몰랐다. 북경 관화(官話)로는 어떻게 발음하는지 알아보았더니 역시 '죽'이었다.

발음은 그렇다 치고 중국식 전복죽의 맛을 말한다면 우리나라 전복죽과 크게 다를 것이 없었다. 다만 전복은 어디까지나 말린 것을 불려서 썰어 넣은 것이기에 매우 부드럽다. 전복죽에 넣는 전복은 날것을 썰어 넣어서는 안 된다는 것을 잘 알 수가 있었다. 날것을 썰어 넣으면 암만해도 딱딱해서 죽과 어울리지 않는다는 것을 적어 두련다.

미식가의 수첩

삼(蔘) 대접을 하는 해삼(海蔘),
약효는?

　　　　〈동국여지승람〉에 적혀 있는 우리나라 토산물에 해삼이 보인다. 성종의 명으로 엮어졌고, 중종 때 증보되어 나온 책이다. 그보다 앞서 단종 때 엮어진 '세종실록'의 지리지(地理志)에도 해삼이 보인다. 〈동국여지승람〉이나 〈세종실록〉 지리지나 해삼의 고장으로 경상도를 꼽고 있다.

　우리 겨레가 언제부터 해삼을 먹었는지는 알 수가 없지만, 처음 해삼을 먹은 사람은 매우 용기 있는 사람이었는지 모른다. 그렇게 징그럽게 생긴 해삼을 먹어 볼 마음을 먹었으니 말이다. 아니면 매우 배가 고픈 사람이었을까.

　옛날에는 해삼을 어떻게 먹었을까 하는 것도 궁금하다. 〈동국여지승람〉 또는 〈세종실록〉이 엮어졌을 때는 아직 우리나라에 고추가 들어오지 않고 있었다. 그 당시는 지금처럼 초고추장에 찍어 먹지는 못했다. 적당한 양념으로 날로 먹기도 했겠지만, 말린 것을 불려서 요리해 먹기도 했을 것이다.

　세계에서 해삼을 먹는 민족의 수는 결코 많지가 않은 것 같다. 우리나라와 중국과 일본에서는 많이 먹는데 그 밖의 나라에서는 별로 해삼을 먹는 것 같지가 않다. 중국에서도 날로는 잘 안 먹고 딱딱하게 말린 것을 부드럽게 불려서 요리해 먹는다. 한편, 일본에서는 날로는 잘 먹지만 말린 것을 불려서 먹는 식습관은 별로 없다. 날로도 잘 먹고 말린 것을 불려서 먹기도 하는 것은 우리나라뿐이다.

　내가 해삼 요리를 가장 맛있게 먹은 것은 구룡의 상해 요리집에서였다. 마오타이주(茅台酒)의 안주로 시켰던 해삼 요리가 좋았다. 해삼은 덜 불려도 먹기 거북하지만 너무 불려도 흐물흐물해서 씹는 맛이 없다. 적당히 불린다는 것이 기술인데 그 집의 것은 알맞게 불린 새까만 해삼이 가시도 크고 또렷또렷 했다.

베트남 전쟁이 한창이었을 때여서 내 옆의 테이블은 미 해군 수병들이 차지하고 있었다. 홍콩에 항공모함 엔터프라이즈호를 비롯한 미 해군 군함들이 들어와 있었다. 그런 군함에서 내린 수병들이었다. 그중 하나가 내가 먹고 있는 해삼을 보고는 뭐냐고 묻는다. 실례라면 실례지만 원래 미국 수병이란 그런 사람들이다.

영어로 해삼을 '바다 오이'니 '바다 활유(蛞蝓)'니 한다. 설명을 해주었지만 납득이 갔는지 어쩐지는 모르겠다. 이 친구가 이번에는 마오타이주를 가리키며 뭐냐고 묻는다. 술이라고 대답하면서 설명이 귀찮아서 한 잔 마셔 보라고 권했다. 마오타이주를 한 잔 꿀꺽 마시더니 그는 꽥! 하고 괴상한 소리를 질러댔다. 호기심은 많으나 술에는 약한 친구였나 보다. 나는 웃음을 참으면서 해삼을 즐겼다.

영어로 해삼을 '바다 오이'라고 한다고 썼는데 내가 보기에는 별로 오이와 비슷하지가 않다. 말리면 가시도 돋아나고 해서 오이를 닮게 되지만. 일본에서는 '해서(海鼠)'라고 쓴다. 내가 보기에는 별로 쥐를 닮지도 않았다. 다만 밤에 움직인다는 성질은 쥐와 비슷하다. 우리나라나 중국에서는 해'삼'이라고 '삼(蔘)'대접을 해주는데, 과연 그만한 약효가 있는지도 잘 알 수가 없다.

일본식으로도 해삼을 맛있게 먹는 방법이 있다. 해삼을 잘게 썰어 놓고 무를 갈아서 버무리고는 다음 식초를 타면 맛이 괜찮다. 해삼의 창자를 뽑아서 젓갈로 담근 것도 맛있다.

해삼은 물이 따뜻해지면 하면(夏眠)을 한다. 물이 차가와지고 섭씨 16도 이하가 되면 비로소 진흙에서 기어 나와 움직인다고 한다.

따라서 날씨가 추워지면 해삼 장수가 국민학교 근처에 나타나는데, 아이들에게 해삼은 인기가 높은 모양이다.

그러나 국민학교 근처에서 해삼 장수를 볼 때마다 위생 관리는 잘 되어 있는 것일까 하고 나는 고개를 기울이게 된다. 뭔가 불안한 것만 같다.

새우젓과
식해

가장 맛있고 살찐 육젓,
새우젓의 으뜸

　　　　새우는 학문적으로는 장미류(長尾類)에 속하는데 종류가
많다. 한대에서 열대에 걸쳐 널리 분포하고 있기에 현재 알려져 있
는 종류만 해도 약 2천4백 종이나 된다고 한다. 우리나라에서는 몇
종류나 있는지 숫자를 모르지만 바다에도 민물에도 많은 종류가 살
고 있는 것을 우리는 잘 알고 있다.

　수산물의 분류학(分類學)이 발달되지 않고 있었던 옛날의 문헌을
보더라도 여러 종류의 새우가 기록되어 있다. 단종(端宗) 2년(1454
년)에 편찬된 〈세종실록〉의 〈지리지〉에는 하(蝦)·대하(大蝦)·중하(中
蝦)·백하(白蝦)·자하(紫蝦)·홍대하(紅大蝦) 등이 보이고 가공품으로는
자하해(紫蝦醢)—보라새우 젓갈이 적혀 있다. 성종(成宗) 12년(1481
년)에 편찬됐다가 동왕 17년에 손질하여 〈동국여지승람(東國興地勝
覽)〉이라고 발간한 것에는 이상과 같은 새우 종류에 보태어 세하(細
蝦)가 보인다. 크기와 빛깔에 따라 새우를 분류했다는 것을 알 수가

있다.

옛날부터 많은 종류가 알려져 있었고 보면 옛날부터 많은 새우 요리가 우리나라에서 발달되어 왔다. 새우전(煎)·새우구이·새우지짐·새우볶음·새우무침·새우찌개·새우탕(湯) 등등 헤아리기 힘들다. 살아 있는 싱싱한 새우를 구할 수 있는 바닷가에서는 껍질만 벗기고 아직도 꿈틀거리는 놈을 그대로 회로 먹는 것을 별미로 친다. 말려서 저장하기도 하고 젓갈로 가공하여 저장하기도 한다.

많은 젓갈 가운데서도 특히 새우젓은 대중에게 애용된 젓갈이었다. 그대로 밥반찬으로 먹기도 하고 여기에 양념을 해서 먹기도 하고, 돼지고기를 찍어 먹는 양념으로 쓰기도 하고, 새우젓찌개를 끓여 먹기도 하고, 김치 담그는 양념으로도 쓰고—그 이용 범위는 매우 넓다.

새우젓의 종류도 많다. 초봄에는 세하젓이 나오고 초여름이면 오젓, 한창 더울 때는 육젓, 가을이면 추젓, 겨울에는 동백하(凍白蝦)젓이 나온다. 음력 6월에 잡아서 담근 것이 육젓인데, 새우젓은 육젓을 으뜸으로 꼽는 것이, 역시 새우젓 가운데서 육젓이 가장 살이 찌고 맛이 낫다.

아들도 안 주는 새우알젓

젓갈 이야기가 나왔기에 생각나는 것에 새우알젓이 있다. 대하나 중하의 알을 뽑아 젓갈을 담그는 것인데 나는 아직 본 적도 없다. 대하니 중하니 하지만 새우는 새우인데 한 마리에서 알이 나온다면 얼마나 나오겠는가. 조금이라도 젓갈을 담그려면 몇십 마리의 새우에서 알을 뽑아야 한다. 여간한 부자가 아니고서는 엄두를 내지 못할 젓갈인 것이다.

부자로 소문난 집안에 태어난 어떤 친구는 자기가 어렸을 때 아버지가 잡수시는 새우알젓을 보았다고 한다. 작은 단지에 들어 있는 새우알젓은 새까맣고 끈적끈적한 것이었다고 한다. 아버지는 무척 그것을 아껴서 젓가락으로 몇 번 찍어서 핥는 것이 고작이었고 아들에게 주는 일도 없었다고 한다. 따라서 내 친구도 새우알젓은 보기는 보았지만 어떤 맛인지는 모르고 있다.

하기야 중국 요리에서도 새우알을 말린 것을 재료로 쓴다. 하자면(蝦子麵)이라면 까만 깨알 같은 새우알이 들어 있는 국수고, 하자두부(蝦子豆腐)라면 새우알이 들어 있는 두부 요리다. 엄격히 따지면 새우알이 아니라 특별한 종류의 게의 알이라고 한다. 정식으로는 예운자(禮雲子)라고 부른다지만, 요리하기 전의 것을 보면 무슨 야채의 씨앗 같고 까만 빛깔에 불그스름한 기운이 돌고 있다. 하미(蝦米)라고 하는 것이 진짜 새우알을 말린 것이라지만 이쯤 되면 좀 복잡해져서 알쏭달쏭하다.

언젠가 망고라는 남양 과일을 소개했던 일이 있다. 달고 맛있는 과일이다. 그런데 망고에 새우젓을 얹어서 먹는 광경을 마닐라에서 나는 보았다. 망고와 새우젓? 암만 생각해도 어울릴 것 같지가 않았다. 필리핀 친구에게 물어봤더니 그렇게 망고를 먹는 방법도 있다고 한다. 옛날부터 내려온 방법이라고 한다. 새우젓의 짠맛이 망고의 단맛을 한층 선명(鮮明)하게 끌어내는 까닭에 독특한 맛이 되어 나쁘지는 않지만, 어디까지나 개인의 식성 나름이며 누구나 그렇게 먹는 것은 아니라고 한다. 물론 나도 그렇게 먹지는 않았다. 그렇게 먹을 필요가 없게 망고는 나에게 맛있는 과일이었다.

미식가의 수첩

그러나저러나 새우젓이 우리 생활 주변에서 멀어지고 있는 것 같다. 새우젓 독이 즐비했고 새우젓 냄새로 코가 삐뚤어질 것 같았던 마포(麻浦)는 지금 온데간데없다. 휴전협정으로 한강 하류가 군사분계선(軍事分界線)에 걸려 조깃배도 새우젓배도 올라 올 수가 없게 되었다. 지금은 인천의 연안부두(沿岸埠頭) 수산시장에나 가야만 비슷한 것을 맡을 수 있는, 지난날의 마포의 그 지독한 냄새가 그립게(?) 회상될 때가 있다.

새우젓이 멸치젓에 눌리고 있는 것 같다. 전에는 서울에서 젓갈이라면 새우젓이 가장 보편적인 것이었고 소라젓·황새기젓·꼴뚜기젓·조기젓·어리굴젓·명란젓·창란젓·조개젓 등등도 애용되었지만 멸치젓은 잘 알려져 있지 않았다.

그러나 지금은 멸치젓이 새우젓을 압도하고 있다. 6·25 때의 피난살이에서 서울 사람들이 멸치젓에 맛을 들인 것도 이유의 하나이겠고, 인구유동(人口流動)도 또 하나의 이유겠으나, 나는 수송의 개선과 가격 문제도 무시할 수 없는 것으로 보고 있다. 수송이 개선되어 이제는 서울에서 멸치젓을 담글 수 있다. 선도(鮮度)가 괜찮은 날 멸치가 서울까지 온다.

거기에 새우젓은 꽤 비싼 모양이다. 전에도 내놓고 새우젓찌개를 하는 식당은 없었지만 입맛이 없어서 부탁을 하면 마다 않고 그것을 해주는 집들이 있었다. 지금은 찌개가 전문이라는 식당에도 새우젓찌개가 메뉴에 없는 것은 물론이지만 부탁을 해도 아무 소용이 없다.

심지어는 돼지고기를 내놓으면서 새우젓이 따라오지 않는 식당이 있다. 그저 초간장뿐인 것이다. 새우젓이 꽤 비싸다는 것을 쉽게 알 수가 있다. 돼지가 새우젓을 먹으면 죽는다는 속설(俗說)을 아직은 나는 믿지 않는다. 한 숟갈만 먹어도 죽는다는 말인지? 나는 그것을 실험해 본 일이 없고 그것을 직접 실험했다는 사람을 만난 일도 없기에 아직은 믿을 수 없다.

대하(大蝦), 탐스럽게 크지만 감칠맛이 없어

마닐라에서 새우젓을 보았다고 썼지만 필리핀뿐만이 아니다. 새우젓은 일본에도 있고 중국에도 있고 동남아에서도 흔하다. 일일이 새우젓을 먹으면서 맛을 비교해 보지는 않았기에 맛에 관해서 말할 자격이 나에겐 없다.

역시 새우젓보다는 새우를 먹는 기회가 많았기에 말이지만, 새우는 남양 것이 살도 쪘고 맛이 좋은 것 같았다.

중국식 새우 요리에 맛있는 것이 많다. 홍콩의 해상(海上) 레스토랑에 대해 소개한 바가 있지만 태백(太白)이라는 식당에서는 산 새우가 나온다. 산 새우가 요리일 수는 없지만 굳이 요리라면 단민(蛋民) 요리이겠고 이름은 창하(滄蝦)라고 했던 것 같다. 새우를 그저 찌기만 한 것을 생강을 다져 넣은 초간장으로 먹는 것도 있다. 백작선해하(白灼鮮海蝦)라는 광동(廣) 요리다.

요리다운 요리로서는 청사하인(淸沙蝦仁). 새우와 파란 콩을 함께 요리한 상해(上海) 요리인데 새우가 부드러우면서도 아삭아삭한, 담백하고 맛있는 새우 요리다. 그것을 담백하다고 쓴 이유는 그것에 대조되는 만즙하인(蕃汁蝦仁)이 있기 때문이다. 이것은 사천(四川) 요리인데 반대로 맛이 농밀한 새우 요리다. 새우를 살짝 튀긴 것에 토마토로 만든 소스를 얹어 익힌 것이다. 우리나라에서는 우리 입에 맞게 소스를 매콤하게 해주는 경우가 많은데 나쁘지 않다. 칠리소스를 섞는 것인가.

새우젓이 있으니까 필리핀에는 새우가 있다. 큼직큼직한 탐스러운 새우가 비싸지 않다. 그러나 새우가 큰 것을 구해서 먹고 보니 알 수 있었지만, 결코 새우는 크다고 해서 맛이 있는 것은 아니다. 크기만 하고 감칠맛이 없는 것이다. 젊은 일본인 청년이 마닐라에 와 있었고 나와는 사무실이 같았기에 아파트에 와서 곧잘 요리를 했다. 그는 일본 교토(京都)에서 오래된 여관의 아들이었기에 일본 요리에 조예가 깊었다. 나는 일본식 새우 요리로는 튀김을 으뜸으로 치기에 그에게 필리핀의 큰 새우로 튀김을 하라고 했더니 그렇게 큰 새우로는 튀김이 안 된다는 것이었다. 겉은 타고 속은 익지 않은 엉터리 튀김밖에는 되지 않으리라는 것이었다.

그는 '오니가라야끼'라는 것을 요리해 주었다. 새우의 껍질을 벗기지 않은 채로 등에는 모로 칼질을 해서 새우를 좌우(左右)로 널따랗게 펼쳐 놓고 바비큐용(用) 꼬치로 꿰어 가스 불로 굽는 것이다. 새우를 그렇게 펴 놓아야만 속까지 불기운이 잘 들어가서 익는 것이나. 바비큐용 꼬치를 쓰는 것은 달리 적당한 꼬치가 없기 때문에 하는 궁여지책(窮餘之策)이었고, 꼬치로 꿰는 것은 그렇지 않으면 새우 몸이 꾸부러져서 보기에도 나쁘지만 다루기도 어렵기 때문이다.

숯이 없으니까 가스 불로 굽는 것도 궁여지책이었지만, 석쇠가 없는 데는 어떤 궁여지책도 있을 수 없었다. 일본 술에 일본간장을 섞은 양념을 발라 직접 가스 불로 구우니까 나의 좁은 아파트 방은 연기 때문에 말이 아니었다. 창문을 열면 에어컨의 효험(效驗)이 없어져서 더워 못 견디겠고, 창문을 닫으면 연기와 냄새 때문에 신경질을 낼 수밖에 없었다. 왜 껍질을 말끔하게 벗기지 않느냐고 했더니, 껍질이 붙어 있어야만 새우 맛도 붙어 있다는 대답이었다. 그러나 막상 먹어 보니 별로 새우 맛이 붙어 있지도 않은 것 같았던 것은 원래 대단한 맛이 붙어 있는 새우가 아니었기 때문일까.

그런대로 나는 일본인 청년에 배운 바가 있었기에 큰 새우의 등에 칼질을 해서 펴 놓고는 찜통으로 쪘다. 찐 새우의 껍질을 벗기고 냉장고에 넣어 식힌다. 차갑게 식힌 새우를 레몬 즙을 뿌려서 먹는다. 술은 차갑게 식힌 흰 포도주다. 일본인 청년은 좋은 아이디어라고 손뼉을 쳤지만 그의 훌륭한 튀김 솜씨로도 끝내 필리핀의 큰 새우를 요리해내지는 못했다.

필리핀에 바기오라는 피서지(避暑地)가 있다. 높은 산악지대이기에 시원하다. 소나무가 많아서 우리나라 생각이 난다. 내가 바기오에 갔을 때였다. 언제나 호주머니 사정 때문에 나의 행동은 제약되어 있었다. 맥주 정도라면 술집에서도 마셨지만 위스키나 안주는 식료품점에서 사고 호텔 방에서 마시고 먹어야 했다.

그런데 바기오의 식료품점에 새우 말린 것이 있었다. 위스키 안주로 좋겠다고 집어 봤더니 이것이 웬일인가. Made in Korea—반갑기도 했다. 우리나라 물건이 이렇게 필리핀 산골에까지 수출되어 와 있지 않은가.

그러나 반갑기만 한 것은 아니었다. 새우가 풍부한 필리핀이 왜 이런 것까지를 수입하는지 필리핀을 위해서 한심스러웠다. 우리는 잘 살아야 하지만 필리핀 사람들도 잘 살아야 하는 것이 아니겠는지?

미식가의 수첩

망향의 미상(味賞), 식해(食醢)

어느 백화점의 식료품 부에 들러 보았더니 여러 가지 젓갈들 가운데 식해가 있었다. 무슨 식해냐고 물어 보니, 가자미라고 대답하면서 맛을 좀 보라고 권한다. 그러나 백화점 식료품 부에서 가자미식해의 맛을 볼 심장은 나에게 없었다. 조금만 샀다.

'식해'라고 하지만 이것은 '함경도식 식해'라고 불러야만 혼선이 일어나지 않을 것 같다. 서울에서 말하는 '식혜'와는 전연 딴판인 젓갈의 일종이기 때문이다. 서울에서 말하는 식혜는 찹쌀밥이나 멥쌀밥을 엿기름으로 당화(糖化)시킨 음료다. 경상도에서는 만드는 방법이 서울과는 좀 다른 점이 있는지, 당화 단계를 넘어 발효 단계로 들어가려는 듯한, 술기운이 느껴지는 음료가 된다. 부르는 것도 식혜가 아니라 '감주(甘酒)' 또는 '단술'이다. 알코올분이 좀 있다고 해도 극히 미량일 터인데도 감주를 마시고 취해 얼굴이 붉어지는 아낙네가 더러는 있다고 한다.

함경도식 식해—(경상도에서도 그런 식해를 만들지 않는 것은 아니지만 이 식해는 역시 함경도를 본고장으로 치지 않을 수 없다)—는 가자미나 명태나 도루묵 같은 생선을 재료로 하는 젓갈이다. 그런 생선을 먹기 좋게 썰어서 좁쌀밥과 무채를 섞고 고춧가루와 소금으로 버무려, 며칠 동안 익힌 것이다. 젓갈처럼 짜지는 않다. 짜다기보다는 혀끝이 시원할 정도로 맵다. 밥반찬도 되지만 술안주로도 좋다. 별로 비쌀 것도 없는 서민적인 음식이다.

함경도식 식해 이야기를 듣고 시장에서 식해를 사다 먹은 친구들로부터 나는 신랄한 공격을 받고 두 손을 들었던 일이 있다. 그따위가 뭐가 대단해서 칭찬을 했느냐 하는 것이 공격의 내용이었다. 그러나 시장에서 사다 먹은 식해를 놓고 식해를 대수롭지 않게 여긴다면 정말 식해가 억울하다. 아무런 성의도 없이 마구 만들어 시장에 내놓은 식해가 신사들의 구미를 만족시킬 수 없는 것이 당연하다. 시장에서 김치를 사다 먹고 한국 김치란 별것이 아니라고 상을 찌푸리는 외국인이 있다면, 그대들은 펄펄 뛸 것이 아니겠는가.

함경도식 순대를 얌전하게 하는 식당의 식해는 거의 틀림이 없다. 내가 식해에 맛을 들이게 된 것도 그런 식당에서였다. 집에서 만들 줄을 모르니까 주인에게 졸라서 얼마를 얻어다가 집에 싸 가지고 가기도 했다. 식해를 싸 준 순대집 주인이 함경도와 서울과는 생선이 달라서 제대로 된 식해를 드리지 못하는 것이 미안하다고 사과 비슷한 말을 했는데 나는 당황해서 어찌할 바를 몰랐다. 명태도 여기 명태와 거기 명태가 어디 같습니까, 하는 말투가 나에게는 망향의 한숨처럼 들렸다.

작년에 세상을 떠나 이제는 안 계신 고 오종식(吳宗植) 선생께서 술자리에서 예의 열변을 토하시면서, 일본에 있는 웬만한 것들은 모두 한국에서 건너간 것들이라고 주장하신 일이 있었다. 또 시작하셨구나, 하고 모든 후배들이 빙글빙글하면서 술잔을 기울이고 있을 때, 내가 귀가 솔깃한 순간이 있었다.

"일본의 '스시' 말이야. 자네들도 잘 먹는 스시 있지 않나? 그것도 우리나라 식해가 건너간 것이지 뭐야?" 하고 석천(昔泉)께서는 잠시 술잔을 들기 위해 말을 멈추셨던 것이다.

스시. 지금 우리나라에서는 초밥으로 통해 있다. 석천이 말씀하신 식해가 어떤 것인지를 몰랐던 사람은 석천의 뜻을 처음부터 전연 이해할 수 없었을 것이다. 석천이 말씀하시는 식해가 무엇인지 알았던 사람이라도 석천이 말씀하신 스시를—우리가 지금 흔히 '생선초밥'이라고 부르는 것으로 알았더라면 얼핏 석천의 주장을 수긍하지 못했겠고, 그저 빙글빙글하면서 술잔이나 기울이고 귀로는 석천의 열변을 흘려 넘겼을 것이다. 그러나 석천의 열변은 어떤 문제점을 날카롭게 제기하고 있었던 것이다.

석천이 말씀하시는 '스시'는 우리가 말하는 생선초밥—소위 '에도마에(江戸前, 도쿄 식이라는 뜻)'가 아니다. 일본 간사이(關西) 지방의 '스시'를 말씀하시고 있었던 것이다. 하기야 '에도마에'도 간사이 지방의 스시에서 파생된 것이기는 하지만, 주로 싱싱한 해산물로 초밥을 쥐어 만드는 '에도마에'의 역사는 짧다. 기껏해야 2백 년 정도밖에 되지 않는다.

그러나 일본 간사이 지방의 '스시'는 역사도 오래고 종류도 많다. 특히 우리나라 식해와 비슷한 종류에 '나레스(Z음)시'라는 것이 있고, 석천의 열변은 이 '나레스시'를 염두에 두고 있는 것이었다.

'나레스시'에 관한 내 경험은 극히 제한되어 있다. '밧테라'(バッテラ, battera)라고 부르는 오사카의 명물은, 억지로 '나레스시'에 끼워 준대도 유치원생이라고나 할까. 고등어를 소금에 절였다가 식초로 씻은 후에 초밥을 붙이고 다시마로 감아 하룻밤은 눌러 두었다가 다시마를 벗겨 제치고 썰어 먹는 고등어 초밥이다. 고등어의 비린내가 전연 나지 않는 것이 신기하다. '밧테라'는 도쿄에도 파는 집이 있어서 곧잘 먹어 보았지만 그것이 본격적인 '나레스시'는 아니다. 비슷한 초밥이면서 전갱이나 연어를 쓰는 것은 '밧테라'라고 부르지 않는다.

'나레스시' 망신은 '밧테라'가 시킨다면, 은어 초밥은 국민학교생은 되는 '나레스시'다. '비와(琵琶)' 호의 붕어를 쓴다는 붕어초밥쯤 되면 중학생이나 고교생급은 된다. 몇 주일을 익혔는지, 처음 먹을 때는 고린내 같은 것이 코를 찔러 좀 거북할 정도였다. 밥이 발효되어 시큼시큼한 맛이 나는 초밥이었다. 이것은 요기도 되지만 술안주도 좋으니 묘하다. 다만 값이 상당히 비싼 것이 흠이다.

'나레스시'의 대학생급은 와까야마에 가야 먹을 수 있다고 하니 나는 구경도 못 해 보았다. 석천은 일본 유학생이었으니까 와까야마의 '나레스시'도 음미한 경험이 있었는지 모르겠다. 일본의 '스시'는 우리나라 식해가 건너간 것이라는 석천의 주장은, 석천이 술자리에서 때로는 기분 내키는 대로 하시던 방언의 하나라고 귀로 흘려 넘길 것은 아니었다.

식해를 한자로 쓰면 食醢다. 이 醢는 젓갈이라는 뜻이다(식해는 한자로 食醢라고 쓰고 이 醢는 시큼하게 단 것이라는 뜻이다). 그런데 일본에서는 '스시'를 원래 한자로는 鮓 또는 鮨 라고 적었다. 鮓는 우리나라 음으로 '자'. 두 가지 뜻이 있다. '물고기식해 자' 또는 '젓 자'라고 읽을 때는 젓갈이라는 뜻이고, '해파리 자'라고 읽을 때는 강장동물인 해파리를 뜻한다. 鮨에는 '지'와 '기'의 두 가지 음이 있으나 뜻은 같고 각각 '젓 지'와 '젓 기'로 읽는다. 鮓도 鮨도 다 같이 젓갈이라는 뜻이다.

이것만을 가지고 일본의 '스시'는 우리나라 식해가 건너간 것이라고 말할 수는 없다. 그러나 우리나라 식해와 일본의 '나레스시'가 서로 비슷한 점들이 있는 것만은 사실이다. 그런가 하면 일본의 설날 요리에는 전어를 소금에 절였다가 식초로 씻은 후에 우리나라 식해처럼 좁쌀밥으로 버무려 놓은 것이 있다. 우연의 일치인지, 상호 관련이 있는 것인지, 누군가가 한번 연구해 봄직도 하지 않을까 하는 생각이 든다.

그러나저러나 세상은 매우 편리해졌다. 전에도 시장에서 식해를 팔지 않았던 것은 아니지만 얌전한 식해를 먹으려면 이름난 함경도 식 순대집이나 함흥냉면집을 찾아가야만 했다. 지금은 백화점 식료품 부에서 손쉽게 식해를 살 수가 있고 맛도 그만하면 합격점을 줄 수가 있다. 어디 그것뿐인가. 전에는 겨울이 아니고서야 식해는 구경도 할 수가 없었다. 그러나 냉장고가 흔해진 요즘에 와서는 삼복더위 속에서도 식해를 먹을 수 있다.

편리해지기는 했지만 한편 식해의 계절감은 이제 온데간데없다.

참고문헌

가포육영(家圃六詠)-이규보(李奎報)

경도잡지(京都雜誌)-유득공(柳得恭)

경상도지리지-하연(河演)

고려도경(高麗圖經)-서긍(徐兢)

고려사(高麗史)

고사통(故事通)-최남선(崔南善)

국어대사전-이희승(李熙昇) 편저

도문대작(屠門大嚼)-허균(許筠)

동국세시기(東國歲時記)-홍석모(洪錫謨)

동국여지승람(東國輿地勝覽), 신증동국여지승람(新增東國輿地勝覽)

명물기략(名物紀略)-황필수(黃泌秀)

목민심서(牧民心書)-정약용(丁若鏞)

산림경제(山林經濟)-홍만선(洪萬選)

삼국사기(三國史記)-김부식(金富軾)

세종실록(世宗實錄) 지리지(地理志)

승정원일기(承政院日記)

어류박물지(魚類博物誌)-정문기(鄭文基)

열양세시기(洌陽歲時記)-김매순(金邁淳)

오주연문(五洲衍文)-이규경(李圭景)

용비어천가(龍飛御天歌)

임원경제지(林園經濟志) 전어지(佃魚志)-서유구(徐有榘)

자산어보(玆山魚譜)-정약전(丁若銓)

미식가의 수첩

조선무쌍신식요리제법(朝鮮無雙新式料理製法)-이용기(李用基)

조선상식문답(朝鮮常識問答)-최남선(崔南善)

조선인과 음식물-문일평(文一平)

징비록(懲毖錄)-유성룡(柳成龍)

팔역지(八域志)-이중환(李重煥)

한국수산업 조사보고(일본기관)

한국식경대전(韓國食經大典)-이성우(李盛雨)

한국어도보(韓國魚圖譜)-정문기(鄭文基)

한국어업사-박구병(朴九秉)